组织机构电子文件证据效力保障研究

Research on the Guarantee of Evidence Effectiveness of Electronic Records in Organizations

许晓彤　著

中国社会科学出版社

图书在版编目(CIP)数据

组织机构电子文件证据效力保障研究／许晓彤著．—北京：中国社会科学出版社，2023.3

ISBN 978-7-5227-1602-2

Ⅰ.①组… Ⅱ.①许… Ⅲ.①电子—证据—研究 Ⅳ.①D915.130.4

中国国家版本馆CIP数据核字（2023）第047983号

出 版 人	赵剑英
责任编辑	田　文
责任校对	杨沙沙
责任印制	王　超

出　　版	中国社会科学出版社
社　　址	北京鼓楼西大街甲158号
邮　　编	100720
网　　址	http://www.csspw.cn
发 行 部	010-84083685
门 市 部	010-84029450
经　　销	新华书店及其他书店

印刷装订	北京君升印刷有限公司
版　　次	2023年3月第1版
印　　次	2023年3月第1次印刷

开　　本	710×1000　1/16
印　　张	28
字　　数	397千字
定　　价	139.00元

凡购买中国社会科学出版社图书，如有质量问题请与本社营销中心联系调换
电话：010-84083683
版权所有　侵权必究

出 版 说 明

为进一步加大对哲学社会科学领域青年人才扶持力度，促进优秀青年学者更快更好成长，国家社科基金2019年起设立博士论文出版项目，重点资助学术基础扎实、具有创新意识和发展潜力的青年学者。每年评选一次。2021年经组织申报、专家评审、社会公示，评选出第三批博士论文项目。按照"统一标识、统一封面、统一版式、统一标准"的总体要求，现予出版，以飨读者。

全国哲学社会科学工作办公室

2022年

序

档案与证据关系密切、渊源深厚。希拉里·詹金逊在论述文档的定义时指出，在英国法律中，起初"证据"（Exhibit）与"文档"（Documents）难以区分，1888 年后证据才必须表现为材料物品而非文件形态。作为社会生活的原始记录，档案书写着岁月的痕迹，被看作一手的、可靠的证据，是还原客观真相的"原件"。特里·库克将证据与记忆喻作档案硬币的两面，可靠的证据是建构记忆的基本素材。然而，档案与证据间牢不可破的关联在新技术浪潮的激荡下逐渐受到冲击，随着计算机的产生与使用，电子文件的神秘、抽象与纸质档案的明确、具体形成鲜明对比，电子文件的非人工识读、依赖系统、可与载体分离等特性使"原件"变得难以考证，书证的最佳证据规则失去了适用环境，电子文件的档案身份与证据资格受到双重质疑。直到 1982 年，欧洲理事会《电子处理资金划拨》认可计算机记录作为书证的地位；后续，英美法系国家相继规定了传闻规则的例外，逐步打破了电子证据的尴尬处境。档案领域对电子文件证据效力的关注总是面向技术进步与法律环境变化中激发的现实问题，20 世纪 90 年代初匹兹堡大学的"文件管理证据功能需求"项目与不列颠哥伦比亚大学的"电子文件的完整性保存"项目开始主动探索如何在数字环境中保管真实可信的证据，其研究成果影响深远。在我国，1982 年视听资料作为"非传统"证据首次出现在《中华人民共和国民事诉讼法（试行）》，2004 年《中华人民共和国电子签名法》规定数据电文不得被拒绝作为证据使用，2012 年电子数据的证据地位在三大诉讼法中得以明确，2019年《最高人民法院关于民事诉讼证据的若干规定》确认了档案管理方式电子数据的真实性推定规则，法律环境的每一次变化都引发档案界的高度关注，推动电子文件证据效力的研究一步步走向纵深。短短几十年里，作为数字移民的我们目睹了电子文件管理从双套制到单套制、逐步探索单轨制管理的实践，对电子文件偏见的逐渐消弭历历在目。2020年新修订的《中华人民共和国档案法》中规定来源可靠、程序规范、要素合规的电子档案与传统载体档案具有同等效力，电子文件不能同纸质档案一样用作凭证的难题迎刃而解。如今，生活在云大物移智为基调的时代，我们站在从传统的文件管理范式走向与数据管理融合发展的新方位，电子文件证据效力的发挥也面临着一系列新问题，如海量数据生成带来的高效检索取证挑战、分布式存储与第三方服务导致的证据偏在现象、电子签名与区块链等防篡改技术的审查认定偏差……在此背景下，档案人员如何完成与应对"证据守护者"的基本使命和时代挑战？如何更好地发挥电子文件的证据效力，使其成为构建数字信任生态的"砖石"？这是许晓彤博士的研究缘起，她的毕业论文也可视作在前人丰硕研究成果基础上对上述问题作出的尝试性回答。

许晓彤博士的毕业论文立足档案学与证据学的跨学科视角，因循理论与实践相结合的思路，对电子文件证据效力保障的基本概念与理论、实践现状与问题、体系构建与策略、典型案例进行了系统研究，有以下三个主要特点：

第一，对跨学科研究的理论基础作了较好的衔接。论文在第一章、第二章对档案学与证据学两个领域的核心概念与理论进行了初步的比较分析与对接映射，在此基础上较为创新地提出了电子文件证据性概念模型和电子文件—电子证据保管链两项跨学科理论研究工具，为后续研究奠定了较为坚实的理论基础。

第二，对电子文件证据效力保障的现状有较为充分的调研。论文梳理了电子证据相关的法律法规，对多位法官、律师、企业法务人员和电子证据领域的专家学者展开访谈，对涉及电子证据的裁判文书进行广泛调研，多来源、多角度地归纳了电子文件证据效力发挥的现状与存在的问题，对掌握现实情况、了解实践进展具有较强的参考性。

第三，对电子文件证据效力保障的策略进行了较为系统的研究。宏观层面上，本文构建了涵盖国家、行业与机构多层次的电子文件证据效力保障体系框架，涉及法规、管理、技术与人才等多方面；微观层面上，对司法认可的涉诉电子文件真实性自证材料清单、档案服务机构参与存证保全的新模式、基于区块链的电子文件—电子证据全链管理平台构建、电子文件管理与电子证据跨专业人才培养等多项具体内容也进行了较为细致的研究。

读罢此书，我们能够感受到档案界与司法界逐渐开放、彼此拥抱的渐进历程，明确司法领域对档案管理工作地位与意义的关注与重视，更加期待档案力量的向外辐射与不断拓展。当然，受限于作者的知识结构和研究对象的广泛性，该项研究设立的体系框架较为宏大，在实证研究的充分性方面还存有一定遗憾，仍算是一项停留在初级阶段的探索性研究。希望许晓彤博士以此书为起点，面向未来，持续探索前行！

肖秋会

2022年6月于武汉大学珞珈山

摘　　要

"档案"与"证据"的渊源由来已久。作为社会生活直接形成的原始记录，档案拥有其他资料无可比拟的凭证价值；随着社会环境的数字化转型，电子文件管理与电子证据应用互为背景、难以割裂，共同成为构建数字信任生态的基本单元。本研究立足于档案学与证据法学的跨学科视角，探索组织机构如何通过档案管理保障电子文件证据效力，使电子文件在司法证明中更具优势，辅助机构合理避免纠纷、应对诉讼风险。

全书共计九章，依照"提出问题—分析问题—解决问题"的思路展开。文章综合运用文献调研、内容分析、半结构化访谈、专家意见征询、案例分析等方法，全面辨析档案学与证据法学的核心概念、理论、规则与业务环节，实现理论层面的跨学科对接与映射；进而系统研究组织机构电子文件证据效力保障的现实需求、国际借鉴、体系框架与推进策略，并对典型案例进行分析。

第一章为问题的提出与研究设计。在分析研究背景、研究意义与国内外研究现状基础上，指出亟待立足我国国情深入开展电子文件与电子证据的交叉研究，保障电子文件证据效力，进而确定本文的研究思路、研究内容与研究方法。

第二章至第四章为问题的分析过程。构建电子文件证据性概念模型与电子文件—电子证据保管链两项跨学科研究理论工具，运用档案学视角阐释司法对电子证据的要求，揭示电子文件向电子证据转化过程的运动规律，奠定全文的理论基础。进而从电子证据相关法律法规、法律工作者访谈、裁判文书统计三个方面调研、提炼组织机构电子文件证据效力保障的现状与需求，并从证据三性、法规制度建设、技术、管理与保全、能力与意识、成本控制六个方面进行详细论述。

  第五章至第九章为问题的解决。系统研究国外信息管理与数字取证、电子发现领域交融依赖的现状与经验，为后文提供参考借鉴。分析组织机构电子文件证据效力保障体系框架的适用对象、目标、原则与思路，结合电子文件管理的理论、法规标准、政策、国际经验，参考对专家意见的征询结果，转化、识别保障要素，构建组织机构电子文件证据效力保障的体系框架。在此基础上，探索组织机构电子文件证据效力保障的法规标准保障策略、管理保障策略、技术保障策略和人才保障策略，并通过典型案例分析进一步验证体系框架的有效性和策略的可行性。最后，总结全文，进一步阐明研究结论、研究局限，展望未来研究趋势与方向。

  关键词：电子文件；证据效力；电子证据；数字档案

Abstract

It has been such a long time since "archives" and "evidence" appeared. As the original records directly formed in social life, archives have the incomparable evidential value of other materials. With the digital transformation of the social environment, electronic records management and electronic evidence application work well together on the construction of digital trust ecology as the basic unit and mutually contextual, difficult to be separated. In an interdisciplinary way, the research explores how organizations—from the perspectives of archival science and evidence law—keep the evidence effectiveness of electronic records through the method of archive management, making electronic records gain more advantages in judicial proof and assisting organizations to avoid disputes and cope with litigation risks reasonably.

The full article consists of 9 chapters, which is organized along the logic of "problem formulation—problem analysis—problem solving". The research adopts literature research method, content analysis method, semi-structured interview method, expert opinion consultation method and case analysis method comprehensively in order to analyze the core concepts, theories, rules of archival science and evidence law and the business process, realizing interdisciplinary mapping and matching at the theoretical level systematically. On this basis, the research discusses the actual requirements, international reference, system framework, supportive strategies of keeping the evidence effectiveness of electronic records in organizations systematically and analyzes typical cases.

The first chapter is the problem formulation and research design. Based on the analysis of the research background, research significance and research status at home and abroad, it is pointed out that it is urgent to carry out interdisciplinary research on electronic records and electronic evidence proceeding from national conditions in China, in order to assure the evidence effectiveness of electronic records. Furthermore, it puts forward research ideas, research content and research methods.

Chapters 2 to 4 provide the analysis process of the problem. Electronic Records Evidence Conceptual Model and Electronic Records-Electronic Evidence Custody Chain are proposed as two theoretical tools in the interdisciplinary research, in order to explain judicial requirements of electronic evidence from archival perspective and reveal the rules of electronic records movement from a records management scene to a judicial scene, providing fundamental basis for the whole research. Furthermore, investigation on the current status and requirements of electronic records evidence effectiveness guarantee in organizations are made and refined from 3 aspects: laws and regulations related to electronic evidence, interviews with legal professionals and statistics of judgment documents. Then they are elaborated in detail from 6 aspects: the authenticity, legitimacy and relevance of evidence, the construction of laws and regulations, technology, management and preservation, capacity and awareness, and cost control.

Chapters 5 to 9 provide solutions to the problem. Firstly, it analyzes the current status and experience of the deep ties between information management, digital forensics and E-Discovery in foreign countries systematically, providing reference for further discussion. Based on analyzing the objects, goals, principles, and ideas, combined with theories, regulations, standards, policies and international experience of electronic records management; summarizing the reference content of guarantee elements and achieving further refinement through consulting experts in the field of electronic records management, the system framework is constructed. Furthermore, laws, regulations and standards guarantee strategies, management guarantee strategies, technology guarantee strategies and talent guarantee strategies are proposed for electronic records evidence effectiveness guarantee in organizations. To verify the effectiveness and feasibility of the system framework and strategies proposed above, representative cases in the field of judicial preservation and records management are selected and analyzed respectively. Finally, it sorts out the whole research, clarifies the research conclusions and limitations and looks forward to future research directions.

Key Words: Electronic records; Evidence effectiveness; Electronic evidence; Digital records

目　　录

第一章　绪论 ……………………………………………………（1）
　第一节　研究背景与研究意义 ……………………………（1）
　第二节　国内外研究现状与研究趋势 ……………………（10）
　　一　国外研究综述 ………………………………………（10）
　　二　国内研究综述 ………………………………………（17）
　　三　国内外研究评析 ……………………………………（35）
　第三节　研究内容与研究方法 ……………………………（37）
　　一　研究内容 ……………………………………………（37）
　　二　研究方法 ……………………………………………（40）

第二章　核心概念与理论基础 ……………………………（43）
　第一节　概念界定 …………………………………………（43）
　　一　组织机构 ……………………………………………（43）
　　二　电子文件 ……………………………………………（44）
　　三　证据效力 ……………………………………………（48）
　　四　证据效力保障 ………………………………………（51）
　第二节　近似概念辨析 ……………………………………（51）
　　一　电子文件与视听资料、电子证据等相关概念 ……（52）
　　二　证据效力与法律效力、凭证价值、证据价值 ……（57）
　第三节　档案学相关理论 …………………………………（60）
　　一　文件生命周期理论与文件连续体理论 ……………（60）
　　二　全程管理理念与前端控制思想 ……………………（67）

三　数字时代的古文献学理论……………………………（68）
第四节　证据法学相关理论与规则………………………………（70）
　　一　证据保管链…………………………………………（70）
　　二　与本研究相关的司法证明规则……………………（71）
　　三　刑事、民事与行政诉讼的证明责任与证明标准………（75）
第五节　系统科学相关理论………………………………………（78）
　　一　系统的概念与特性…………………………………（78）
　　二　系统分析理念与思路………………………………（79）
第六节　本章小结…………………………………………………（80）

第三章　电子文件证据性概念模型与电子文件—电子证据保管链……………………………………………（81）
第一节　电子文件的证据性概念模型……………………………（81）
　　一　电子文件"四性"与新"四性"……………………（82）
　　二　电子证据"三性"……………………………………（86）
　　三　电子文件与电子证据属性的映射与对接…………（89）
　　四　电子文件证据性概念模型的提出…………………（91）
　　五　电子文件证据性概念模型对本研究的指导价值………（95）
第二节　电子文件—电子证据保管链……………………………（97）
　　一　组织机构电子文件管理业务流程…………………（97）
　　二　电子证据的司法应用实践流程……………………（101）
　　三　电子文件管理流程与电子证据司法应用实践流程的
　　　　关联与衔接…………………………………………（108）
　　四　电子文件—电子证据保管链的构成………………（110）
　　五　电子文件—电子证据保管链对本研究的指导价值……（112）
第三节　本章小结…………………………………………………（115）

第四章　组织机构电子文件证据效力保障的现状与需求
　　　　——基于证据法学视角……………………………（116）
第一节　基于现有法律法规的分析………………………………（117）

一　法律法规的收集及电子证据的立法现状 …………（117）
　　二　法律法规中对电子证据审查判断的需求分析 ………（118）
　　三　对法律法规分析结果的归纳与评介 …………………（128）
第二节　基于对法律工作者半结构化访谈的分析 …………（130）
　　一　半结构化访谈研究设计 ………………………………（130）
　　二　访谈实施过程 …………………………………………（133）
　　三　访谈资料编码分析 ……………………………………（140）
第三节　基于裁判文书的统计分析 ……………………………（147）
　　一　电子证据常见类型统计分析 …………………………（147）
　　二　电子证据"三性"常见问题统计分析 ………………（151）
　　三　"档案管理方式保管"和"正常业务活动形成"
　　　　电子证据调研分析 ……………………………………（153）
　　四　对裁判文书统计分析的归纳与评介 …………………（164）
第四节　现状与需求的整合分析 ………………………………（165）
　　一　证据三性方面 …………………………………………（165）
　　二　法规制度建设方面 ……………………………………（166）
　　三　技术方面 ………………………………………………（168）
　　四　管理与保全方面 ………………………………………（169）
　　五　能力与意识方面 ………………………………………（174）
　　六　成本控制方面 …………………………………………（176）
　　七　归纳与评介 ……………………………………………（177）
第五节　本章小结 ………………………………………………（178）

第五章　电子文件证据效力保障的国际借鉴 …………………（180）
第一节　电子证据法规标准与电子文件管理的
　　　　衔接与契合 ……………………………………………（180）
　　一　调适电子证据对各项证据规则的适用 ………………（181）
　　二　声明组织机构的诉讼留存义务 ………………………（186）
　　三　以全面的法规体系保障电子证据效力 ………………（189）
　　四　制定符合证据要求的电子文件管理标准 ……………（191）

第二节　数字取证与电子文件管理的流程融合与技术
　　　　借鉴 …………………………………………………（194）
　　一　电子文件管理与数字取证的业务流程融合 …………（195）
　　二　数字取证工具应用于数字管护实践：BitCurator ……（199）
　　三　数字取证视角下电子文件管理方案完善 ……………（201）
第三节　电子文件管理与电子发现的行业实践交融 ………（204）
　　一　商业性文件与信息管理机构推出电子发现服务 ……（205）
　　二　文件管理与电子发现行业协会建立合作伙伴关系 …（207）
　　三　电子发现领域对信息治理的重视与日俱增 …………（209）
第四节　电子文件管理与电子证据跨学科人才的培养 ……（212）
　　一　信息学院积极开设数字取证相关方向与课程 ………（212）
　　二　电子文件管理与电子证据专业人员职业认证互鉴 …（221）
第五节　本章小结 ……………………………………………（226）

第六章　组织机构电子文件证据效力保障的体系框架 ………（228）
第一节　体系框架的适用对象、构建目标、原则与思路……（228）
　　一　适用对象 ………………………………………………（229）
　　二　构建目标 ………………………………………………（230）
　　三　构建原则 ………………………………………………（231）
　　四　构建思路 ………………………………………………（233）
第二节　保障要素的初步转化与筛选 ………………………（234）
　　一　参考依据 ………………………………………………（234）
　　二　转化过程与筛选结果 …………………………………（238）
第三节　保障要素的进一步识别与完善 ……………………（248）
　　一　识别过程：专家意见征询 ……………………………（248）
　　二　保障要素的聚类与完善 ………………………………（252）
第四节　体系框架的最终确立 ………………………………（253）
　　一　体系框架的层次结构与运行机制 ……………………（253）
　　二　各项保障要素的内涵 …………………………………（255）
第五节　本章小结 ……………………………………………（258）

第七章　组织机构电子文件证据效力保障的策略 …………（260）
第一节　法规标准保障策略 ………………………………（260）
　　一　完善以专项立法为核心的电子证据法律法规体系……（261）
　　二　加强档案法律法规与电子证据相关规定的衔接 ………（268）
　　三　制定司法认可的电子文件管理标准辅助认证 …………（274）
　　四　发挥指导性案例与"非官方文件"的推动作用 ………（278）
第二节　管理保障策略 ………………………………………（285）
　　一　以管理责任链从源头确保电子文件的证据性 …………（286）
　　二　分步拓宽组织机构电子文件的管理范畴 ………………（289）
　　三　电子文件—电子证据全业务链管理与适时固化 ………（294）
　　四　档案服务机构参与存证保全的管理模式创新 …………（298）
第三节　技术保障策略 ………………………………………（309）
　　一　采用司法认可的电子文件管理防篡改技术 ……………（309）
　　二　选择业务驱动的电子文件管理技术组合方案 …………（322）
　　三　优化电子文件管理相关系统的证据留存功能 …………（330）
　　四　构建基于区块链的电子文件—电子证据全链
　　　　管理平台 ………………………………………………（339）
第四节　人才保障策略 ………………………………………（349）
　　一　提升电子文件管理人员的证据保留能力 ………………（349）
　　二　开展电子证据专门人才的教育与培训 …………………（353）
　　三　促进电子文件与电子证据跨领域人才交流合作 ………（357）
第五节　本章小结 ……………………………………………（359）

第八章　组织机构电子文件证据效力保障的案例分析 ………（361）
第一节　案例一：北京互联网法院天平链电子证据
　　　　　　存证业务 ………………………………………（361）
　　一　北京互联网法院天平链概况及电子证据存证流程 …（362）

二　与本研究保障思路的契合之处 …………………… (366)
　　三　进一步思考 ………………………………………… (368)
第二节　案例二：存证云电子合同在线签约存证服务 …… (370)
　　一　存证云电子合同在线签约与存证的流程 ………… (371)
　　二　与本研究保障思路的契合之处 …………………… (372)
　　三　进一步思考 ………………………………………… (373)
第三节　案例三：苏大苏航档案数据保全中心电子数据
　　　　保全服务 ……………………………………………… (375)
　　一　档案数据保全服务流程 …………………………… (375)
　　二　与本研究保障思路的契合之处 …………………… (377)
　　三　进一步思考 ………………………………………… (379)
第四节　本章小结 …………………………………………… (381)

第九章　结论与展望 ……………………………………… (382)

第一节　研究结论 …………………………………………… (383)
第二节　研究局限 …………………………………………… (385)
第三节　研究展望 …………………………………………… (386)

参考文献 …………………………………………………… (388)

索　引 ……………………………………………………… (408)

附录一　法律文件全称简称对照表 ……………………… (413)
附录二　访谈对象接触摘要单（示例） ………………… (416)

致　谢 ……………………………………………………… (417)

Contents

Chapter 1　Introduction ……………………………………… (1)
　Section 1　Background and Significance of the Research ………… (1)
　Section 2　Status and Trends of Domestic and International
　　　　　　Research ……………………………………………… (10)
　　1　International Research Review …………………………… (10)
　　2　Domestic Research Review ………………………………… (17)
　　3　Analysis of Domestic and International Research ………… (35)
　Section 3　Research Content and Research Methodology ………… (37)
　　1　Research Content …………………………………………… (37)
　　2　Research Methodology ……………………………………… (40)

Chapter 2　Core Concepts and Theoretical Foundations …… (43)
　Section 1　Concept Definition ………………………………………… (43)
　　1　Institution and Organization ………………………………… (43)
　　2　Electronic Records …………………………………………… (44)
　　3　Evidence Effectiveness ……………………………………… (48)
　　4　Evidence Effectiveness Guarantee ………………………… (51)
　Section 2　Distinction of Similar Concepts ………………………… (51)
　　1　Electronic Records, Audio-visual Materials, Electronic
　　　　Evidence and other Related Concepts …………………… (52)
　　2　Evidence Effectiveness, Legal Effectiveness, Evidential
　　　　Value and Evidence Value ………………………………… (57)

Section 3　Theories Related to Archival Science ……………(60)
　1　Theory of Records Life Cycle and Theory of Records Continuum ……………………………………………(60)
　2　Whole Process Management and Front-end Control ………(67)
　3　Diplomatics in the Digital Age ……………………………(68)
Section 4　Theories and Rules Related to Evidence Law ………(70)
　1　Evidence Custody Chain ……………………………………(70)
　2　Regulations of Judicial Proof Releted to the Research ……(71)
　3　Burden and Standard of Proof in Criminal, Civil and Administrative Procedures ………………………………(75)
Section 5　Theories Related to System Science …………………(78)
　1　The Concept and Characteristics of System ………………(78)
　2　The Concept and Strategies of Systematic Analysis ………(79)
Section 6　Brief Summary of This Chapter ……………………(80)

Chapter 3　Electronic Records Evidence Conceptual Model and Electronic Records-electronic Evidence Custody Chain ……………………………………(81)

Section 1　Electronic Records Evidence Conceptual Model ……(81)
　1　Four Properties and the New Version of Four Properties of Electronic Records ………………………………………(82)
　2　Three Properties of Electronic Evidence …………………(86)
　3　Properties Mapping and Matching Between Electronic Records and Electronic Evidence ……………………………(89)
　4　The Proposal of Electronic Records Evidence Conceptual Model …………………………………………………………(91)
　5　The Significance of the Electronic Records Evidence Conceptual Model for the Research ……………………………(95)
Section 2　Electronic Records-electronic Evidence Custody Chain ……………………………………………………(97)

1　Business Process of the Electronic Records Management in
　　　　Organizations ………………………………………………… (97)
　　2　The Judicial Application Process of Electronic
　　　　Evidence ……………………………………………………… (101)
　　3　The Correlation and Convergence Between the Process
　　　　of the Electronic Records Management and the Judicial
　　　　Application Process of Electronic Evidence ……………… (108)
　　4　The Composition of Electronic Records-electronic Evidence
　　　　Custody Chain ……………………………………………… (110)
　　5　The Significance of the Electronic Records-electronic
　　　　Evidence Custody Chain for the Research ………………… (112)
　Section 3　Brief Summary of This Chapter …………………… (115)

Chapter 4　the Status and Needs of the Electronic Records Evidence Effectiveness Guarantee in Organizations Based on the Perspective of Evidence Law …… (116)

　Section 1　Analysis Based on Current Laws and
　　　　　　Regulations ……………………………………………… (117)
　　1　The Collection of Laws and Regulations and Legislative
　　　　Status on Electronic Evidence ……………………………… (117)
　　2　Analysis of the Needs of Electronic Evidence Examination
　　　　in Laws and Regulations …………………………………… (118)
　　3　Summary and Comments on the Analysis Results of Laws
　　　　and Regulations ……………………………………………… (128)
　Section 2　Analysis Based on Semi-structured Interviews With
　　　　　　Legal Professionals …………………………………… (130)
　　1　The Research Design of Semi-structured Interview ……… (130)
　　2　The Implementation Process of the Interview …………… (133)
　　3　Coding and Analysis of Interview Materials ……………… (140)

Section 3　Statistical Analysis Based on Judgment
　　　　　Documents ································· (147)
　1　Statistical Analysis of Common Types of Electronic
　　　Evidence ······································· (147)
　2　Statistical Analysis of Common Problems of Three Properties
　　　of Electronic Evidence ··························· (151)
　3　Investigation and Analysis of Electronic Evidence Kept
　　　Through the Method of Archive Management and Electronic
　　　Evidence Formed in Normal Business Activities ········ (153)
　4　Generalization and Comments of Judgment Documents
　　　Based on Statistical Analysis ····················· (164)
Section 4　Integration Analysis of Current Status and
　　　　　Needs ·· (165)
　1　The Three Properties of Evidence ··················· (165)
　2　The Construction of Regulations and System ············ (166)
　3　Technology ·· (168)
　4　Management and Preservation ······················· (169)
　5　Competence and Awareness ························· (174)
　6　Cost Control ······································ (176)
　7　Generalization and Comments ······················· (177)
Section 5　Brief Summary of This Chapter ······················ (178)

Chapter 5　International Experience of Electronic Records
　　　　　　Evidence Effectiveness Guarantee ················ (180)

Section 1　the Correlation and Convergence Between Regulations
　　　　　and Standards of Electronic Evidence and Electronic
　　　　　Records Management ······························ (180)
　1　Judicial Application of Electronic Evidence With the
　　　Adapted Rules of Evidence ························· (181)

2　The Statement of Legal Hold Obligations of
　　Organizations …………………………………………（186）
3　A Comprehensive Regulation System to Ensure the
　　Effectiveness of Electronic Evidence ……………………（189）
4　Standard Formulation of Electronic Records Management
　　for Evidence Effectiveness ………………………………（191）
Section 2　Technology Reference for Electronic Records Management
　　　　　from Digital Forensics and Process Integration Between
　　　　　Them ……………………………………………（194）
1　Business Process Integration of Electronic Records
　　Management and Digital Forensics ………………………（195）
2　Tools of Digital Forensics Applied to Digital Custody
　　Practice: Bitcurator ………………………………………（199）
3　Improvement of Electronic Records Management Schemes
　　from the Perspective of Digital Forensics ………………（201）
Section 3　Interaction Between Electronic Records Management
　　　　　and Practice of E-discovery Industry ………………（204）
1　E-discovery Service Provided By Commercial Records and
　　Information Management Agencies ………………………（205）
2　Partnerships Between Records Management Industry
　　Association and E-discovery Industry Association ………（207）
3　The Growing Attention of Information Governance in the
　　Field of E-discovery ………………………………………（209）
Section 4　Training of Interdisciplinary Talent of Electronic
　　　　　Records Management and Electronic Evidence ……（212）
1　The Growth of Digital Forensics Track/Course Affiliated
　　Programs at School of Information Management …………（212）
2　Mutual Certification for Professionals of Electronic
　　Records Management and Professionals of Electronic
　　Evidence ……………………………………………………（221）

Section 3　Brief Summary of This Chapter …………………（226）

Chapter 6　The System Framework of the Electronic Records Evidence Effectiveness Guarantee in Organizations …………………（228）

Section 1　Applicable Objects, Targets, Principles and Train of Thought of the System Framework ……………（228）
　1　Applicable Objects …………………………………（229）
　2　Targets ………………………………………………（230）
　3　Principles ……………………………………………（231）
　4　Train of Thought ……………………………………（233）

Section 2　Initial Transformation and Screening of Guarantee Elements ……………………………………………（234）
　1　Reference Basis ………………………………………（234）
　2　Transformation Process and Screening Results …………（238）

Section 3　Further Identification and Refinement of Guarantee Elements ……………………………………………（248）
　1　Identification Process: Expert Opinion Consultation ……（248）
　2　Clustering and Refinement of Guarantee Elements ………（252）

Section 4　Finalization of the System Framework …………（253）
　1　Hierarchical Structure and Operation Mechanism of the System Framework …………………………………（253）
　2　Theconnotations of Various Guarantee Elements ………（255）

Section 5　Brief Summary of This Chapter …………………（258）

Chapter 7　Strategies for Electronic Records Evidence Effectiveness Guarantee in Organizations …………（260）

Section 1　Regulations and Standards of Guarantee Strategies …………………………………………（260）

    1   Improvement of the Legal System of Electronic Evidence Which Takes Special Legislation as the Core .... (261)

    2   Strengthening the Link Between Provisions Related to Electronic Evidence and Archival Regulations .... (268)

    3   Establishment of Judicially Recognized Standards for Electronic Records Management .... (274)

    4   Promoting the Role of guiding Cases and other "Unofficial Guidelines" .... (278)

Section 2   Management Guarantee Strategies .... (285)

    1   Ensuring the Evidence Effectiveness of Electronic Records at Source With the Management Responsibility Chain ... (286)

    2   Broadening the Scope of Electronic Records Management in Organizations Step By Step .... (289)

    3   The Whole Custody Chain of Electronic Records-electronic Evidence Management and the Timely Solidification ...... (294)

    4   Innovation of the Participation Mode in Which Archival Service Institutions Take Part in Electronic Evidence Preservation .... (298)

Section 3   Technology Guarantee Strategies .... (309)

    1   Adoption of Judicially Recognized Anti-tampering Technologies for Electronic Records .... (309)

    2   The Propermatching of Business-driven Electronic Records Management Technology Solutions .... (322)

    3   Optimizing the Evidence Retention Functionality of Electronic Records Management Systems .... (330)

    4   Building A Platform for the Whole Custody Chain of Electronic Records-electronic Evidence Management Based on Blockchain Technology .... (339)

Section 4   Talent Guarantee Strategies .... (349)

  1 Enhancing the Evidence Retention Capabilities of Electronic Records Professionals ………………………………………… (349)
  2 Specialized Education and Training in Electronic Evidence Management ……………………………………………………… (353)
  3 Promoting Cross-field Academic Exchanges and Practical Cooperation Between Electronic Records Management and Electronic Evidence Management ………………… (357)
 Section 5 Brief Summary of This Chapter ………………………… (359)

Chapter 8 Case Analysis of Electronic Records Evidence Effectiveness Guarantee ……………………………… (361)

 Section 1 Case 1: Electronic Evidence Preservation in Tianping Blockchain of Beijing Internet Court ………………… (361)
  1 The Profile of Electronic Evidence in Tianping Blockchain of Beijing Internet Court and the Process of Electronic Evidence Preservation ……………………………………… (362)
  2 Fitness With the Guarantee Idea of the Research ……… (366)
  3 Further Reflections ……………………………………… (368)
 Section 2 Case 2: Online Signing and Preservation of Electronic Contracts in Cun Zheng Yun ………………………… (370)
  1 The Process of Online Signing and Preservation of Electronic Contracts ………………………………………………… (371)
  2 Fitness With the Guarantee Idea of the Research ……… (372)
  3 Further Reflections ……………………………………… (373)
 Section 3 Case 3: Electronic Data Preservation Service in Su Da Su Hang Data Preservation Center ……………… (375)
  1 The Process of Archival Data Preservation Service ……… (375)
  2 Fitness With the Guarantee Idea of the Research ……… (377)
  3 Further Reflections ……………………………………… (379)

Section 4　Brief Summary of This Chapter ……………………（381）

Chapter 9　Conclusions and Prospects …………………………（382）
　　Section 1　Conclusions ……………………………………（383）
　　Section 2　Limitations ……………………………………（385）
　　Section 3　Prospects ………………………………………（386）

References ……………………………………………………（388）

Index …………………………………………………………（408）

Appendix 1　Reference Table for Full Name & Abbreviation of Legal Documents ………………………………（413）
Appendix 2　Interview Records（Example） ………………（416）

Ackonwledgement …………………………………………（417）

第 一 章

绪　　论

第一节　研究背景与研究意义

档案作为社会生活中直接形成的原始记录，拥有其他资料无可比拟的凭证价值。① 从希拉里·詹金逊（Hilary Jenkinson）的"证据神圣观"② 到证据作为特里·库克（Terry Cook）"档案四范式"③ 中贯穿其他阶段的首要范式，无论文化背景与技术环境如何变迁，守护证据价值始终是档案工作的使命与根基。在1960年发生的赵全一（王倬）写信假冒周总理诈骗案中，时任国务院秘书厅档案科科长吴空从信纸中缝几道"鱼尾纹"推断出犯罪嫌疑人的来源，为案件破获提供了关键证据。④ 足见在纸质时代，从造纸原料的差异到纸张的制式、从白纸黑字的签名到骑年盖月的鲜章，档案的每一处痕迹都

---

①　冯惠玲、张辑哲主编：《档案学概论》，中国人民大学出版社2001年版，第9页。

②　杨秀茹、桑毓域：《詹金逊"证据神圣观"理论价值再认识》，《档案管理》2015年第6期。

③　[加拿大]特里·库克：《四个范式：欧洲档案学的观念和战略的变化——1840年以来西方档案观念与战略的变化》，李音译，《档案学研究》2011年第3期。

④　吴空：《侦破假冒周总理批示诈骗案》，《世纪》2005年第3期。

能溯回其形成本源，充满了文书与档案工作者的智慧与经验，对追求"原件"的法律工作者意义非凡。随着计算机编制文摘索引的成功，20世纪60年代，机读文件走入了人们的视野；① 1981年，在信息技术的推动下，杰拉德·汉姆（Gerald Ham）提出档案工作进入了全新的"后保管时代"②；直至90年代，"电子文件"这一新名词被广泛传播。③ 近半个世纪中，这种由二进制代码组成、人工不可识读、依赖特定系统、可与载体分离、容易改动的新型文件④自产生之时便不断遭受档案学界的质疑：电子文件的"原件"在哪里？电子文件是档案吗？电子文件能否如纸质档案一样发挥凭证价值？同样地，司法证明规则也面临着电子证据带来的挑战：在欧美国家，由于传闻证据规则⑤，电子证据最初不被采纳；书证背景下适用的最佳证据规则（原件规则）也在电子证据的突袭下手足无措。在社会经济的发展与技术的推动下，司法界不得不率先正视电子证据的"正名"问题，1982年，欧洲理事会秘书长在《电子处理资金划拨》报告中提出计算机记录可以相当于书面文件作为证据⑥，这一积极信号促使澳大利亚、美国、加拿大等国陆续从立法方面排除电子证据可采性的阻碍⑦，为电子文件的证据价值认定与证据效力发挥奠定基础。在我国，1982年《中华人民共和国民事诉讼法（试行）》首次

---

① 中国大百科全书《图书馆学情报学档案学》编辑委员会：《中国大百科全书——图书馆学情报学档案学》，中国大百科全书出版社2002年版，第192页。

② F. Gerald Ham, "Archival Strategies for the Post-Custodial Era", *The American Archivist*, Vol. 44, No. 3, 1981, pp. 207–216.

③ 于丽娟：《机读档案与电子文件辨析》，《档案与建设》1998年第5期。

④ 冯惠玲主编：《电子文件管理100问》，中国人民大学出版社2014年版，第6—8页。

⑤ 传闻证据规则又称传闻证据排除规则。此处主要指在当时计算机数据通常并非是亲身感知事件的人所输入的，且在法庭上提出电子证据的人通常对该信息并不亲身所知，因而电子证据常被作为传闻证据予以排除。

⑥ 刘品新：《论电子证据的定位——基于中国现行证据法律的思辨》，《法商研究》2002年第4期。

⑦ 黄志文：《电子文件的法律证据价值》，《档案》1998年第6期。

出现了"非传统"的证据类型——视听资料,但在当时的技术环境下,视听资料多指由模拟信号形成的录音、录像等①,直到 2004 年《中华人民共和国电子签名法》(以下简称《电子签名法》)② 第七条明确规定"数据电文不得仅因为其是以电子、光学、磁或者类似手段生成、发送、接收或者储存的而被拒绝作为证据使用",电子证据的法律地位得到了进一步提升。在电子文件定位十分模糊的境况下,上述法律规定也常为我国档案学者所援引,用于为电子文件的证据价值与证据效力背书。此后近十年,档案界对电子文件的认可度不断提升,从起初的双套制管理积极转向探索全面电子化管理的理论与实践;而电子证据也脱离了地位不明的处境,于 2012 年起相继被写入三大诉讼法,获得了专门的法定证据地位。档案学与证据法学纷纷迎来了新的发展阶段。

20 世纪 90 年代起,国外学者率先开展了档案学与证据法学的融合研究。正如杰瑞米·雷顿·约翰(Jeremy Leighton John)所言,档案学者与取证专家有着共同的诉求——了解如何运用技术创建、管理和保存数字信息。③ 以露茜安娜·杜兰蒂(Luciana Duranti)、克里斯托弗·李(Christopher (Cal) Lee)为代表的文件与档案管理专家发起了数字文件取证(Digital Records Forensics)、BitCurator 等跨学科项目,积极倡导跨学科教育,推动电子文件管理与数字取证术语、流程与技术的融合研究。在我国,档案学与证据法学亦有精彩互动。冯惠玲教授提出确立法律地位是电子文件证据价值得以信赖的重要保证;④ 何家弘教授亦指出档案学中电子文件管理的相关理论

---

① 张涵:《电子证据与视听资料比较研究》,硕士学位论文,中国政法大学,2007 年。

② 本书法律文件首次出现时使用全称,之后均使用简称,法律文件全称简称对照表详见附录一。

③ Jeremy Leighton John, *Digital Forensics and Preservation*, Salisbury: Charles Beagrie Ltd., 2012, p.4.

④ 冯惠玲:《拥有新记忆——电子文件管理研究》,《档案学通讯》2003 年第 1 期。

与思想对电子证据保全工作的意义。① 随着技术的不断发展变化,将电子证据的需求融入电子文件管理之中,是电子文件管理理论研究与业务实践发展的必然路径。据加拿大知名软件商 OpenText 调查,电子发现(E-Discovery)② 程序中,每保存、捕获、复制、收集与审查 1044 页文件,仅有 1 页中含有相关信息,机构为了筛选这些"有价值"的信息所付出的时间与人力成本无疑是巨大的,对信息有效治理的需求呼之欲出;美国 FTI 咨询公司的调查也显示,仅有 20%的机构每年面临的诉讼与法律纠纷少于 100 起,而 10% 的机构面临 2000 次以上的纠纷事件,合理的信息治理计划将有效降低诉讼或纠纷发生率;③ 美国智能信息管理协会(Association for Intelligent Information Management,AIIM)的研究显示,53% 的机构均认为组织内部治理失败最大的风险来自面临诉讼或纠纷赔偿,而积极实施电子文件管理能够有效减少这一风险。④ 电子文件与电子证据是传统档案与证据随科技发展形成的新形态,其存在本质均为二进制代码,在不同时空与情境中发挥着不同社会功能,亦可互相转化。传统模拟环境中,档案材料相比于其他书证具有明显的法定证明力优势⑤,这一点已成为广泛共识。在复杂数字环境下,直至 2019 年新颁布的《最高人民法院关于民事诉讼证据的若干规定》(以下简称 2019 年《民事证据规定》或新《民事证据规定》)首次正式提出以档案管理

---

① 何家弘、刘品新编:《电子证据法研究》,法律出版社 2002 年版,第 99—113 页。

② 电子发现是指对电子存储信息的识别、保存、收集、准备、审查与提交的整体过程,为英美法系民事诉讼程序中的重要环节,对此后文将有详细论述。

③ Info Gov Basics, "Litigation & eDiscovery", July 4, 2022, https://www.infogovbasics.com/challenges/litigation-ediscovery/.

④ Iron Mountain, "The E-Discovery Ostrich", December 2, 2019, https://www.ironmountain.com/resources/whitepapers/t/the-ediscovery-ostrich. AIIM, "What is eDiscovery?", December 3, 2019, https://www.aiim.org/What-is-eDiscovery#.

⑤ 2001 年颁布的《最高人民法院关于民事诉讼证据的若干规定》第七十七条与 2002 年颁布的《最高人民法院关于行政诉讼证据若干问题的规定》第六十三条指出,档案材料作为书证时其证明力一般大于其他书证、视听资料和证人证言。

方式保管的电子数据可在无反驳证据的情况下认定真实，明确了档案管理对电子证据真实性认定的意义，为电子文件管理带来了新的机遇，挑战亦随之而来。因此，司法对档案管理有何需求？如何通过电子文件管理使电子文件的证据价值得以保留、证据效力得以完全发挥？电子文件管理与电子证据的司法应用如何衔接？这一系列问题促使笔者对电子文件证据效力保障产生了浓厚的研究兴趣。

第一，电子证据法定地位的确立将电子证据应用推向新的高潮。2012年，《中华人民共和国刑事诉讼法》（以下简称《刑事诉讼法》）将电子数据①与视听资料并列为第八大证据类型，电子证据不再从属于视听资料，其在法律意义上的专门的证据地位得以确立；2018年修订的《刑事诉讼法》中沿用了这一分类方式。2017年修订的《中华人民共和国民事诉讼法》（以下简称《民事诉讼法》）与《中华人民共和国行政诉讼法》（以下简称《行政诉讼法》）中，电子数据均首次作为一种独立的证据类型出现。笔者通过专业法律大数据平台无讼网（https：//www.itslaw.com），以"电子数据"为关键词进行案例检索，2018年涉及电子数据的案件是2017年的1.67倍；②以民事案件为例，2018年已有73%的案件涉及电子证据。③随着电子证据的广泛使用，新的裁判形式随之产生。2017年8月18日，我国第一家专事特定类型涉网案件的互联网法院——杭州互联网法院成立，其后北京、广州两地的互联网法院也陆续成立，从起

---

① 参考刘品新教授的观点，"电子证据"系学理概念，"电子数据"为法条用语，其含义基本相同。由于证据法学中"电子数据"是一类特定证据的概称，与档案学和计算机科学语境中基于电子技术形成的作为客观资料的"电子数据"有所区别。为避免引发歧义，本书论述时统一使用"电子证据"这一学理概念（基于电子证据的发展现状，本书所指的电子证据不包括早期以模拟信号形成的电子证据，仅指由数字技术形成的电子证据），引用原文时除外，具体论述详见本书第二章第二节。特此注解，后文不再做专门区分。

② 该数据的检索时间为2018年6月，无讼案例库后经改版，检索结果可能有差异。

③ 《2018电子证据应用白皮书》，https：//www.4009991000.com/baipishu/bps-gundong2018.html，2019年7月21日。

诉到宣判执行，几乎全部线上完成，所有证据的举证质证也都依靠互联网实现。近年来，山东省高级人民法院、吉林省高级人民法院等也积极应对电子证据应用，运用区块链技术开发电子证据的网络取证、存证平台，实现了司法证明无纸化，提升了诉讼效率。此外，走在全国智能司法前端的上海市运用深度神经网络模型对海量裁判文书与法律数据进行机器学习，于2017年相继推出了"206刑事案件智能辅助办案系统"和"民商事、行政案件智能辅助办案系统"，辅助电子证据的校验、审查判断与非法证据排除等。[①] 可见，电子证据必将替代部分书证、物证等，在证据体系中占据更为重要的位置；随着智能司法的发展，电子证据必将迎来更加广阔的应用前景。

第二，电子文件单轨单套时代的到来对电子文件应对诉讼提出了更高要求。

2002年，我国首部电子文件专门标准GB/T 18894—2002《电子文件归档与管理规范》中规定："具有永久保存价值的文本或图形形式的电子文件，若没有纸质等拷贝件，必须制成纸质文件或缩微品等。归档时，应同时保存文件的电子版本、纸质版本或缩微品。"自此，我国电子文件一直实行双套制管理，即归档电子档案的同时制作一套纸质档案（副本）一起归档。[②] 十余年前，我国信息技术发展进程相对于国际水平而言较为缓慢，信息产业标准亦不完善[③]，国内档案界在对电子文件长期保存普遍信任不足的情况下，方提出双套制这一"权宜之计"。

随着技术环境逐渐从模拟态向数字态与数据态进化[④]，全程电子

---

① 严剑漪：《揭秘"206"：法院未来的人工智能图景——上海刑事案件智能辅助办案系统164天研发实录》，《人民法治》2018年第2期。

② 郑金月：《电子文件"电子化归档"相关概念辨析及浙江实践》，《浙江档案》2019年第2期。

③ 陶水龙、田雷：《电子档案双套制管理问题研究》，《档案学研究》2014年第4期。

④ 钱毅：《数据态环境中数字档案对象保存问题与策略分析》，《档案学通讯》2019年第4期。

化的文件管理实践试点逐渐涌现，电子文件单轨制管理与单套制保存成为学界研究的热点，政策与标准的导向亦逐渐转变。从 2016 年更新的《电子文件归档与管理规范》中删除双套制归档的相关规定，到 2018 年国家档案局第 14 号令《电子公文归档管理暂行办法》将第 7 条修改为"符合国家有关规定要求的电子公文可以仅以电子形式归档"，再到 2019 年第 716 号国务院令《国务院关于在线政务服务的若干规定》第 12 条明确指出"政务服务机构应当对履行职责过程中形成的电子文件进行规范管理，按照档案管理要求及时以电子形式归档并向档案部门移交。除法律、行政法规另有规定外，电子文件不再以纸质形式归档和移交"，并进一步说明"符合档案管理要求的电子档案与纸质档案具有同等法律效力"。2020 年 6 月，新修订《中华人民共和国档案法》（以下简称《档案法》）规定"来源可靠、程序规范、要素合规"的电子档案与传统载体档案具有同等效力，可以以电子形式作为凭证使用；11 月，国家档案局发布行业标准《电子档案单套管理一般要求（征求意见稿）》，为电子档案单套管理的原则、需求与评估提供参考。可见，在单轨单套的电子文件管理趋势下，电子文件在法律纠纷与诉讼中必将占据更大的比重、发挥更为重要的作用，实现电子文件真实完整、安全可靠的长期保存，使其证据效力发挥达到与纸质档案同等的水平，是时代发展的必然要求。

第三，电子文件的证据效力发挥面临着理论与实践带来的机遇与挑战。

如前所述，电子证据已在司法实践中得到了普遍应用，司法流程也向着电子化、智能化发展，尤其在 2019 年，新《民事证据规定》明确将档案管理方式作为电子证据真实性保障的可靠途径……可见，司法界对电子文件的态度逐渐开放，并与档案界有了更多交互与联结。这为电子文件证据地位的提升与证据效力的发挥带来了机遇，随之而来的还有理论与实践的双重挑战——在理论层面，档案学与证据法学对部分核心概念的理解并不一致。如对"真实性"

的理解，档案学中的真实性指的是"形式真实"，而证据法学追求与客观事实相符合的"形式真实与内容真实相统一"[①]等，这种学科间术语与理论的壁垒不利于从"合规的档案管理"向"符合法定证据形式要件"的转化。可见两个学科间的知识"重合区"亟待学者进行深入研究，相关术语、理论、规则与标准的障碍亦有待突破。在实践层面，电子文件证据效力的"可采性门槛"虽已不再，但仍面临着法律意义上真实性认定的障碍。刘品新教授曾对2003年至2018年涉及电子证据的3159件民事、刑事案件进行深入研读分析，发现56%的案件中的电子证据均存在真实性判断问题。[②] 一方面，这是由于电子文件管理水平的有限导致丢失、篡改、伪造，或质量与规格不符合证据认定要求。如贾某与新疆庆华能源集团有限公司劳动争议一案中，庆华公司由于考勤记录电子文件丢失，只得依法承担举证不能的后果；[③] 又如奥飞娱乐股份有限公司与汕头市澄海区新力星玩具厂著作权权属、侵权纠纷一案中，原告对于其设计图纸的电子文件未能完好保存，无法证明其形成时间和保存中未经篡改，故法庭对该份电子证据不予支持。[④] 另一方面，随着云计算、大数据与人工智能技术的广泛应用，人类社会的生活与生产方式实现了更深层的网络化，电子邮件、网页、即时通讯信息、注册登录日志、电子交易记录等通过网络传输的、动态的文件与数据大量产生，在司法证明中逐渐占据重要地位。[⑤] 现有的电子文件管理工作出现了"盲区"，这也进一步限制了电子文件证据效力的发挥。

[①] 王燃：《电子文件管理与证据法规则的契合研究》，《档案学通讯》2018年第5期。

[②] 刘品新：《论电子证据的理性真实观》，《法商研究》2018年第4期。

[③] 参见贾××与新疆庆华能源集团有限公司劳动争议一审民事判决书，（2017）新4021民初961号。

[④] 参见奥飞娱乐股份有限公司与汕头市澄海区新力星玩具厂著作权权属、侵权纠纷一案一审民事判决书，（2018）粤05民初29号。

[⑤] 皮勇：《刑事诉讼中的电子证据规则研究》，中国人民公安大学出版社2005年版，第9—11页。

基于以上研究背景，本书从理论层面入手，全面辨析电子证据与电子文件的术语、理论、标准、规则和业务环节，建立学科间的理论联系。进而从证据法学视角探究组织机构电子文件证据效力保障的现状与需求、保障体系框架与策略，旨在通过完善电子文件管理的相关工作助力电子文件在司法证明中证据效力的进一步发挥。最后，以一系列实证案例验证本书所提出理论框架的适用性与有效性。

本研究具有以下理论意义：

第一，对跨学科理论工具的研究有助于促进档案学与证据法学的衔接联动。研究跨学科问题首先需要打通学科壁垒，实现学科话语的沟通与转换。基于此，本书对电子文件与电子证据相关的基础概念和业务环节进行辨析与映射，构建了电子文件证据性概念模型、电子文件—电子证据保管链，为档案学与证据法学在理论层面的沟通搭建桥梁，亦为相关研究提供了理论工具。

第二，体系框架的构建能够为组织机构电子文件证据效力保障工作提供理论指引。电子文件证据效力保障是一项系统性工作，本书在理论研究、法规政策研究、实践调研和国际经验借鉴的基础上，结合对学界、业界专家的意见征询，设计了组织机构电子文件证据效力保障的体系框架，为实践工作的开展提供较为全面的理论参考。

第三，电子文件管理的研究视野和研究空间得以进一步拓展与延伸。融入证据法学的理论与观点，聚焦电子文件在司法层面凭证价值的实现与法规遵从工作，以电子证据应用回溯电子文件管理，激发电子文件管理研究新的增长点，探索电子文件管理理论与方法在数字信任时代的纵深发展与范式创新。

本研究具有以下现实意义：

一方面，厘清组织机构电子文件证据效力保障的现状与需求。本书立足实践，通过分析电子证据审查判断相关法律法规、对法律工作者展开深度访谈及对裁判文书的统计，多方归纳证据法学视角下电子文件证据效力发挥的现状，全面揭示组织机构电子文件证据效力保障的需求。

另一方面，为组织机构电子文件证据效力保障工作提供具有针对性的策略支持。本书在组织机构电子文件证据效力保障体系框架的指引下，从法规标准保障、管理保障、技术保障与人才保障四个方面阐述了相应的推进策略，为组织机构电子文件证据效力保障提供实践路径指引，有助于其防范纠纷风险、降低维权成本。

第二节　国内外研究现状与研究趋势

一　国外研究综述

早在 1994 年，Elizabeth Diamond 曾形象地指出，档案工作者是历史的取证学家（Forensic Scientist）①，著名电子文件专家 David Bearman 更是在《电子证据——当代机构文件管理战略》(Electronic Evidence: Strategies for Managing Records in Contemporary Organizations) 中强调电子文件对业务活动的证据价值，创新性地运用证据方法论系统研究了电子文件管理的挑战、政策方针、管理系统、标准体系与管理规划实施。② 在电子文件产生到逐渐被广泛使用的过程中，证据视角与证据问题持续受到档案学者的关注，时至今日，成果颇丰。

（一）档案学和证据法学基础理论与概念研究

Meehan 基于档案实践和证据法的规定，梳理了"证据"一词的含义，阐释了档案学领域的证据（Archival Concept of Evidence）

---

① Elizabeth Diamond, "The Archivist as Forensic Scientist: Seeing Ourselves in a Different Way", Archivaria, No.38, pp. 139 – 154.

② ［美］戴维·比尔曼：《电子证据——当代机构文件管理战略》，王健译，中国人民大学出版社 2000 年版。

的内涵。① Duranti 和 Rogers 对比了档案学和数字取证两个学科中对于"信任"（Trustworthiness）一词的定义，认为档案学中信任可被分解为真实性（Authenticity）、可靠性（Reliability）与准确性（Accuracy）三大属性，并与上述属性在数字取证学中的定义进行对比分析。② Rogers 亦在其博士论文中分别从档案学和法学视角对比了"真实性"的概念，探究了真实性的影响因素。③ Xie 对比了电子文件管理和数字取证学中"复制"（Reproduction）概念的区别与联系，发现电子文件管理的"复制"侧重概念建构，并引申出了"可复制性"（Reproducibility）的概念；而数字取证的"复制"侧重于技术层面"镜像复制"等概念。④ Watson 和 Jones 将ISO 15489 第一部分的术语与取证流程术语作了映射对接，指出应通过电子文件管理系统和元数据设计进行文件管理，使其满足取证的需要。⑤

（二）司法视角下电子文件证据效力问题与策略研究

1. 基于法律法规分析的电子文件管理需求与策略

Meissonnier 和 Banat-Berge 梳理了数字环境下法国证据法体系框架的演变，结合法律规定指出维护电子文件证据效力的关键在于信

---

① Jennifer Meehan, "Towards an Archival Concept of Evidence", *Archivaria*, Vol. 61, 2006, pp. 127–146.

② Luciana Duranti and Corinne Rogers, "Trust in Digital Records: An Increasingly Cloudy Legal Area", *Computer Law & Security Review*, Vol. 28, No. 5, 2012, pp. 522–531.

③ Corinne Rogers, Virtual Authenticity: Authenticity of Digital Records from Theory to Practice, Ph. D. dissertation, University of British Columbia, 2015.

④ Sherry L. Xie, "Building Foundations for Digital Records Forensics: A Comparative Study of the Concept of Reproduction in Digital Records Management and Digital Forensics", *American Archivist*, Vol. 74, No. 2, 2011, pp. 576–599.

⑤ David Watson and Andrew Jones, *Digital Forensics Processing and Procedures*, Waltham: Elsevier, 2013, pp. 666–688.

息系统的安全和电子签名的应用。① Gurushanta 阐述了加拿大 "Electronic Records as Documentary Evidence"（电子证据用作书证）（CAN/CGSB—72.34）标准的构想，该标准提出了一系列原则，用于指导电子文件的真实性、完整性和可信性管理。② Ward 等基于 2006 年美国联邦民事诉讼规则规定的电子发现需求，提出应通过政策的确立，使电子文件管理介入电子发现程序，以提升行政效率、降低行政成本。③ Duranti 等分析了当时技术环境下加拿大 1998 年《统一电子证据法》对电子文件创建、存储、利用相关规定的局限性，建议在修正法案的基础上促进档案行业、司法执法部门以及技术行业的通力合作。④ Ostrzenski 评估了云环境中电子文件真实性、可靠性与准确性的风险，以欧盟《数据保护指令》（Data Protection Directive）（Directive 95/46/EC）的相关内容为切入点，分析了欧盟云计算管理的法律框架，阐释了如何应用《数据保护指令》更好地保护云计算用户服务商。⑤

2. 基于实践需求的电子文件证据效力发挥的挑战与方案

Piasecki 回顾了法律中对缩微胶片、照片复制件、书面文件证据效力的争论，反思了电子文件的证据价值，指出在无专门证据法的情况下，设计可靠的电子文件管理系统是提升电子文件可采性的必

---

① Antoine Meissonnier and Françoise Banat-Berger, "French Legal Framework of Digital Evidence", *Records Management Journal*, Vol. 25, No. 1, 2015, pp. 96 – 106.

② Vigi Gurushanta, "'e-Evidence Standard' Proving the Integrity, Reliability, and Trust on Electronic Records", ARMA/CIPS Conference, August 19, 2019, http://radioweblogs.com/0117653/gems/ARMA2002eEvidenceStd.pdf.

③ Burke T. Ward, Carolyn Purwin, Janice C. Sipior and Linda Volonino, "Recognizing the Impact of E-Discovery Amendments on Electronic Records Management", *Information Systems Management*, Vol. 26, No. 4, 2009, pp. 350 – 356.

④ Luciana Duranti, Corinne Rogers and Anthony Sheppard, "Electronic Records and the Law of Evidence in Canada: the Uniform Electronic Evidence Act Twelve Years Later", *Archivaria*, No. 70, 2010, pp. 95 – 124.

⑤ Victoria Ostrzenski, "Cloud Computing and Risk: A Look at the EU and the Application of the Data Protection Directive to Cloud Computing", *Infopreneurship Journal*, Vol. 1, No. 1, 2013, pp. 29 – 38.

然选择。① Cohen 从文件身份鉴定学的视角出发，通过两个案件对比了书证与电子证据的证据效力问题，指出电子证据恰是因为生产与管理过程缺乏科学的"原件"鉴定检验手段而备受质疑。同时，Fred 也提出应鼓励档案工作者接受取证学相关教育。② Goh 聚焦于云环境中视听资料的保存，将其面临的风险归纳为数字所有权风险、跨境数据法律风险、数据复制规定不一带来的风险等，认为通过治外法权交涉或相关跨境法的订立是后续研究方向所在。③ Chasse 从法规遵从和标准遵从方面论述了电子文件管理系统对于维护电子文件证据价值的必要性④，指出目前的电子文件管理系统的缺陷，如归档范围和分类标准不清晰、业务活动权重划分不规范、电子邮件管理功能不完善、无质量鉴定机制等。⑤ Ma 等基于文件生命周期模型，对证据价值实现的要求与规定加以研究，提出了含四个层级的数字文件长期保存可信性评估框架。⑥

（三）数字取证原理与技术在电子文件管理中的应用研究

1. 数字取证技术与工具应用于电子文件管理系统、技术研发与格式选择

（1）在系统建设方面，Zhou 设计了一种可通过逻辑安装到需取

---

① Sara J. Piasecki, "Legal Admissibility of Electronic Records as Evidence and Implications for Records Management", *The American archivist*, Vol. 58, No. 1, 1995, pp. 54–64.

② Fred Cohen, "A Tale of Two Traces-Diplomatics and Forensics", Paper Delivered to IFIP International Conference on Digital Forensics, sponsored by IFIP Advances in Information and Communication Technology, Springer, 2015.

③ Elaine Goh, "Clear Skies or Cloudy Forecast? Legal Challenges in the Management and Acquisition of Audiovisual Materials in the Cloud", *Records Management Journal*, Vol. 24, No. 1, 2014, pp. 56–73.

④ Ken Chasse, "Why a Legal Opinion Is Necessary for Electronic Records Management Systems", *Digital Evidence and Electronic Signature Law Review*, Vol. 9, 2012, pp. 17–30.

⑤ Ken Chasse, "The Admissibility of Electronic Business Records", *Canadian Journal of Law and Technology*, Vol. 8, No. 2, 2010, pp. 105–193.

⑥ Jianqiang Ma, Habtamu Abie, Torbjorn Skramstad and Mads Nygard, "Requirements for Evidential Value for the Assessment of the Trustworthiness of Digital Records Over Time", Paper Delivered to 2009 IEEE 6th International Conference on Mobile Adhoc and Sensor Systems, sponsored by IEEE, Macau, China, October 12–15, 2009.

证计算机的、高度结构化的、高效的档案系统 VEEL（Electronic Evidence Library），可支持磁盘镜像取证操作。① Majore 等借鉴数字取证学的相关技术与方法开发了包含五个模块的数字档案管理系统，并就档案元数据生成、磁盘成像和档案元数据数据库三个模块的实现机理进行了阐述。②（2）在技术策略研发方面，Cohen 采用数字文件身份鉴定学与数字取证学的融合视角，指出应当利用数字系统中的冗余数据判断文件的内外一致性以保障文件不被伪造，再辅以数字文件身份鉴定学的验证标准，保障文件的真实可靠。③ Woods 和 Lee 探讨了应用数字取证的磁盘镜像技术处理突发事故导致数据更改问题，阐述了通过 AFF（Advanced Forensic Format）格式和数字取证可扩展置标语言（Digital Forensics XML）实现数据打包框架的设想。④（3）在格式选择方面，Kim 和 Ross 对数字取证格式在网页归档存储中的优势进行了研究，在对比了 29 种格式的 7 项属性后，指出 AFF 格式是存储网页归档数据的最优格式。⑤

2. 数字取证原理与技术应用于数字资源获取、分析与长期保存

（1）在个人数字文件保存方面，John 分析了数字管护模型与数字取证模型的高度重合性，认为数字取证的非更改捕获、持续保管链、证据处理系统、过程控制、信息审计、数字签名、数字水印等

---

① Gang Zhou, Yonghao Mai, and Qiang Cao, "Design and implementation of VEEL archive system for computer forensics", in 2010 *IEEE International Conference on Information Theory and Information Security*, IEEE, 2010, pp. 138 – 141.

② Sekie Amanuel Majore, Hyunguk Yoo and Taeshik Shon, "Secure and Reliable Electronic Record Management System Using Digital Forensic Technologies", *The Journal of Supercomputing*, Vol. 70, No. 1, 2014, pp. 149 – 165.

③ Frederick B. Cohen, "Digital Diplomatics and Forensics: Going Forward on a Global Basis", *Records Management Journal*, Vol. 25, No. 1, 2015, pp. 21 – 44.

④ Kam Woods, Christopher A. Lee, and Simson Garfinkel, "Extending digital Repository Architectures to Support Disk Image Preservation and Access", in *Proceedings of the 11th Annual International ACM/IEEE Joint Conference on Digital Libraries*, ACM, 2011, pp. 57 – 66.

⑤ Yunhyong Kim and Seamus Ross, "Digital Forensics Formats: Seeking a Digital Preservation Storage Container Format for Web Archiving", *International Journal of Digital Curation*, Vol. 7, No. 2, 2012, pp. 21 – 39.

策略与技术能够保障文件与数据的持续安全管理，建议将数字取证技术应用至个人数字文件的管理指导中。① （2）在数字遗产保存方面，Dietrich 和 Adelstein 通过新媒体艺术品（New Media Art）② 保存的案例论述数字取证如何用于数字文化遗产保存，指出应研发可用于分析格式过时档案材料的取证工具。③ Kirschenbaum 等详细分析了原生文化遗产数字资源面临的格式过时、不可替代性风险、信任、真实性、数据恢复和成本方面的挑战，探讨了数字取证原理与技术应对上述问题的优劣势，呼吁文化遗产部门积极运用数字取证方案完善资源的获取与保存策略。④ Lee 则阐述了文化机构应用数字取证技术实现可靠监管链条并生成可信副本的实践。⑤ （3）在电子邮件归档方面，Vinh-Doyle 介绍了加拿大新不伦瑞克省档案馆借鉴数字取证方法进行电子邮件归档的实践，他们采购了 EnCase 取证软件用于数据获取、Forensic Recovery Evidence Device（FRED）软件用于元数据完整性的保护，提升了档案收集与整理的效率。⑥

（四）数字取证学影响下的档案学科发展与人才培养

1. 数字取证学与档案学的比较与分析

Irons 分析了文件管理与数字取证两个学科之间的关系，指出它

---

① Jeremy Leighton John, *Digital Forensics and Preservation*, Salisbury: Charles Beagrie Ltd., 2012.

② 原文注：新媒体艺术品指用"新媒体"创作的艺术作品。

③ Dianne Dietrich and Frank Adelstein, "Archival Science, Digital Forensics, and New Media Art", *Digital Investigation*, Vol. 14, 2015, pp. 137–145.

④ Matthew G. Kirschenbaum, Richard Ovenden, and Gabriela Redwine, *Digital Forensics and Born-Digital Content in Cultural Heritage Collections*, Washington, D. C: Council on Library and Information Resources, 2010.

⑤ Christopher A. Lee, "Up Close and Personal: Individual Digital Traces as Cultural Heritage and Discovery through Forensics Tools", Paper Delivered to Personalized Access to Cultural Heritage (PATCH), sponsored by the Association for Computing Machinery, Haifa, Israel, February 24, 2014.

⑥ William P. Vinh-Doyle, "Appraising Email (Using Digital Forensics): Techniques and Challenges", *Archives and Manuscripts*, Vol. 45, No. 1, 2017, pp. 18–30.

们在元数据、文件管理系统设计与实现、数字保存与保留等方面具有相关性，两个学科应互为补充。① Rogers 系统比较了档案学与数字取证学的发展历程，认为二者都在本学科内具有证明文件身份与完整性的权威，进一步从活动目的、活动流程、真实性判断原则、工作者角色对两个学科的区别进行了分析，并指出其共同之处在于对证据的识别与鉴证。②

2. 新专业的建立构想——"数字文件取证"与"数字重写"

Duranti 撰写了一系列文章论述了她对建立"数字文件取证"（Digital Records Forensics）这一新兴学科领域的展望。她认为档案学研究生教育可分为四个方向，即在传统的档案方向、数字档案方向、文件管理方向之外，还应设置文件取证方向。并指出文件管理方向研究生应当熟悉证据法、电子发现和隐私等相关问题；文件取证方向学生需学习证据法、数字取证理论与方法、数字取证技术、信息安全保障等课程。③ 基于此，她从 6 世纪以来档案与法律和证据的渊源开始梳理，阐明了数字文件取证学的学科理论基础来自证据学、文件身份鉴定学、数字取证学、档案学、信息技术以及机构信息保障等学科④，尤其强调数字取证学中文件获取、鉴定、复制、迁移的技术手段和证据保管链制度对档案学科的借鉴意义。⑤ 进一步指

---

① Alastair Irons, "Computer Forensics and Records Management-Compatible Disciplines", *Records Management Journal*, Vol.16, No.2, 2006, pp.102–112.

② Corinne Rogers, "From Time Theft to Time Stamps: Mapping the Development of Digital Forensics from Law Enforcement to Archival Authority", *International Journal of Digital Humanities*, No.1, 2019, pp.13–28.

③ Duranti L, "Educating the Extreme Records Professional: a Proposal", in Hokke E and Laeven T., eds., *Archivaris: Professie, Professional, Professionaliteit, Professionalisering*, Stichting Archiefpublicaties, 2010, pp.198–207.

④ ［加拿大］露茜安娜·杜兰蒂：《掌控数字文件之取证学科概念的融合（续）》，谢丽译，《档案学通讯》2012 年第 2 期。

⑤ Luciana Duranti and Corinne Rogers, "Educating for Trust", *Archival Science*, Vol.11, No.3–4, 2011, pp.373–390.

出了数字文件取证学需要完成的使命，即如何设计生成并维护可信文件的系统、如何在推定不足时验证文件真实性、如何将文件可靠地从其原生系统中提取出来并还原其保存过程、如何记录文件的更改、如何保存法庭程序结束后的文件等。① 相关课程已纳入不列颠哥伦比亚大学档案学硕士研究生的培养方案之中。②

Bengtson 则关注另一专业，他从 NASA 登月资料磁带案例切入，指出目前的数据恢复工作的目的多在于执法需要或灾难恢复，并非出于对档案手稿本身的保护、恢复与管护。为此，作者呼吁吸收数字取证、数字考古学的技术与经验，建立一门信息管理领域新学科——数字重写（Digital Palimpsest），并呼吁信息科学领域应在其他相关学科介入之前掌握该专业方向的主导权。③

二 国内研究综述

国内研究梳理了档案学界关于电子文件证据效力的研究历程和主要内容，总结了法学界所关注的电子证据效力的核心内容。

（一）档案学界关于电子文件证据价值、证据地位、证据效力的研究

随着档案学界对电子文件认识与态度的变化，从法律或证据视角出发所展开的电子文件管理研究大致可分为两个阶段。第一阶段为 20 世纪 90 年代末到 21 世纪初，纸质文件占据绝对的主导地位，电子文件作为新生事物，证据价值受到质疑，学者们整体趋向借助

---

① Luciana Duranti, "From Digital Diplomatics to Digital Records Forensics", *Archivaria*, No. 68, 2009, pp. 39–66.

② Luciana Duranti and Barbara Endicott-Popovsky, "Digital Records Forensics: A New Science and Academic Program for Forensic Readiness", *Journal of Digital Forensics, Security and Law*, Vol. 5, No. 2, 2010, pp. 45–62.

③ Jason Bengtson, "Preparing for the Age of the Digital Palimpsest", *Library Hi Tech*, Vol. 30, No. 3, 2012, pp. 513–522.

法律的权威性背书，通过列举国内外法律中对电子证据逐渐接纳的现象，引进国外电子文件管理措施，从而论证电子文件具有证据价值，电子文件管理应当受到重视。第二阶段为21世纪初至今，《电子签名法》的颁布确认了电子签名的法律地位，技术的发展、电子文件管理相关法规标准的完善与认识的提升促成了电子文件和纸质文件"齐头并进"的状态，且逐渐向着电子文件单轨单套的方向发展，档案学者的研究重心亦随之转向如何在不断变化的技术环境下确保电子文件的证据价值。本书将上述阶段所形成的研究主题综述如下。

1. 电子文件的证据价值与证据资格论证

电子文件应用之初，为了提升这一"新型档案"的接受度，部分学者从以下两个方面展开了对电子文件证据价值的论述。

（1）国内外法律法规已普遍接纳电子证据。据笔者在CNKI数据库中的检索，黄志文是我国最先开始运用法律视角研究电子文件证据价值的，他于1998年援引英国《民事证据法》以及美国判例法中对电子文件作为传闻证据与最佳证据规则的例外以及联合国国际贸易委员会颁布的《电子商业示范法》中对数据电文法律效力的认定，指出从立法上排除对电子证据可采性的障碍是国际趋势，应当对电子文件的证据价值予以认可。[①] 金霞进一步补充了加拿大《统一电子证据法》等各国关于电子证据的立法情况，通过国际法律大环境对电子证据的认可来为电子文件的证据价值背书，并指出我国三大诉讼法均已相继确认视听资料的法定证据地位，电子文件可归入此类，在我国法律环境中亦不存在成为证据的阻碍。[②] 徐振杰[③]、刘维荣和曹宁[④]亦作此论述。王少辉论述了

---

① 黄志文：《电子文件的法律证据价值》，《档案》1998年第6期。
② 金霞：《中外电子文件证据研究及启示》，《机电兵船档案》2002年第6期。
③ 徐振杰：《中外关于电子文件证据的法律法规》，《档案时空》2002年第10期。
④ 刘维荣、曹宁：《电子文件凭证的法律依据在欧美》，《档案记忆》2002年第12期。

最高人民法院《民事证据规定》对电子文件的适用性。① 刘家真等在专著《电子文件管理——电子文件与证据保留》中系统梳理了中外多部法律中对电子证据的规定，指出现有法律基本可以解决电子文件可采性的问题。② 随着《中华人民共和国合同法》（以下简称《合同法》）和《电子签名法》对数据电文和电子签名法律效力的认可，王艳明等学者纷纷探究其对电子文件管理的影响③，研究重心开始从寻求法律背书向积极呼吁电子文件的法律证据地位转变。④

（2）电子文件符合证据法学基础理论中对证据的要求。2000年，刘家真在《电子文件的凭证性探讨》系列论文中指出，我国档案学界由于缺乏对证据学的研究，在电子文件凭证性的理解上失之偏颇，并从证据能力与证明力两方面论证电子文件应具有与传统档案一样的证据价值。⑤ 张照余亦从证据的可采性与证明力出发，论证了数字化档案的证据价值。⑥ 刘玮玉等依据证据的属性，即客观真实性、相关性（关联性）与合法性，论证了电子文件的法律凭证价值。⑦

2. 电子文件与电子证据相关概念与理论辨析

电子文件与电子证据分属于不同学科，术语与理论体系间既有区别，又有密切的联系，档案学者们主要对下列三个方面进行了讨

---

① 王少辉：《电子文件法律证据问题新探——从〈最高人民法院关于民事诉讼证据的若干规定〉看电子文件证据》，《档案学研究》2003年第1期。

② 刘家真等：《电子文件管理——电子文件与证据保留》，科学出版社2009年版，第86—99页。

③ 王艳明：《〈电子签名法〉对电子文件管理的若干影响》，《档案学研究》2006年第1期。

④ 戴定丽：《关于电子文件证据资格的思考》，《档案》2002年第4期。

⑤ 刘家真：《电子文件与法律——电子文件的凭证性探讨之一》，《档案与建设》2000年第1期。

⑥ 张照余：《网上数字化档案法律地位的确认》，《档案管理》2001年第3期。

⑦ 刘玮玉、仇艳滨：《电子文件的法律凭证作用》，《黑龙江档案》2005年第6期。

论与辨析。

（1）电子文件与电子证据相关概念辨析。关于电子文件作为证据使用时的定位，档案界主要存在三类观点。第一，归属于视听资料证据，此观点前文已有论述。第二，提出"电子文件证据"的概念，认为其应当具有独立的法律地位。陈永生指出，电子文件作为证据时与计算机证据、视听资料等概念的内涵与外延均有交叉，为了避免研究的模糊性，应当赋予其独立地位；① 徐振杰亦支持电子文件证据的概念，但认为其等同于计算机证据。② 陈勇进一步将电子文件证据定义为"在计算机或计算机系统运行过程中产生的以其记录的内容来证明案件事实的电磁记录物"③。第三，随着电子数据在2012年正式获得法定证据地位，学者们基本认同电子文件作为证据时应属于电子数据的范围。④ 许晓彤、肖秋会将电子文件与视听资料、计算机证据、电子证据、数字证据、电子数据等证据法学中的各类概念从形成技术、载体介质、表现形式方面进行了系统辨析，指出电子文件作为证据时应适用电子数据的规定，且证明力大于一般电子数据。⑤ 此外，范冠艳基于对北美"数字环境中的证据法"项目的介绍，对中国与加拿大关于证据的核心概念如可采性、证明力、证据发现等进行梳理。⑥

（2）电子文件"四性"和证据"三性"比较与对接。电子文件

---

① 陈永生：《由"此"未必能及"彼"——电子文件应具有独立证据地位》，《中国档案》2003年第12期。

② 徐振杰：《电子文件证据的法律价值研究》，硕士学位论文，苏州大学，2003年。

③ 陈勇、张文茜：《论电子文件证据的法律效力》，《陕西档案》2013年第1期。

④ 程菲：《从证据审查判断的视角看电子文件的真实性保障》，《蚌埠学院学报》2014年第4期。

⑤ 许晓彤、肖秋会：《电子文件与证据法学中相关概念的比较及其演化脉络分析》，《档案学通讯》2019年第2期。

⑥ 范冠艳：《数字环境中的电子证据规则——基于LEDE项目的比较研究》，《档案学研究》2017年第S1期。

"四性"即真实性、可靠性、完整性、可用性，证据"三性"即成为证据需满足的属性，包括真实性、关联性与合法性，将电子文件与证据的属性进行对接，是探索电子文件证据效力保障的重要切入点。张宁指出，真实性与凭证价值问题是电子文件管理最为重要的论题之一。她在专著《电子文件的真实性管理》中梳理了古文书学、法学、经济学与哲学中对真实性的定义，探讨了纸质文件原始性与电子文件真实性的关系，辅以证据法中对电子证据认定方式的论证，指出真实性是电子文件发挥凭证价值的根本所在。① 谢丽等将我国档案界对电子文件"真实性"的认识与中国、加拿大两国证据法中对真实性的定义相比较，指出三者各不相同，认为档案界应在完善自身概念的基础上促进电子证据真实性判定的相关工作。② 方昀等在介绍 InterPARES 项目的基础上，论证了电子文件可靠性与真实性概率的高低与证据强弱的联系。③ 王燃指出，电子证据的真实要靠电子文件的真实性、可靠性和完整性保障。④ 崔屏将证据"三性"中的合法性引入电子文件"四性"，提出了包含合法性、真实性、可靠性、完整性、可用性的电子文件凭证性概念模型。⑤ 刘越男等以各项法律法规与标准规范为依据，系统地对"四性"与"三性"进行了比较后指出，为了更顺畅地实现两个领域的对接，可将电子文件的完整性分解为要素齐全的"齐全性"和未被非法改动的"完整性"；将证据的真实性分解为

---

① 张宁：《电子文件的真实性管理》，辽宁人民出版社 2009 年版，第 21—40 页。
② 谢丽、范冠艳：《电子文件与电子证据领域中的真实性概念分析》，《浙江档案》2019 年第 1 期。
③ 方昀、潘未梅：《InterPARES 项目对电子文件可靠性真实性保障的哲学基础和理论基础》，《档案学研究》2013 年第 3 期。
④ 王燃：《电子文件管理与证据法规则的契合研究》，《档案学通讯》2018 年第 5 期。
⑤ 崔屏：《电子文件凭证性溯源及内涵研究》，《档案与建设》2013 年第 9 期。

形式真实的"真实性"与内容真实的"可靠性"。①

（3）电子文件管理与电子取证、电子发现的比较。部分档案学者对电子文件与电子证据的核心业务概念进行了比较与辨析。赵生辉从学科归属、思路、主体和客体对电子文件管理与数字取证进行了系统比较，指出电子证据是沟通电子文件管理"证据保留"和数字取证"证据提取"的重要一环，其中电子文件是"前端控制"，数字取证是"后端控制"。② 李锦华则将美国民事诉讼中的电子发现程序与电子文件长期存取的用途、流程、元数据与范围进行了比较，指出应当构建满足二者需求的电子文件管理体系。③

3. 电子文件证据价值认定的问题与障碍

针对电子文件证据价值不被认可的现象，档案学者多将其归咎于电子文件的技术特性，部分学者提及了法律和管理上的问题。这一现象多集中于电子文件应用早期。

（1）电子文件的技术特性挑战了当时人们对"原件"的认知和技术水平。刘家真指出，对于档案的形式载体，人们始终存在认为纸质比电子可靠的思维定式。④ 在纸质环境中，"原件"所附带的具象、可感的信息让人们对其原始性、可靠性不曾有疑，而对传统档案原件的"眼见为实"的判断与监控方式在电子环境中完全失效。王健将电子文件对"原件"概念的挑战概括为电子文件的非人工可识读性与系统依赖性、信息易增删、与载体可分离甚至不具有实体

---

① 刘越男、李静雅：《电子数据、电子文件相关概念的比较与对接》，《档案学研究》2017年第S1期。

② 赵生辉：《"电子文件管理"与"数字取证"比较研究》，《浙江档案》2010年第12期。

③ 李锦华：《电子发现与电子文件长期存取的需求分析——基于美国民事诉讼联邦规则》，《档案管理》2013年第2期。

④ 刘家真：《电子文件的输出形式与法律效力：电子文件的凭证性探讨之二》，《档案与建设》2000年第2期。

特征。① 于丽娟指出缺乏"平民化"的、可靠的电子文件管理技术是电子文件证据效力难以确认的关键因素,并提出"技术实现则法立,技术不足则法不立"的观点;② 景红亦指出电子文件原始性的鉴定对技术提出了更高的要求。③

(2)法律规定的局限不利于电子文件证据效力的发挥。我国关于电子文件证据效力的规定在二十余年来取得了一定进展,如《合同法》和《电子签名法》对数据电文、电子签名法律效力的确认,以及2012年电子数据正式被确认为法定证据类型,但仍存在一定问题。肖秋会等认为现有法律法规中对电子文件证据效力的规定不够全面,电子文件证据效力发挥面临传统证据法的制约;④ 王子芄等则具体分析了大数据环境下《档案法》《电子签名法》等法律中条款的滞后性,指出档案法与配套法律亟待修正。⑤

(3)管理思维与方法的落后无法保障电子文件的证据价值。我国关于电子文件证据价值管理障碍的探讨集中于技术环境变化的两个重要节点。第一,从纸质环境向数字环境转化的节点,电子文件管理主要面临着制度规范不完善、收集归档不全面、元数据管理不到位、载体不耐久等问题。⑥ 第二个节点在互联网大数据背景下,电子文件的产生方式、形态与数量都发生了根本性的变化,传统的、基于物理思维的中心化"档案化管理"对网络

---

① 王健:《网络狼烟——电子文件引发的管理悖论》,《山西档案》2002年第3期。

② 于丽娟:《电子文件证据性的法律思考》,《档案学通讯》2000年第6期。

③ 景红:《电子档案凭证价值探析》,《档案与建设》2000年第10期。

④ 肖秋会、段斌斌:《我国电子文件证据地位及效力立法研究》,《图书情报知识》2018年第1期。

⑤ 王子芄、王晓源:《基于大数据背景下的档案法律策略研究》,《档案学研究》2019年第1期。

⑥ 黄项飞:《电子文件作为法律证据的障碍及解决途径》,《档案记忆》2001年第11期。

环境中动态变化数据管理的指导力十分有限，管理思路有待升级。①

4. 电子文件凭证性与证据价值的保障措施

运用法学证据视角研究电子文件管理在我国档案界受到诸多学者关注，朱亚峰等称，这是一个关乎技术、法律与制度的"世界级难题"。② 档案学者普遍从立法、技术与管理三个角度入手，结合中外电子证据的相关法律规定，促进电子文件向电子证据的转化。随着技术环境日益复杂，部分学者对新技术环境下的电子文件凭证性与证据价值的维护进行了初步探讨。

（1）立法措施。主要观点有：第一，完善现有证据法对电子文件证据效力的认定方式。王绍侠借鉴国外现有证据法提出了扩大"原件"范围、采用功能等同法将符合规定电子文件视为书证采纳、将传统"原件"概念置换为电子文件的真实与完整等三种思路③，连志英进一步提出应将电子文件纳入法律公证程序的范围。④ 第二，完善档案法中对电子文件的相关规定。杨杰指出我国《档案法》应在借鉴信息领域相关法规和电子政务相关规定的基础上，对电子文件的归档范围、载体选择、移交和归档管理程序在《档案法》中作出系统规定。⑤ 王子芮等指出在大数据环境下，《档案法》还应借鉴《网络安全法》的相关规定进行修正。⑥ 第三，制定专门的电子证据法。肖秋会、段斌斌指出应突破传统证

---

① 丁家友：《大数据背景下的档案数据保全探析》，《档案学通讯》2019年第1期。

② 朱亚峰、薛四新、王改娇：《法律视角下凭证性电子文件证据能力研究综述》，《山西档案》2018年第3期。

③ 王绍侠：《电子文件产生证据效力的困难及其对管理的启示》，《档案学研究》2003年第3期。

④ 连志英：《电子文件的证据价值》，《档案》2002年第1期。

⑤ 杨杰：《我国电子文件立法保护研究》，硕士学位论文，黑龙江大学，2009年。

⑥ 王子芮、王晓源：《基于大数据背景下的档案法律策略研究》，《档案学研究》2019年第1期。

据立法的局限，从定义、法律适用、证明力与可采性判断、证据规则等方面制定专门的电子证据法，切实确认电子文件的证据效力。①

（2）技术措施。主要观点有：第一，注重可靠系统建设与维护。根据证据合法性对"核正"程序的规定，张秀丽提出应在保证计算机系统环境安全的前提下，设计可靠的电子文件管理系统并维护其正常运行。② 薛四新等则在《电子签名法》的启发与指引下，设计了基于数字认证技术的电子文件归档系统。③ 第二，使用安全保密的关键技术。针对电子文件易篡改的特点，早在2000年，石家庄市钢铁有限公司电子档案课题组研究指出可采用"只写一次式光盘加背书"，让档案移交双方在不可更改的载体上签字，制作电子文件的归档原件。④ 王少辉建议系统使用备份和镜像技术、访问控制技术、加密技术、电子签名技术和日志技术对电子文件的安全可靠进行保障；⑤ 蔡学美还强调了对数字水印、时间戳和访问控制、入侵检测技术的使用。⑥ 李侃⑦和周祺、张照余⑧分别探讨了数字摘要、数据隐藏技术及区块链技术在电子文件证据效力保障方面的作用。陶水龙

---

① 肖秋会、段斌斌：《我国电子文件证据地位及效力立法研究》，《图书情报知识》2018年第1期。

② 张秀丽：《基于电子证据认证视角下的电子文件管理》，《中国档案》2010年第8期。

③ 薛四新、王建明、王玉：《解读〈电子签名法〉，思考电子文件归档》，《档案学研究》2005年第3期。

④ 石家庄市钢铁有限公司电子档案课题组：《电子文件归档及法律证据作用探索》，《档案学研究》2000年第3期。

⑤ 王少辉：《论电子文件法律证据效力的影响因素和保障对策》，《图书情报知识》2003年第4期。

⑥ 蔡学美：《电子档案凭证作用生效分析》，《中国档案》2015年第2期。

⑦ 李侃：《证据法语境下电子文件的凭证性保障探析》，《机电兵船档案》2017年第2期。

⑧ 周祺、张照余：《关于电子文件法律证据价值可行性的研究——以互联网法院的实践为例》，《档案与建设》2019年第5期。

等基于数字签名技术设计了"电子档案身份证"[①]。陈勇则分别探讨了文本、图像、音频与视频各类格式的技术特点,指导证据保留的格式遴选工作。[②] 第三,进行元数据管理。刘洪等指出需要在现有电子文件元数据的基础上筛选出一个直接影响电子文件凭证效力的集合[③];陶水龙等则在梳理现有元数据方案局限性的基础上,分别设计了文本类电子文件对象元数据和实践元数据方案。[④]

(3)管理措施。主要涉及下列四个方面:第一,全程管理理念。张宁借鉴文件连续理论模型,提出电子文件真实性连续体模型构想,论述了全程管理、全面管理的"两全"管理思路,即对电子文件的现行半现行阶段和非现行阶段进行线性管理,同时要对真实性涉及的政策、组织与技术各个方面进行统筹。[⑤] 第二,制度规范建设。颜海援引电子文件委员会的管理规范和澳大利亚、英美等国家的管理规范,指出管理规范与制度的建设是保障电子文件法律证据效力的有效措施。[⑥] 胡文苑提出要依靠等级备份制度,由国家档案馆对电子文件的证据效力实施担保[⑦],尹昌平进一步论述该项制度可通过行政解释的方式被司法认可。[⑧] 第三,归档电子签名。随着《电子签名法》的颁布,刘国华等指出应将电子签名同其制作与验证数据纳入

---

① 陶水龙、薛四新、田雷等:《异构系统中电子档案凭证性保障的整体构思》,《档案学研究》2012年第5期。

② 陈勇:《论电子文件格式与证据保留》,《档案学通讯》2010年第3期。

③ 刘洪、殷菲:《从凭证价值角度论述如何保持电子文件真实性》,《兰台世界》2015年第32期。

④ 陶水龙、王贞、田雷等:《电子文件和电子档案元数据分类与方案设计》,《档案学研究》2016年第6期。

⑤ 张宁:《电子文件的真实性管理》,辽宁人民出版社2009年版,第21—40页。

⑥ 颜海:《关于电子文件法律证据效力的研究》,《图书情报知识》2001年第1期。

⑦ 胡文苑:《证明之道:国家证明权的第二种实现方式——以电子文件、数字档案登记备份制度为视角》,《浙江档案》2010年第7期。

⑧ 尹昌平:《谈谈电子文件、数字档案备份的证据作用》,《浙江档案》2010年第S1期。

归档范围①,张文浩进一步划定了电子签名验证软件、数字证书、CRL 和电子认证信息的归档范围。② 第四,专业机构建设与实践。赵若辉认为,为保障电子文件的证据效力,可以建立网络服务中心作为数据存储与传递的中立第三方。③ 王协舟提出可确立档案馆作为证据中心的法律地位,为电子证据利用提供服务。④ 2012 年电子证据法定地位确立后,陈柳青指出档案机构可依照证据要求承担鉴定职能,为电子档案提供连续的真实性证明,切实提升其证明力。⑤ 周祺等亦提出了档案部门打通与司法部门电子证据传输通道,实施全生命周期数据保全的电子文件证据性保障设想。⑥ 同时,已有档案部门率先开展了电子文件证据效力保全的服务,如重庆邮电大学实现了该校数字档案系统与电子证据认证中心的对接⑦,天津市档案馆开展针对企业业务数据证据效力实时保全的服务等。⑧

(4) 新技术环境下的电子文件管理。除了上述一般意义上的相对封闭系统中的电子文件证据效力保障研究,部分学者也将目光投向各类新技术环境中生成的电子文件。首先是电子邮件。早在十年前,唐跃进等就提出应将电子邮件、电子合同全面纳入档案管理范

---

① 刘国华、韩宏庆、杨福军:《〈电子签名法〉对电子文件管理的影响》,《档案学通讯》2005 年第 6 期。

② 张文浩:《〈电子签名法〉实施对电子文件归档管理技术方法的影响及其对策》,《档案学研究》2007 年第 3 期。

③ 赵若辉:《电子文件证据效力的法律对策建议》,《档案学研究》2001 年第 4 期。

④ 王协舟:《从电子文件的特征看建立证据中心的可行性》,《档案时空》2003 年第 10 期。

⑤ 陈柳青:《电子档案证明力研究》,硕士学位论文,福建师范大学,2015 年。

⑥ 周祺、张照余:《关于电子文件法律证据价值可行性的研究——以互联网法院的实践为例》,《档案与建设》2019 年第 5 期。

⑦ 胡丹:《基于电子证据保全的数字档案法律效力研究》,《兰台世界》2018 年第 3 期。

⑧ 方昀、仇伟海、李德昆等:《电子文件数据维保服务案例研究》,《档案学通讯》2018 年第 4 期。

围,使其在法庭上占有一席之地。① 卞咸杰从来源安全、系统可靠、背景信息全面和内容真实四个方面探讨了电子邮件归档的凭证性保障。② 其次,部分学者对社交媒体文件的证据效力发挥进行了研究。朱晓东等基于证据视角,着重分析了以微信为例的社交媒体档案特征,从来源合法、内容真实、元数据捕获、长期保存、载体转化方面提出了管理策略。③ 蒋喜明则通过文献计量,指出社交媒体证据性研究应基于法制观念和法治思维,结合实践需求加以考量。④ 此外,互联网、云计算与大数据环境下的电子文件与证据亦引起了部分学者的关注。吴青霞指出云计算环境下电子文件法律效力的保障要靠加强在封装、完整性校验、分布式存储、凭证管理、监控与溯源方面的规范建设;⑤ 薛四新则探讨了云环境下电子文件运动的规律和凭证性的影响事件,构建了电子文件凭证性概念模型。⑥ 祁天娇基于互联网环境,将档案学科的理论与思想融入证据保全中,提出了电子证据应当实施预先保全与实时保全。⑦ 丁家友则认为大数据环境下,传统的档案管理思想应当向档案数据保全转变,并提出了"存以备查,全而结网"的保全思路。⑧

---

① 唐跃进、张玉婷、蒋琴:《电子文件取证影响因素及其对策研究》,《档案学通讯》2009 年第 2 期。
② 卞咸杰:《试析电子邮件归档凭证价值的宽泛性》,《档案与建设》2014 年第 10 期。
③ 朱晓东、张宁:《基于证据视角的社交媒体档案管理——以微信为例》,《档案学研究》2017 年第 2 期。
④ 蒋喜明:《社交媒体电子文件证据性研究的司法考量》,《档案管理》2019 年第 2 期。
⑤ 吴青霞:《云计算背景下的电子文件法律效力探析》,《北京档案》2016 年第 4 期。
⑥ 薛四新:《电子文件凭证性研究的现状与思考》,《档案学研究》2016 年第 6 期。
⑦ 祁天娇:《基于电子文件管理视角的互联网电子证据保全研究》,《档案与建设》2018 年第 3 期。
⑧ 丁家友:《大数据背景下的档案数据保全探析》,《档案学通讯》2019 年第 1 期。

(二) 我国法学界对电子证据效力的相关研究

相比于电子文件,电子证据出现后,首先受到冲击的是传统证据,法学学者们对电子证据的研究更为"直接"与"迫切"。据笔者检索,我国首部系统研究电子证据的专著为何家弘于2002年主编的《电子证据法研究》,它全面开启了我国电子证据研究的序幕。此后,刘品新《中国电子证据立法研究》[①]与《电子取证的法律规制》[②]、皮勇《刑事诉讼中的电子证据规则研究》[③]等论著在我国电子证据立法基本空白的情况下,对其立法与规则建制进行了研究与探索。2012年电子数据正式获得法定证据地位后,学者们对电子数据的司法实践,尤其是取证工作颇为重视,代表性著作有杜春鹏《电子证据取证和鉴定》[④]、王立梅、刘浩阳《电子数据取证基础研究》[⑤]、李双其、林伟《侦查中电子数据取证》[⑥]等,其研究内容涵盖了理论、规则与技术等多个层面的指引。此外,熊志海结合技术发展趋势,将电子证据的研究范围进一步精确至网络证据,并对其收集与保全制度进行了研究。[⑦]需要指出的是,随着法律法规的不断修正,学者们的研究重心和研究内容亦随之调整,学术观点具有时效性;为了更准确地掌握当前法学界电子证据证据效力的研究现状,本书以2012年电子数据正式获得法定证据地位为时间分割点,重点对此后的学术成果进行综述。

与档案界对电子文件的质疑相通,法学学者也将电子证据带来的挑战归因于技术的迅速发展。司法实践面对区块链证据、时间

---

① 刘品新:《中国电子证据立法研究》,中国人民大学出版社2005年版。
② 刘品新主编:《电子取证的法律规制》,中国法制出版社2010年版。
③ 皮勇:《刑事诉讼中的电子证据规则研究》,中国人民公安大学出版社2005年版。
④ 杜春鹏:《电子证据取证和鉴定》,中国政法大学出版社2014年版。
⑤ 王立梅、刘浩阳主编:《电子数据取证基础研究》,中国政法大学出版社2016年版。
⑥ 李双其、林伟:《侦查中电子数据取证》,知识产权出版社2018年版。
⑦ 熊志海:《网络证据收集与保全法律制度研究》,法律出版社2013年版。

戳证据、微信证据等科技含量高的新型证据的专业性与自由心证原则之间存在天然冲突；① 三大诉讼法虽为电子证据"正名"，但至今仍未建立统一的电子证据认定规则，进一步阻碍了电子证据效力的顺利实现；② 樊崇义等将电子证据的应用现状概括为"有立法、无规则"③。法学学者对电子证据效力保障的研究思路具有体系化的特征：横向上，关注电子证据的三大属性，即真实性、合法性与关联性；纵向上，关注电子证据的司法证明环节，即取证、举证质证与认证。最终则落实到通过法律、规则与制度的完善促进证据效力的发挥与落实。呈现出以下研究特点：

1. 在电子证据"三性"中，真实性的理解与认定是法学界关注的核心，关联性的内涵在电子环境中亦有所变化

（1）"真实性"在电子证据环境下的概念与内涵发展。刘品新将目前法学界的电子证据真实观归纳为"易失真论"与"极可靠论"两类观点，基于系统性原理、电子痕迹理论和虚拟场理论提出了电子证据的理性真实观念，即相比于传统证据，电子证据具有更完备的真实性保障。④ 褚福民则将真实性划分为载体真实性、电子数据真实性、电子证据内容真实性三方面。⑤

（2）短信、电子邮件、即时通讯记录等"新型电子证据"的真实性证明。迄今为止，我国对电子数据的概念与类型规定最详细的是2016年颁布的《关于办理刑事案件收集提取和审查判断电子数据若干问题的规定》（以下简称《电子数据规定》），它囊括了多达20

---

① 刘品新：《印证与概率：电子证据的客观化采信》，《环球法律评论》2017年第4期。
② 郑旭江：《互联网法院建设对民事诉讼制度的挑战及应对》，《法律适用》2018年第3期。
③ 樊崇义、李思远：《论我国刑事诉讼电子证据规则》，《证据科学》2015年第5期。
④ 刘品新：《论电子证据的理性真实观》，《法商研究》2018年第4期。
⑤ 褚福民：《电子证据真实性的三个层面——以刑事诉讼为例的分析》，《法学研究》2018年第4期。

种电子证据类型。通过对文献的回顾，法学界学者们主要关注手机短信、网络平台数据、电子邮件、微信证据等在线聊天记录、微博证据、网上交易记录等在互联网环境下产生的、动态的"新型电子证据"[1]，并着重分析了此类电子证据的真实性判断要点，即既要审查形式上的、外部的真实，又要关注实际内容上的、内部的真实。[2] 古国妍等基于此提出了动态与静态相结合的真实性鉴定方法。[3] 广州中院亦提出应以审查电子记录系统的可靠性判断电子证据的真实性[4]，张宇亦持此观点[5]。自正法指出，网络环境中的电子证据应借助网络电子证据平台的辅助进行真实性判断。[6] 何文燕等则认为不同类型的电子数据真实性认定有所区别，进一步将其分为孤立数据（可编辑数据、只读数据与不可读数据）与系统数据（含二维数据与多维数据），分别探讨其真实性认定要点。[7]

（3）电子证据的鉴真。鉴真，指当事人需证明其出示的证据就是其所声称的证据，是未经篡改的、真实的。刘译矾基于电子数据"双重载体"的特点，即存储载体作为外部介质，表达证据事实的各种方式为内部介质，因此有必要对电子数据进行"双重鉴真"；进一步指出 2016 年出台的《电子数据规定》虽基本体现

---

[1] 冀宗儒、钮杨：《论民事诉讼中电子数据的运用规则》，《证据科学》2016年第4期；陈浩：《即时通讯记录的司法认定》，《国家检察官学院学报》2016年第6期。

[2] 苏志甫：《知识产权诉讼中电子证据的审查与判断》，《法律适用》2018年第3期；汪闽燕：《电子证据的形成与真实性认定》，《法学》2017年第6期。

[3] 古国妍、娄琳莉、贡凤等：《电子证据的鉴真——以微信为例》，《东南大学学报》（哲学社会科学版）2017年第S2期。

[4] 广东省广州市中级人民法院电子商务课题组：《"互联网＋"语境下之商事审判疑难问题研究》，《法律适用》2017年第1期。

[5] 张宇：《论电子数据证据的真实性认定》，《中国社会科学院研究生院学报》2016年第3期。

[6] 自正法：《以影响性诉讼案为例论网络著作权保护》，《中国出版》2019年第14期。

[7] 何文燕、张庆霖：《电子数据类型化及其真实性判断》，《湘潭大学学报》（哲学社会科学版）2013年第2期。

了这一思路，但仍存在混淆"同一性"与"真实性"的问题；指出应当进一步证明电子数据内外载体的独特性、完整性及保管链条。① 刘品新亦补充指出，保管链条不应只通过笔录和情况说明加以证明，证人出庭率方面有待提升，且应加强"自我鉴真"规则的建设。②

（4）电子证据关联性的认定。在数字环境中，证据关联性的表现与传统物证时代不同。刘品新指出电子证据关联性表现为明显的"双联性"，既要注重虚拟空间身份与当事人身份的载体关联性，又要注重其与案件事实相关的内容的关联性。③ 贾志强亦赞同此观点。④ 陈希进一步探讨了民间借贷案件中电子证据与主体身份关联性的认证规则要点。⑤

2. 在电子证据的司法证明环节中，尤其重视"一头一尾"，即取证与审查认定两大环节

（1）刑事电子数据侦查取证的规制。刑事诉讼证明标准要求应排除一切合理怀疑，因此对取证过程的合法、规范性尤其关注。陈永生基于刑事电子证据取证中的搜查与扣押问题，提出了重视令状签发、保护合法权利和证据保管链制度建设的完善措施。⑥ 谢登科以著名的"快播案"为切入点，指出电子数据取证的规则应注意向案外第三人收集电子数据时的权利保障，针对不同的电子数据类型予以不同的侦查措施，对电子数据与存储介质"一体化收集"模式细化规制，兼顾取证主体的取证权限与技术资质，建立专业人才

---

① 刘译矾：《论电子数据的双重鉴真》，《当代法学》2018年第3期。
② 刘品新：《电子证据的鉴真问题：基于快播案的反思》，《中外法学》2017年第1期。
③ 刘品新：《电子证据的关联性》，《法学研究》2016年第6期。
④ 贾志强：《微信通信信息取证问题实证探究——以相关裁判文书为样本》，《出版发行研究》2018年第2期。
⑤ 陈希：《民间借贷案件电子证据认定问题研究》，《社会科学家》2019年第1期。
⑥ 陈永生：《电子数据搜查、扣押的法律规制》，《现代法学》2014年第5期。

队伍。①

（2）民事电子数据取证保全效力的强化。民事诉讼取证行为多为"自取证、自保全"，对近年来层出不穷的"技术性单方取证"与"第三方取证"颇为关注。张玉洁详细论述了区块链技术的特点，指出目前通过电子签名、可信时间戳、哈希值校验、区块链进行证据保全的方式能够实现真实性印证，指出目前电子证据过度依赖司法公证反而削弱了其自身的证据效力，应从"国家公证"向"技术自证"模式转变。② 陈可欣等论证了时间戳保全电子证据的模式在实际审判中已被逐渐接受，指出此项服务的性质为证据保全而非电子签名，不应受国务院信息产业主管部门许可的影响而限制其取证的合法性。③ 邓和军探讨了网易公正邮在电子邮件保全中的公证前置、中立性存储、用户实名认证模式保障电子证据真实性的可行之处。④

（3）电子证据取证工具与技术。电子证据取证工具主要涉及现场勘验设备、镜像设备等硬件，又包括系统仿真、密码破解等软件⑤，综合使用数据恢复、数据解密、日志分析、数据挖掘、对比搜索、数据截取、攻击源追踪、数字签名、时间戳、数字摘要、数字隐藏等技术实现各类电子证据的完整取证。⑥

（4）推进电子证据审查认定的证据规则构建。刘品新曾研读8095份与电子证据相关的裁判文书，仅有7.2%的文书作出了明

---

① 谢登科：《论电子数据与刑事诉讼变革：以"快播案"为视角》，《东方法学》2018年第5期。
② 张玉洁：《区块链技术的司法适用、体系难题与证据法革新》，《东方法学》2019年第3期。
③ 陈可欣、李然：《知识产权诉讼中时间戳证据效力分析》，《福建师范大学学报》（哲学社会科学版）2018年第5期。
④ 邓和军：《论公正邮的证据真实性及对电子数据鉴真规则的启示》，《甘肃社会科学》2015年第5期。
⑤ 刘浩阳、李锦、刘晓宇：《电子数据取证》，清华大学出版社2015年版。
⑥ 杜春鹏：《电子证据取证和鉴定》，中国政法大学出版社2014年版。

确采信判断，可见司法界对电子证据的认定还有诸多不足。学者们拟从以下方面提出证据规则的完善方向：第一，最佳证据规则，即原件规则，可采用"拟制原件"调适电子证据的适用，从法律政策上将反映原件信息的电子证据复制件视为具有"原件"同等效力。① 第二，传闻证据例外，目前我国证据规则中并未明确规定传闻证据的排除，在假设传闻证据规则完备的前提下，业务记录与公共记录应作为传闻证据的例外。② 第三，非法证据排除规则，即以非法手段取证获得的证据将在法律上失去证据效力。③ 第四，专家辅助人制度，目前我国法律中专家辅助人只能参与协助质证，无法充分发挥专业能力，呼吁赋予专家辅助人超越质证权的权限，促进电子证据的认定。④ 第五，证据补强规则，针对电子证据证明力易受质疑的情况，应确立证据补强机制促进其证明力的提升与最终采信。⑤ 第六，司法工作者证据终审制度。此项制度是为了防范人工智能陷入"法定证据制度"以及"算法暗箱"的误区，进而误导电子证据的取证与采信，指出应建立司法工作者终审原则制度和证据审核制度，合理保障人工智能在司法领域的发展。⑥

此外，刘哲玮指出还应重视民事电子证据的技术标准建设，指导司法机关和律师能够便捷地识别、收集、提取电子证据，避免其

---

① 周新：《刑事电子证据认证规范之研究》，《法学评论》2017年第6期。
② 刘显鹏：《论电子证据的认证规则体系——以〈民事诉讼法〉修订为背景》，《大连理工大学学报》（社会科学版）2013年第2期。
③ 赵长江：《刑事电子数据证据规则研究》，博士学位论文，西南政法大学，2014年。
④ 胡铭：《电子数据在刑事证据体系中的定位与审查判断规则——基于网络假货犯罪案件裁判文书的分析》，《法学研究》2019年第2期。
⑤ 王春：《论电子证据补强规则确立及补强机制建构》，《湖北社会科学》2012年第8期。
⑥ 程凡卿：《我国司法人工智能建设的问题与应对》，《东方法学》2018年第3期。

书证化使用。① 李学军等建议通过最高法指导性案例的发布来统一电子证据的适用，以解决立法修正时间较长的问题。② 刘品新指出应当构建客观化的采信机制，创设孤证绝对否定、不同节点印证、属性痕迹补强、区间权衡等规则，并提出了电子证据印证公式，力推经验判断向量化、概率化采信转变。③

3. 关注电子文件管理原理与方法对电子证据研究的重要价值

部分法学学者倡导将档案学电子文件管理的原理与方法融入电子证据的研究中。何家弘等早在2002年即提出应当借鉴档案学中全宗理论与来源原则对档案原始性、完整性的保护思想，以及电子文件前端控制、全程管理与元数据管理的原理与方法来进行电子证据保全；④ 刘品新亦指出政府、企事业单位对重要电子文件及其全过程的规范化管理是取证的基础，倡导建立合理的电子文件日常管理制度。⑤ 在此基础上，刘品新运用智慧司法应用的"后端驱动"视角，指出电子文件管理工作应进行"升级"，为海量电子证据应用"改造"前端控制规则。⑥ 这一方面反映了电子文件管理工作在电子证据效力发挥中的现实需求，也为档案学与证据法学的学科交融提供了可行思路。

三 国内外研究评析

从综述内容来看，电子文件证据效力是国内外文件与档案研究

---

① 刘哲玮：《民事电子证据：从法条独立到实质独立》，《证据科学》2015年第6期。

② 李学军、朱梦妮：《电子数据认证问题实证研究》，《北京社会科学》2014年第9期。

③ 刘品新：《印证与概率：电子证据的客观化采信》，《环球法律评论》2017年第4期。

④ 何家弘、刘品新编：《电子证据法研究》，法律出版社2002年版，第99—113页。

⑤ 刘品新：《电子证据的关联性》，《法学研究》2016年第6期。

⑥ 刘品新：《电子文件立法的实质性转型——以智慧司法创新为视域》，《法制与社会发展》2021年第3期。

领域持续关注的研究主题。我国该项研究伴随着20世纪90年代对电子文件的探索性研究逐渐产生，起初的研究倾向于援引国内外相关立法为电子文件的凭证性背书；2004年《电子签名法》的颁布和2012年电子数据正式被纳入三大诉讼法促使档案学者更加积极地吸收法律法规的要求，对电子文件证据效力保障的技术与方法进行研究，研究历程呈现出平稳发展的态势，但仍面临着几个突出的问题：

第一，在研究内容方面，多为零散的探索，较缺乏系统研究。回顾对电子文件管理与电子证据交叉研究的系统化成果，张宁在专著《电子文件的真实性管理》中借鉴证据法学的规则与思想，从概念、理论到方法对电子文件进行了综合研究；祁天娇在硕士学位论文中基于电子文件管理视角对互联网平台的电子证据保全进行了研究；[①] 范冠艳在其博士学位论文中运用扎根理论对电子文件、电子文件管理与电子证据、电子证据使用的关系进行了探索。[②] 除此之外，其他研究的视角与成果较为分散，或仅作为电子文件研究著作中的一个组成部分，研究的专门性较弱、篇幅较小，内容覆盖面有限。随着2019年新《民事证据规定》明确了档案管理对电子证据认定的积极意义，亟待对电子文件证据效力的基础概念与理论、法制与规则、管理与技术等各方面进行系统、深入地研究。

第二，在研究视角方面，跨学科互动不够深入与充分。笔者在文献综述过程中发现，档案学者在借鉴证据法学相关概念与规则进行研究时还存在着对关键术语理解的偏差问题，如将文件的真实性与证据的真实性直接混同，或将证据效力与法律效力或档案的凭证性进行混淆等，学科间还存在着理论与实践壁垒。失去正确的前提，必定难以得出合理的结论。系统开展跨学科研究前，对学科间的相关理论进行全面、充分地关联与衔接，应当成为必要环节。

---

① 祁天娇：《互联网服务平台中的电子证据保全——基于电子文件管理视角的研究》，硕士学位论文，中国人民大学，2016年。
② 范冠艳：《电子文件及管理与电子证据及使用的关系——基于扎根理论方法的研究》，博士学位论文，中国人民大学，2019年。

第三，在研究方法方面，理论研究充分，与司法实践的结合尚有不足。电子文件作为司法证据的效力问题归根结底应当是司法认可的问题，即回答如何实施电子文件管理才能使其满足法律规定的证据要求的问题。目前，我国档案学界对电子文件证据效力的分析多来源于传统档案学视角对档案凭证性认知的固有思路，或直接基于现有法律规定进行分析，多为"从文本到文本"的研究，对司法实践中电子文件作为证据使用时面临的困难涉足甚少，这在一定程度上削弱了其研究成果的实践参考力度。

国外图情档界与证据法学的融合研究起步较早，亦开展了一些规模较大、历时较长的科研项目。基本形成了"跨学科术语映射与理论衔接——需求调研与障碍梳理——理念方法指引、人才教育培养、技术工具开发"从理论到实践的研究路径，推动了档案学与证据法学、计算机科学等学科的交融探索，为电子文件管理实践与司法工作提供助益。虽然上述研究成果无法直接适用于我国的法律环境，但其研究思路、方法与视野能够为本课题提供一定的借鉴与指引。

此外，通过对我国法学学者关于电子证据效力的研究综述发现，虽然电子证据入法"正名"已久，但仍面临着严峻的采信障碍。已有部分法学学者关注电子文件管理的理论与方法对证据效力保障的示范作用，希望通过档案管理的手段辅助解决其所关注的证据真实性及取证问题等。可见，电子文件证据效力保障研究与档案学和证据法学共同的理论与实践需求相契合，对指导电子文件管理，提升电子证据采信效率均具有积极意义。

第三节　研究内容与研究方法

一　研究内容

本书立足于我国电子证据的广泛应用与电子文件单轨单套制管

理方兴未艾的背景，通过理论研究与实践调研，从证据法学视角出发，对组织机构电子文件证据效力保障展开跨学科探索。全书以理论与实践相结合原则为指导，遵循"发现问题—分析问题—解决问题"的研究逻辑进行内容组织（详见图1-1），共分为九个章节。

通过第一章的研究，梳理电子文件与电子证据间的渊源，阐述信息技术影响下我国电子文件证据效力保障在理论层面的不足与实践方面的需求，论述本书的研究意义，确定本书的研究内容、研究思路与研究方法。

通过第二章、第三章的研究，界定本书的研究范围，厘清电子文件与电子证据相关概念、理论、规则与业务间的区别与联系，构建跨学科研究的理论工具，为全书奠定理论基础。第二章界定了电子文件、电子证据、证据效力、凭证价值等核心概念，系统辨析两个学科间一系列近似、相关概念，避免关键术语的混用、误用。同时，全面分析档案学理论与思想、证据法学规则与制度及系统科学的理论与方法，阐释其对本研究的指导意义。第三章则在此基础上设计并提出两项理论工具——电子文件证据性概念模型与电子文件—电子证据保管链，实现学科间的初步对接，为后续组织机构电子文件证据效力保障体系框架的构建、保障策略的提出提供理论支撑与分析工具。

通过第四章的研究，多方归纳组织机构电子文件证据效力保障的现状与需求。电子文件是否具有作为法律证据的效力，应取决于司法的最终认定。因此本书从下列三个方面归纳组织机构电子文件证据效力保障的现状与需求：第一，现有法律法规、标准规范中对电子证据取证、审查、判断与认定的相关内容；第二，对电子证据实践较为发达地区的科研工作者、律师、法官、企业法务等法律工作者的半结构化访谈素材；第三，对裁判文书的统计结果。上述方面从理论纲要到实践细节相互印证、互为补充，共同形成了现阶段我国电子文件证据效力保障的现实需求。

通过第五章、第六章的研究，归纳电子文件证据效力保障的国

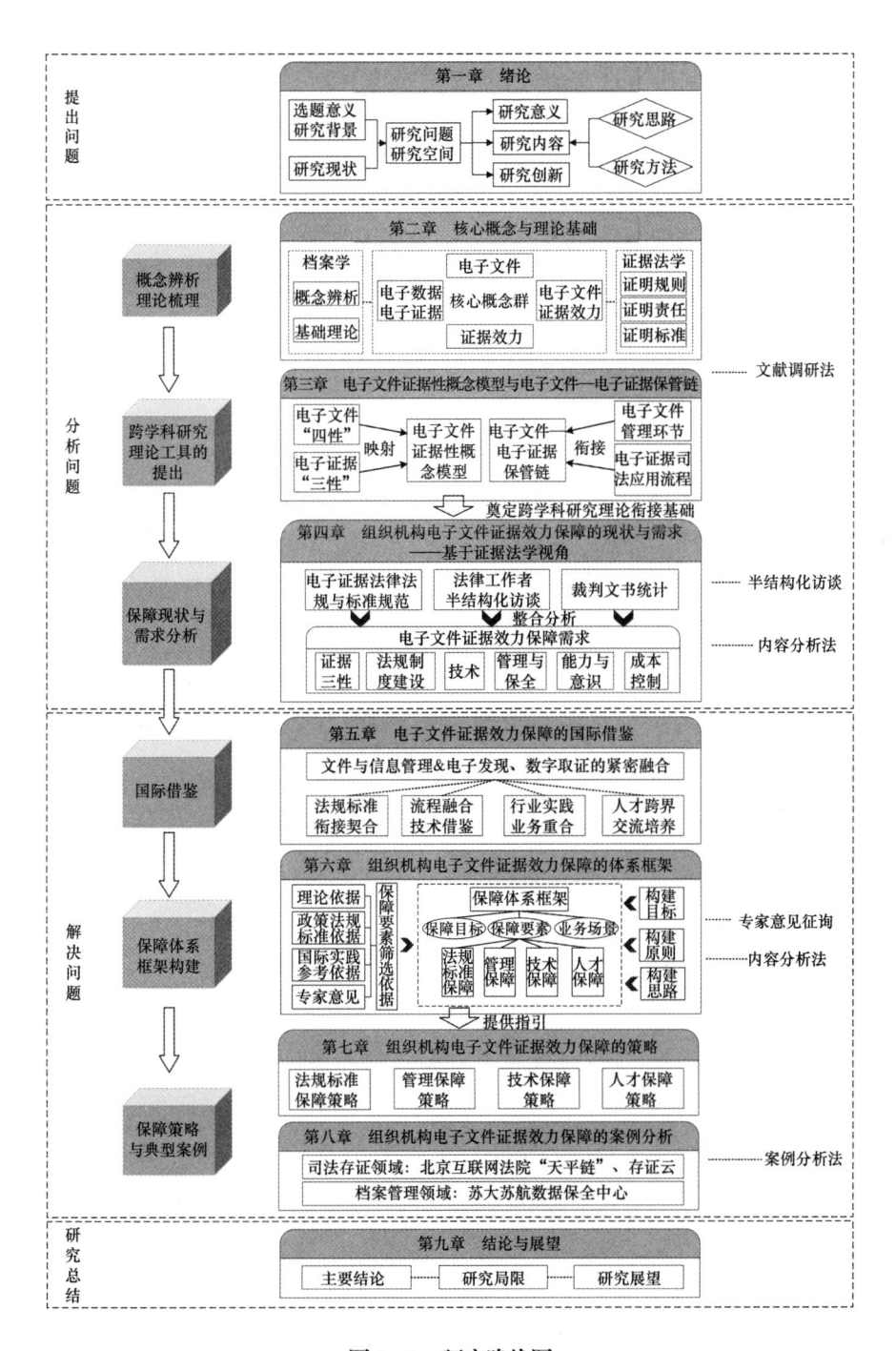

图 1-1 研究路线图

际经验，构建组织机构电子文件证据效力保障的体系框架。第五章梳理了国外在文件信息管理、电子取证、电子发现等领域的融合方面的做法，为我国提供参考借鉴。第六章则基于理论与国际实践经验、电子文件管理的法规政策和标准规范等依据，初步筛选组织机构电子文件证据效力保障要素的参考项；继而征询电子文件管理专家对各参考项的意见与建议，实现从保障需求向保障要素的转化，在此基础上归纳、提炼出组织机构电子文件证据效力保障的体系框架。

通过第七章、第八章的研究，分析与论述组织机构电子文件证据效力保障的策略，并通过典型案例予以阐释。第七章在组织机构电子文件证据效力保障的体系框架的指引下，有针对性地结合当前组织机构电子文件证据效力保障的关键问题，从法规标准保障、管理保障、技术保障和人才保障四个方面提出了具体策略。第八章从司法存证领域和档案管理领域选择了三例电子文件证据效力保障的典型案例，对其运行机制与优势进行分析，辅助论证本书所提出的保障体系框架与策略的有效性与可行性。

第九章是对全书的总结，指明现有研究的主要结论与局限之处，并对未来的研究趋势与方向进行展望。

二 研究方法

针对以上研究思路，本书将综合运用文献调研法、半结构化访谈法、专家意见征询法、内容分析法、案例研究法展开研究。

（一）文献调研法

根据选题需要，通过各大中外文学术数据库，学术搜索引擎、代表性项目官方网站、本地馆藏资源等渠道，借助 Endnote、Noteexpress 等文献管理工具的辅助，对"电子文件证据效力保障"的相关中外文图书、期刊论文、学位论文、会议论文、研究报告等文献资源进行全面研究。总结国内外档案界与法学界对电子文件证据效力相关研究的成果，为后文的论述奠定基础。

(二) 半结构化访谈法与专家意见征询法

访谈是质性研究中最重要的收集资料的方式。[①] 半结构化访谈通过一组深度访谈的主题,而非标准化、固定化的问题,了解受访者关于某个话题的更深入、全面的反馈。本书中,笔者运用半结构化访谈法对来自北京、上海、广东、江苏、山东等地的 26 位法律工作者进行深入采访(部分开展了多次、反复采访),获得电子文件证据效力保障现实需求的研究素材。

此外,笔者还将半结构化访谈应用在对电子文件专家的意见征询中,专家意见征询是以专家的意见、经验与知识进行判断与预测的一种定性方法,尤其适用于对预测目标发展方向缺乏必要信息时。[②] 本研究中,笔者以半结构化访谈的方式征询电子文件管理专家对组织机构电子文件证据效力保障体系框架的意见,即就保障需求或保障要素参考项一对一向专家进行请教、咨询,充分吸收专家的经验与智慧,更全面地识别组织机构电子文件证据效力的保障要素。

(三) 内容分析法

内容分析法(Content Analysis)可分为定性内容分析与定量内容分析。[③] 本书主要采用定性内容分析法对法律法规、标准规范和访谈资料进行分析。第一,在对电子证据现有法律法规、标准规范进行通读的基础上,着重分析其中关于取证、审查、判断与认定的相关内容,提炼出电子证据的规格要求。第二,对法律工作者半结构化访谈资料进行编码主题分析,从实践层面归纳组织机构电子文件证据效力保障的现实需求。第三,对电子文件管理专家意见征询素

[①] 陈向明:《质的研究方法与社会科学研究》,教育科学出版社 2000 年版,第 165 页。

[②] 黄汉江:《投资大辞典》,上海社会科学院出版社 1990 年版,第 630—631 页。

[③] Marilyn Domas White and Emily E. Marsh, "Content Analysis: A Flexible Methodology", *Library Trends*, Vol. 55, No. 1, 2006, pp. 22 – 45.

材进行"目的—手段"分析①,运用概念图②厘清保障需求与保障要素之间的对应转化关系。

(四) 案例研究法

案例研究法立足于具体场景,以管窥的思路对问题进行深入探究。本书兼顾司法存证领域和档案管理领域,选取了北京互联网法院天平链、存证云电子合同在线签约存证和苏大苏航数据保全中心档案数据保全三个案例,全面分析其在电子文件(电子证据)证据效力保障方面的成果与经验,为组织机构电子文件证据效力保障提供实践参考;同时与本书所提出的观点相联系,论证与说明本书保障体系框架与保障策略的可行性与有效性。

---

① 陈宏民主编:《系统工程导论》,高等教育出版社2006年版,第106—150页。
② [美]艾尔·巴比:《社会研究方法》,邱泽奇译,华夏出版社2009年版,第381—386页。

第 二 章

核心概念与理论基础

第一节 概念界定

系统开展研究之前,需要通过概念界定明确研究对象、划定研究边界。本书以组织机构生成、管理、保存的电子文件为研究对象,探讨对其证据效力的保障。由于"组织机构""电子文件"等概念较为宽泛,且近似概念繁多,应当单独界定范畴。证据效力一词为证据法学的专用名词,亦需要阐明其内涵。

一 组织机构

根据《现代汉语词典》的定义,组织是指按照一定的宗旨和系统建立起来的集体[①],机构指机关、团体等工作单位,也指其内部组织。[②] 从直接词义来看,组织的外延大于机构,组织可以是抽象或具象的概念,而机构则更为具体。当连用"组织机构"这种表述时,《组织机构代码管理办法》的定义为"依法设立的机关、企业、事

---

① 中国社会科学院语言研究所词典编辑室:《现代汉语词典》,商务印书馆2016年版,第1750页。
② 中国社会科学院语言研究所词典编辑室:《现代汉语词典》,商务印书馆2016年版,第599页。

业单位,社会团体以及其他组织机构"①;GB/T 20091—2006《组织机构类型》的定义为"指企业、事业单位、机关、社会团体及其他依法成立的单位的通称"②。

  本书采用"组织机构"一词意在将研究范围限定在组织机构层面,而非个人层面,如个人办理私人事务的通讯记录等不纳入组织机构电子文件的管理范围。在本书语境中,组织机构指的是能够自行产生电子文件或有电子文件管理需求的机关、团体、企事业单位和其他组织,重点关注应诉频率较高的组织机构和涉诉概率较大的电子文件,详见本书第六章第一节对适用对象的阐述。

  需要指出的是,本书定义的证据效力保障是一项自电子文件计划形成时便开启的工作,仅承担保存业务的各级各类公共档案馆或专门档案馆不宜作为主要研究对象;且本书主要关注如何协助组织机构实施获得司法认可的电子文件管理,司法机关作为电子证据的最终认定机构,不宜作为本书语境中的主要研究对象。但是,本书第六章、第七章所提出的保障体系框架与保障策略亦对上述机构的电子文件证据效力保障工作具有一定参考价值。

二 电子文件

  "电子文件"(Electronic Records)源于"机读文件"(Machine-Readable Records),20世纪60年代,计算机编制文摘索引取得成功,机读文件正式被人们接受与认可;③60至80年代,机读文件在

---

  ① 国家质量监督检验检疫总局:《组织机构代码管理办法》(总局第110号令),http://www.aqsiq.gov.cn/xxgk_13386/jlgg_12538/zjl/20072008/200902/t20090213_239303.htm,2019年10月9日。
  ② 中国国家标准化管理委员会:《GB/T 20091—2006 组织机构类型》,中国标准出版社2006年版。
  ③ 中国大百科全书《图书馆学情报学档案学》编辑委员会:《中国大百科全书——图书馆学情报学档案学》,中国大百科全书出版社2002年版,第192页。

欧美得到较广泛应用;"电子文件"的普遍使用则要追溯到 90 年代。①

(一) 电子文件的代表性定义与特征

顾名思义,电子文件的词眼在于"文件","电子"只是一种形式。国际上对文件最权威的定义来自 ISO 15489-1:2001《信息与文献 文件管理 第 1 部分:通则》(即国标采标 GB/T 26162.1—2010),文件指"机构或个人在履行其法定义务或开展业务活动过程中形成、接收并维护的作为凭证和具有查考作用的信息"②。国外对电子文件较有影响力的定义有:国际档案理事会《电子文件管理指南》的"通过数字计算机进行操作、传输或处理的文件"③;《信息与文献 电子办公环境中文件管理原则与功能要求 第一部分:概述与原则综述》(ISO 16175-1:2010)的"借助电子设备生成、传递、保存和/或访问,存储于电子载体的文件"④ 等,均认同电子文件的本质应为数字文件;但也有少数例外,如 InterPARES2 项目认为电子文件包括模拟文件与数字文件。⑤ 在国内,电子文件较早且较为权威的定义来自国务院办公厅《电子文件管理暂行办法》,电子文件指的是"机关、团体、企事业单位和其他组织在处理公务过程中,通过计算机等电子设备形成、办理、传输和存储的文字、图表、图像、音频、视频等不同形式的信息记录"。《电子文件归档与电子档案管理规范》(GB/T 18894—2016) 这样定义:"国家机关、社会组织或

---

① 肖秋会:《电子文件长期保存:理论与实践》,社会科学文献出版社 2014 年版,第 1 页。

② 冯惠玲主编:《电子文件管理 100 问》,中国人民大学出版社 2014 年版,第 3—4 页。

③ 冯惠玲、刘越男等:《电子文件管理教程》,中国人民大学出版社 2017 年版,第 3 页。

④ 国际档案理事会编:《电子办公环境中文件管理原则与功能要求》,王健等译,中国人民大学出版社 2012 年版,第 20 页。

⑤ InterPARES2, "The InterPARES 2 Project Glossary", March 17, 2019, http://www.interpares.org/ip2/display_file.cfm?doc=ip2_glossary.pdf&CFID=18762292&CFTOKEN=37902908.

个人在履行其法定职责或处理事务过程中,通过计算机等电子设备形成、办理、传输和存储的数字格式的各种信息记录",它将电子文件的形成主体扩大至个人,点明了电子文件的数字属性。《电子档案管理基本术语》(DA/T 58—2014)亦补充强调了电子文件的文件属性——"由内容、结构和背景组成"。

总结以上定义,电子文件应具有如下特征——形成环境:组织机构或个人的业务、事务处理过程;技术:使用二进制进行编码,数字技术形成;介质:电子计算机等电子设备生成、传输、访问,存储于硬盘、光盘等电子介质;要素:同时具有内容、结构和背景三要素。

(二)电子文件与电子档案、数字文件、数字档案的辨析

在我国,与电子文件这一概念直接相关的,还有电子档案、数字文件、数字档案等不同表述,它们之间看似表达了不同的事物,实则融会贯通、联系密切。

国外对于文件(Record)[①]和档案(Archive)间并不做明确区分,文件从生成到最终处置的全程均可称之为 Record,其中具有保存价值的文件可称作档案,此观点被概括为"大文件观";我国档案界还有另外一种理解方式,即文件仅存在于业务活动过程中,归档后应称其为档案,即"小文件观"[②],如《电子文件归档与电子档案管理规范》中将电子档案定义为"具有凭证、查考和保存价值并归档保存的电子文件",明确指出了"归档保存"这一行为。大文件观与小文件观的这两种观点导致学者对文件和档案的理解产生差异,详见图 2-1。在大文件观下,可将电子/数字档案看作电子/数字文件的子集,这份文件可被称作档案,亦可被称作文件;在小文件观

[①] 也有观点认为 Record 翻译为"记录"更为准确,本书为确保引用与阅读的连贯性,统一使用"文件"这一概念。

[②] 冯惠玲、刘越男等:《电子文件管理教程》,中国人民大学出版社 2017 年版,第 4 页。

下，电子/数字文件与电子/数字档案则是分属于文件生命周期中两个运动阶段的不同概念。

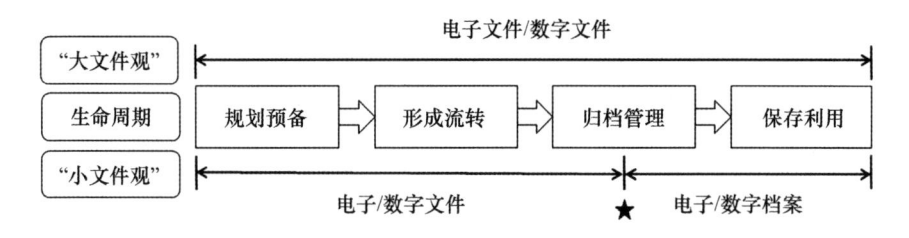

图 2-1 大文件观与小文件观下的电子/数字文件与档案

此外，国际档案界研究对象命名也逐渐从"Electronic-"向"Digital-"转变，数字技术的属性愈发凸显。[①] "Electronic"泛指按照电子原理或方法工作的设备及其使用或以电子形式存储与传输信息等，既指数字设备与技术，也包括模拟设备与技术；"Digit"（数字、数位），专指使用数字技术的设备或由一系列离散值（通常为0和1）表示的信息与数据，亦形容计算机产生的数据，与"Analogue"（模拟的）相对。[②] 由前文可知，在档案与文件管理领域，"Electronic Records"中的"Electronic"一般仅指数字技术，在技术本质上与"Digital Records"并无差异，但从词义上分析，"Digital"比"Electronic"更明确地强调使用区分于模拟技术的数字技术，其本质为二进制代码。然而，现今的技术环境下产生的电子文件几乎不再依靠模拟技术形成，本书认为电子文件与数字文件在实质上是同一种事物，电子档案与数字档案也如此。

（三）本研究中的组织机构电子文件

本研究所采用的电子文件概念主要依据国务院办公厅《电子

---

① 此观点源于作者对 *Archival Science* 2001—2018 年刊文的统计分析得出，详见《数字转型视角下欧美档案与文件管理领域的研究主题演进——以 *Archival Science* 2001—2018 年刊文为例》一文

② "Oxford English Dictionary", October 2, 2019, http://www.oed.com/.

文件管理暂行办法》，专指组织机构层面的电子文件。此处要特别说明的是，虽然原生性电子文件与再生性电子文件均是数字格式的信息记录，但根据诉讼中尽量出示原件、原物的规定，本书的研究对象主要指原生性电子文件，即初次即以数字信号形成的电子文件；但随着纸质档案数字化工作的推进和庭审数字化的发展，再生性电子文件及其保管需求逐渐突出，本研究的成果也对此类电子文件证据效力的保障具有一定参考价值。此外，研究将基于"大文件观"的观点展开，强调文件运动的整体性，将已经明确进入非现行阶段、被归档的电子文件称之为"电子档案"或"归档电子文件"，其余阶段均使用"电子文件"的表述。在具体的应用场景中，本研究成果主要可应用于金融财税、医疗健康、知识产权等领域形成的电子合同、电子发票、电子病历、设计图纸等涉诉风险与需求较高的电子文件。

需要强调的是，部分法律文件中也会提及电子文件这一概念，但多泛指数字信息或有特定指代意向。如不加以特别说明，下文所指的电子文件均为档案学领域的电子文件概念。

三　证据效力[①]

由前文综述可知，部分档案学者进行相关研究时，易发生证据效力、法律效力、证据价值、凭证价值等概念的混用、误用，但实际上，这些概念分属不同的学科范畴，定义也不尽相同。此处将对"证据效力"这一概念作系统的定义与说明，其他概念的辨析详见本章第二节。

证据效力是证据法学范畴的概念。"效力"一词指事物所产生的有利的作用[②]，意同"功用"，在这一基础定义上，证据效力（Evi-

---

①　本书讨论的证据、证据的品质与效力均基于诉讼语境，对日常生活语境或用于科学研究的证据不作讨论。

②　中国社会科学院语言研究所词典编辑室：《现代汉语词典》，商务印书馆2016年版，第868页。

dence Effectiveness）即证据在诉讼中发挥的证明作用。严格来说，证据法学中衡量证据的规格或质量的常用术语有英美法系中的可采性（Admissibility）、关联性（Relevance）；大陆法系中的证据能力（Competency）、证明力（Probative Force）等①；我国的证据法学界则常用证据三性，即真实性（原表述多为"客观性"）、关联性（亦有"相关性"的表述）与合法性。"证据效力"一词为许多法学学者所采用，用以概括上述某几种证据的特征或属性。如裴苍龄认为证据效力是指证据在证明中所起的和可能起到的作用，可分为自然效力（即证据力）和法律效力（即证据能力）。② 沈益平③、詹爱萍④等也基本采用了上述定义方式。有鉴于此，本书探讨电子文件的证据效力，也借鉴大陆法系的表述，从证据能力与证明力的视角出发，并结合我国证据理论中的真实性、合法性、关联性对其进行阐述。对相关术语的进一步探讨分列如下：

证据能力，又称"证据的适格性""证据资格"，对应英美法系中的"可采性"，指某一材料能够用于严格证明的能力或资格，即被允许作为证据加以调查并采纳。⑤ 简而言之，就是证据采纳的门槛。证据能力强调其在主体、形式和程序方法上符合法律的有关规定。因此，证据能力可对应我国证据三性中的合法性，即运用证据的主体、证据的收集提取程序、证据的形式均应合法且证据经法定程序查证属实。⑥ 需要阐明的是，证据能力与合法性的对应关系不是绝对的，虽然一般而言，合法性是证据被采纳的基本前提，但现实中世界各国没有一个国家将非法证据一概排除在外，

---

① 何家弘、刘品新：《证据法学》，法律出版社2013年版，第111—117页。
② 裴苍龄：《关于证据效力的研究》，《现代法学》1995年第1期。
③ 沈益平：《析数据电文的证据效力》，《现代法学》2000年第4期。
④ 詹爱萍：《公证书之法定证据效力研究》，博士学位论文，西南政法大学，2015年。
⑤ 陈光中主编：《证据法学》，法律出版社2015年版，第146页。
⑥ 樊崇义主编：《证据法学》，法律出版社2017年版，第128—129页。

而是设立了各项非法证据排除规则的例外情形，因此，不合法的证据也可能被采纳，陈光中亦主张以"可采性"取代"合法性"的表述。①

证明力，亦作"证据价值"，指对于案件事实有无证明作用及证明作用如何，是证据的本质属性和固有属性。如果证据具有一定的真实性并且与案件待证事实具有关联性，则具有一定证明力，这也是证明力与证据三性的对应关系。②

关于证据能力和证明力之间的关系，法学界基本认为证据能力是人为附加的、外在的法律属性，从形式上解决证据资格的问题；而证明力则是证据本身具备的、内在的天然属性，从实质上解决有无证明价值即证明价值大小的问题。③ 有证据能力不一定具有证明力，如假的口供，即使是被法庭采纳的证据也并不意味着最终会被采信；有证明力也不一定具有证据能力，如刑讯逼供获得的真实口供等④，即使不被法庭采纳，对事实也有证明作用。证据三性之间的关系亦是相互交融的，真实性与关联性指向证据的内容，合法性指向证据的形式；合法性是证据真实性和关联性得以彰显的法律保障。⑤

本书所讨论的电子文件的证据效力，指的是电子文件作为证据使用时需同时具备证据能力与证明力，并且符合证据真实性、关联性与合法性的品质。

---

① 陈光中主编：《证据法学》，法律出版社2015年版，第152页。
② 卞建林、谭世贵主编：《证据法学》，中国政法大学出版社2014年版，第155页。
③ 中国社会科学院法学研究所编：《法律辞典》，法律出版社2003年版，第1858页。
④ 葛海军：《论刑事诉讼中非法证据的证据能力》，硕士学位论文，对外经济贸易大学，2007年。
⑤ 樊崇义主编：《证据法学》，法律出版社2017年版，第130页。

四 证据效力保障

保障,即保护使不受侵犯和破坏。① 结合前文所述证据效力的内涵,本书所提出的证据效力保障是指通过系统的电子文件管理工作,避免电子文件作为证据时证据能力和证明力遭受破坏而实施的保护行为。需要强调的是,证据效力的"保障"不等同于"实现"或"认定",保障侧重于提供达成目的的必要条件而非代表着目的的绝对实现。证据效力的实现与认定有赖于司法机关的审查、判断和认可,一般组织机构通常不具备"决定"证据效力实现或认定的权属,但是可以从完善电子文件管理工作的角度出发,使电子文件管理成为电子证据取证的"前端控制"环节,从文件形成时保留其真实性、完整性,为电子证据司法证明环节的顺利开展与电子证据效力的最终认定提供助益,是为"证据效力保障"。本书关注的证据效力保障实施主体既包括组织机构层面,也包括整体性、全局性、根本性的国家层面。

第二节　近似概念辨析

作为一项跨学科研究,在对本书主题的核心概念进行界定后,应对两个学科间近似的概念进行辨析,避免误用与歧义的发生。本节中,笔者首先对档案学中电子文件的概念与证据法学中的视听资料、计算机证据、电子证据、数字证据、电子数据等一系列相关概念进行系统辨析;进而对档案学中常用的凭证价值与法学常用的法律效力和证据效力进行辨析。

---

① 中国社会科学院语言研究所词典编辑室:《现代汉语词典》,商务印书馆2016年版,第27页。

一　电子文件与视听资料、电子证据等相关概念

电子文件与电子证据在不同环境下发挥着各自的社会功能，其在技术本质上并无差异。在我国，电子数据法定地位正式确立之前，司法界曾将此类"新型证据"定义为视听资料、计算机证据、电子证据、数字证据等。目前，电子证据为学界最常用的称谓，视听资料与电子数据同属三大诉讼法规定的八大证据类型。本书按照上述顺序依次辨析其与电子文件的关系，为后续研究奠定基础。

（一）电子文件与视听资料、计算机证据

视听资料一般包括录音、录像、电子计算机及其他电磁方式记录、储存的音像信息①，1982年首次正式写入《民事诉讼法（试行）》。早期，视听资料多为模拟信号形成的录音录像资料，强调其"可视""可听"的特征。

随着数字技术的迅速发展与广泛应用，电子邮件等数字式证据频现，视听资料无法从表现形式上完全涵盖新证据类型。司法解释便通过扩大解释视听资料的内涵来解决这一问题——2001年《最高人民法院关于民事诉讼证据的若干规定》（以下简称2001年《民事证据规定》）和2002年《最高人民法院关于行政诉讼证据若干问题的规定》（以下简称《行政证据规定》）中均"将各类计算机数据统一看作视听资料对待"，这标志着计算机证据被纳入了视听资料的范畴，"计算机证据"这一概念在理论界的地位逐渐凸显。2012年电子数据的法定证据地位确立后，2015年《最高人民法院关于适用〈中华人民共和国民事诉讼法〉的解释》（以下简称《民诉解释》）第116条指出"存储于电子介质中的录音资料和影像资料适用于电子数据的规定"，将电子录音录像也划归为电子数据，视听资料与电子数据概念的外延趋向分离，亦有学者提出了将视听资料并入电子

---

① 何家弘、刘品新：《证据法学》，法律出版社2013年版，第157页。

数据的构想。①

在技术上，视听资料可以是模拟或是数字的，电子文件、计算机证据是数字的；在形式上，视听资料多为音响、图形、活动影像等，强调"视听感"，电子文件与计算机证据不囿于表现形式。由此，电子文件用作证据时与视听资料为不完全的属种关系，并逐渐趋向"分离"，其交叉部分为数字式的音像文件证据；电子文件与计算机证据的交叉部分为数字式文件证据。

（二）电子文件与电子证据、数字证据

电子数据被正式写入2012年《刑事诉讼法》之前，法学界普遍使用电子证据这一概念。电子证据已不仅代表着一种证据类型，而是逐渐发展成了专门的研究方向。2004年，"电子证据"首次正式出现在《最高人民法院、最高人民检察院、公安部关于依法开展打击淫秽色情网站专项行动有关工作的通知》中，直到2012年《刑事诉讼法》正式提出电子数据这一概念后，行政法规和最高两院的司法解释中仍频繁使用电子证据这一称谓。

20世纪90年代，随着电子商务与电子政务的发展，有学者提出视听资料的定义过于狭窄，提出应采用"电子证据"的概念。② 关于电子证据的定义，美国《统一电子交易法》规定，电子（Electronic）指含有电子的、数据的、磁性的、光学的、电磁的或类似性能的技术③，这几乎囊括了所有区别于书面证据的形成技术，既包括模拟技术，又包括数字技术。在我国，这种广义的证据观也日益为法学界所推崇，《人民检察院电子证据鉴定程序规则（试行）》（以下简称《电子证据鉴定程序规则》）将电子证据定义为"由电子信息技术应用而出现的各种能够证明案件真实情况的材料及其派生

---

① 郝毓芳：《视听资料与电子数据的关系》，《忻州师范学院学报》2014年第5期。
② 沈木珠：《论电子证据问题》，《法学杂志》2001年第4期。
③ 杜志淳、廖根为：《数字证据、电子证据、科学证据、电子记录概念比较分析》，《中国司法鉴定》2011年第4期。

物"。可见,"电子证据"的定义方式从视听资料的感官定义方式抽象到技术与介质的定义方式上,具有更强的概括力。

几乎同时,有学者指出概念命名须切合数字技术发展的要求,认为电子证据的概念过于宽泛,应设置"数字证据"①的概念;且进一步指出以计算机介质命名不够准确,因其技术本质仍为二进制代码。②从这一角度来说,前文的计算机证据是数字证据的"表象化"。

在技术上,电子文件、数字证据是数字式的,电子证据可以是模拟或数字的;电子文件需要满足文件三要素,而电子证据和数字证据为"一切材料与派生物"。据此,电子证据与作为证据使用的电子文件为属种关系,数字证据应是电子证据的种概念,与电子文件为交叉关系,其交叉的部分为内容、背景和结构齐备的、由数字技术形成的证据。

(三)电子文件与电子数据

如前所述,电子数据正式成为法定证据类型是在2012年的《刑事诉讼法》中,但此前这一概念早已在其他法条中被用于描述特定的资料类型。电子数据的详细定义首次出现于2015年的《民诉解释》,即"电子数据是指通过电子邮件、电子数据交换、网上聊天记录、博客、微博客、手机短信、电子签名、域名等形成或者存储在电子介质中的信息",此定义方式侧重于网络证据。2016年,两院一部《电子数据规定》进一步阐释了电子数据的定义,并在原有基础上增加了"用户注册信息、身份认证信息、电子交易记录、通信记录、登录日志等信息"和"文档、图片、音视频、数字证书、计算机程序等电子文件",涵盖了更广泛的载体介质与信息类型。2019年新修正的《民事证据规定》亦采用此定义。

---

① 于海防、姜沣格:《数字证据对我国民事证据体系的影响》,《中国人民大学学报》2002年第5期。

② 杜志淳、廖根为:《数字证据、电子证据、科学证据、电子记录概念比较分析》,《中国司法鉴定》2011年第4期。

在形成技术方面，电子文件与电子数据均通过数字技术形成；在表现形式方面，电子数据可以是"数据"或"信息"，不受文件三要素的限制。据此，电子数据是电子文件用作证据时的属概念。

结合前文所述，电子证据这一概念的使用时间更为久远，且常代指电子数据，那么电子证据与电子数据之间到底是何关系？法学学者们普遍认同电子数据是电子证据信息的原始存在形式[①]；电子证据实质上是"电子（数据）证据"[②]；尚未进入诉讼前称电子数据，进入诉讼后称电子证据[③]……各类观点众说纷纭，但归结起来均认为电子证据与电子数据无本质区别，只是理解的角度不同。

本书基于术语延续性的观点考虑，亦认同可在学理阐释中用电子证据一词代替电子数据，虽然二者在技术属性上并不一致，但随着数字技术的普及，未来几乎所有电子证据均将以数字技术形成，在这个前提下，可以将电子证据与电子数据等同看待。在后文论述中，如无特别声明，电子证据即指数字形式的证据，在援引法条时，用电子数据这一称谓。

（四）电子文件与数据电文

如前所述，20世纪80年代，诉讼法中用"视听资料"一词指代新证据类型，在其他实体法中，亦常用"数据电文"指代新的信息形成、传递方式。数据电文的定义比较明确，1999年《合同法》中列举了电报、电传、传真、电子数据交换和电子邮件等数据电文的常见形式；《电子签名法》将数据电文定义为"以电子、光学、磁或者类似手段生成、发送、接收或者储存的信息"。

需要特别指出的是，数据电文虽为法律术语，但并非法定证据类型，仅代表信息的一种表现形式，并不必然成为司法证据。在形

---

① 戴莹：《电子证据及其相关概念辨析》，《中国刑事法杂志》2012年第3期。
② 熊志海：《网络证据收集与保全法律制度研究》，法律出版社2013年版，第22—23页。
③ 龙卫球、裴炜：《电子证据概念与审查认定规则的构建研究》，《北京航空航天大学学报》（社会科学版）2016年第2期。

成技术方面，数据电文可以由电子、光学、磁等模拟的或数字的形式生成；在表现形式方面，数据电文不受文件三要素的限制。因此在法律语境下，电子文件应当是数据电文的一部分。电子文件、数据电文与证据的概念关系详见图2-2。

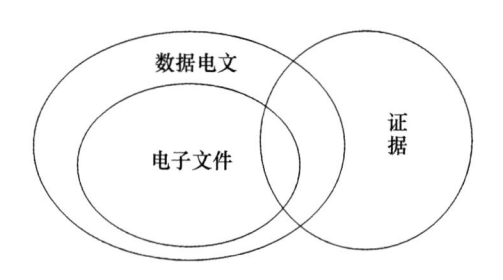

图2-2　电子文件、数据电文与证据概念的关系

（五）综合比较分析

综上，作为证据的电子文件、数据电文与视听资料、计算机证据、电子证据、数字证据、电子数据概念的对比详见表2-1。

表2-1　　　　　电子文件与证据法学中相关概念对比

概念	形成技术与载体介质	表现形式	备注
电子文件	数字技术及介质	具有内容、结构和背景的完整文件	此处特指用作证据时
数据电文	模拟技术及介质、数字技术及介质	以电子、光学、磁或者类似手段生成、发送、接收或者储存的信息	
视听资料	模拟技术及介质、数字技术及介质	主要为"可视可听"的音像信息；也包括计算机数据（后归于电子数据）	常用/法定证据类型
计算机证据	数字技术及介质	计算机产生的数据	
电子证据	模拟技术及介质、数字技术及介质	电子信息技术产生的"材料"与"派生物"	
数字证据	数字技术及介质	数字化形式的数据和信息	
电子数据	数字技术及介质	数字化形式的数据和信息	

上述概念之间的关系详见图 2-3。电子文件是数据电文的一种特殊形式，电子文件作为证据使用时，从属于电子证据（电子数据），与数字证据、计算机证据和视听资料均有交集。由于电子文件是经过组织、加工的"恒定的记录"，具备内容、背景与结构，形式稳定，应对诉讼时，可被视作更优质的电子证据。①

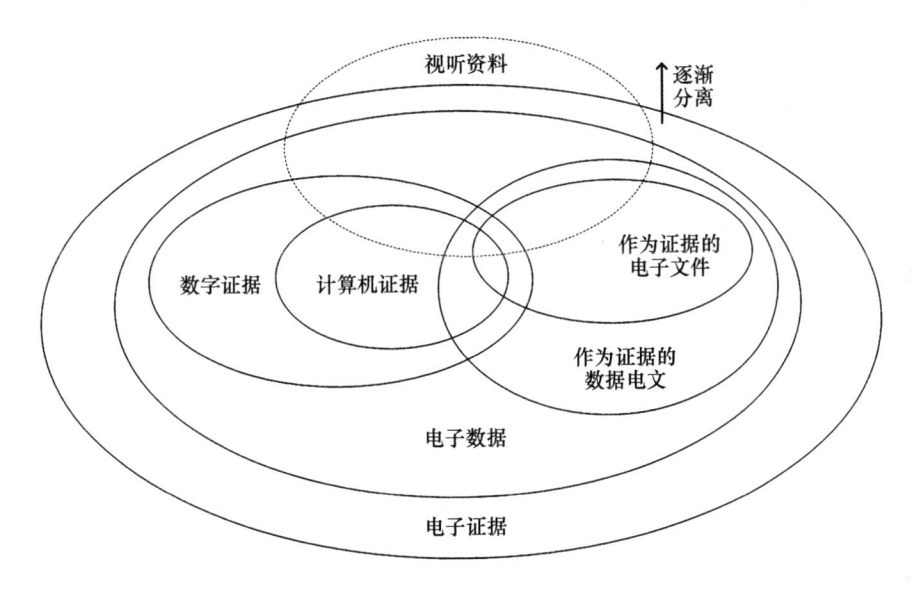

图 2-3 作为证据的电子文件与证据法学中相关概念关系

二 证据效力与法律效力、凭证价值、证据价值

如前文所述，证据效力即证据在诉讼中发挥的证明作用，可以从证据能力和证明力的视角进行理解，须具备真实性、关联性、合法性的品质。然而档案学的相关研究中，经常将证据效力、法律效力与凭证价值混用，此类不严谨的表述易产生歧义，有必要在此阐明。

法理学中，法的效力有广义和狭义两种理解方式。广义上来看，

---

① 刘越男、李静雅：《电子数据、电子文件相关概念的比较与对接》，《档案学研究》2017 年第 S1 期。

法的效力泛指法的约束力与强制力，既包括规范性法律文件的效力，又包括非规范性法律文件的效力；狭义的法律效力仅指法律的生效范围或适用范围，即法对何人、在何地何时适用。[①] 电子文件是否具有法律效力，取决于该电子文件的内容和性质如何；而证据效力的认定则在于是否满足或多大程度上满足了法律规定对证据的要求。且法律效力在特定的时间与地点对特定的法律关系主体是客观存在的[②]，而证据效力需要以诉讼为发生前提。这表明，一份电子文件具有法律效力时，不一定具有证据效力，如电子合同因内容与性质具有法律效力，但并不处在诉讼语境之下，此时便不具备证据效力；但如果此份电子合同用于诉讼，满足法律对证据真实性、关联性与合法性的审查要求，则具有证据效力。反之，一份电子文件具有证据效力，也不意味着具有法律效力，如电子邮件作为证据被法庭采信时具有证据效力，但邮件本身并不具有法律效力。可知，电子文件的法律效力不等同于电子文件的证据效力，二者只是在一定条件下存在交集。

另一个容易混淆的概念是凭证价值，或称之为凭证性，部分档案学者亦常常将档案的凭证价值与法律意义上的证据效力混同论述。单纯追究字面含义，根据《现代汉语词典》，"证据"指用来证明某事物真实性的事实或材料[③]，"凭证"则指证据，可见二者并无明显区别，但在不同的场景和用途中则体现出不同的意涵。张宁将档案的凭证价值按照其发挥作用的形式分为业务凭证价值、历史凭证价值与法律凭证价值三类。[④] 首先，业务凭证价值即西奥多·谢伦伯格（Theodore R. Schellenberg）在《现代档案——原则与技术》中提出

[①] 葛洪义主编：《法理学》，中国政法大学出版社2017年版，第259页。
[②] 张世林：《档案具有法律效力吗？——兼与刘家真、李军商榷》，《档案学通讯》2001年第2期。
[③] 中国社会科学院语言研究所词典编辑室：《现代汉语词典》，商务印书馆2016年版，第1010页。
[④] 张宁：《电子文件的真实性管理》，辽宁人民出版社2009年版，第40—63页。

的"对于原机构的原始价值"①，这是对组织机构日常事务的凭证价值，也是档案的第一价值，用于为组织机构开展业务活动提供参考与辅助。其次，历史凭证价值则是将档案看作珍贵的历史文化资源，指档案材料能够为历史研究提供第一手的资料，并且可以作为社会历史记忆的记录。最后，法律凭证价值指的是档案被作为法律意义上的证据使用，在该用途中，可以将档案法律凭证价值的生效等同于档案证据效力的发挥。可知，证据效力只是档案凭证价值在法律方面发挥作用的一个侧面。

此外，部分档案学论文在论述时还易将证据价值与证据效力混同使用，或认为证据价值即凭证价值。在证据法学的语境中，证据价值指的是证明力，即证据对待证事实所起到的证明作用，很显然，证据价值只是证据效力的一个方面，且不能与档案的凭证价值随意等同。

证据效力与法律效力、凭证价值、证据价值等概念间的关系如图2-4所示。

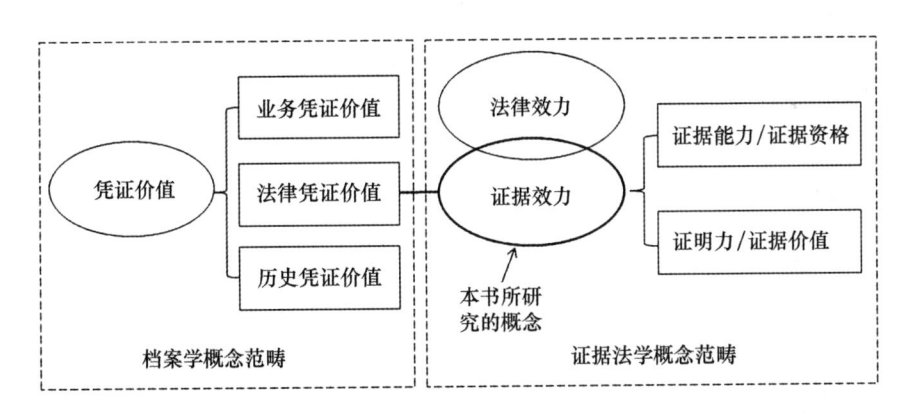

图2-4 证据效力、法律效力、凭证价值、证据价值概念关系

综上，证据效力、法律效力、凭证价值、证据价值是不同的概

---

① ［美］T. R. 谢伦伯格：《现代档案——原则与技术》，黄坤坊译，档案出版社1983年版，第22页。

念，分属于不同的学科范畴。证据效力与法律效力在一定条件下存在交集，是凭证价值在法律方面发挥作用的体现，是证据价值的上位概念。

第三节　档案学相关理论

本节主要阐述对电子文件管理具有重要指导意义的文件生命周期理论、文件连续体理论以及二者的关系，在此基础上论述了由上述理论发展而来的全程管理理念与前端控制思想对本研究的指导作用。

一　文件生命周期理论与文件连续体理论

文件生命周期理论（Life Cycle Theory of Records）源自20世纪中期，它揭示了文件的客观运动规律与价值形态的关系，是国际档案界具有广泛影响力的理论之一，对机构档案管理工作有重要指导意义。文件连续体理论（Theory of Records Continuum）正式形成于20世纪90年代，以时空视角对文件从产生直至永久保存的连续运动过程进行描述，提出将文件与档案工作关联、协同起来的理论构想。此节将梳理文件生命周期理论在电子时代的内涵发展及其与文件连续体理论的关系。

（一）文件生命周期理论

文件生命周期理论的主要思想为：文件从形成到销毁或永久保存是一个完整的运动过程；该过程依据文件价值形态的变化可以划分为若干阶段（现行、半现行和非现行阶段）；文件在每一阶段因特定的价值形态与服务对象、保管场所和管理形式间存在一定对应关系。[①] 文件生命周期理论发端于纸质文件管理环境之中，面对电子文

[①] 金波、丁华东主编：《电子文件管理学》，上海大学出版社2015年版，第40页。

件数量的迅猛增长，档案学界对这一理论进行了发展，提出了电子文件生命周期，主要观点有以下几种：

（1）"三阶段论"。国际档案理事会于1997年在《电子文件管理指南》中将电子文件生命周期（Life Cycle of Electronic Records）划分为三个阶段：概念阶段（Conception Stage），即设计阶段，指在电子文件阶段就应将档案需求纳入其中；形成阶段（Creation Stage），即文件在电子环境中的生成过程；保管阶段（Maintenance Stage），指对电子文件产生后的技术维护与监控保管过程。① 这一划分方式借鉴了计算机学科"软件生命周期"理论，从电子文件管理系统的角度而非依据电子文件自身价值与运动规律进行划分。张宁将电子文件生命周期划分为形成与办理、归档与移交、保管与利用三个阶段。②

（2）"四阶段论"。何嘉荪立足于文件的自身价值变化，进一步阐释了电子文件生命周期的四个阶段：①孕育形成阶段，包括对文件产生的计划工作与文件的形成，是电子文件生命周期中最为重要的阶段；②现实使用阶段，即现行阶段；③暂时保存（Precaution）阶段，即"休眠"阶段；④永久保存阶段。其中，孕育形成阶段包含了"三阶段论"中的概念阶段和形成阶段，而其后三个阶段又拓展与延伸了"三阶段论"中的保管阶段。③

（3）"双层论"。潘连根认为电子文件生命周期理论包括电子文件生命周期与电子文件管理系统的生命周期这两个层面。其中，电子文件的生命周期应当根据其自身的运动规律划分为形成、现实使用、暂时保存和永久保存四个阶段，电子文件管理系统的生命周期

---

① Committee on Electronic Records of ICA, "Guide for Managing Electronic Records from an Archival Perspective", July 4, 2022, https://www.ica.org/sites/default/files/ICA%20Study%208%20guide_eng.pdf.
② 张宁：《电子文件真实性的再认识》，《档案学研究》2012年第4期。
③ 何嘉荪：《论电子文件的生命周期》，《浙江大学学报》（人文社会科学版）2001年第4期。

可划分为系统分析、系统设计、系统实施、运行维护四个阶段。①

由上可知，文件生命周期理论在电子文件时代已经得到了进一步发展，普遍认同电子文件运动的阶段性与其物理位置、保存场所没有必然对应关系，且生命周期各阶段并不是割裂的，而是联系的。

（二）文件连续体理论

根据澳大利亚国家标准 AS4390 *Australian Standard AS 4390 – 1996：Records Management*，文件连续体是自文件形成（包括形成前的文件管理系统设计）直至其被作为档案永久保存的连续的管理过程。②

文件连续体理论的思想源于20世纪50年代澳大利亚国家档案馆首任馆长伊恩·麦克林（Ian Maclean）提出要将文件管理融入档案管理工作，80年代，加拿大档案学者杰伊·阿瑟顿（Jay Atherton）明确提出了"连续体（Continuum）"这一概念。③ 目前档案界普遍参考的文件连续体理论是指澳大利亚档案学者弗兰克·厄普沃德（Frank Upward）在借鉴安东尼·吉登斯（Anthony Giddens）的结构主义理论基础上于90年代提出的、经过整合与发展的文件运动多维坐标体系概念模型④，详见图2–5。

厄普沃德构建的文件连续体模型共包括四个轴（Axis），展示了文件保管的四个核心主题——文件保管、证据、事务处理、身份。其中，文件保管轴是核心，随着文件保管轴上文档、文件、档案、档案组合的变动，带动了其形成者、事务活动和价值的变化。文件连续体的四个维（Dimension）则体现了文件保管各轴上坐标要素的

---

① 潘连根：《文件与档案研究》，安徽大学出版社2007年版，第78—83页。

② Standards Australia, *AS 4390 Records Management*, New South Wales: Standards Australia, 1996.

③ Jay Atherton, "From Life Cycle to Continuum: Some Thoughts on the Records Management-archives Relationship", *Archivaria*, No. 21, 1985, pp. 43–51.

④ Frank Upward, "Structuring the Records Continuum-Part One: Postcustodial Principles and Properties", *Archives & Manuscripts*, Vol. 24, No. 2, 1996, pp. 268–285.

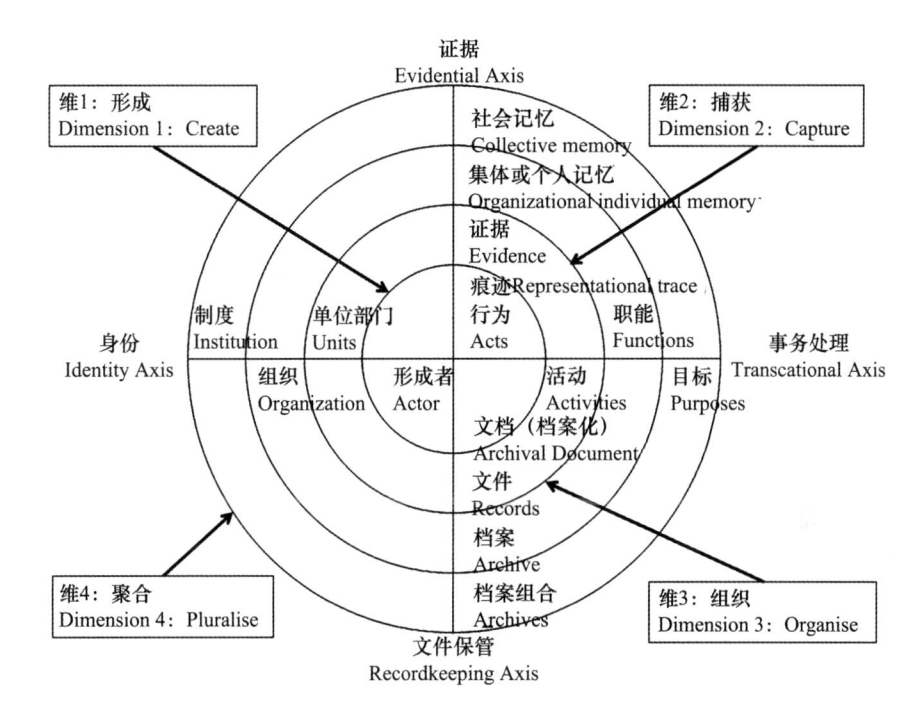

图 2-5 厄普沃德提出的文件连续体模型①

互相关联,具体为:形成、捕获、组织和聚合。在组织机构的语境中,第一维形成维指的是个人形成的文档,代表其从事某项事务的痕迹;第二维捕获维表示某部门将个人形成的文件加以捕获,形成该部门进行某项业务活动的证据,这个维度是赋予文件凭证价值的过程;其中,第一维和第二维可理解为执行维,保证证据的形成。第三维组织维表示机构对各个业务部门的档案进行组织加工,形成组织的集体记忆,反映该机构承担的社会角色与职能;第四维聚合维指的是各个组织机构的档案聚合在一起形成社会的集体记忆,体现社会的整体目标;第三维和第四维可被看作标准维和规范维,控

---

① Frank Upward, "Structuring the Records Continuum-Part Two: Structuration Theory and Recordkeeping", *Archives & Manuscripts*, Vol.25, No.1, 1997, pp.10-35.

制、指导前两维的具体实践。① 此后,厄普沃德还探索了文件连续体理论在网络环境下的适用性。②

文件连续体理论的创新之处在于强调文件管理与档案管理的一致性,将文件运动视为连续的过程;用多元、立体的视角,描述了文件保管形式、事务活动、形成者和价值形态之间的互动关系;③ 认为文件应当是逻辑层面而非物理层面的概念,强调对其形成背景的逻辑关系管理。④ 且该理论初创即为了将以证据为基础的业务活动加入文件与档案管理活动中,对本研究具有重要理论指导意义。⑤

(三) 文件生命周期理论与文件连续体理论的关系

文件生命周期理论与文件连续体理论之间的关系问题引起了诸多学者的讨论与争鸣。争议焦点在于电子文件生命周期理论的"线性""阶段式"特征是否适用于电子文件管理环境,以及是否能够被文件连续体理论所"取代",有两类代表性观点:

(1) 部分学者持替代性观点。如安小米认为文件生命周期理论的管理框架"支离破碎",无法适应电子环境的要求,文件连续体理论有助于实现电子文件的一体化管理。⑥ 连志英认为文件生命周期理论基于实证范式提出,而文件连续体理论基于批判主义和

---

① Sue McKemmish, "Yesterday, Today and Tomorrow: A Continuum of Responsibility", Paper Delivered to Records Management Association of Australia 14th National Convention. Sponsored by the Records Management Association of Australia, 1997.

② Frank Upward, Sue Mckemmish and Barbara Reed, "Archivists and Changing Social and Information Spaces: a Continuum Approach to Recordkeeping and Archiving in Online Cultures", *Archivaria*, No. 72, 2011, pp. 197 – 237.

③ 肖秋会:《电子文件长期保存:理论与实践》,社会科学文献出版社 2014 年版,第 18—20 页。

④ 吕文婷:《文件连续体理论的澳大利亚本土实践溯源》,《档案学通讯》2019 年第 3 期。

⑤ 张宁:《电子文件的真实性管理》,辽宁人民出版社 2009 年版,第 61—66 页。

⑥ 安小米:《文件连续体模式对电子文件最优化管理的启示》,《档案学通讯》2002 年第 3 期。

阐释主义形成，二者具有不同的理论背景，且"一旦认识清楚了文件连续体理论，就再也不可能回到文件生命周期理论的范式中"①。

（2）更多学者持融合补充观点。如何嘉荪等认为文件生命周期理论传入我国后已实现了"中国化"，中国学者提出了"文件运动具有整体性特点""文件运动过程中各种因素之间存在着特定的内在联系"的新解读，这与文件连续体的基本内涵相一致，因此无法说在中国文件生命周期理论能够被文件连续体理论完全取代，后续研究应当融合二者的优势。②傅荣校亦持此论，指出电子文件生命周期理论在不断生长、发展。③黄霄羽提出文件连续体理论能够补充与修正文件生命周期理论的不足，使其适用于电子文件时代的档案管理工作。④刘越男指出文件生命周期理论和文件连续体理论各有不足，前者缺乏对"一体化"统一管理的阐述，后者在一定程度上模糊了文件管理与档案管理的职责，未对现行、半现行和非现行文件之间的差别予以充分辨析，两种理论间应当相互补充结合，以适应电子文件管理的特点。⑤

结合以上观点本书认为，文件连续体理论在一定程度上弥补了文件生命周期理论对于文件运动规律解释的局限性；在其影响下，文件生命周期理论的内涵亦得到了丰富与发展，应当结合两种理论的优势，共同指导电子文件的管理实践。

---

① 连志英：《一种新范式：文件连续体理论的发展及应用》，《档案学研究》2018年第1期。

② 何嘉荪、叶鹰：《文件连续体理论与文件生命周期理论——文件运动理论研究之一》，《档案学通讯》2003年第5期。

③ 傅荣校：《替代或不可替代关系——文件生命周期理论与文件连续体理论比较研究之三》，《档案学通讯》2004年第5期。

④ 黄霄羽：《文件生命周期理论在电子文件时代的修正与发展》，《档案学研究》2003年第1期。

⑤ 刘越男：《从一个新的视角审视"前端控制"思维》，《浙江档案》2001年第7期。

(四)本研究语境下对文件生命周期理论与文件连续体理论的理解与阐释

如前文所述,在文件连续体理论的影响下,文件生命周期理论发展出了新的内涵,生命周期各个阶段并非绝对割裂,而是具有联系性和整体观。本书的研究对象为组织机构电子文件,为了便于与下文将要阐述的证据法学中证据保管链制度的"链式"思维相承接,故以文件生命周期的普适"线性"规律为主,结合文件连续体理论的联系性观点,对组织机构电子文件的生命周期作进一步阐释。

在组织机构电子文件的生命周期划分方面,本书主要参考何嘉荪"四阶段论"的思想和张宁的划分方式,将文件的"孕育"阶段单独前置,采用电子文件管理实践工作的表述角度,将其划分为规划预备、形成流转、归档管理、保存利用四个阶段。其中,规划预备阶段是组织机构在电子文件生成之前进行的准备工作,包括系统设计、权责分配、事务筹划等,意同"四阶段论"中的"孕育",是电子文件生命周期中最为关键的阶段;后三个阶段根据电子文件的价值变化,分别对应现行、半现行和非现行阶段,且生命周期中的各项业务分别借助各类业务系统、电子文件管理系统和数字档案馆系统进行管理。根据文件连续体理论的观点,各个价值阶段之间无明显分隔,且电子文件所依托的系统之间也并非绝对隔离,故而在图中用虚线表示。详见图2-6。

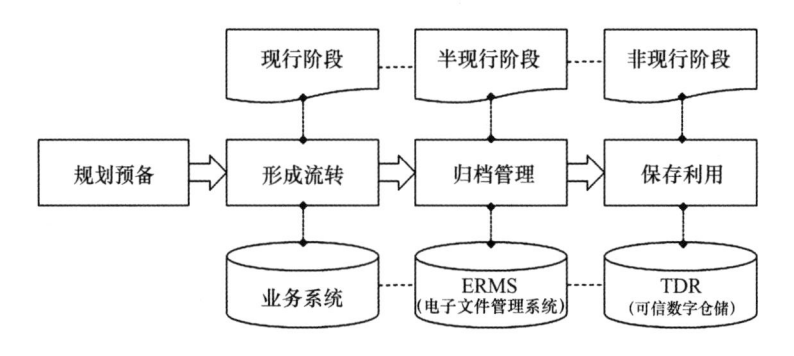

图2-6 组织机构电子文件生命周期

二 全程管理理念与前端控制思想

全程管理与前端控制在纸质文件管理时代均有渊源,并在电子文件管理环境中得到发展完善,对于指导电子文件管理,保障电子文件的真实、可靠、完整与可用具有指导意义。简而言之,组织机构实行全程管理与前端控制的原因在于,对于想要管理好灵活易变的电子文件,那就必须实行全过程监控,并从头开始管起。[①]

(一) 全程管理理念

电子文件的全程管理的实质是对电子文件从生成至永久保存或销毁的全生命周期过程的连续性、无间断管理、跟踪与监控[②],也是"文档一体化"管理理念的发展。[③] 全程管理思想在文件生命周期的"线"上延伸出了立体化、系统化的管理措施——它在纵向上体现为线性的过程管理,即对电子文件形成、办理、传输、保存、利用、销毁等一系列过程的连续性管控;又在横向上体现为对电子文件的全面管理,即建立一个涵盖电子文件全部管理活动的管理体制、制度体系、目标体系、程序体系和技术方法体系;在此基础上,全程管理还意味着在"大文件观"基础上的系统管理,全面统筹纵向上各管理流程和横向上各管理要素,追求总体效应和最大效益。[④]

(二) 前端控制思想

电子文件的前端控制强调将档案工作提前到文件生命周期之初甚至之前,而非在文件流转完毕之后才实行档案化管理。在电子文

[①] 李铭:《档案化管理前端控制和全程管理的核心》,《浙江档案》2005年第11期。

[②] 肖秋会:《电子文件长期保存:理论与实践》,社会科学文献出版社2014年版,第1页。

[③] 刘越男:《电子文件全程管理——对纸质文档一体化管理的继承和发展》,《浙江档案》2006年第3期。

[④] 冯惠玲、刘越男等:《电子文件管理教程》,中国人民大学出版社2017年版,第52—53页。

件的生命周期中，文件的形成是前端，处理、鉴定等管理活动是中端，最终的处置是末端。刘越男指出，前端控制的思想早在20世纪30年代中国国民党政府提出的"文书档案连锁法"中已有所体现。① 法国档案学者 C. 诺加雷提出的"档案工作者要重新考虑他们在文件生命周期中进行干预的时机"被看作前端控制思想产生的直接渊源。② 前文所述国际档案理事会《电子文件管理指南》中概念阶段对干预时机的设置也是前端控制思想的重要体现。在电子文件管理环境中，前端控制主要体现在将电子文件管理工作的需要尽可能在电子文件形成之前、在系统设计时就加以考虑，将元数据捕获、归档、著录和鉴定等能够提前的或重复发生的业务环节尽可能地预先开展。

（三）组织机构电子文件全程管理与前端控制的配合

前端控制与全程管理之间相互辅助、协同配合，有助于实现组织机构电子文件生命周期的安全管理。虽然前端控制与全程管理一般分开阐述，但在组织机构的电子文件管理实践中，二者在应用上并非独立的、割裂的，只是重点不同。全程管理强调电子文件生命周期整条线上的连续、无间断管理；而前端控制则是这条线上最易受到忽视的环节，将生命周期整体的规划及相关业务提前，提升全程管理的效率、保障其顺利实施，在实践工作中体现为对组织机构电子文件管理工作的顶层规划、对电子文件管理系统的功能设计等。全程管理理念与前端控制思想为电子文件管理实践的"多方面统筹＋全过程监控＋从头开始管"奠定了基本思路。

三 数字时代的古文献学理论

古文献学（Diplomatics），谢丽教授亦将其译为文件身份鉴定

---

① 刘越男：《电子文件全程管理——对纸质文档一体化管理的继承和发展》，《浙江档案》2006年第3期。

② ［法］C. 诺加雷：《信息技术对档案和档案工作的影响》，郁宗成译，《第十三届国际档案大会文件报告集》，北京，1997年9月，第149页。

学。据王岑曦考证，Diplomatics 的渊源可追溯至文艺复兴时期，指政府颁发的文件，随后被历史学家用来指代中世纪形成的所有重要文件与档案；1681 年，法国学者让·马比荣（Jean Mabillon）在《古文献学》中正式阐明了古文献学的核心要义在于辨别文档的真实性并提出了真实性判定方法，将古文献学体系化至学科的高度。①

将古文献学的思想应用于档案学中的核心代表人物是不列颠哥伦比亚大学的杜兰蒂教授，她受古文献学通过体例、制式、环境等要素判定文件真实性思路的启发，将其与档案学有机融合形成了 Archival Diplomatics（档案文件身份鉴定学），并在数字环境中演化出了 Digital Diplomatics（数字文件身份鉴定学）②，用于识别数字文件，支持数字文件管理，为 InterPARES 项目奠定了理论基础。

在 InterPARES1 与 InterPARES2 中，项目组先后提出了档案—文件身份鉴定分析模板与文件的可信模型。前者析出了具备档案身份文件所需的要素，有行为（Acts）、人员（Persons）、档案联（Archival Bond）、场景（Context）、内容（Content）、载体（Medium）、形式（Form）七大要素，并对其中的文件表现形式、涉及人员与可识别的环境背景进行了细化研究；后者指出数字文件的可信性来自其真实性（Authenticity）③、可靠性（Reliability）与准确性（Accuracy）。以上理论与成果有利于建立对可信电子文件的系统认知。此外，InterPARES 项目还构建了保存链模型（Chain of Preservation，COP Model）与业务驱动文件保存模型（Business-driven Recordkeeping Model，BDR Model）等。以上理论与研究成果为本书电子文件证据性概念模型和电子文件—电子证据保管链的研究提供了有益参考

---

① 王岑曦：《来源原则历史源流新探》，博士学位论文，南京大学，2018 年。
② 谢丽、王健、马林青：《InterPARES 项目：成果回顾与未来方向》，《档案学研究》2017 年第 S1 期。
③ 谢丽教授译作"忠实性"。

与思路借鉴。①

第四节 证据法学相关理论与规则

本节将着重论述证据法学中证据保管链制度和相关司法证明规则对本研究的指导意义,辨析三大诉讼法中证明责任与证明标准对本书研究范围与边界的影响。

一 证据保管链

根据《布莱克法律辞典》的定义,证据保管链(Chain of Custody,CoC)指证据从获取到被提交至法庭为止,关于其流转和安置及其相关保管人员的沿革情况。② 证据保管链制度的基本要求是:"每份证据从发现起至提交法庭止,都应有连贯的书面记录证明其在实质上保持相同的状态,且每一次人员的变动交接都应被如实记载;且保管链中的链接者除法定例外,有出庭接受交叉询问的义务。"③ 简而言之,就是证据保管者对证据保管过程中的变动情况应进行完全记录并负相应责任。证据保管链制度是美国刑事诉讼中鉴真(Authentication)重要途径之一,当证据的真实性难以辨认(Identification)时,便需要通过证明证据保管链的完整性加以确认,证明证据未受污染、替换和损坏。

随着2012年我国《刑事诉讼法》中不得强迫自证其罪原则的确

---

① Luciana Duranti and Randy Preston, eds., *International Research on Permanent Authentic Records in Electronic Systems* (*InterPARES*) 2: *Experiential, Interactive and Dynamic Records*, Padova: Associazione Nazionale Archivistica Italiana, 2008.

② Bryan A. Garner ed., *Black's Law Dictionary*, Minnesota: Thomson West, 2014, p.261.

③ 李朗爽:《实物证据保管链制度研究》,硕士学位论文,中国人民公安大学,2018年。

立，刑事诉讼审判对言词证据的依赖性降低，对实物证据的保管要求逐渐提升，我国学者对证据保管链制度的研究也不断深入，关于证据保管链也提出了不同的划分意见。如陈永生认为如要控方证明证据保管链的完整性，仅需对证据的收集、运输、保管和鉴定环节进行记录；① 祁治军、杜国栋则采取更广义的观点，认为证据保管链应划分为收集、转移、存放、使用、处理等环节。②

可以发现，证据保管链既是证据保管的业务链条，又是相关人员任务分配的责任链条。巧妙的是，这与电子文件管理所提倡的生命周期全程管理理念不谋而合。二者的共同点在于：第一，都强调对电子文件（证据）自生成起至最终处置（或提交法庭）的全过程管理；第二，均强调对过程信息的全面记录，如电子文件管理系统的审计跟踪记录与证据保管链的连续记录等。二者一个是"线"的思路，一个是"链"的模式，为后续研究探索电子文件管理业务和司法证明环节之间的衔接提供了可能性。

二　与本研究相关的司法证明规则

证明规则，亦即证据规则（Rules of Evidence），是指收集和运用证据的规范与准则。以下主要梳理对电子文件用作证据有重要影响的证据规则，如最佳证据规则、非法证据排除规则、传闻证据规则等证据能力规则，以及补强规则、证明力高低的确认规则等证明力规则。

（一）最佳证据规则

最佳证据规则（The Best Evidence Rule）起源于普通法的发源地英国，是英美法系最经典的证据规则之一。这是针对书证原件的一项证据能力规则，凡不是原件的书证，除非有法定原因，否则一律

---

① 陈永生：《证据保管链制度研究》，《法学研究》2014年第5期。
② 祁治军、杜国栋：《证据保管链探析》，《中国检察官》2019年第5期。

排除适用。① 最佳证据规则以证据材料的原始性确保证据的真实性，意在为司法提供"最好的证据"，强调证据的原始性、唯一性与不可替代性，该观点建立在复制件可能存在失真、损耗、欺骗的前提之下②，只有原件难以获取时才可出示复制件。

我国的立法中也体现了最佳证据规则的精神，目前较为通行的表述为原始证据优先规则，即在诉讼中，应当提交书证原件和物证原物。如《民事诉讼法》第七十三条："书证应当提交原件。物证应当提交原物。提交原件或者原物确有困难的，可以提交复制品、照片、副本、节录本。"与英美法系的最佳证据规则不同的是，我国强调的原始证据优先多指原始证据的证明力优于传来证据，是从证明力角度予以规定而非强调证据能力。由于电子证据本身不存在"原件"的概念，目前，在我国现有的法律规定下，电子证据适用原始证据优先规则时多指其所依附的原始载体，如《民事证据规定》第二十二条规定"调查人员调查收集计算机数据或者录音、录像等视听资料的，应当要求被调查人提供有关资料的原始载体"；另外，通过对电子证据可靠性的规定使其符合"原件要求"，如《电子签名法》规定了数据电文满足有效性、可用性、可靠性等一系列条件，即可视作满足法律、法规规定的原件形式要求等。

（二）非法证据排除规则

非法证据排除规则指那些通过非法程序或手段取得的证据不具有证据能力，均应予以排除。其中的非法程序与手段指以刑讯逼供手段取得的口供和非法搜查扣押取得的实物证据等。在我国的刑事诉讼中，对非法证据排除的适用范围、手段禁止、证据禁止、举证责任、启动程序和个人责任等方面进行了规定；在民事诉讼中，非法证据排除规则主要体现在对侵害他人合法权益或违反法律禁止性规定的方法取得的证据予以排除；在行政诉讼中，由于行政诉讼法

---

① 陈光中主编：《证据法学》，法律出版社2015年版，第264—269页。
② 易延友：《最佳证据规则》，《比较法研究》2011年第6期。

对被告的取证时间予以限制，故而此处非法证据排除规则的适用主要体现在对收集证据时间的规制上。①

我国电子证据适用非法证据排除规则主要嵌入在电子证据审查、判断的相关规定中。如《最高人民法院关于适用〈中华人民共和国刑事诉讼法〉的解释》（以下简称《刑诉解释》）第九十三条对电子数据审查的内容中规定了对电子数据制作、储存、传递、获得、收集、出示等程序和环节是否合法的相关内容。②

（三）传闻证据规则

传闻规则（The Rule against Hearsay）亦即传闻证据排除规则，就是指传闻证据不具有可采性，无法在审判中作为证据使用③，是英美法系中重要的证据能力规则。传闻证据指的是审判时作证的证人以外的人所表达或作出的，被作为证据提出、用以证实其所包含的事实是否真实的口头或书面的意思表示以及有意无意带有某种意思表示的非语言行为。理想而言，庭审中对事实亲身所知的证人所提供的证言被认为是最佳的证据，且该证人应当亲身出庭接受对方当事人的交叉询问。若证人在庭外作出陈述目的是用于证明待证事实的真实性，则该证据为传闻证据。由于电子证据形成的过程与人类语言不同，电子设备无法为其形成的记录作证，而且在记录生成与传输过程中，电子信息可能已与其初始状态不同，而电子设备亦无法通过接受交叉询问对这一变化进行说明。能够在法庭上接受询问的作证人并不对电子记录的产生"亲身"所知，故而电子证据在英美法系中常被定为传闻证据。④

---

① 樊崇义主编：《证据法学》，法律出版社 2017 年版，第 87—89 页。
② 赵长江：《刑事电子数据证据规则研究》，博士学位论文，西南政法大学，2014 年。
③ 何家弘、刘品新编：《电子证据法研究》，法律出版社 2002 年版，第 353—359 页。
④ 赵菁：《类型化研究下的电子数据取证与认定规则》，《山东警察学院学报》2019 年第 4 期。

对传闻证据的排除是基于对其可靠性的担忧，且采纳传闻证据意味着对最佳证据规则的冲击，即鼓励使用不充分的证据。但随着电子形式证据的逐渐增多，各国通过制定传闻证据的例外来解决电子证据的采纳问题。如菲律宾2001年《电子证据规则》、美国《联邦证据规则》等都指明正常业务活动过程中保存的光学手段、电子手段或其他相似手段制作的记录不适用传闻证据规则。[①] 对传闻规则例外的规定极大地推动了英美法系国家电子证据的采纳比例，同时带动了国外电子文件管理相关研究的发展——如何使电子文件管理符合"例外"的规定成为了国外档案学者研究的重要问题。

（四）补强证据规则

补强，顾名思义，即补充与强化。补强证据规则指某证据材料的证明力不足，无法单独作为认定案件事实的依据，需要另一证据材料予以佐证。刑事诉讼中，补强证据规则包括仅凭当事人口供不能定案的口供补强，也包括物证、书证、询问笔录、勘验检查笔录、视听资料的补正。在民事诉讼和行政诉讼中，既有仅凭当事人陈述不能定案的规则，也有关于仅凭其他证据不能定案的规则。[②]

我国电子证据适用补强规则时主要的规定有：《关于办理死刑案件审查判断证据若干问题的规定》（以下简称《办理死刑案件证据规定》）第二十八条规定了视听资料不能作为定案依据的情况："对视听资料的制作和取得的时间、地点、方式等有异议，不能作出合理解释或者提供必要证明的"，亦即需要通过对该视听资料制作和取得的一系列情况进行补正来强化其证明力。《民事证据规定》第六十九条与《行政证据规定》第七十一条分别指出"存有疑点的视听资料"和"难以识别是否经修改的视听资料"不能单独作为定案依据，须有其他证据材料支撑与补强。

[①] 刘品新：《中国电子证据立法研究》，中国人民大学出版社2005年版，第222—265页。

[②] 廖永安主编：《诉讼证据法学》，高等教育出版社2017年版，第49—50页。

（五）证据证明力高低的确认规则

我国的证据证明力高低确认规则是为便于司法人员运用证据而拟定的特殊规则。[①] 该规则初见于1988年的《最高人民法院关于民事经济审判方式改革问题的若干规定》，此后在《民事证据规定》第七十七条和《行政证据规定》第六十三条中均有规定。以《行政证据规定》第六十三条为例，数个证据证明同一事实时可按下列规定认定证明力："国家机关以及其他职能部门依职权制作的公文文书优于其他书证；鉴定结论、现场笔录、勘验笔录、档案材料以及经过公证或者登记的书证优于其他书证、视听资料和证人证言；原件、原物优于复制件、复制品；……原始证据优于传来证据。"

证据的证明力高低确认规则直接指出档案材料的证明力大于其他书证、视听资料与证人证言。这也是组织机构提升电子文件管理工作质量的动力所在。

三 刑事、民事与行政诉讼的证明责任与证明标准

证明责任是指对于一定的案件事实应当由诉讼双方中的哪一方提供证据加以证明以及该案件事实未获证明时哪一方承担不利后果。证明标准指法律关于负有证明责任的诉讼主体提供证据对案件待证事实加以证明所应达到的程度[②]，了解各类诉讼的证明标准，有利于为组织机构电子文件管理工作的目标制定提供参考。

（一）刑事诉讼的证明责任与证明标准

在刑事诉讼中，侦查权、检察权、审判权由专门机关依法行使，公安机关取证侦查、检察机关提起诉讼、法院进行审判。除法律特别规定外，任何机关、团体和个人都无权行使这些权力。一旦组织机构涉及刑事诉讼，其自身在证据的取证方面没有法定权力，这意味着组织机构应在平时尽量做好电子文件管理工作，保证管理范围

---

① 何家弘、刘品新：《证据法学》，法律出版社2013年版，第362—363页。
② 廖永安主编：《诉讼证据法学》，高等教育出版社2017年版，第121—188页。

的全面性和电子文件的可用性,为取证工作提供便利。

根据《刑事诉讼法》的规定,我国刑事诉讼的证明标准为"案件事实清楚,证据确实、充分",具体要求为:"定罪量刑的事实都有证据证明;据以定案的证据均经法定程序查证属实;综合全案证据对所认定的事实已排除合理怀疑。"刑事诉讼因其案件性质,对证明标准的要求非常高,映射至组织机构的电子文件管工作中,这要求组织机构电子文件的形式及其所蕴含的内容能够应对查证考验,并对事实有全面、准确的证明价值。

(二) 民事诉讼的证明责任与证明标准

在民事诉讼中,当事人对自己提出的主张有责任提供证据,也就是通常所说的"谁主张,谁举证"。负有举证责任的当事人没有证据或者证据不足以证明其事实主张的,由其承担该事实不被法院采纳的不利后果。此外,当事人提供证据还应遵守一定的时间限制,若当事人逾期提供证据,且拒不说明理由或理由不成立的,人民法院根据不同情形可不予采纳该证据,或者采纳该证据但予以训诫、罚款。①与刑事诉讼不同,组织机构在民事诉讼纠纷中拥有更多的证据"自主权",即需要组织机构自行取证,并实施一定的保全行为保证证据在提交法庭之前不变更、不灭失。这要求组织机构不仅应注意留存日常业务活动中的电子文件,且应保障电子文件管理工作的组织化和有序化,并具备一定的取证保全能力,以便在规定举证时限内为待证事实提供充足的证明依据。

民事诉讼的证明标准无须达到刑事诉讼的"证据确实、充分",《民事诉讼法》要求"事实清楚",且需要满足"高度盖然性",亦即一方提供的证据证明力明显大于另一方提供的证据的证明力,法院即可采信证明力明显较大的证据作为认定事实的依据。在英美法系中常被表述为"优势证据"(Preponderance of Evidence)标准。换言之,民事诉讼双方提供证据证明力的大小根本上取决于该组织机

---

① 张辉主编:《法学概论》,高等教育出版社2017年版,第240—264页。

构是否留存了关于待证事实的真实、完整的证据，这实际上是对双方电子文件管理工作的比较，工作越完善，其提交证据的证明力优势可能就越强。

（三）行政诉讼的证明责任与证明标准

《行政诉讼法》规定被告为行政机关及其工作人员，诉讼标的为具体行政行为。为了体现依法行政原则与负担公平原则，无论行政相对人能否提供行政行为违法的证据，行政主体必须为其行为提供事实根据和法律依据。亦即行政机关及其工作人员必须自始至终地承担证明被诉具体行政行为合法的法定举证责任，且不得向证人和原告收集证据。在证明标准方面，具有"中间性"，即不低于民事诉讼证明标准，接近刑事诉讼证明标准，也基本遵循"盖然性占优"的证明标准，《行政诉讼法》将其表述为"证据确凿"。这要求行政机关在行政执法过程中，应全面留存依法行政的凭据，并在执法过程结束后对产生的资料予以归档管理、长期保存。这点在《国务院办公厅关于全面推行行政执法公示制度执法全过程记录制度重大执法决定法制审核制度的指导意见》（国办发〔2018〕118号）（简称"三项制度"）中，对执法过程全记录制度的规定也早有体现。"三项制度"规定："行政执法机关应通过文字、音像等方式对行政执法的启动、调查取证、审核决定、送达执行等全过程进行记录，并全面系统归档保存，做到执法全过程留痕与可回溯管理。"[1]

（四）三类诉讼证明责任与证明标准的综合分析

通过对刑事、民事与行政诉讼证明责任与证明标准的比较（见表2-2），可知组织机构为了应对诉讼风险，均应根据诉讼需求合理规划本机构的电子文件管理工作，尽可能全面留存真实、完整的

---

[1] 中华人民共和国中央人民政府：《国务院办公厅关于全面推行行政执法公示制度执法全过程记录制度重大执法决定法制审核制度的指导意见》，http://www.gov.cn/zhengce/content/2019-01/03/content_5354528.htm?trs=1，2019年10月21日。

业务活动证明，为取证提供良好基础。特别地，一般组织机构和行政机关在分别应对民事诉讼与行政诉讼时，还应具有一定的取证与证据保全能力；换言之，组织机构在民事诉讼与行政诉讼中更应发挥其主观能动性，将司法对电子证据效力的要求融入日常电子文件管理工作中，在纠纷解决与诉讼应对中占据优势地位。

表2-2　　刑事、民事、行政诉讼证明责任与证明标准对比

对比项	刑事诉讼	民事诉讼	行政诉讼
证明责任	主要由侦查机关取证	谁主张，谁举证	行政机关（被告）举证
证明标准	案件事实清楚，证据确实、充分；排除合理怀疑	事实清楚；高度盖然性标准	证据确凿；高于民事诉讼，低于刑事诉讼，基本遵循盖然性占优标准

第五节　系统科学相关理论

系统科学是从局部与整体、局部与系统的观点研究客观世界的科学，直接改造客观世界的技术是系统工程。① 系统思想是分析与综合的有效辩证思维工具，以系统科学的理论与方法为指导，有助于从宏观方面整体把握本课题，并从各个局部要素入手展开深入研究。

一　系统的概念与特性

根据《中国大百科全书·自动控制与系统工程》卷的定义，系统是由相互制约、相互作用的部分组成的具有某种功能的有机整体。详细分解、阐释这一概念可知，系统应包含两个或两个以上的元素，元素之间存在着各种简单或复杂的关联，上述元素和全部关联综合

---

① 钱学森：《新技术革命与系统工程——从系统科学看我国今后60年的社会革命》，《世界经济》1985年第4期。

而成的有机整体就是系统。①

系统具有整体性、相关性、集合性、目的性、层次性和环境适应性的特征。组织机构的电子文件证据效力保障是一个涉及法规、管理、技术等多个要素的复杂系统，要素之间相互联系、相互作用，并通过一定的关联集合在一起；该系统还存在一定的时间、空间或逻辑层次结构，具有明确的目的并受各类外界因素的影响。这就要求我们在研究组织机构电子文件证据效力保障这一课题时，既要考虑组织机构电子文件管理工作的系统，又要考虑证据效力保障这一子系统；既要通盘考虑组织机构电子文件证据效力保障面临的物质条件、政策环境，又要顾及管理、技术、人员等各个要素的关联层次与重点所在……可见，系统科学为合理地达成组织机构电子文件证据效力保障的目标、构建组织机构电子文件证据效力保障体系框架奠定了理论基础。

二 系统分析理念与思路

系统科学的"落地"方法被称作系统工程方法，具体包括系统建模、系统分析、系统评价、系统仿真等方法。本书需要构建组织机构的电子文件证据效力保障的体系框架，可借鉴系统工程方法中系统分析的理念与思路对系统中各要素及其层次进行全面分析。

系统分析往往采用"5W1H"——What、Why、When、Where、Who、How的思路来指导具体问题的研究。即需要按照一定顺序和规则，对系统目标、系统功能、系统环境、系统涉及的行为主体和系统实现方法与策略等要素进行分析。上述理念和思路为组织机构电子文件证据效力保障体系框架的构建提供了理论参考。

---

① 高志亮、李忠良编著：《系统工程方法论》，西北工业大学出版社2004年版，第8—13页。

第六节　本章小结

在第一部分中，本章首先对组织机构、电子文件、证据效力、证据效力保障等核心概念进行了界定，明确了本书的研究对象与目标。本书的研究对象为组织机构的电子文件，研究目标与落脚点在于法律意义上的证据效力的保障。

在第二部分中，本书对档案学与证据法学中经常误用或容易混淆的几组概念进行了辨析。分别探讨了档案学中电子文件与证据法学中视听资料、计算机证据、电子证据、数字证据、电子数据等一系列相关概念的关系，并辨析了证据效力与法律效力、凭证价值、证据价值等近似词汇，进一步规范了研究术语，明确了研究边界。

在第三、四、五部分中，本书对档案学、证据法学与系统科学中指导后续研究的核心知识与理论进行了系统梳理。在档案学方面，本书梳理了文件生命周期理论与文件连续体理论，阐明了二者的区别和联系并提出了本书的理解，对全程管理理念与前端控制思想作了进一步阐释，分析了古文献学在档案学中的应用。在证据法学方面，本书对证据保管链制度，相关司法证明规则进行了简述，就其与电子文件管理的适切性进行探讨，并对刑事、民事与行政诉讼的证明责任与证明标准进行了比较，为组织机构电子文件管理工作制定目标提供参考。在系统科学方面，本书概述了系统的概念与特征，论述了系统工程原理与方法对本课题研究以及组织机构电子文件证据效力保障体系框架构建的具体指导意义。

第 三 章

电子文件证据性概念模型与电子文件—电子证据保管链

上一章界定与辨析了本书涉及的核心概念、阐述了相关理论，奠定了全文的理论基础。电子文件与电子证据分属于不同的学科领域，具有不同的术语体系与业务实践，这首先要求我们必须将电子文件与电子证据关联起来，抓住"共性"部分进行深入研究。基于此，本章创新性地提出两项理论工具——电子文件证据性概念模型与电子文件—电子证据保管链。前者旨在将电子文件的"四性"与电子证据的"三性"予以关联，运用档案学视角阐释司法对电子证据的要求；后者旨在将电子文件管理的业务流程与电子证据的司法应用实践进行衔接，揭示文件管理场景向司法场景的转变过程中电子文件的运动规律。这两项理论工具能够辅助搭建档案学与证据法学的跨学科联动桥梁，实现学科间的初步对接，为后续组织机构电子文件证据效力保障的现状与需求研究、体系框架构建与保障策略提出提供分析思路与基础理论支撑。

第一节　电子文件的证据性概念模型

电子文件证据效力保障有赖于电子文件证据性的实现。电子文件证据性概念模型的本质是将证据法学对电子证据的要求转化至档案学语境中。具体而言，是将电子文件真实性、完整性、可靠性、可用性这"四性"与电子证据真实性、关联性、合法性的"三性"进行映射与对接，在此基础上提出可被档案工作者理解与运用的电子文件证据性概念。

一 电子文件"四性"与新"四性"

在电子文件管理研究领域，学界普遍认可电子文件的"四性"一般为真实性（Authenticity）、可靠性（Reliability）、完整性（Integrity）与可用性（Usability），这是基于 ISO 15489-1：2001《信息与文献 文件管理 第1部分：通则》（亦即国标采标 GB/T 26162.1—2010）规定的文件应满足的特点。我国 GB/T 18894—2016《电子文件归档与电子档案管理规范》亦遵循这一划分方式。但在我国的电子文件管理实践中，着重强调"安全性"（Security）这一特征，逐渐形成了"新四性"的观点。如《电子文件管理暂行办法》（中办国办厅字〔2009〕39号）、DA/T 70—2018《文书类电子档案检测一般要求》中提出的真实性、完整性、可用性、安全性。为求全面，本节将对上述属性进行综合分析。

本节中，为便于叙述，涉及 ISO 15489-1：2001《信息与文献 文件管理 第1部分：通则》（亦即国标采标 GB/T 26162.1—2010）；GB/T 18894—2016《电子文件归档与电子档案管理规范》；DA/T 58—2014《电子档案管理基本术语》；DA/T 70—2018《文书类电子档案检测一般要求》等标准时，均以标准编号代称。

（一）电子文件的真实性

"真实性"是电子文件管理相关研究中出现频率最高的术语之一，是传统环境中"原始性"概念在数字时代的发展。[1] 由于纸质

---

[1] 刘越男、李静雅：《电子数据、电子文件相关概念的比较与对接》，《档案学研究》2017年第 S1 期。

文件环境中常以唯一载体和初始笔迹为"原始性"认定的标准，电子文件的原件难以确定，故而强调真实性特征。

档案界关于真实性概念的代表性定义大概有三类表达方式：

第一类强调"目的、人员、时间三个关键条件一致"，如 ISO 15489（GB/T 26162.1—2010）规定"一份真实的文件应符合下列条件：a）文件与其制文目的相符；b）文件的形成、发送与其既定的形成者、发送者相吻合；c）文件的形成、发送与其既定时间一致"。

第二类强调"内容、背景、结构三项基本要素不变更"，如GB/T 18894—2016 和 DA/T 70—2018 规定电子文件和电子档案的真实性为"内容、逻辑结构、形成背景与形成时原始情况相一致的性质"。

第三类则是将前两者的表述方式结合起来，同时强调关键条件与基本要素的前后一致，如 DA/T 58—2014 在规定真实性为"内容、逻辑结构、形成背景与形成时的原始情况相一致的性质"之后，又以加注的方式声明"用意、生成者或发送者、生成或发送的时间与既定的相符"。

综合分析上述定义，可以发现无论是目的、人员、时间等具象层面的条件，还是内容、背景、逻辑结构等抽象层面的要素，均是将文件的现有状态与其形成之时的状态进行比对，确认一致后即确定真实性。此处的真实性与日常生活中所强调的客观真实并非同一概念：在文件与档案管理的语境中，只要满足以上条件或要素的规定，我们就可以判定该份文件为真实。即便文件形成时就与客观事实不相符，但若满足上述对比条件的前后一致，也可被称作是真实的文件——真实的"假文件"。由此可知，真实性是一种是否判断，是指一种"形式上的真实"，此处所指的"形式"是与"内容"相对的"形式"[①]；而在日常生活中，人们强调真实的时候，往往指多

---

① "形式"可与"内容"相对，亦可与"实质"相对，二者释义不同，详见前一节"电子证据的真实性"中的论述。

大程度上与客观真实相似，这不是一种是否判断，而是一种程度判断，想要阐释这个层面的"真实"，就需要引出下一个属性——可靠性。

（二）电子文件的可靠性

关于可靠性的定义，各类标准规范中的描述都趋向一致。ISO 15489（GB/T 26162.1—2010）认为："一份可靠的文件是指文件的内容可信，可以充分、准确反映其所证明的事物、活动或事实，并在后续的事务或活动过程中以其为依据。"GB/T 18894—2016 和 DA/T 58—2014 均指明可靠性为"电子文件、电子档案的内容完全和正确地表达其所反映的事务、活动或事实的性质"。

上述定义有两个重点：第一，可靠性是描述文件内容的属性；第二，文件内容只有达到可信，并充分、准确、完全和正确地反映事物、活动与事实，才算具备可靠性。这与真实性对文件内容的要求不同，在真实性的定义范畴中，文件内容只需满足与其形成之时无差异即可认为具有真实性；而在可靠性的定义中，文件内容必须具备充分、正确地反映客观事实的能力，可靠性随着文件内容反映客观事实的能力而变动，越能体现客观事实，可靠性越大。张宁亦指出，真实性是一种"确真"的考量，而可靠性是一种"本真"的反映。①

然而，可靠性在实践工作中极难检测与衡量。要确认文件内容是否充分、正确地反映了活动事实，往往涉及各类环境的交融与人员的交互，操作难度大，无法设定一套统一的标准用于判断所有文件反映的内容与已发生事实是否吻合。因此，对于文件可靠性的确认常依赖于对文件真实性的判断，借助"形式上的真实"确认"内容上的真实"。

（三）电子文件的完整性

虽然 ISO 15489 中完整性所对应的英文译法为"Integrity"，但在

---

① 张宁：《电子文件的真实性管理》，辽宁人民出版社 2009 年版，第 38 页。

档案学中，完整性除了有信息安全领域的"Integrity（完整）"① 之意，还包括"Completeness（齐全）"的含义。如谢伦伯格在《现代档案——原则与技术》中从三个方面定义文件的完整性：（1）某一机关移交的文件应被集中在一起保存；（2）此种文件的保存应该尽可能不变动原机关在履行公务时所做的安排；（3）此种文件应全部保存而不得削删、篡改，或在未经当局批准的情况下擅自销毁其中的某些部分。② 上述定义即同时体现了齐全完整、符合原意和不被篡改之意。

ISO 15489（GB/T 26162.1—2010）指出："一份完整的文件是指齐全的，并且未加改动"；GB/T 18894—2016 和 DA/T 58—2014 均将完整性表述为"内容、结构和背景信息齐全且没有被破坏、变异和丢失的性质"。其中，Completeness 所表达的完整侧重于"齐全"，即文件的内容、结构、背景信息齐全无缺损，与业务活动相关的电子文件齐全没有缺漏；Integrity 所指的完整侧重于"完好"，即完好无损之意，GB/T 20984—2007《信息安全技术 信息安全风险评估规范》将其定义为"文件未被非授权改动、破坏、变异与丢失，包括数据完整性与信息完整性"。由上可知，齐全与完好共同构成了电子文件的完整性要求。

（四）电子文件的可用性

各项国际、国内标准对可用性的定义几乎一致，均指文件能够被定位、查找、检索、呈现或理解。其中，ISO 15489 还补充定义道："可用的文件能够直接表明文件及形成它的业务活动和事务过程；文件间的背景联系中应包含文件形成与利用的信息，以便理解事务活动的过程，确认文件所处的业务活动背景与职能活动背景，

---

① 冯惠玲、刘越男等：《电子文件管理教程》，中国人民大学出版社 2017 年版，第 34 页。

② ［美］T. R. 谢伦伯格：《现代档案——原则与技术》，黄坤坊译，档案出版社 1983 年版，第 20 页。

记录活动过程顺序，维护文件间的联系。"可见，电子文件的可用性建立在真实性和完整性的基础上。

（五）电子文件的安全性

档案安全本质上是政治安全，档案管理的核心要义就是安全保管。①《电子文件管理暂行办法》（中办国办厅字〔2009〕39号）和DA/T 70—2018《文书类电子档案检测一般要求》中均将安全性作为电子文件管理的要求与属性，对安全问题的重视可见一斑。电子文件管理实践工作中常说的"四性检测"即指真实性、完整性、可用性和安全性。

根据DA/T 70—2018的定义，安全性指管理过程可控、数据存储可靠、未被破坏、未被非法访问的性质。在此定义之下，安全性与真实性、完整性的定义似乎有所交叉。根据DA/T 58—2014的定义，安全性检验是指"通过管理和技术措施识别电子档案潜在安全性缺陷的过程"，DA/T 70—2018将其分解为"归档信息包病毒检测""归档载体安全性检测"和"归档过程安全性检测"。

据此，不难解释为何安全性的定义会与其他属性产生交叉：真实性、完整性以及可用性是针对文件本身品质提出的属性，而安全性是通过定义文件管理的环境、文件载体、文件管理操作过程等相关因素提出的属性。严格意义上来说，安全性与其他三个属性并不能直接作并列处理，其提出是源于对电子文件管理工作安全性的重视。

二 电子证据"三性"

电子证据作为证据的一种，须满足证据的基本属性。法学界将证据的"三性"表述为真实性（传统证据法学中称客观性）、关联

---

① 陆国强：《推动档案事业在高质量发展轨道上迈出坚实步伐——在2020年全国档案局长馆长会议上的报告》，《中国档案》2021年第1期。

性（亦称相关性）、合法性。《民事证据规定》中指出："质证时，当事人应当围绕证据的真实性、关联性、合法性，针对证据证明力有无以及证明力大小，进行质疑、说明与辩驳"，从法律上明确了证据的"三性"。下文将对电子证据的真实性（包括完整性）、关联性与合法性做简要辨析。

（一）电子证据的真实性

证据的"真实性"在传统证据法学中称作"客观性"。它有两层含义：其一，指证据本身具备客观存在的形式；其二，证据的内容是对案件有关事实的反映。[①] 但客观一词容易产生歧义，如取"在意识之外，不依赖精神而存在的，不依人的意志为转移"之意，那所有证据都具有一定客观性；如取"按事物本来面目去考察，与一切个人感情、偏见或意见都无关"之意，则部分证据难免具有一定主观性。[②] 由此，法律文件中已呈现出用"真实性"取代"客观性"的趋势。简言之，强调证据客观性的主旨即在于强调证据应具有真实性。

如前所述，证据的真实性既包括形式上的真实性，又要具备内容上的真实性，此处所说的"形式的真实"是与"内容的真实"相对的概念；但从整体上说，证据的真实性强调的是一种法律上的真实性，而非客观真实，其本质也是一种"形式真实"，此处的"形式真实"是与"实质真实"相对的概念。为便于叙述，并与电子文件管理所习惯的表述相统一，下文中所提及的"形式真实"均指前一种意思。法律法规中对证据真实性的审查判断规定也体现了对证据形式方面和内容方面的要求，如《刑诉解释》第九十三条第一款第（三）项指出，应当重点审查"电子数据内容是否真实，有无删除、修改、增加等情

---

① 陈光中主编：《证据法学》，法律出版社2015年版，第147—150页。
② 汉典：《客观》，https：//www.zdic.net/hans/%E5%AE%A2%E8%A7%82，2019年10月28日。

形",同时对内容的真实与形式的真实作出要求。

此外,在电子证据的真实性的审查中,完整性和可靠性也常作为衡量证据真实性的二级属性。如《电子签名法》第八条规定对数据电文真实性的审查一连用了三个可靠性——"生成、储存或者传递数据电文方法的可靠性;保持内容完整性方法的可靠性;用以鉴别发件人方法的可靠性",并进一步定义了"可靠电子签名"应具备的要素。此外,两院一部《电子数据规定》第二十二条第一款第(五)项规定,电子数据的真实性需要审查其完整性;第二十三条指出,电子数据的完整性可以从存储介质、取证过程、完整性校验值、与备份数据比较、审查冻结的操作日志等方面进行审查。GB/T 22080—2008《信息技术 安全技术 信息安全管理体系》中认为完整性即能"保证资产的准确与完整"的品质,这恰说明了完整性可以作为考察真实性的一个侧面。可见,电子数据的完整性倾向于信息安全中"Integrity"的含义,指不被篡改或破坏的品质。

(二) 电子证据的关联性

关联性,亦作相关性,顾名思义,指证据必须与待证明的案件事实或其他争议事实具有一定联系。[①] 在我国,对关联性的要求强调必须对证明案件事实具有实质性意义。

相比于其他的证据属性,关联性较容易判断与识别。但人们对证据关联性的认识一般受到科学技术发展水平的影响。如 DNA 技术使许多不足以成为证据的材料发挥了证据价值,一份电子证据的内容本身或许对案件事实没有直接证明关系,但通过对日志文件的提取审查,其时间线索可能会对案件事实起到证明作用等。

(三) 电子证据的合法性

承接第二章的概念界定部分的内容,证据的合法性对应着证据效力中的证据资格,是证据能够上法庭的基础和门槛。证据合法性

---

① 何家弘、刘品新:《证据法学》,法律出版社 2013 年版,第 114 页。

包括：（1）调查主体须符合相关法律规定；（2）证据形式须符合相关法律规定；（3）收集程序和提取方法须符合相关法律的规定。① 此处的重点在于强调收集、提取过程中电子证据的程序合法性，即证据不能是非法获取，否则将予以排除。此外，实施取证之前，如果电子证据通过非核正程序（Approved Process）和非法软件生成，则也被看作不具有合法性。②

综上可知，真实性、关联性是对证据本身提出的要求，可视为证据的本质属性；即便证据的合法性有瑕疵，该证据所具有的真实性和关联性也使其拥有反映待证事实的能力。而合法性更关注证据获取的手段和程序，是证据的外在附加属性。③

三　电子文件与电子证据属性的映射与对接

前两节梳理了电子文件"四性"和电子证据"三性"的概念，可知在档案学语境中和证据法学语境中的真实性、完整性等属性具有不同的内涵与外延，但也存在一定关联，本书试图对上述"三性"与"四性"进行映射，实现电子文件与电子证据属性的衔接。

如图 3-1 与表 3-1 所示，电子证据的真实性包含了形式的真实和内容的真实，强调其能够还原客观真实的能力，同时以完整性（Integrity，取完好意）、可靠性等概念作为真实性的审查要点。该属性映射到电子文件中，对应着真实性、可靠性、完整性三个概念。电子文件的真实性对应电子证据真实性中的形式真实，电子文件可靠性对应电子证据真实性中的内容真实，电子文件完整性取完好无损，未被篡改、破坏之意时，与电子证据真实性概念中下属的完整性定义一致。

---

① 何家弘、刘品新：《证据法学》，法律出版社 2013 年版，第 115 页。
② 何家弘、刘品新编：《电子证据法研究》，法律出版社 2002 年版，第 122—124 页。
③ 孙锐：《刑事证据资格研究》，博士学位论文，吉林大学，2017 年。

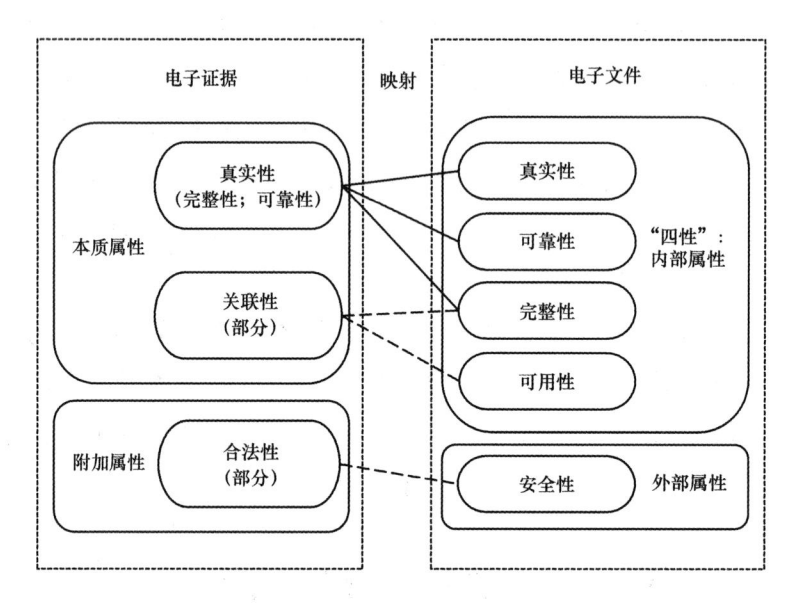

图 3-1 电子文件"四性"/新"四性"与电子证据"三性"映射图

表 3-1　电子文件"四性"/新"四性"与电子证据"三性"的概念对接

电子证据		电子文件		
真实性	能够反映案件事实，形式的真实与内容的真实相统一，以完整性（Integrity，取不受篡改与破坏之意）和可靠性作为审查要点	真实性	形式的真实——目的、人员、时间三大关键条件与内容、背景、结构三大要素与形成时一致	
		可靠性	内容的真实——文件内容可信，并充分、准确、完全和正确地反映事物、活动与事实	
		完整性	完整性1 Integrity-完好	侧重信息安全领域定义方式——指文件未被非授权改动、破坏、变异与丢失
关联性	与待证事实有实质性联系		完整性2 Completeness-齐全（部分对接）	侧重档案学领域定义方式——文件的内容、结构、背景信息齐全无缺损，与业务活动相关的电子文件齐全没有缺漏
		可用性（部分对接）	直接表明文件与形成它的业务活动和事务过程——文件能够被定位、查找、检索、呈现或理解	

续表

	电子证据		电子文件
合法性	证据调查的主体、形式、收集提取过程与方法符合有关法律规定。特别地，电子证据不能由非核正程序和非法软件生成	安全性（部分对接）	系统合法、环境可靠——管理过程可控、数据存储可靠、未被破坏、未被非法访问

电子证据的关联性表示与待证事实有实质性的联系，其部分内涵与电子文件的完整性与可用性相对应。当电子文件本身的内容、背景、结构完整，业务活动相关的电子文件保留齐全时，电子文件的完整性（Completeness，取齐全意）能够为电子证据与待证事实之间的关联提供充足线索。当电子文件满足可用性时，意味着业务活动的过程得以呈现，文件形成与利用的信息能够被检索，文件之间的联系可以被查找与定位，这有助于电子文件作为证据时与待证事实之间关联性的认定。

电子证据的合法性指证据调查主体、证据形式、证据的收集提取过程符合法律规定，不能由非核正程序或非法软件生成。其部分内涵对应了电子文件的安全性，即电子文件的来源系统合法、环境安全可靠、管理过程可控。

由上可知，电子证据的"三性"与电子文件的"四性"间的确存在关联，但这种关联是有限的。除电子文件的真实性、可靠性与完整性能够与电子证据的真实性实现完全映射外，电子证据的关联性与合法性仅能在电子文件"四性"中实现部分映射。基于此，笔者认为可以将电子文件现有的"四性"进行分解与拓展，使其更贴近电子证据"三性"的要求，具体见后文提出的电子文件证据性概念模型。

四 电子文件证据性概念模型的提出

通过对电子文件"四性"与电子证据"三性"的映射与对接，

发现二者之间存在广泛的关联。且无论经典的"四性"概念还是新"四性"概念，难以直接体现电子文件具有证据效力时的特有属性。基于此，笔者认为可以将电子文件现有的"四性"进行分解与拓展，使其更贴近电子证据"三性"的要求，并结合相关国际国内标准提出电子文件证据性概念模型，用档案学视角对电子文件的证据性进行阐释，准确体现电子文件具有证据效力时的特有属性，便于档案工作者理解与运用，亦为后续研究奠定理论基础。

电子文件证据性概念模型以"证据性"为核心，由内向外共可划分为三个圈层。其中，第一、第二圈层（图中深灰色与浅灰色部分）的属性为内部属性，即用于描述电子文件本身品质的属性；第三圈层为外部属性，是用于描述电子文件管理环境与相关活动的属性。三个圈层共计八个属性，共同阐释了位于中心的电子文件证据性。下文中如无特殊说明，真实性、可靠性等属性均指电子文件的属性而非电子证据的属性。

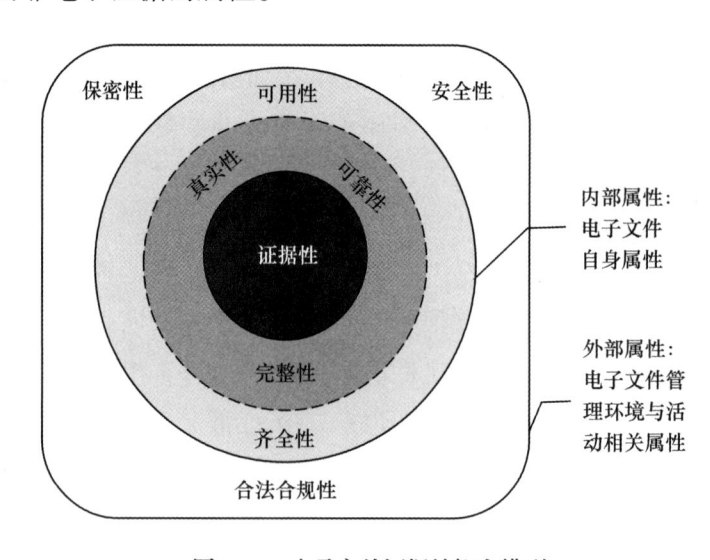

图 3-2 电子文件证据性概念模型

第一圈层：证据真实性相关属性。

电子文件证据性概念模型的第一圈层包括真实性、可靠性与完好性三个属性，共同阐释了电子证据"三性"的核心——证据真实性，其具体释义为：

真实性：电子文件的内容、逻辑结构、形成背景三要素与形成时的原始情况相一致；电子文件的用意、生成者或发送者、生成或发送的时间等关键条件与既定情况相符。（主要参考来源：DA/T 58—2014）

可靠性：电子文件的内容可信，能够充分、完全、准确、正确地证明其所反映的事务、活动或事实。电子文件还原客观事实的能力越强，则可靠性越高。（主要参考来源：ISO 15489；GB/T 26162.1—2010；GB/T 18894—2016；DA/T 58—2014）

完整性：指电子文件未被非授权改动、破坏、变异、丢失，即完好无损。此处着重强调信息安全领域"Integrity"的定义。（主要参考来源：GB/T 20984—2007；ISO/IEC 27001：2013；GB/T 22080—2016）

第二圈层：证据关联性相关属性。

电子文件证据性概念模型的第二圈层包括齐全性和可用性，这两个属性体现了电子文件与各项事务、业务活动的联系，有助于证据关联性的部分实现。其具体释义为：

可用性：指电子文件能够被定位、查找、检索、呈现、理解，这意味着形成电子文件的业务活动和事务过程得以呈现并能够按需展示，电子文件之间的联系、电子文件与现实世界的联系、现实事务与活动之间的联系均已被记录与理解。（主要参考来源：ISO 15489）

齐全性：指电子文件本身的内容、背景与结构是齐全的，与业务活动和相关事务过程相关的电子文件被全面保存。齐全性此处侧重文件完整性"Completeness"的释义。（主要参考来源：ISO 15489；GB/T 26162.1—2010；GB/T 18894—2016；DA/T 58—2014）

第三圈层：证据安全性相关属性。

电子文件证据性概念模型的第三圈层与前两个圈层性质不同，

关注的不仅是电子文件本身所具有的属性，而且从安全性、保密性、合法合规性三个方面为电子文件的管理环境与管理活动提出要求，从而有助于为同样作为"外部"属性的证据合法性提供保障。这三个属性的具体释义为：

安全性：在档案学的语境中，安全性的概念十分广泛，它既可以是其他属性的实现基础，也可作为真实性、可靠性、完整性等其他属性应达到的最终目标。根据前文所述，安全性虽难以从正面定义，但在实际操作中常体现在识别潜在安全威胁、病毒检测、载体检测等方面。基于此，本概念模型中的安全性以风险与故障的不发生为标准，即一种基础上的、广义上的安全性，具体体现在两方面——第一，在物理安全方面，电子文件机房选址合理，灾害防护设备齐全，载体完好，网络通信设备配置齐全等；第二，在系统安全方面，电子文件的形成与管理系统可信等。（主要参考来源：ISO 15489；GB/T 26162.1—2010；ISO/IEC 27001：2013；GB/T 22080—2016；GB/T 20984—2007；GB/T 22240—2008；GB/T 18894—2016；建标 103—2008；JGJ 2—2010；DA/T 56—2014；DA/T 58—2014；DA/T 75—2019）

保密性[①]：在信息安全领域，对安全最基本的要求为"CIA"原则，即 Confidentiality（保密性）、Integrity（完整性）、Availability（可用性）。[②] 本概念模型试引入其中"保密性"的概念，根据 GB/T 20984—2007 的规定，具体是指"未提供或未泄露给非授权的个人、过程和其他实体"，其关键在于通过一系列技术手段实现权限的分配与执行。在电子证据的取证中，对取证操作过程"清洁性"的要求极为重要，与证据无关的程序、个人和组织不应接触到证据材料。

---

① Spyridon Samonas and David Coss, "The CIA Strikes Back: Redefending Confidentiality, Integrity and Availability in Security", *Journal of Information System Security*, Vol. 10, No. 3, 2014, pp. 21 – 45.

② ［美］马克·斯坦普：《信息安全原理与实践》，杜瑞颖、赵波、王张宜等译，电子工业出版社 2007 年版，第 1—2 页。

在本书所提出的电子文件证据性概念模型中，保密性具体表现在通过实施物理密保技术、访问控制技术、信息加密技术等技术措施使非授权的其他组织机构、业务部门、人员及其他程序与系统同目标电子文件隔离[①]，保证电子文件管理环境与过程的"清洁"，如仅在可靠云端备份哈希值而非电子文件原文等。本属性主要从技术视角对电子文件证据性加以阐释。（主要参考来源：ISO/IEC 27001：2013；GB/T 22080—2016；GB/T 20984—2007）

合法合规性：强调实现电子文件管理环境与管理活动的法规遵从，在国家现行有效的法律、法规及组织机构的规章制度指导下合理开展电子文件管理工作，做到有法可依，有据可循。具体体现在组织机构依据各项法律法规与标准规范积极制定本机构电子文件管理规章制度，建设合法合规的电子文件管理物理环境，采购合法合规的电子文件管理设备、系统与程序等。本属性主要从管理视角对电子文件证据性加以阐释。（主要参考来源：ISO 16175-1：2011；GB/T 22240—2008 等）

综上，电子文件证据性概念模型从证据的真实性、证据的关联性和证据的合法性三个圈层共计八个属性，定义了电子文件证据性的概念。具有证据性的电子文件是电子证据的"前身"，经过合法取证程序后能够在法庭上发挥其证据效力。

五 电子文件证据性概念模型对本研究的指导价值

本节提出了电子文件证据性概念模型，运用档案学视角和适用于档案管理环境的术语重新阐释了司法对电子证据的要求，便于档案工作者理解与运用。它基于电子证据"三性"——真实性、合法性、关联性的基本结构，将电子文件的"四性"与"新四性"——真实性、可靠性、完整性、可用性、安全性拆分、重组，能够辅助

[①] 朱璇：《基于 ISO 27001 的信息安全管理体系的研究和实现》，硕士学位论文，上海交通大学，2009 年。

指导电子文件的证据价值保留，可适用于机构电子文件，特别是电子合同、电子病历、电子发票、设计图纸、版权文件等涉诉概率较高的电子文件管理实践中，为后续研究奠定理论基础，具体的指导价值表现在：

首先，将司法证明要求的真实性作为高涉诉概率电子文件管理的核心目标。如电子文件证据性概念模型所示，电子证据的真实性是最核心的属性，并可进一步分解为真实性、完整性与可靠性。这有助于为应对诉讼留存"真实"的电子文件，不仅具备档案意义上形式真实的特征，更需要内容的真实可靠。电子文件证据价值的关键在于其还原客观情况的能力，亦即是否在形成办理的业务环节就留存了真实可靠的记录。以此为核心目标，能够指引机构强调与追溯前端业务部门对电子文件形成真实性的责任，有助于为应对审计与诉讼留存可信的电子文件。

其次，将合法性与关联性相关要求纳入电子文件管理目标。如电子文件证据性概念模型所示，电子文件的完整性与安全性和电子证据的关联性与合法性部分相关，还需要通过添加保密性与合法合规性进行完善。这强调了司法认可的真实性保障技术的采用、法规标准的遵从、管理制度的完善、管理环境的清洁对电子文件证据效力发挥的关键作用，为组织机构电子文件证据效力的保障提供了更加具体的指引，树立了更为丰富的目标。

综上，电子文件证据性概念模型运用档案学视角阐释了司法对证据的要求，在理论层面上初步实现了电子文件与电子证据的属性对接，有助于为组织机构电子文件证据效力保障体系框架的构建提供总领性、指导性目标，对相关保障策略中的法规标准保障、管理保障、技术保障与人才保障策略奠定了理论基础，特别对电子文件管理责任链制度的构建、各项技术案的设定与选择、元数据方案的完善等策略形成了直接的理论支撑，为组织机构评估、检验电子文件证据效力保障成果提供依据。

第二节　电子文件—电子证据保管链

电子文件管理活动和电子证据司法应用实践看似是两组独立的工作环节，实则可以通过"取证"这一枢纽联结起来。本书基于前人研究，梳理并构建电子文件—电子证据保管链，用关联的、一体化的思维将两组业务相整合，系统揭示从电子文件到电子证据的变化过程和运动规律，重点阐释电子文件向电子证据转化的关键枢纽，便于更好地理解电子文件管理和电子证据司法应用实践之间的联系，掌握电子文件证据效力保障的关键流程和最佳时机。

一　组织机构电子文件管理业务流程

如前文所述，国际、国内对电子文件生命周期的认识有"三阶段论"①"四阶段论"②"双层论"③ 等多种观点。上述观点均基于以下共识：电子文件运动的阶段性与物理位置、保存场所没有必然关系，各阶段也并非决然割裂，不同管理阶段涉及不同的工作部门、依赖于相应的信息系统，电子文件管理活动规划应提前至文件形成之前，等等。关于组织机构的电子文件管理的阶段，本书主要参考何嘉荪"四阶段论"的观点，但将孕育阶段单独前置为"规划预备"，作为电子文件生命周期中最重要的阶段；其余的形成流转、归档管理与保存利用三个阶段分别对应文件生命周期的现行阶段、半现行阶段与非现行阶段，并借助相应的信息系统，由相应人员或部门完成电子文件管理相关活动。

关于电子文件管理的具体业务活动，ISO 15489 中规定了捕获、

---

① 即国际档案理事会提出的概念阶段、形成阶段与保管阶段。
② 即何嘉荪教授提出的孕育形成、现实使用、暂时保存、永久保存四个阶段。
③ 即潘连根教授将电子文件生命周期与电子文件管理系统的生命周期分述。

登记、分类、存储与处理、利用、跟踪、处置、记录管理等；GB/T 18894—2016 将电子文件管理的具体活动划分为电子文件与元数据收集、整理、归档、编目、存储、备份、利用、统计、元数据维护、处置、转换与迁移、移交与销毁。上述标准中对电子文件管理活动的划分基本忽略了电子文件形成前的活动，弱化了形成部门的角色。InterPARES2 则在其基于文件生命周期理论开发的保存链模型（Chain of Preservation，COP Model）中定义了保存链框架管理、形成系统中的文件管理、保管系统中的文件管理、长久保存系统中的文件管理四阶段业务流程共计 158 项各级各类管理活动；[①] 而在基于文件连续体理论开发的业务驱动文件保存模型（Business-driven Recordkeeping Model，BDR Model）中定义了管理业务、业务框架制定、业务活动实施和文件管理四大类文件保存流程共计 120 项各级各类管理活动。[②] InterPARES2 从宏观到微观全面定义了电子文件管理活动，作为参考草案，COP 模型和 BDR 模型未能完全通过在艺术领域、政府部门和科研部门的电子文件管理应用测试，但 COP 模型以电子文件所处的管理系统进行业务阶段划分的思路具有一定借鉴意义。本书试图在借鉴上述标准规范和模型的业务划分方式，在已有电子文件管理业务阶段的基础上，进一步定义各项具体的电子文件管理活动，将其业务阶段与所处的系统环境对应起来。

基于此，本书参考电子文件生命周期，以规划预备、形成流转、归档管理、保存利用的业务阶段为主轴，分阶段梳理电子文件管理业务链上的业务活动、相应系统环境与责任者，为与电子证据应用实践流程的衔接奠定基础，详见图 3-3。其中，系统维护与审计跟

---

① InterPARES2, "Chain of Preservation Model Diagrams and Definitions", November 2, 2019, http: //www. interpares. org/ip2/display_ file. cfmdoc = ip2_ book_ appendix_ 14. pdf．

② InterPARES2, "Business-driven Recordkeeping Model Diagrams and Definitions", November 12, 2019, http: //www. interpares. org/ip2/display_ file. cfmdoc = ip2_ book_ appendix_ 15. pdf．

踪功能贯穿电子文件自形成起的全部生命周期阶段与业务环节。此外，由于各机构电子文件管理工作实践情况不同，本链条模型所展现的结果或难以覆盖所有场景，部分环节可能重复。

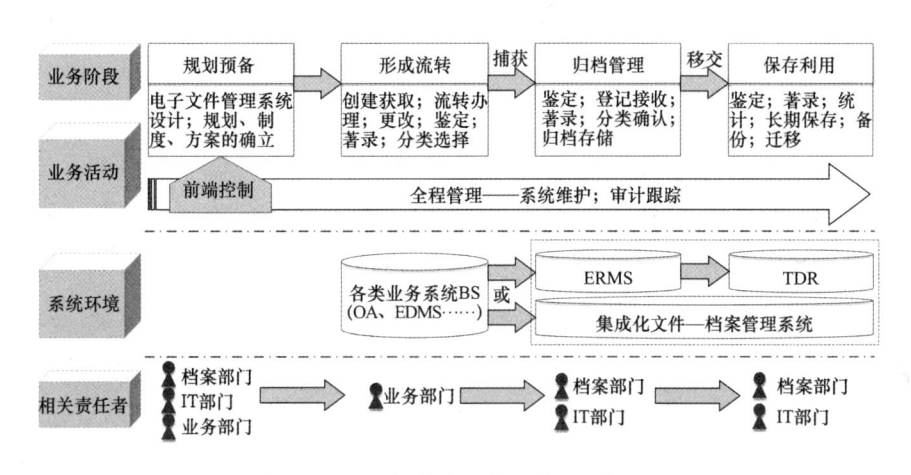

图3-3　组织机构电子文件管理业务流程

第一，规划预备阶段。

规划预备阶段的主要任务在于档案部门、信息技术部门（机构）及各相关业务部门合作设计电子文件管理系统或功能模块，协同制定机构电子文件管理战略、计划、制度与方案等。规划预备是电子文件管理生命周期中最为重要的阶段，它定义了机构电子文件应当由何人以何种方式在何时何处形成，何种电子文件应被长期保存、以何种方式保存并利用等。

第二，形成流转阶段。

在形成流转阶段，电子文件由业务部门主导，形成于各类业务系统（Business System，BS，如OA系统、EDMS系统等）并发挥其第一价值，具体涉及如下业务活动：创建获取：本机构在业务活动中自行创建或接收与本机构有业务联系的其他机构形成的电子文件；流转办理：电子文件在机构内部被处理生效的过程；更改：依据一定的标准、原则与制度，在控制之下对电子文件的内容进行补充、变更或调整，如对某错误进行修正；鉴定处置：本阶段主要为业务人员尽可能先行开展价值鉴定，以确定电子文件的保管期限并采取相应处置措施；著录：自动或手动添加关于该电子文件的元数据。分类选择：由业务人员依据既定规则确定该电子文件所属的档案分类。

第三，归档管理阶段。

电子文件形成流转后与其元数据共同被电子文件管理系统（Electronic Records Management System，ERMS）或集成化的文件—档案管理系统捕获标志着其进入生命周期的下一阶段，接受档案部门和信息技术人员的管理与维护，主要涉及的具体管理活动有：鉴定处置：本阶段主要补充鉴定电子文件的价值与保管期限，同时实施技术鉴定，主要体现为对归档电子文件四性进行检测，进一步决定电子文件的处置结果；登记接收：档案部门复核电子文件相关信息，对电子文件执行接收操作并赋予其"档案身份"标识；著录：自动生成或人工操作形成归档阶段元数据；分类确认：档案部门确认电子文件的分类；归档存储：电子文件及其元数据被暂存在电子文件管理系统中。

第四，保存利用阶段。

归档后的电子文件将被移交至可信数字档案馆系统（Trusted Digital Repository，TDR）长期保存并提供利用，部分组织机构采用的是集成化的文件—档案管理系统。该阶段涉及的具体管理活动有：鉴定处置：主要为档案管理部门定期依据保管期限表对电子文件进行处置，对长期保存的电子文件进行四性检测等；著录：自动生成或人工操作形成保存利用阶段元数据；统计：对电子文件管理的情况进行统计，如按照年度、门类、保管期限、卷/件数、利用人次、利用目的等分别统计；长期保存：对电子文件及其元数据真实性、可靠性、完整性和安全性的长久保存与维护；备份：采取多重方式对电子文件及其元数据进行备份；迁移：为避免格式落后、存储介质失效、系统升级不适用等情况，定期对电子文件进行格式转换，或将其迁移至新的存储介质或系统中。

二 电子证据的司法应用实践流程

国内外对电子证据的司法应用实践流程的习惯表述不同：我国一般从"取证—举证—质证—认证"四个司法证明阶段定义电子证据的司法应用；国外的证据法中还发展了证据保管链制度，近年来为我国法学学者所重视；部分学者还对证据的生命周期进行了研究。本书将在此基础上尽量全面地归纳电子证据的司法应用实践流程。

（一）司法证明四大环节

司法证明是司法人员或司法活动的参与者运用证据明确或表明案件事实的活动。[①] 在我国，一般将司法证明环节按进行的时间顺序划分为取证、举证、质证、认证四个阶段。

取证。从字面意思理解，即证据的取得，是对案件事实相关的、对待证事实具有证明作用的信息的取得。具体指的是调查人员为揭示案件真相、证明事实主张，依法展开的收集证据、初步审查证据及保全证据的专门活动，具体可以分为发现、提取、固定、分析、解释、鉴别、判断等过程。[②] 在电子证据的取证中，取证主体较为多元，侦查人员、司法人员、行政执法人员、公证人员、仲裁人员、诉讼当事人及其代理人、网络服务商、技术专家均可以成为电子证据的取证主体。按照措施与程序的不同，一般的取证有询问、讯问、辨认、搜查、勘验、检查、调查实验、鉴定与保全等方法[③]，对于电子证据而言，刑事诉讼中常采用搜查、勘验、扣押等取证方式，鉴定与保全则是所有电子证据较常采用的取证方式。

举证。在诉讼中，举证主要指诉讼双方在审判或证据交换过程

[①] 何家弘、刘品新：《证据法学》，法律出版社2013年版，第194页。
[②] 杜春鹏：《电子证据取证和鉴定》，中国政法大学出版社2014年版，第73—74页。
[③] 肖晗：《民事证据收集制度研究》，博士学位论文，西南政法大学，2008年。

中向法庭提交证据以证明其主张的案件事实的活动，囊括了将证据提交至法庭的各种工作。一般而言，电子证据举证时可考虑如下三类：（1）电子内容证据：用于证明案件事实的证据和材料；（2）电子附属信息：证明内容数据的产生、消失或变更的数据；（3）系统环境数据：电子证据产生的软硬件信息数据。① 举证时，一般有打印出示、载体出示、当庭演示等方式；当对证据内容产生争议或有疑问时，法官可传唤电子证据的制作人或提取人出庭说明相关情况，或要求当事人出示其他证据进行补强。

质证。在诉讼活动中，证据一般都要经过质证程序才可认证。质证是诉讼双方、诉讼代理人与第三人在法庭对证据的真实性、关联性、合法性与证明力的有无、大小予以说明和质辩的活动。对于电子证据而言，常从是否随原始介质移送、收集程序与方式是否符合法律规范、真实性与完整性、与待证事实的关联性、证据是否已全面收集等方面展开质证。质证的基本方式是交叉询问。②

认证。认证指法官在审判过程中对诉讼双方提供的证据，或自行收集的证据予以审查判断，并确认其证据能力与证明力的活动。对于电子证据而言，需要分别对其真实性（完整性、可靠性）、关联性与合法性进行分别认定。

（二）证据保管链

证据保管链是英美法系证据制度中保障实物真实性与同一性的关键措施，指证据从获取到被提交至法庭为止，关于其流转和安置及其相关保管人员的沿革情况。③ 一般而言，证据保管链回答了

---

① 蒋平、杨莉莉编著：《电子证据》，中国人民公安大学出版社 2007 年版，第 193 页。

② 汪振林主编：《电子证据学》，中国政法大学出版社 2016 年版，第 294—299 页。

③ Bryan A. Garner ed., *Black's Law Dictionary*, Minnesota: Thomson West, 2014, p. 261.

"5W1H"——是什么证据（What）？如何获取的证据（How）？证据何时被收集与运用（When）？证据经由谁手（Who）？为什么相关人员要对证据作如此处理（Why）？证据被运输至何处以及存储在何处（Where）？① 可见，证据保管链以"链"式思路厘清取证过程中的责任人及其保管任务，是广义上证据取证过程的细化。如果在证据保管链中出现了时间断裂，则将影响该份证据的可采性②，为电子证据的鉴真（Authentication）带来障碍。在轰动一时的"快播案"中，被告称本案的关键物证——四台服务器在被北京市公安局海淀分局接收时未形成对其原始状态的勘察记录，不能确定其就是原来的服务器，这成为了本案的争议焦点之一。③ 值得指出的是，早在1922年，詹金逊就在《档案管理手册》中提及了保管链的概念，他指出档案的品质取决于保管者无瑕疵的保管过程（an unblemished line of responsible custodians），亦使用了"未破裂的保管链"（the chain of custody remain unbroken）的表述④，这印证了档案学与证据法学在电子文件安全、完整保管方面的共同诉求。

关于我国证据保管链的划分，学者们一致认为其起点应是证据的收集。陈永生认为在刑事诉讼中，控方有义务建立对证据从收集到提交法庭的完整记录体系，但对于证据保管链，则只需要证明证据的收集、运输、保管和鉴定环节。⑤ 杜国栋则认为应对证据自收集到最终处理期间的收集、转移、存放、使用、处理全部环节进行说

---

① Jasmin Cosic and Miroslav Baca, "Do We Have Full Control Over Integrity In Digital Evidence Life Cycle", Paper Delivered to 32nd International Conference on Information Technology Interfaces, sponsored by IEEE, Cavtat, Croatia, June 21-24, 2010.
② Paul C. Giannelli, "Forensic Science: Chain of Custody", *Criminal Law Bulletin*, Vol. 32, No. 5, 1996, pp. 452.
③ 冯姣：《论互联网电子证据的保管》，《南京大学法律评论》2018年第1期。
④ Hilary Jenkinson, *A Manual of Archives Administration*, London: Percy Lund, Humphries & Co Ltd, 1937, p. 37.
⑤ 陈永生：《证据保管链制度研究》，《法学研究》2014年第5期。

明（详见第一章第四节）。①

（三）电子证据的生命周期

证据生命周期一般指从证据被收集之时直至案件宣判结案。理论上，其涵盖范围广于前文所述的四大司法证明环节和证据保管链。国内学者对此鲜有研究，国外学者们关于电子证据生命周期的划分有以下几种观点：

1. 菲利普·阿曼（Philipp Amann）等定义的电子证据生命周期②

● 获取（Acquisition）：包括证据的收集与登记；

● 筛选（Culling）：从大量数据中提取、筛选所需的证据并形成标准化格式；

● 梳理和编码（Review and Coding）：将所收集的数据相关元数据输入系统；

● 生成（Production）：为相关方制作证据副本，应用数字指纹等防篡改标识；

● 出示（Presentation）：诉讼意见书准备、法庭记录生成与管理等。

2. 斯明·科西克（Jasmin Cosic）和卓然·科西克（Zoran Cosic）结合文件生命周期理论，定义了数字证据的生命周期，并识别了各阶段的参与者③

● 识别与收集（Identification and Collection）：数字取证调查人员从海量材料中识别所需的证据材料并加以收集；

● 审查（Examination）：由取证人员和专家证人将所需的电子证

---

① 杜国栋：《证据的完整性》，中国政法大学出版社2012年版，第171页。

② Philipp Amann, Mark P. Dillon, Gerald Quirchmayr, "Challenges to Advanced Electronic Evidence Lifecycle Management in an International Court Environment", Paper Delivered to International Conference on Advances in Information Technology, sponsored by Springer, Berlin, Heidelberg, 2012.

③ Jasmin Cosic and Zoran Cosic, "Chain of Custody and Life Cycle of Digital Evidence", *Computer Technology and Aplications*, No. 3, 2012, pp. 126–129.

据与其他数字对象隔离；

●存储传输（Storage and Transport）：电子证据存储与传输全程的保管链应当被留存；

●报告/发布（Report/Publishing）：原被告双方提供证据，此外，取证人员、专家证人亦有机会接触电子证据；

●存储归档（Stored and Archived）：结案后电子证据被法院存储与归档。

3. 玛丽亚·安吉拉·比亚西奥蒂（Maria Angela Biasiotti）等定义的电子证据生命周期[①]

●项目启动（Case Preparation）：从组织、技术和调查方面计划电子证据管理活动；

●证据识别（Evidence Identification）：对现场进行勘察，尽量获取并保留数字设备的原始状态；

●证据处理（Evidence Handling）：根据证据来源决定其所遵循的处理程序，如来源于个人电脑、移动设备、网络设备、云等；

●证据分类（Evidence Classification）：确定电子设备的特征与状态，并对载体编号、设备编号、地点、日期等信息进行记录；

●证据获取（Evidence Acquisition）：取证专家应对潜在的数字证据的完整性予以保障直至其被提交至法庭；

●证据分析（Evidence Analysis）：分析证据相关的特征，如生成系统的状况、文件系统类型等；

●证据报告（Evidence Reporting）：对前期证据识别、获取与分析的结果进行总结并生成报告，提交法庭使用。

此外，国际信息系统安全从业人员的权威认证项目 CISSP（Certification for Information System Security Professional）将电子证据的生

[①] Maria Angela Biasiotti, Mattia Epifani and Fabrizio Turchi, "The Evidence Project: Bridging the Gap in the Exchange of Digital Evidence Across Europe", paper delivered to the 10th International Conference on Systematic Approaches to Digital Forensic Engineering, Malaga, 2015.

命周期定义为获取、收集、识别、存储、保全、传输、分析、出示、返还等过程。①

由上可知，电子证据的生命周期基本涵盖从证据收集到最终处理的全过程，无论是"五项生命环节"还是"七项生命环节"，都基本或部分覆盖了从取证到最终处置的线性过程，可被概括为三个大阶段，即电子证据的识别、收集与固定，电子证据的分析、处理与鉴别，电子证据的使用与归档。同时，运用生命周期理论对电子证据进行研究，也为与电子文件的生命周期管理衔接提供了可能。

（四）本书对电子证据的司法应用实践流程归纳总结

通过上文对电子证据司法证明环节、证据保管链、电子证据生命周期的综合分析，可知电子证据的司法应用实践流程呈现出环环相扣的"线性""链式"的特征。其中，证据生命周期涵盖了证据从获取到最终被归档的全程，证据保管链中的活动属于司法证明的取证环节。本书试在我国"四大环节"理解的基础上，结合国外相关表述的细节，归纳电子证据的司法应用实践流程，以支持进一步的理论衔接。由于不同纠纷或案件的实际情况不同，本书所归纳的实践流程或难以覆盖所有情形。

如图3-4所示，电子证据的司法应用实践可划分为三大阶段：

取证阶段：取证是电子证据司法应用实践中最为重要的环节，证据既可源于常规业务系统，也可源自文件管理相关系统，部分当事人还会提前将证据上传至第三方存证平台（如存证云等）或法院提供的证据平台（如上海法院诉讼服务网、"上海移动微法院"小程序等）以备诉讼使用。此过程涉及的部门与人员相对复杂，涵盖来自当事双方、司法部门、其他相关机构及相应各类人员。具体应用活动包括：识别，即从广泛数字对象中识别出电子证据；收集，

---

① CISSP, "CISSP © Common Body of Knowledge Review: Legal, Regulations, Compliance&Investigations Domain", July 4, 2022, http://slideplayer.com/slide/1625588/.

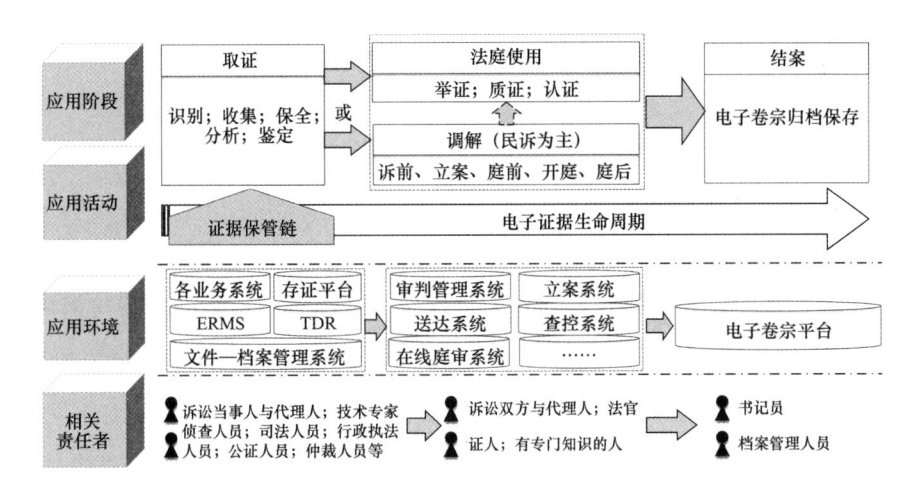

图 3-4　电子证据的司法应用实践流程

即采集电子证据;保全,即将电子证据固定下来并妥善保管;分析,即对电子证据的特征、形状、外观、内容进行分析报告;鉴定,即由司法机关或专业机构对案件专门问题进行检验、鉴别、判断,形成鉴定意见。电子证据取证不一定经历上述全部活动,但已完成的各项活动应当形成一条完整的证据保管链,至此,电子证据的品质与规格已初步确定。

调解阶段:民事诉讼设立诉前、立案、庭前、开庭和庭后多重调解程序作为解决纠纷的有效机制(行政赔偿、补偿及行政机关行使法律、法规规定的自由裁量权的案件也可以调解)[①],调解贯穿整个诉讼过程。如诉前调解达成一致,则无需再行立案审理;如诉中实施调解,亦能对最终判决产生重要影响。

法庭使用阶段:立案后,电子证据的法庭使用主要体现在举证、质证与认证环节,电子证据被录入或捕获进入法院审判管理相关系

[①] 裴大明:《裁判方法的法理重述》,中国政法大学出版社 2016 年版,第 112 页。

统中。① 本阶段的参与方涉及诉讼双方及其代理人、证人、法官，必要时邀请专家证人协助法官开展证据审查判断工作。

结案阶段：结案阶段意味着电子证据的"生命终点"。在这一阶段，电子证据已使用完毕，将由负责案件的书记员对与本案相关证据材料进行整理，交由法院的档案部门进行归档并长期保存。

三 电子文件管理流程与电子证据司法应用实践流程的关联与衔接

综合分析机构电子文件管理业务链条与电子证据应用实践流程后，发现二者存在一定关联及互相衔接的可能性：

第一，整体工作流程方面，二者在各自业务流程生命周期内均呈现阶段性特征。如电子文件管理业务链条表现为规划预备、形成流转、归档管理和保存利用四阶段；电子证据司法应用实践流程可分为取证、调解、法庭使用、结案四阶段。不同生命阶段分别存在于不同的物理环境或系统环境，由相关部门或责任人员管理与控制，发挥不同功能属性。

第二，具体业务活动方面，电子文件归档与电子证据保全具有共通之处。电子文件归档指将具有保存价值的电子文件赋予档案属性并纳入档案管理范畴②，一般而言，电子文件进入文件管理系统后即被登记、打上归档标识。电子证据保全则有广义和狭义之分，狭义的保全仅指在证据难以保存或容易灭失的情况下人民法院根据请求或依职权进行的保全，广义的保全是指将已收集的电子证据用适当方式固定下来并加以妥善保管的程序，其实施主体可以是公安机关、检察机关、审判机关、公证与鉴定机构、当事人及其代理人等。对于刑事电子证据，有搜查、扣押、勘察与检查等保全方式；对于民事电子证据，有诉讼保全、公证保全、存证保全等保全方式……

---

① 李丽洁：《法院卷宗档案单套管理的实践现状与完善进路——以〈机关档案管理规定〉解读为评估视角》，《档案与建设》2021 年第 7 期。

② 冯惠玲主编：《电子文件管理 100 问》，中国人民大学出版社 2014 年版，第 85—86 页。

其目的均在于最大程度地维护证据自收集起的原状。由上可知，电子文件归档与电子证据保全的本质均为"固化"，即将电子文件置于相对独立的物理或逻辑空间进行管理，使其"自某时刻起不发生改变"，防止被篡改、丢失和损坏，以最大程度地维护其还原客观事实的能力。

第三，电子文件管理与电子证据取证同时包含"鉴定"这一具体活动，但二者涉及的主体、目的与手段不同，不应简单等同或混淆。电子文件的鉴定有广义和狭义之分。狭义的电子文件鉴定意同传统的档案鉴定，指对文件内容的鉴定以确定其保管期限；广义的电子文件鉴定还包含技术性的检测工作。如 DA/T 70—2018《文书类电子档案检测一般要求》中对文书类电子文件的真实性、完整性、安全性和可用性进行的检测。组织机构中，电子文件的保管期限一般根据本机构的需要预先在文件管理系统中定义完毕，后续的技术检测与鉴定均由组织机构的文件与档案管理部门进行。电子证据的鉴定则属于司法鉴定，是指在诉讼中由专业的司法鉴定人运用科学技术或专门知识对诉讼中的专门性问题予以鉴别、判断并提供鉴定意见的活动。当鉴定机构接到电子证据鉴定委托后，应对委托主体、委托程序检材与记录材料进行审查，依照一定的规范和程序、采取技术措施对检材进行鉴定并出具鉴定文书。[①] 司法鉴定业务不仅包括对电子证据本身状态的鉴定，还包括对电子证据及其介质和系统操作行为的鉴定和隐含信息的深度挖掘，还包括数据的恢复与提取等。

由上可知，电子文件鉴定和电子证据鉴定的主要区别为：在鉴定主体方面，电子文件的鉴定主体是其形成与管理人员；电子证据的鉴定主体是专业司法鉴定机构。在鉴定目的方面，电子文件的价值鉴定主要依据其内容确定保管期限，技术鉴定主要关注其"四性"是否得到维护；电子证据的鉴定除了确认某些"可见"现象以外，

---

① 汪振林主编：《电子证据学》，中国政法大学出版社2016年版，第244—249页。

还包括对隐含信息的挖掘以及对删除信息的恢复等。在鉴定对象方面，电子文件鉴定的对象即电子文件本身；电子证据的鉴定对象除其本身以外，还包括电子证据的操作系统、载体介质等。在鉴定手段方面，电子文件鉴定主要侧重有效性、一致性相关检测技术及病毒查杀等；电子证据鉴定还需涉及数据恢复、数据解密、攻击源追踪、日志分析等。由此可知，电子文件管理与电子证据应用对"鉴定"的认知不同，但功能上有所关联，规范的电子文件鉴定亦有助于司法鉴定部分目标的实现。

四 电子文件—电子证据保管链的构成

通过前文对组织机构电子文件管理业务流程和电子证据司法应用实践流程的分别梳理，在明晰了二者的关联与区别后，本书尝试提出电子文件—电子证据保管链（详见图3-5），对从电子文件到电子证据的运动规律予以说明，并分析其中的环境与人员要素，推动电子文件管理与电子证据应用从分段管理向全流程融合管理转型，为后文组织机构电子文件证据效力保障的论述奠定理论基础。

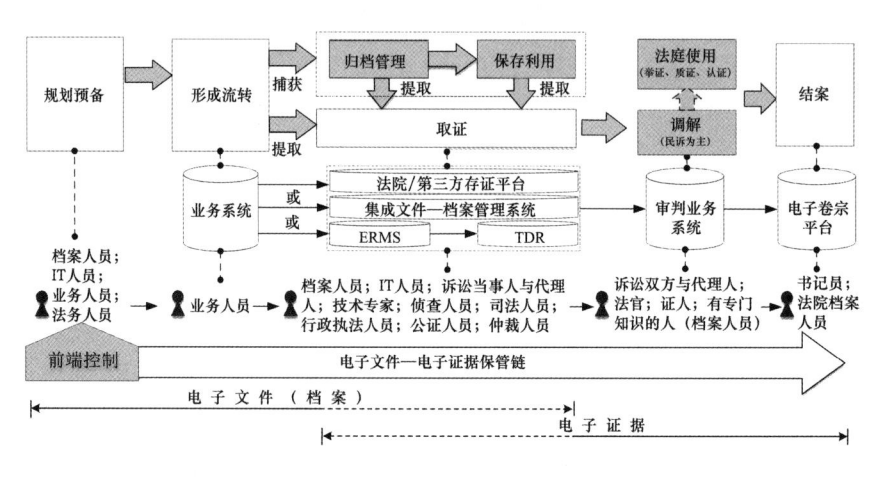

图3-5 电子文件—电子证据保管链

电子文件—电子证据保管链是电子文件生命周期和电子证据生

命周期的拓展与延伸。如图3-5所示，其起点为电子文件的规划预备阶段，终点为判决与结案阶段，整体由固定阶段和机动阶段组成，长度依据机动阶段的执行情况而定。电子文件—电子证据保管链共包括四个固定阶段和四个机动阶段。

规划预备（固定阶段）：统筹规划机构电子文件管理工作，制定电子文件管理制度与方案，明晰电子文件特别是涉诉频率较高电子文件的保管范围，设计电子文件管理系统等。本阶段是电子文件—电子证据保管链中最为基础的一环，决定着机构能够保留下何种电子文件，取证人员可能提取到何种证据，该机构能否在调解与诉讼中获得优势等。

形成流转（固定阶段）：机构在业务活动中形成或接收业务往来相关的电子文件。本阶段，业务人员为电子文件添加所需元数据并进行初步鉴定，或由系统根据功能设置自动执行鉴定。

归档管理（机动阶段）：归档管理阶段意味着电子文件及其元数据被赋予了档案属性，其内容信息与结构信息得以固化并与现行电子文件隔离，被暂存在电子文件管理系统中。在电子文件—电子证据保管链中，电子文件有可能在形成流转后被直接取证，不一定经历归档环节；而正式进入归档管理阶段的电子文件，既有可能被移交进入数字档案馆系统长期保存，也有可能随时被取证。

保存利用（机动阶段）：保存利用阶段的电子文件已结束其现行价值，被移交至数字档案馆系统或是部分集成式档案管理系统的数字档案馆模块中长期保存，除非例行检测，或因为系统升级、格式与载体失效等原因进行迁移等，一般不会再对其状态进行变更。在电子文件—电子证据保管链中，电子文件有可能暂存在电子文件系统时就被作为证据被提取，不必然经历保存利用阶段；且当电子文件已被长期保存后，也可能被调用取证，这也是档案服务利用的常规途径之一。

取证阶段（固定阶段）：在取证阶段，电子文件被按需识别、收集、保全、分析与鉴定，实现了向电子证据形态的转化，电子文件管理人员和电子证据取证人员也产生了实质上的交集与合作。取证是联结电子文件管理与电子证据应用的枢纽，决定着电子文件—电子证据保管链实际历经的环节，它可能在电子文件形成流转时同步发生，也可能在归档管理或保存利用之后执行。因而，电子文件—电子证据保管链的实际长度可能包含5—8个环节不等。

调解阶段（机动阶段）：一般而言，在案件事实基本清楚的民事诉讼中，法庭将对达成调解协议的案件执行调解程序。在关键证据确实、充分的情况下，能够极大减少待证事实的证明压力，令对方"知难而退"、避免诉讼；或在立案后、宣判前的其他调解阶段中辅助机构获得证明优势、为最终判决争取有利条件。受案件性质、当事人意见等因素影响，并非所有的电子文件/证据都会进入调解程序。

法庭使用阶段（机动阶段）：即在法庭主持之下进行电子证据的举证、质证与认证，在此之前，电子证据自身的性质、状态、规格与品质均已确定。如诉讼双方对某项证据有疑问，则还可补充进行侦查、实验、公证、保全等。如前所述，在必要证据得以留存、待证事实无明显异议的前提下，部分案件可通过调解结案而不必立案开庭，这也是机构开展规范化电子文件管理工作的重要动力之一。

结案阶段（固定阶段）：分为调解结案与判决结案，与案件相关的电子证据与文书将被整理并交由法院档案部门归档。

五 电子文件—电子证据保管链对本研究的指导价值

据加拿大知名软件商OpenText调查，电子发现程序中每保存、捕获、复制、收集、审查1044页文件，仅有1页含有所需相关信息，而机构为了筛选这些关键信息将要付出巨大的时间与人力成本[①]，合理、有针对性的机构文件管理规划呼之欲出，以融合、联结的视角审

---

① InfoGov Basics,"Litigation & eDiscovery", July 4, 2022, https：//www.infogov-basics.com/challenges/litigation-ediscovery/.

查电子文件管理与电子证据应用十分必要。本书尝试提出与构建的电子文件—电子证据保管链揭示了从电子文件到电子证据的变化过程和运动规律，有助于全面理解两项业务之间的关联，为证据保留视角下电子文件管理工作规划的制定、电子文件相关管理系统功能的设计提供理论基础与分析模板。它延长了电子文件生命周期的后端，将应对诉讼作为电子文件管理的"后端驱动"；它也拓展了电子证据生命周期的前端，将电子文件管理的规划预备与电子证据关联起来，成为取证的"前端控制"。它对电子文件证据保留的指导意义在于：

第一，丰富前端控制内涵。根据取证需求差异，电子文件—电子证据保管链可能包含五到八个阶段，即有可能未经历归档管理与保存利用两个"档案化"过程，或无需进行调解与法庭使用等。为了最大程度上使机构电子文件的证据效力得到保留，应将证据留存与诉讼应对纳入电子文件管理工作目标，并在保管链的开始阶段——规划预备阶段使本组织机构的法务人员也参与电子文件管理统筹规划工作之中，在电子文件管理系统设计之时就嵌入电子证据取证、认证相关要求，将易发生争议的文件与数据纳入档案管理范围并进行重点管理，让电子文件的证据性问题尽可能在形成前就得到充分重视。

第二，明确归档固化节点。电子证据取证和电子文件归档管理的本质均在于固化，即使文档与数据的性状、品质不再发生改变。由于难以预测何时取证，机构可通过尽量缩小电子文件形成流转与归档管理的时间差以留存其"原貌"：对于应诉可能性较高的文档数据，应能够保证形成后及时归档或预归档，固化其关键流转阶段的状态，必要时随时保留多个版本的固化痕迹，留备足够证据，为取证工作提供便利。

第三，拓展全程管理环节。在电子文件管理的理论与实践中，全程管理理念影响深刻。将其延展至电子文件—电子证据保管链中，则指将电子文件管理流程与电子证据应用活动视为一个整体，对全链条证据效力加以维护，确保电子文件取证前即具备证据的真实性与合法性。流程整合与重塑的关键在于电子文件管理与电子证据司法应用环节的梳理、技术与系统的打通以及相关人员的协作。

第四，重视后端驱动思路。前端控制旨在通过顶层设计和统筹规划实现高质量的电子文件管理。从电子文件—电子证据保管链视角出发，后端驱动思路亦能成为电子文件管理前端工作成效的反馈，"前端控制"与"后端驱动"的联动能够形成"规划—实施—反馈"的良性循环。在具体的电子文件管理实践中，应将协助取证、预防纠纷、应对诉讼等要点纳入对档案工作的考核与评价中，并将结果反馈至保管链前端。

第五，强化证据保留能力。在电子文件—电子证据保管链的机动阶段中，取证专业人员可能随时介入电子文件的归档管理与保存利用流程，电子文件管理专业人员亦可作为专家辅助人参与质证环节……为了更好地为机构留存证据以应对数据合规与法律遵从需要，电子文件管理人员应进一步强化证据保留的意识与能力，在知晓基本诉讼程序与规则、了解本领域相关法律法规的基础上，依据机构业务性质提前识别易发生争议与诉讼的文件与数据、将其纳入档案管理范围，并能够辅助企业法务人员或其他专业司法人员完成电子证据的提取、展示与说明等。

综上，电子文件—电子证据保管链的构建立足于电子文件单轨制、单套制的发展背景，以及电子文件管理与电子证据保留整合贯通、一体两面的演化趋势，使组织机构的电子文件管理工作视野从传统的电子文件生命周期全程管理拓展至电子文件—电子证据保管链的全链条管理，描述了组织机构电子文件证据效力保障体系框架所依存的基本业务环境，为电子文件证据效力保障管理策略中管理对象、管理思路、管理模式、管理制度与管理时机的优化提供直接参考，其所展示的从电子文件到电子证据的运动与转化规律亦成为法规标准保障、技术保障与人才保障策略的理论依据，有助于推动电子文件管理与电子证据司法应用的交融与联结。

第三节　本章小结

本章是全书的理论创新所在，构建了电子文件证据性概念模型和电子文件—电子证据保管链，为后续研究提供了理论基石和分析思路。

本章首先对电子文件的"四性"与"新四性"进行综合分析，继而对电子证据的"三性"即真实性、关联性与合法性进行全面梳理，在此基础上建立了电子文件"四性"与电子证据"三性"之间的映射关系。最后，结合前文的分析结果，参考相关国际国内标准提出了电子文件的证据性概念模型，该模型从档案学视角对电子文件的证据性进行了阐释，有助于为组织机构电子文件证据效力保障体系框架的构建提供总领性、指导性目标，对相关保障策略提供理论支撑。

在第二节中，本书参考电子文件管理的相关理论与标准规范，结合电子文件管理实践，归纳了组织机构电子文件管理的业务流程，并从业务阶段、管理活动、系统环境和管理人员四个方面进行了阐释。此后，本书参考司法证明的四大环节、证据保管链相关内容和电子证据生命周期的相关研究，总结了电子证据司法应用实践流程。在此基础上，本书对电子文件管理流程与电子证据司法应用实践流程进行了对比分析、关联衔接。最后，结合前文的已有成果，提出了电子文件—电子证据保管链，该业务链揭示了从电子文件到电子证据的变化过程和运动规律。为后文组织机构电子文件证据效力保障体系框架构建提供了基本的业务环境，为保障策略的优化提供参考依据。

第四章

组织机构电子文件证据效力保障的现状与需求

——基于证据法学视角

上一章中，本书提出了两项辅助跨学科研究的理论工具——"电子文件证据性概念模型"和"电子文件—电子证据保管链"。由电子文件—电子证据保管链分析可知，电子证据是电子文件的一种后端应用，可以从"后端驱动"视角出发调研电子证据司法应用中的实际情况，发掘电子文件证据效力保障的需求，再通过电子文件管理的"前端控制"实现需求的预先解决，实现证据效力保障的"从头管起"。因此，本章从证据法学视角出发，先从理论层面的"Law in book"入手，提炼法律法规中对电子证据规格与品质的要求；再从实践层面的"Law in action"切入，调研访谈法律工作者在电子证据司法应用实践中面临的障碍与问题，通过对比与关联寻找更深层次的需求因素、丰富需求项，至此，组织机构电子文件证据效力保障的现状与需求已基本归纳形成；随后，以裁判文书的统计分析结果作为前两小节的补充说明与印证。最后，从以上三个方面系统归纳电子文件证据效力保障的现状与需求并阐释其细节，为后续组织机构电子文件证据效力保障体系框架的提出和保障策略的制定提供参考依据。

本章中所有法律文件除必要处外均使用简称。法律法规全称简称对照表详见文末附录一。

第一节 基于现有法律法规的分析

2012 年，电子数据正式作为第八大证据类型相继被写入三大诉讼法，此后相关法律法规逐渐丰富，从各方面对电子证据进行了规定。本书首先从已有法律法规入手，提炼对电子文件证据效力的基本要求。

一 法律法规的收集及电子证据的立法现状

笔者通过北大法宝、北大法意对我国涉及电子数据证据效力、证据地位、认证相关的法律法规进行检索。为保证检索结果的全面性，除使用"电子证据""电子数据"等核心检索词外，还对相关概念如"数据电文""电子数据交换"等在全文范围内进行检索，选定法律、司法解释、部门规范等法律文件 46 部，其中现行有效的共 36 部。上述法律法规及其对电子证据的相关规定情况详见表 4-1。

据表 4-1 的统计，可以将我国电子证据的立法进程分为三个阶段：

第一阶段：从视听资料到数据电文。1982 年，视听资料首次被写入《民事诉讼法（试行）》，这标志着法律法规对新技术类型证据的正式接纳；1990 年和 1996 年，视听资料相继被"写入"《行政诉讼法》和《刑事诉讼法》，其在三大诉讼法中的证据地位完全确立；1999 年，《合同法》将数据电文视同书面形式的文件，《会计法》中也肯定了电子计算机生成资料的法律效力，2004 年的《电子签名法》更明确提出不得仅因数据电文的技术形式而拒绝其作为证据使用，并详述了数据电文视同原件的条件和真实性、可靠性的审查要点，被誉为"我国首部真正意义上的信息化法律"①；尤其是将电子文件保存的要求写入法律，在档案学界亦产生了重大影响，对电子文件管理工作具有重要参考与引领价值。

第二阶段：电子证据相关法律法规快速增长。如前所述，"电子证据"一般是学界的常用表述，2004 年，"电子证据"这一概念在两院一部《打击淫秽色情网站工作通知》中正式被使用，此后直至 2012 年"电子数据"正式被写入《刑事诉讼法》期间，最高法、最高检、公安部和国家工商行政管理总局②均以出台司法解释与部门规范的形式对电子证据的收集取证、鉴定与审查判断等工作进行了一系列规定。

第三阶段：电子证据法律法规的内容不断完善。2012 年后，电子数据的法律证据地位正式确立，以两院一部《电子数据规定》、新《民事证据规定》和《人民检察院办理网络犯罪案件规定》为代表的一系列法律文件对电子数据的收集提取、固定保全、鉴定、审查判断与出示的相关规则进行了更为详细、系统的规定。值得关注的是，《人民法院在线诉讼规则》对区块链电子证据的审查认定作出了系统规定，为诉讼办案单轨制、电子证据单套制归档提供了政策依据。

在本书选取的与电子证据相关的法律法规中，诉讼法与相关司法解释占绝大多数；其中，与刑事诉讼相关的法律法规数目最多，民事与行政诉讼方面的规定相对简单。在其他如《合同法》《会计法》等实体法中，对电子合同、电子计算机生成的会计资料的规定较为宏观、抽象，缺乏关于规格或品质的细节规定。

二　法律法规中对电子证据审查判断的需求分析

笔者对表 4-1 中我国涉及电子证据的相关法律法规进行综合浏

---

① 夏露：《我国电子证据立法研究》，硕士学位论文，安徽大学，2014 年。
② 2018 年机构改革后已将国家工商行政管理总局的职责整合组建国家市场监督管理总局。

第四章　组织机构电子文件证据效力保障的现状与需求

表4-1　我国涉及电子证据的法律法规（时间顺序）

编号	名称	发布时间	性质	关于电子证据的相关规定
1	中华人民共和国民事诉讼法（试行）（已废止）	1982	法律	★首次肯定视听资料的法定证据地位
2	中华人民共和国行政诉讼法（已修正）	1990	法律	视听资料首次被写入行政诉讼法
3	中华人民共和国刑事诉讼法（已修正）	1996	法律	视听资料首次被写入刑事诉讼法
4	中华人民共和国合同法	1999	法律	★将数据电文视同书面形式
5	中华人民共和国会计法（已修正）	1999	法律	★首次肯定了使用电子计算机进行会计核算生成资料的法律效力
6	司法鉴定执业分类规定（试行）	2000	部门规范性文件	明确了计算机司法鉴定与声像资料司法鉴定的概念
7	最高人民法院关于行政诉讼证据若干问题的规定	2002	司法解释	提出了电子数据交换、电子邮件作视同原件的条件
8	最高人民法院、最高人民检察院、海关总署《办理走私刑事案件适用法律若干问题的意见》	2002	司法解释性质文件	概述了电子数据证据的收集保全要点
9	中华人民共和国电子签名法（已被修正）	2004	法律	★首次明确提出数据电文不得仅因其技术属性被拒绝作为证据使用；详述了数据电文视同原件的条件，文件保存的要求及真实性、可靠性审查要点，电子签名可靠性的审查要点，电子认证服务的条件与电子认证书内容等
10	最高人民法院、最高人民检察院、公安部关于依法开展打击淫秽色情网站专项行动有关工作的通知	2004	部门工作文件	★首次在法律文件中正式使用"电子证据"一词

续表

编号	名称	发布时间	性质	关于电子证据的相关规定
11	计算机犯罪现场勘验与电子证据检查规则	2005	部门工作文件	详述电子证据的固定封存方式、现场勘验规则与完整性检查要点、媒介备份方式等
12	最高人民法院关于民事诉讼证据的若干规定（已被修正）	2008	司法解释	指明电子证据调查原件优先，有困难时提供复制件及其制作细节
13	最高人民法院《人民法院统一证据规定（司法解释建议稿）》	2008	两高工作文件	详细规定了电子证据的规格、辨认、鉴真与出示相关规则
14	最高人民法院、最高人民检察院、公安部等印发《关于办理死刑案件审查判断证据若干问题的规定》	2010	司法解释性质文件	概述了电子证据审查判断的要点
15	人民检察院电子证据鉴定程序规则（试行）	2009	司法解释	详细规定电子证据鉴定的程序与保全方式
16	最高人民法院、最高人民检察院、公安部关于办理网络赌博犯罪案件适用法律若干问题的意见	2010	部门规范性文件	概述电子证据收集与保全的要点
17	国家工商行政管理总局关于工商行政管理机关电子数据证据取证工作的指导意见	2011	部门规范性文件	详述了电子数据证据取证的方式与相关规则
18	中华人民共和国刑事诉讼法（已被修正）	2012	法律	★首次肯定了电子数据的法定证据地位
19	中华人民共和国民事诉讼法（已被修正）	2012	法律	电子数据首次被写入民事诉讼法
20	最高人民法院关于适用《中华人民共和国刑事诉讼法》的解释	2012	司法解释	概述电子数据审查的要点
21	人民检察院刑事诉讼规则（试行）	2012	司法解释	概述电子数据收集、使用取证与鉴定规则

第四章　组织机构电子文件证据效力保障的现状与需求

续表

编号	名称	发布时间	性质	关于电子证据的相关规定
22	公安机关办理刑事案件程序规定	2012	部门规章	概述电子证据的使用规则
23	办理保全互联网电子证据公证的指导意见	2012	行业文件	详细规定公证机构保全互联网电子证据的相关规则
24	中华全国律师协会律师办理电子数据证据业务操作指引	2013	行业规定	详细规定律师辅助电子数据证据的取证、固定、保全、鉴定，以及电子数据证据合法性、关联性、原始性、真实性、完整性与充分性审查判断的相关规则
25	中华人民共和国行政诉讼法（已被修正）	2014	法律	电子数据首次被写入行政诉讼法
26	最高人民法院、最高人民检察院、公安部关于办理网络犯罪案件适用刑事诉讼程序若干问题的意见	2014	部门规范性文件	概述电子数据取证与审查的规则
27	中华人民共和国电子签名法（已被修正）	2015	法律	明确指出数据电文不得仅因其技术属性被拒绝作为证据使用；详述了数据电文视同原件的条件，文件保存的要求及真实性、可靠性审查要点；电子认证服务的条件与电子认证可靠性的审查要点，电子认证书内容等
28	最高人民法院关于适用《中华人民共和国民事诉讼法》的解释	2015	司法解释	定义了电子数据的定义，详细规定了电子签名电子认证的概念（偏向网络证据的概念）
29	最高人民法院、最高人民检察院、公安部印发《关于办理刑事案件收集提取和审查判断电子数据若干问题的规定》的通知	2016	司法解释性质文件	全面、详细地给出了电子数据的定义、提取和真实、完整性与合法性的审查判断细则。
30	中华人民共和国民事诉讼法（已被修正）	2017	法律	电子数据作为八大法定证据类型之一

续表

编号	名称	发布时间	性质	关于电子证据的相关规定
31	中华人民共和国行政诉讼法	2017	法律	电子数据作为八大法定证据类型之一
32	中华人民共和国会计法	2017	法律	认同使用电子计算机进行核算生成资料的法律效力（与1999年一致）
33	人民法院办理刑事案件第一审普通程序法庭调查规程（试行）	2017	司法解释性质文件	概述电子证据的出示相关规则
34	中华人民共和国刑事诉讼法	2018	法律	电子数据作为八大法定证据类型之一
35	中华人民共和国电子商务法	2018	法律	指明电子发票与纸质发票具有同等法律效力
36	最高人民法院关于互联网法院审理案件若干问题的规定	2018	司法解释	详述电子数据真实性审查要点以及使用规则
37	最高人民检察院《检察机关办理电信网络诈骗案件指引》	2018	司法解释性质文件	详述电子数据真实性、合法性审查要点
38	中华人民共和国电子签名法	2019	法律	明确指出数据电文不得仅因其技术属性被拒绝作为证据使用；详述了数据电文视同原件的条件、文件保存的要求及真实性、可靠性的审查要点；电子认证服务的条件与电子认证可靠性的审查要点，电子认证服务的条件与电子认证证书内容等
39	公安机关办理刑事案件电子数据取证规则	2019	部门规范性文件	概述电子数据的收集、提取规则
40	最高人民法院关于民事诉讼证据的若干规定	2019	司法解释	详述电子数据的定义、收集保全和审查判断规则
41	人民检察院办理网络犯罪案件规定	2021	司法解释	详述电子数据的定义、取证、审查与当庭使用要点

续表

编号	名称	发布时间	性质	关于电子证据的相关规定
42	最高人民法院关于适用《中华人民共和国刑事诉讼法》的解释	2021	司法解释	详述电子数据的审查与认定要点
43	中华人民共和国民法典	2021	法律	指出以电子数据交换、电子邮件等方式能够有形地表现所载内容，并可以随时调取查用的数据电文，视为书面形式
44	人民法院在线诉讼规则	2021	司法解释	指出诉讼材料为电子数据，且诉讼平台与存储该电子数据的平台已实现对接的，当事人可以将电子数据直接提交至诉讼平台。特别说明了区块链电子证据的真实性审查要点
45	人民检察院公益诉讼办案规则	2021	司法解释	将电子数据纳入人民检察院办理公益诉讼案件的证据类型，简述其收集提取要点
46	中华人民共和国民事诉讼法	2021	法律	电子数据作为八大法定证据类型之一

注：据本书第二章第二节的研究，最初以电磁方式记录存储的音像图像信息均属于视听资料（包括模拟式和数字式的证据），也属于广义上的电子证据。虽然本书论述的电子证据主要指数字式证据，但此处视听资料首次写入诉讼法表明了司法对新技术类型证据的接纳，具有标志性意义，故此处予以列明。

览，剔除已废止和已修正与更改的法律文件，以及未对电子证据规格、形式或质量作具体要求的法律文件（如：仅表明允许使用电子形式证据，或指出电子形式的证据与书面形式具有同等法律效力等，不作为本书的分析样本），选定 15 份规定较为全面、详尽的法律法规作为分析对象，其在表 4-1 中的编号分别为：[11] [13] [14] [16] [20] [24] [29] [36] [37] [38] [39] [40] [41] [42] [44]。进而对上述法律法规中电子证据审查、判断、辨认、鉴真的相关条款进一步分析，总结电子文件证据效力保障的需求。

（一）法律法规中电子证据的真实性需求

分析发现，真实性是电子证据最核心、最受关注的属性，对其审查、判断的相关条款最多。此处的真实性指的是电子证据的真实性，作内容分析时，电子证据完整性与可靠性的审查判断相关条款也归于此类。法律法规中对电子证据真实性的需求共有形式与内容真实、原件与复制件问题、收集保管方式、技术措施采用、来源主体可靠性、系统运行状况、环境与附属信息、人员权限与专家证人九个方面的内容，具体详见表 4-2。

表 4-2　法律法规中电子证据的真实性相关需求（需求 A1-A9）

需求项 A	具体内容	来源
A1 形式与内容真实	（1）电子数据有无剪裁、篡改、拼凑、添加、删改、修改、伪造变造等情形；如果有是否进行说明； （2）内容是否真实、客观、清晰、准确	[13] [14] [20] [29] [36] [37] [39] [41] [42] [44]
A2 原件与复制件问题	（1）对于数据电文，能够有效表现所承载内容并可以随时调取查用，能够可靠地保证自最终形成之时起内容完整、未被更改，可视为原件； （2）对于刑事电子证据，还需关注是否一同移送原始存储介质；原始存储介质无法封存、不便移动时，有无说明原因，并且注明收集、提取电子证据的过程及原始存储介质的存放地点或电子数据的来源等情况； （3）需要制作复制件时，制作的方法是否真实、完整、精确地反映了原件记载的内容	[13] [14] [20] [24] [29] [37] [38] [39] [41] [42]

续表

需求项 A	具体内容	来源
A3 收集保管方式	（1）电子证据的收集、保管方法能否重现，方式是否妥当（如扣押可联网设备时，及时采取信号屏蔽、信号阻断或者切断电源等措施），能否确保原始介质中的证据至提交之前不发生实质性变化； （2）正常业务活动中形成的； （3）档案管理方式保管的	[13] [24] [29] [36] [37] [38] [40] [41] [44]
A4 技术措施采用	（1）是否使用电子签名（数字签名）、电子认证（数字证书）、可信时间戳、哈希值校验、区块链等固定、防篡改技术； （2）所应用的安全保障技术是否可被验证； （3）存证技术是否符合相关国家标准或者行业标准中关于系统环境、技术安全、加密方式、数据传输、信息验证等方面的要求	[11] [24] [29] [36] [37] [41] [42] [44]
A5 来源主体可靠性	（1）电子数据的生成主体和时间是否明确用以鉴别发件人方法的可靠性； （2）由可靠的公共资源网站、档案部门、对方当事人网站等保管的，可以请求法庭确认其真实性和完整性；中立第三方平台记录或保存电子数据无反驳证据时可确认真实性	[13] [24] [36] [38] [40] [41]
A6 系统运行状况	（1）系统软硬件是否完好并未受病毒侵袭，是否运行正常；或处于不正常运行状态时是否影响电子数据的生成、存储、传输；或软件是否具备防止出错的监测、核查手段； （2）电子数据是否由未开源软件自动生成、发送	[13] [24] [36] [38] [40] [41]
A7 环境与附属信息	（1）是否收集生成、存储、传递与保存环境的要素、协议、附属与外围信息、功能与内容描述信息等，如在线提取电子数据的网络地址、存储路径或者数据提取时的进入步骤等； （2）数据内容、关联信息、附属信息、访问操作日志、系统环境信息等能够互相印证；电子数据与其他证据可以相互印证，形成完整证据链	[13] [24] [39] [41] [42]
A8 人员权限	（1）相关人员进入信息系统的情况； （2）人员对电子证据密码、电子签名、用户名、账号的授权与使用情况	[13] [38]
A9 专家证人	必要时，可请具有专门知识的人就电子数据的技术问题提出意见	[24] [26] [41] [44]

(二) 法律法规中电子证据的关联性需求

各项法律法规对电子证据关联性的需求表述较为一致,均强调与电子证据和案件事实存在关联,且案件相关的电子证据被全面收集。详见表4-3。

表4-3　法律法规中电子证据的关联性相关需求 (需求B1)

需求项B	具体内容	来源
B1 关联性	(1) 与案件待证事实是否相关; (2) 电子数据及其存储介质与案件当事人之间的关联性; (3) 案件事实相关的电子数据是否全面收集	[13] [14] [20] [24] [41]

(三) 法律法规中电子证据的合法性需求

由表4-4可知,法律法规从关键过程记录、取证人员配置、操作合法合规和鉴定机构资质四个方面对电子证据的合法性进行规定。由于刑事诉讼的证明标准较高,证明对象特殊,合法性规定主要集中在刑事电子证据方面。

表4-4　法律法规中电子证据的合法性相关需求 (需求C1—C4)

需求项C	具体内容	来源
C1 关键过程记录	(1) 注明作者收集者的姓名;特别地,对于刑事电子证据,应有取证人、制作人、持有人、见证人等的签名盖章随所提取的电子证据一同移送。 (2) 注明提取和复制的时间、地点、电子数据规格、类别、文件格式、设备情况 (3) 对于勘验、检查、搜查等侦查活动中收集的刑事电子数据,是否附有笔录、清单;是否对相关活动进行录像	[13] [14] [16] [20] [29] [37] [41] [42]
C2 取证人员配置	(1) 对于刑事电子证据,提取、复制电子数据活动是否由二人以上进行; (2) 是否依照有关规定由符合条件的人员担任见证人	[20] [29] [37] [39] [41] [42] [42]

续表

需求项 C	具体内容	来源
C3 操作合法合规	（1）电子证据的收集程序（查询、勘验、调取、冻结、制作、储存、传递、获得、收集、出示等）与收集方式是否符合法律及有关技术规范，法律手续是否齐全；（2）对于刑事侦查，是否对电子数据检查设备接入写保护设备；有条件的，是否制作了电子数据备份并检查；二者均无，是否附有录像	[14] [16] [20] [29] [41]
C4 鉴定机构资质	对电子数据作出鉴定意见的鉴定机构是否具有司法鉴定资质	[37]

（四）法律法规对电子文件管理的直接需求

由以上条款可知，我国法律法规中一般直接对电子证据的真实性、合法性和关联性进行规定，且多集中于对取证环节和鉴定、审查判断环节的要求。其中，部分法律文件对电子文件的品质也作出了直接规定。

2004年颁布的《电子签名法》中首次规定了符合法律、法规要求的数据电文保存标准："（1）能够有效表现所载内容并可供随时调取查用；（2）数据电文的格式与其生成、发送或者接收时的格式相同，或者格式不相同但是能够准确表现原来生成、发送或者接收的内容；（3）能够识别数据电文的发件人、收件人以及发送、接收的时间。"2019年修正的《电子签名法》中依然使用了这一表述，以上标准组织机构的电子文件管理工作提供了参考"基线"。

2008年的《人民法院统一证据规定（司法解释建议稿）》也提出可以以"电子文件的属性与品质"作为审查电子证据真实性的标准之一，可以视为对前端电子文件管理工作的要求，但电子文件需要满足何种属性或具有何种品质，此处并未展开详细阐述；且该份法律文件的性质为两高工作文件，仅在北京、云南、山东、吉林、广东的4个中级人民法院和3个基层人民法院进行试点，其效力范围较为有限。

2019年，新修正《民事证据规定》直接提出"档案管理方式保管的电子证据"可在无反驳证据的前提下确定真实性，明确将档案管理活动视为赋予电子文件证据效力的必要环节，正面肯定了档案管理方式对电子文件证据效力保障的积极意义。值得关注的是，2020年，新修订《档案法》规定"电子档案应当来源可靠、程序规范、要素合规"，"电子档案与传统载体档案具有同等效力，可以以电子形式作为凭证使用"，可视作对"档案管理方式"的回应与延伸。

三 对法律法规分析结果的归纳与评介

本章前两节内容初步梳理了我国涉及电子证据的法律法规的现状，并对其中电子数据审查判断的相关条款进行了深入分析，发现法律文件中对电子文件证据效力保障的需求呈现出如下特征：

（一）真实性是电子证据审查判断的核心需求

通过对法律法规文本的分析发现，与真实性审查判断相关的法律法规最多，其相关条款的覆盖面也最广，这与电子文件证据性模型所反映的规律相一致，即真实性位于最核心的第一圈层，反映为真实、可靠与完好三大属性。上述法律法规对电子证据提出了以下9个方面的需求：（1）保证形式上的真实，没有非授权篡改伪造情形；保证内容的真实，能清晰、客观地反映事实情况；（2）尽可能提供原始介质载体，需制作复制件时应保证完整、准确地反映原件记载的内容；（3）收集、保管方式应可靠，确保电子证据自收集至提交法庭过程中不发生实质性变化，民事诉讼业务活动中正常形成的、档案方式管理的电子数据可认定真实；（4）采用电子签名、时间戳、区块链等符合国家规定和行业要求的、可以验证电子数据不被篡改的技术；（5）生成主体和来源应可靠，公共资源网站、档案部门等可视为较可靠的证据来源主体；（6）由系统自动发送，且信息系统应正常运行，系统环境应确保安全；（7）应有相关环境信息和附属信息侧面印证其真实性，如访问操作日志信息等，且各类证据应能够相互"咬合"印证，形成完整证据链；（8）操作人员应获得信系统的相应授权；（9）必要时，可以请具有专门知识的人就电子数据的技术问题提出专业意见。上述条款在刑事诉讼、民事诉讼和行政诉讼电子证据的真实性审查判断中均有涉及。

（二）刑事诉讼对电子证据规格的要求更为全面，民事诉讼与行政诉讼相对宽松

通过上述分析可知，刑事诉讼对电子证据规格与品质的要求更为全面。一方面，在表4-1列举的46部法律法规中，专门对刑事诉讼电子证据的收集、提取、鉴定、审查判断进行规定的多达21部，且相关条款较多，规定较为细致；专门针对民事诉讼证据进行规定的法律法规有10部，行政诉讼证据仅5部。且上述法律文件的效力较为有限——最高法《统一证据规定》仅在全国7所法院试点，尚未形成具有普遍效力的司法解释文件；《互联网法院规定》《人民法院在线诉讼规则》涉及的案件类型较为有限，《律师办理电子数据证据业务操作指引》也仅为行业内部文件。直到2019年12月26日，最高法发布了新修正《民事证据规定》，首次系统、全面地提出了民事电子证据真实性审查、判断规则，尤其是指出业务活动中正常生成的电子证据、档案管理方式保管的电子证据均可以在没有反驳证据的情况下直接确定其真实性，实现了民事电子证据法律法规方面的突破。此种现象与刑事诉讼"案件事实清楚，证据确实、充分"的高证明标准有关，故而"优先立法、严格规定"，民事诉讼和行政诉讼电子证据的立法进程相对延后。

另一方面，刑事电子证据的"高标准"还体现在对证据合法性的相关规定中，如电子证据取证必须由两人以上进行，相关人员需签名盖章，取证活动需进行录像并提供笔录和清单、对取证设备采取技术保护措施等，上述规定源于"排除合理怀疑"之考虑，由刑事诉讼证明对象和取证程序的特殊性所决定。

（三）电子文件管理相关内容比较欠缺

由上可知，我国对电子证据的规定多集中于取证、鉴定和审查

判断方面，对被取证之前电子文件的品质进行详细规定的法律条文较为欠缺。目前仅有《电子签名法》和最高法《统一证据规定》宽泛地涉及了对电子文件的保存要求。《电子签名法》对数据电文保存的标准偏重于强调电子文件真实性与可用性两方面，而最高法《统一证据规定》仅指出需对电子文件的品质与属性进行审查，亦未说明审查何种品质、属性及如何审查等。新发布的《民事证据规定》虽已明确了档案管理对确定证据效力的重要性，但对"档案保管方式"尚未作出明确规定，对具体的档案保管方法的"尺度"无正面说明。这无形中造成了电子文件管理与电子证据的司法应用之间的鸿沟，电子文件证据效力的实现程度有赖于法官自由裁量权的发挥，使得前端的电子文件证据效力保障缺乏指引、处于较为被动的状态。

截至目前，本书通过对法律法规中电子证据审查判断相关条款的分析提炼，初步从司法证据应用的视角识别了电子文件证据效力保障的基本需求。但上述需求仅从理论层面出发，细节尚不充分，有待结合实践进一步丰富与完善。

第二节 基于对法律工作者半结构化访谈的分析

前一节内容从理论层面出发，初步分析了"当电子证据满足何种条件时证据效力能够获得法庭认可"。本节中，笔者将对法律工作者展开半结构化访谈，进一步探索电子证据在司法实践中面临的深层问题与障碍，以期更全面地探测与归纳电子文件证据效力保障的需求项。

一 半结构化访谈研究设计

本书采用质性研究的方式对电子证据司法实践现状进行研究。正式开展研究之前，有必要对研究的整体路径、进度与方法进行设计。访谈是质性研究中最重要的收集资料的方式。① 半结构化访谈通过一组深度访谈主题而非标准化、固定化的问题，了解受访者关于某个话题的更深入、全面的反馈。通过访谈，大量访谈资料得以生成，为了更加深入地挖掘访谈信息，本书借鉴扎根理论中编码（Coding）的手段对访谈资料内容进行分析，将数据概念化，辅助访谈资料中深层的理论关联的建构。② 本研究过程主要包括如下四个步骤（详见图4-1），其中重要的环节将在下文单独探讨。

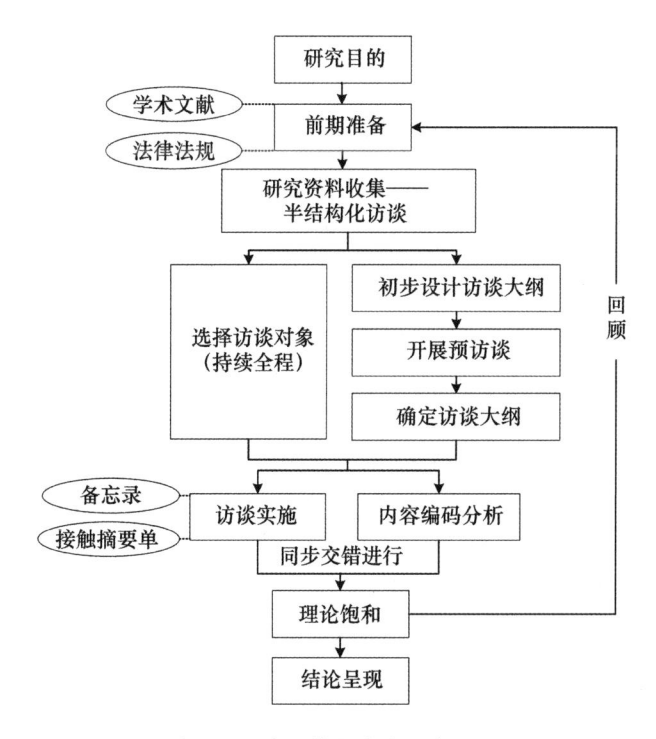

图4-1 半结构化访谈研究流程

---

① 陈向明：《质的研究方法与社会科学研究》，教育科学出版社2000年版，第165页。

② 本书非基于扎根理论的研究，仅在访谈资料处理的过程中借鉴了扎根理论中编码分析的方法，以最大程度地挖掘访谈资料中的信息。

（一）访谈计划的确定与实施

参考此前对相关文献的梳理和法律法规的提炼分析结果，初步设计访谈大纲，并通过预访谈进行修正，确定最终版本的访谈提纲。在实施访谈时，不断优化访谈问题的结构与表述方式。通过目标式抽样与滚雪球抽样选择访谈对象，力求找到具有代表性的访谈样本，以面对面或电话远程方式展开正式访谈。

（二）访谈资料的收集与转录

提前与访谈对象确认访谈主题，在获得访谈对象知情同意后开展访谈，运用笔记和录音的方式对访谈资料进行全面记录。结束访谈后，及时撰写访谈对象接触摘要单，并将录音材料转录为文字，与访谈笔记作对照。

（三）访谈资料内容的编码分析

对访谈资料的编码分析和访谈资料收集应同步实施、交错进行。结束访谈后应尽快对访谈资料加以转录并进行数据清洗，借助 Nvivo11 软件按照开放性编码、选择性编码和理论性编码的过程发现访谈资料中的概念、子范畴与核心范畴[①]，编码过程中可以通过撰写备忘录的方式记录概念或类属间的联系。

（四）理论饱和与信度、效度验证

理论饱和有赖于每次访谈后及时对资料的分析与整理，并在此基础上建构理论假设，根据这些理论假设继续抽样访谈[②]，直至明显感到没有新的范畴产生时停止访谈对象的找寻，并确保所有概念与类属均已归纳，对所得结果进行文献回顾分析。同时，在实施访谈与资料分析过程中，通过规范的实施程序保障研究的信度与效度。

---

① 范明林、吴军编著：《质性研究》，格致出版社、上海人民出版社 2009 年版，第 90 页。

② 孙晓娥：《扎根理论在深度访谈研究中的实例探析》，《西安交通大学学报》（社会科学版）2011 年第 6 期。

二 访谈实施过程

笔者于2019年5月开始筹备访谈工作，在对两名访谈对象（表4－5，P21，P20）展开预访谈后初步拟定访谈大纲，于2019年6—9月间进行了第一次正式访谈。为追踪法律环境变化带来的实践影响，2022年1—3月对部分对象进行了补充访谈。现将访谈对象的选择、访谈大纲的设计和访谈过程的技巧使用情况说明如下。

（一）访谈对象选择

一般地，社会科学研究中的抽样可分为概率抽样与非概率抽样。概率抽样，顾名思义，指被限定的研究对象的每个单位都具有同样被抽中的概率。而质性研究常采用非概率抽样，往往围绕着某个目的展开。[1] 本书主要采用目标式抽样和滚雪球抽样的方式进行访谈对象的选择。

目标式抽样（Purposive Sampling）是根据对研究目的的判断来选择抽样对象的抽样方法。本访谈的对象锁定在法律工作者。然而这是一个很广泛的概念，于是在访谈之初，笔者从如下角度思考"起始"访谈对象的选择：（1）根据案件类型，访谈对象的专事方向应涵盖刑事诉讼、民事诉讼与行政诉讼；由于在前一章节法律法规分析阶段获得的民事诉讼与行政诉讼方面信息量较少，可适当增加民事诉讼与行政诉讼方向法律工作者的比例。（2）根据职业分类，应尽可能包含法官、律师、企业法务人员等一线法律工作者，另外还包括从事相关研究的高校教师；由于采访对象的工作经历和业务经验直接影响采访结果，应尽量选取专事方向对口、经验丰富的法律工作者。

滚雪球抽样（Snowball Sampling）是根据既有研究对象的建议找出其他研究对象的累积过程。如在对刑事诉讼律师进行访谈时，访

---

[1] ［美］艾尔·巴比：《社会研究方法》，邱泽奇译，华夏出版社2009年版，第184—185页。

谈对象认为自己在电子证据取证保全方面权限与经验有限，建议采访侦查相关人员，并加大对民事诉讼律师的采访比例；在采访民商方向律师的过程中，他们建议知识产权领域应用电子数据的频率较高、接触的种类较广，建议增加对专门从事该方向的法律工作者的采访等；又如笔者在采访武汉、北京法律工作者的过程中，他们指出江浙与广东地区电子证据实践应用的经验较丰富，建议拓展研究地域范围等。

在这一不断"追加"访谈对象的过程中，笔者共积累了26位访谈对象，其中18人为面对面访谈，8人为电话采访，部分访谈对象参与了多次访谈，平均每人的采访时长为40分钟左右。具体情况详见表4-5。

表4-5　　　　　　　　　　访谈人员信息表

编号	地域	基本信息	专事方向	访谈形式
P1	北京	科研人员，教授	刑事诉讼法学、证据法学	面对面访谈
P2		科研人员，教授	网络法学、电子证据学	面对面访谈
P3		科研人员，副教授	民商法	电话访谈
P4	上海	律师，合伙人	民商方向诉讼	面对面访谈
P5		律师，高级合伙人	刑事诉讼	面对面访谈
P6		律师，高级合伙人	刑事诉讼	面对面访谈
P7		律师，合伙人	民商方向诉讼	面对面访谈
P8		庭长，基层人民法院	民事审判庭	面对面访谈、电话访谈
P9		法官助理，基层人民法院	民事审判庭	面对面访谈、电话访谈
P10	江苏	科研人员，讲师	刑事侦查	面对面访谈
P11		法官，中级人民法院	知识产权法庭	面对面访谈
P12		律师，高级合伙人	民商方向诉讼	面对面访谈
P13		律师	知识产权诉讼	面对面访谈

续表

编号	地域	基本信息	专事方向	访谈形式
P14	广东	法官，中级人民法院	刑事法庭	电话访谈
P15		大型企业法务	企业合规、合同管理	电话访谈
P16	湖北	科研人员，教授	知识产权	面对面访谈
P17		律师	民事诉讼、行政诉讼	面对面访谈
P18		大型企业法务	诉讼管理	电话访谈
P19	重庆	律师	民商方向诉讼	电话访谈
P20	山东	法官助理，中级人民法院	刑事法庭	电话访谈
P21		科研人员，副教授	民商法	面对面访谈
P22		法官，高级人民法院	民事审判庭	电话访谈
P23		庭长，基层人民法院辖区法庭	民事审判庭	面对面访谈、电话访谈
P24		法律顾问、律师	行政诉讼	电话访谈
P25		科研人员，副教授	民商法	面对面访谈
P26		科研人员，副教授	民商法	面对面访谈

（二）访谈内容大纲设计

本研究采用半结构化访谈的方式，这是一种半开放式的访谈，要求尽量给予受访者足够的谈话自由。因此，访谈提纲的设计应是"粗线条"的，能够使受访者有足够的空间选择谈话方向与内容。①

通过文献综述及上一节中对法律法规的提炼总结，笔者对电子文件证据效力保障需求已经有了初步的认识，在此基础上，笔者整体按照"发现问题—分析问题—解决问题"的逻辑思路，围绕着电子数据②的类型与概况、对电子数据的态度与认知、电子数据证据效

---

① 陈向明：《质的研究方法与社会科学研究》，教育科学出版社2000年版，第176—177页。
② 为表述方便，在设计访谈提纲时统一使用法条用语"电子数据"，在实施访谈时，随受访者表述习惯称"电子数据"或"电子证据"均可。

力发挥的障碍与原因、电子数据证据效力发挥障碍解决途径与电子文件管理的需求问题四个方面设计访谈内容大纲。在构思提问内容时遵循以下原则：

第一，由非指导性问题开始，从开放型问题逐步向半开放型问题过渡：如在关于电子数据证据效力发挥障碍的相关问题时，先不预设障碍类别，而是直接询问"您认为都有哪些障碍"，如受访者的回答较为顺利则不作过多追问，如受访者感到问题过于宽泛，则可从电子数据司法证明环节、电子数据司法应用涉及的主体和证据三性三个方面提示受访者，适当引导其根据自身经历与认识作答。

第二，边访谈边修正：在访谈过程中不断调整提问的角度、方法与用词，使受访者能更轻松地理解提问意图，从而提升采访效率，如在询问"您觉得文件与档案管理部门能为电子数据的证据效力发挥提供何种帮助"时，部分受访者可能由于对档案管理工作的细节不够了解而导致一时无法回答这一问题，所以可适当补充对文件与档案管理部门工作的描述，将问题表述为："在一般组织机构中，档案部门负责对本机构各类活动产生的文件与档案进行管理、保存与维护，与电子证据的品质与规格息息相关，您觉得有哪些影响电子数据证据效力发挥的因素是可以在文件与档案管理环节就能够预防并解决的？"以便受访者理解与回答。

第三，根据不同访谈对象的职业特点分别设计访谈问题。如针对律师、法官、科研人员和企业法务人员等不同访谈对象设计不同的访谈提纲，使提问适合其工作内容。

笔者于 2019 年 5 月制定了第一版访谈大纲，在 2019 年 6—9 月的正式访谈中先后共生成六个版本的访谈大纲。下面以针对律师和法官的访谈大纲为例，展示最初版和最终版访谈大纲的主要内容（详见表 4-6），主要的变动用下划线标示。

表4-6　　法律工作者访谈大纲内容示例（法官、律师）

问题方向	第一版问题（2019.5）	最终版问题（2019.9）
类型与概况	1. 您平时的工作主要接触哪些类型的电子数据？集中在什么案由？ 2. 在档案学中，目前普遍管理的电子文件类型有文书、图片、视频、科技文件、邮件、计算机程序、数据库文件等，请问您是否接触过这些类型的证据文件？ 3. 目前哪几类电子数据采信的争议比较多？哪几类已经较普遍地受到法院的支持？	1. 您专事的方向大致是什么？ 2. 您在平时办案过程中主要接触过哪些类型的电子数据？ 3. 在文件与档案管理领域，文书、图片、视频、科技文件、邮件、计算机程序、数据库文件等电子文件是档案化管理的主要对象，请问上述类型中哪些是您常接触的电子数据？还有没有要补充的类型？ 4. 就您的了解，在法院采信方面，有没有电子数据类型的区别？如果有，哪些电子数据采信阻力较小？哪些争议比较多？
态度与认知	1. 您认为目前电子数据在证据体系中的地位如何？电子数据用作定案关键证据的情况多吗？ 2. 您是否倾向于使用电子数据，或会采取其他手段规避使用电子证据？	1. 您工作中接触电子数据的频率如何？ 2. 您是否倾向于使用电子数据，或会采取其他手段规避使用电子数据？您的同事采取何种态度？ 3. 您认为目前电子数据在证据体系中的地位如何？发展趋势如何？
证据效力发挥的障碍与原因	1. 您认为目前电子数据被采信面临的主要障碍是什么？主要是什么问题？能否结合让您印象深刻的案例详细介绍一下？ 2. 您是否遇到过电子数据因为其业务生成源头的问题（电子数据本身质量问题而非取证不合理）而不予采纳的情况？能否结合案例详细介绍一下？	1. 在您接触的案件中，目前影响电子数据证据效力发挥的主要障碍是什么？能否分享一些代表性案例？ ①在司法证明的过程中，您认为电子数据在取证、举证、质证、认证哪个环节面临的障碍最多？（环节问题） ②这些障碍通常产生于当事人、律师、法院等哪些主体？（主体问题） ③通常是证据资格难以确认还是证明力不足？（证据三性问题） 2. 您认为哪些障碍最为紧迫？为什么？ 3. 您是否遇到过电子数据因为其来源机构的文件管理或保存工作失误，而导致其最终不被采纳或采信的状况？

续表

问题方向	第一版问题（2019.5）	最终版问题（2019.9）
障碍的解决途径与电子文件管理的需求问题	1. 您认为目前电子数据在司法运用中面临的障碍应当怎样解决？您认为何种解决方式最为重要或关键？ 2. 在您的印象中有没有电子数据被采信的比较经典的示范案例？得以采信的关键在于什么？ 3. 请问您对此课题还有什么宝贵的意见与建议？	1. 对于现阶段电子数据在司法运用遇到的障碍，您期望应该通过哪些方面的努力去加以解决？何种解决方式最关键？ 2. 在一般组织机构中，档案部门负责文件与档案的管理、保存与维护，与电子证据来源的品质与规格息息相关，您觉得有哪些影响电子数据证据效力发挥的因素是可以提前至文件与档案管理环节就解决的？ 3.《最高人民法院关于民事诉讼证据的若干规定》和《最高人民法院关于行政诉讼证据若干问题的规定》都规定过档案材料的证明力优先，您觉得这条规定在电子文件环境中是否可以延续？ 4. 您在工作或研究中是否与档案部门或机构合作过？您怎么看档案馆和第三方数据保存机构参与电子数据存证的行为？ ①案例一：天津市档案馆为某公司提供电梯维保电子数据实时接收归档、全程管控，并提供相关电子数据打印加盖档案馆公章服务，以备诉讼之需。 ②案例二：存证云、易保全等第三方电子数据保全平台与当地公证处合作，当事人可网络在线保全电子数据并直接申请公证处出证。 5. 请问您对此课题还有什么宝贵的意见与建议？

由于在研究过程中，电子证据的法律环境发生了重要变化，因此笔者在2022年1—3月对部分访谈对象进行了补充访谈，具体的访谈问题为：2019年修正《最高人民法院关于民事诉讼证据的若干规定》指出"正常业务活动中形成"和"档案管理方式"的电子数据可在无反证的情况下直接确认真实性，您如何认识"正常业务活动中形成"和"档案管理方式"的判定？您认为此二条款对电子证据认定的影响如何？对您的工作范畴影响如何？在此背景下，您对机构文件与档案管理工作有何期待？为保持研究内容的连贯性与完整性，此处访谈结果不参与编码，相关内容在本书第四章第三节中有涉及。

（三）访谈伦理与技巧

相比于定量研究，质性研究包含着更多与研究对象相关的情境信息，就本研究而言，部分访谈对象的身份与访谈内容还可能包含部分敏感信息，因此伦理问题尤为重要。为确保本次访谈符合学术伦理，笔者在访谈前提前告知访谈对象访谈的内容、访谈形式、访谈资料的处理与使用细节等，并通过口头或书面的形式获取被访谈者的知情同意，在自愿、平等的氛围下展开访谈工作。

为了高效地采集本研究所需的访谈资料，笔者还使用了下列访谈技巧：

第一，使用回顾和过渡性语言。使受访者明确感受到访谈逻辑，使得问题之间的衔接更为自然、流畅。如："刚刚您谈到的是取证过程中电子数据面临的真实性问题，那么在其他司法证明环节中会面临怎么样的问题？"等。

第二，利用否定项。当访谈对象无法对某一问题给出清晰的解释时，利用否定项进行追问是非常有效的访谈技巧。[①] 受访者排斥某些行为和某种感受的原因蕴含着阻碍电子证据效力发挥的潜在信息，如："您为什么一定要将这份电子合同打印出来？""为什么第三方机构的存证保全行为您不予认可？"等。

第三，使用第三人称。当访谈对象难以表达自己的看法，或看法与访谈者的认知出现明显偏差时，可以询问访谈对象周围的同事、伙伴对相似问题的看法。如："您的同事是否遇到过类似情况？"等。

第四，利用接触摘要单。访谈结束后，及时填写对该访谈对象的接触摘要单，记录该访谈对象的特点、印象深刻的信息点以及本次访谈的启示，为后续访谈资料分析做准备，详见附录二。

[①] 黎娇：《国际书展顾客价值研究》，硕士学位论文，武汉大学，2017年。

三 访谈资料编码分析

在采访了 26 名法律工作者（P1—P26）后，笔者共获得了约 22 小时的有效访谈时长，人均时长为 50 分钟左右。将访谈录音转录后获得 30 余万字的访谈资料。本书借鉴开放性编码、选择性编码和理论性编码的步骤对访谈内容进行分析，使其中关于电子文件证据效力保障的需求项得以自然识别。

（一）开放性编码与选择性编码结果呈现

开放性编码（Open Coding）是指在初始阶段不带偏见地、将所有资料按其原始的状态进行不断比较，赋予其概念（Concept），并在此基础上归纳类属（Category）和核心类属（Core Category）的过程。选择性编码（Selective Coding）则是围绕已呈现的核心类属及其相关类属进行编码，当数据中无新的类属呈现时可停止编码。①

如表 4-7 所示，笔者借助 Nvivo11 软件，通过开放性编码与选择性编码，尽可能将与电子文件证据效力有关的概念全部提取，共获得概念 69 个（a1—a69）、类属 13 个（aa1—aa13）。在此基础上进一步提炼，分析类属间联系并聚合相关类属，最终形成 6 个核心类属（A1—A6），即电子文件证据效力保障的现实需求——法规建设需求、技术需求、管理与保全需求、能力与意识需求、成本控制需求、证据三性需求。概念、类属与核心类属间的关系见表 4-8。

---

① Johanna van Niekerk and J. D. Roode, "Glaserian and Straussian Grounded Theory: Similar or Completely Different?", paper delivered to the 2009 Annual Conference of the South African Institute of Computer Scientists and Information Technologists, sponsored by the Association for Computing Machinery, Vanderbijlpark, Emfuleni, South Africa, October 12-14, 2009.

表4-7　　　　　　　　开放性编码过程示例——概念编码

示例语段	概念
（P7）你要固定这个东西的方式很简单，例如，做公证肯定是最严格的、最好的，如果不能做公证，你甚至拍一段录像就可以了。如果你是办非商标案子的律师，你可能有一个房地产的图纸，在网上能找到，你直接下载下来，几年几天之内是不会灭失的，你认为他会灭失，就把整个过程当中做一个屏幕的录像录个屏，也没有问题。录个屏之后对方不承认，那你就说我去验哈希值。验完哈希值，对方很少会再抗辩说你这个电脑上面都是虚构出来的。	公证保全； 录像见证； 运用哈希校验；
（P8）最好能够出现一种比较简单的数字签名技术，这个文件一旦被篡改，可以通过很简单的方法就能够立刻被判断出来。现在的话，大量的数据都是没有经过电子签名的，也没有通过特别的方法进行加密，是否篡改也没有一个简单有效成本又低的方法予以识别。我们所有的电子数据都送去做鉴定的话，第一消耗时间，第二司法的成本就高到很难让人接受，这是我们当前碰到的一个最大的难题。另外就是要考虑一下通讯应用和审判工作之间的一个衔接问题，由于通信秘密保护，导致很多证据没办法拿到，那么是不是在今后的立法阶段，让法院能够从第三方或者说这些通讯工具的平台、运营商直接获取这些通信记录。还有，是否能够通过规定或者说某一种强制的方式，要求运营商对于特定的某些通讯信息比照档案进行保存。	应用电子签名； 操作更便捷； 不被篡改； 降低取证费用； 证据获取权限； 数据存储义务规定； 专业化的文档管理；

表4-8　　　　　　　　选择性编码最终结果呈现

核心类属	类属	概念
A1 法规建设需求	aa1 现有立法体系完善	a1 发布电子证据审查判断指导性案例；a2 民事诉讼证据审查判断规则；a3 数据存储义务规定；a4 文件与档案管理法规；a5 证据保全机构资质的规定；a6 证据获取权限
	aa2 制度与规范建设	a7 档案部门制定出具保存指引；a8 档案制度与证据调查的衔接；a9 规范的档案管理制度
A2 技术需求	aa3 采用真实性保障技术	a10 提升技术水平；a11 应用电子签名；a12 应用区块链技术；a13 应用时间戳；a14 运用哈希校验
	aa4 选用正规系统	a15 系统的检索功能完备；a16 系统留痕；a17 应用安全系统

续表

核心类属	类属	概念
A3 管理与保全需求	aa5 提高机构电子文件管理水平	a18 保存环境安全保密；a19 保存设备运转正常；a20 保留原件；a21 不失密；a22 存量电子化工作尽快实现；a23 减少人为干预风险；a24 前端控制真实；a25 数据未损坏、乱码；a26 完备制度下或正常流程中产生；a27 文件生成版本控制；a28 原始载体完好；a29 重要数据不丢失或被删除；a30 专业化的文档管理
	aa6 采取证据保全措施	a31 保全机构具有资质和信誉；a32 档案部门归档保存保全；a33 公证保全；a34 关键节点固化；a35 及时固化；a36 录像见证；a37 清洁性检查；a38 真实性鉴定；a39 中立第三方协助保全
A4 能力与意识需求	aa7 电子证据相关知识与能力	a40 当事人自行保全提供证据的能力；a41 法官合理行使自由裁量权；a42 法官具备理解技术的能力；a43 法律工作者对电子文件管理知识的了解；a44 公证人员的技术与能力；a45 跨学科人才的教育；a46 律师掌握电子数据知识与技巧
	aa8 "有专门知识的人"协助	a47 公证处工作人员指导；a48 技术调查官协助；a49 专家辅助人协助；a50 专利代理人协助
	aa9 证据意识与开放态度	a51 当事人证据保留意识；a52 电子文件管理开放利用观念；a53 对电子证据持开放心态；a54 法院推行电子化归档倒逼；a55 技术中立态度
A5 成本控制需求	aa10 控制司法证明成本	a56 操作更便捷；a57 降低取证费用
A6 证据三性需求	aa11 证据关联性	a58 案件相关证据全面收集；a59 确定证据当事人的对应性；a60 与待证事实的关联
	aa12 证据合法性	a61 内容生成合法；a62 收集程序合法；a63 提交形式合法；a64 证据保管链条完整
	aa13 证据真实性	a65 不被篡改；a66 非伪造；a67 可靠来源；a68 首次固定时机可追溯；a69 完整性保证

（二）理论性编码结果呈现

理论性编码（Theoretical Coding）是指概念化实质性编码之间隐

形的相互关系，它们可以是并列、因果或递进等。① 本研究中，六个核心范畴体现的电子文件证据效力保障需求明显呈现出两类性质，第一类是"目的性需求"，即 A6 证据三性需求，法律工作者认为电子文件的证据效力体现在真实性、合法性与关联性的满足；第二类是"行为需求"，即电子文件证据效力保障需要加强法规建设、技术采用、管理和保全、能力与意识，同时应注意成本控制。这些需求不仅体现在电子文件管理阶段中，也体现在取证、举证、质证、认证的司法证明环节中，覆盖了电子文件—电子证据保管链的固定阶段与机动阶段全程。针对核心范畴的理论性编码结果详见图 4-2。

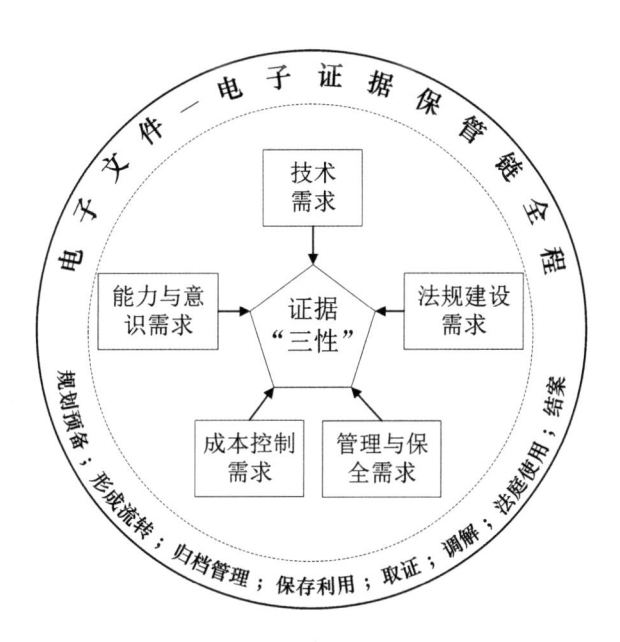

图 4-2 核心范畴理论性编码结果

在此基础上，将访谈法律工作者获得的资料所提炼的电子文件证据效力保障需求概括为图 4-3。

---

① 费小冬：《扎根理论研究方法论：要素、研究程序和评判标准》，《公共行政评论》2008 年第 3 期。

```
┌─────────────────────────────────────────────┐
│        电 子 文 件 — 电 子 证 据 保 管 链 全 程        │
└─────────────────────────────────────────────┘
```

图示结构：
- 真实性 / 合法性 / 关联性 —— 证据三性需求
  - 法规建设需求：现有立法体系完善；制度与规范建设
  - 技术需求：采用真实性保障技术；选用正规系统
  - 管理与保全需求：提高机构电子文件管理水平；采取证据保全措施
  - 能力与意识需求：电子证据相关知识与能力；"有专门知识的人"协助；证据意识与开放态度
  - 成本控制需求：控制司法证明的成本

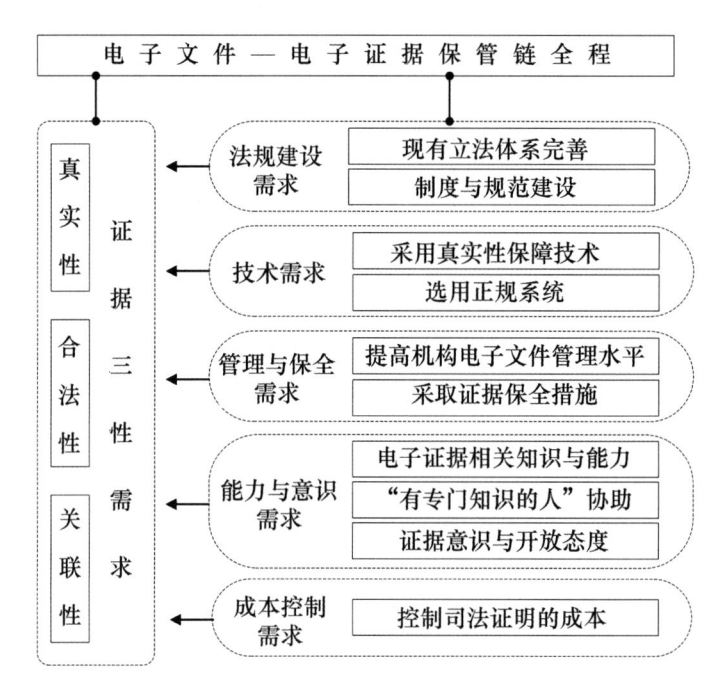

图 4-3　基于法律工作者访谈的电子文件证据效力保障需求

（三）访谈资料编码的理论饱和度与信度、效度

笔者依据一边整理、一边访谈的思路对访谈资料进行编码分析，大约编码至第 16 份材料之后，已不再产生新的概念或类属，据此笔者认为本编码体系已经饱和，对访谈资料中影响电子文件证据效力的因素已被充分挖掘。

"信度"来自量化研究，是指研究结果的可重复性，但这一定义与质的研究方法重视个体独特性的特征相左，大多数质的研究人员并不使用信度来评判质性研究。在本书的研究中，需求归纳与呈现的过程应当具有一定"客观性"，以保证每一位受访者提供的数据能够被认真对待。故而笔者借鉴柯克和米勒对程序信度的规定，在实施半结构化访谈的过程中尽量保证访谈程序的稳定性，使用统一的方法对访谈过程进行记录，不带主观立场地对访谈结果加以处理。①

"效度"在质性研究中指的是研究结果与实际研究相符的程度。本研究采用反馈法和参与者检验法来保证效度。② 即在访谈过程中，可就上一位访谈对象的观点与之后的访谈对象进行交流，检验其认识的一致性并发现新的观点。同时，在选择最适合研究目的访谈对象的基础上，兼顾平衡访谈对象的专事方向、资历和职业，尽可能多地获取有效信息，以此保证本研究的效度。笔者在形成基于法律工作者访谈的电子文件证据效力保障需求编码体系后，将其发送至P9、P10、P21三位访谈对象，请他们对编码体系的准确性与全面度提出意见与建议，实现对编码体系的检验与完善。

（四）对法律工作者半结构化访谈结果的归纳与评介

本节中，笔者通过对法律工作者进行半结构化访谈，进一步归纳了电子文件证据效力的保障需求。与上节中基于法律法规分析所得的结果相比，访谈得出的结论与之既存在着一定联系，也生成了新的发现。至此，组织机构电子文件证据效力保障的各项需求已基本形成。

1. 电子证据实践工作对证据三性需求、技术需求和证据保全措施等进行了再次强调

由上文可知，我国法律法规中对电子证据的审查判断以真实性、合法性、关联性的"三性"为线索，围绕着真实性审查判断这一核心，就采用真实性保障技术、选用正规系统、采取证据保全措施、专家证人协助等方面进行了一系列规定。上述内容在对法律工作者的访谈中也得以印证，并呈现了更为丰富的细节。同时，在证据三性中，法律工作者同样最为关注真实性，与真实性相关的管理、保

---

① ［德］伍威·弗里克：《质性研究导引》，孙进译，重庆大学出版社2011年版，第310—311页。

② 陈向明：《质的研究方法与社会科学研究》，教育科学出版社2000年版，第405—406页。

全、技术和成本问题尤为突出。

2. 实践工作对法规建设、机构电子文件管理工作、电子证据相关人员能力与意识、成本控制等方面提出了新的需求

通过对法律工作者的访谈，笔者挖掘出了电子文件证据效力保障的更多相关需求，使需求的析出更为丰富、完善。（1）法规建设需求：法律工作者们普遍认为目前电子证据相关的法律法规仍不完善，对于数据存储义务、证据获取权限、证据保全主体资格等方面缺乏法律层面的规定；与前文对法律法规的调查结果相呼应的是，从事民商事方向的法律工作者普遍反映民事诉讼领域缺乏电子证据取证保全、审查判断的操作规定①，亦有学者呼吁档案部门制定文件与数据固定、保全的指引性文件。（2）提升机构电子文件管理工作水平的需求：在实际调研中，法律工作者对电子证据取证之前的保存与管理情况十分重视，并从保存环境、保存设备、保存制度、保存流程、载体情况等方面对机构的文档管理工作提出了需求，希望高质量的文档管理工作为电子证据取证提供便利。（3）提升电子证据人员相关知识与能力的需求：在实践中，法律工作者根据人员角色，分别强调了在电子证据取证保全、质证认证等环节中当事人、律师、法官、公证人员的能力与素养，并提出要加强相关人才培养。（4）证据保留意识与破除刻板印象的需求：法律工作者强调组织机构的证据保留意识非常重要，并指出司法部门应当改善对电子证据的保守态度，尽快推行司法过程与案卷归档的电子化，以推动前端业务部门对电子证据的保留积极性。（5）控制司法证明成本的需求：在访谈中，几乎每位受访对象都强调希望尽量减少电子证据的取证保全的成本，简化司法证明环节的操作难度，提升电子证据审查判断的效率等。

---

① 笔者的调研时间为2019年6—9月，《民事证据规定》尚未发布最新修正稿，故而从事民事诉讼方向的律师与法官普遍反映缺乏法律法规与相关规范。

3. 对司法实践中常用的电子证据类型有了初步掌握

由前文论述可知，司法场景中电子证据的实质为各类型电子文件。电子文件应用于司法场景时为电子证据。根据26位访谈对象的反馈，目前司法实践中使用率最高的电子证据类型有电子邮件（26人提及），短信、微信等即时通讯信息（26人提及），银行流水等交易记录（24人提及）；电子合同、网页信息、录音录像、计算机程序、科技类文件等电子证据类型也被广泛提及。

综上可知，在对法律法规中电子证据审查判断相关条款分析提炼的基础上，进一步通过对法律工作者的半结构化访谈丰富、完善电子文件证据效力保障需求，能够更全面、立体地展现电子文件证据效力保障的现实状况。笔者在研究过程中尽可能在地域、职业、专事方向等方面对访谈对象的情况进行平衡与控制，然而，这些需求能否代表目前司法实践的主流认识，仍需要通过对裁判文书的统计分析进一步证实。

第三节 基于裁判文书的统计分析

前两节分别从理论和实践角度分析了电子文件证据效力保障的需求项。本节中，笔者将通过对裁判文书的统计进一步验证前文研究结果的代表性与客观性。

一 电子证据常见类型统计分析

正式进行统计前，笔者对比了中国裁判文书网、北大法宝、北大法意、无讼网、Openlaw、聚法案例等较为常用的法律法规与案例数据库收录裁判文书的时间范围、数量，结合其检索的便利性与法律工作者的推荐，选定无讼网为主要检索工具[①]，对2012年电子数

[①] 2021年，无讼网改版更新后，其所收录的案例范围变更为最高法指导案例，笔者检索时尚未改版。

据正式确立法定证据地位至今（调查时间：2019年11月17日）电子数据在诉讼中的应用情况进行调查。无讼（www.itslaw.com）是资源较为齐全、丰富的代表性法律大数据服务平台，检索功能便利，为法律工作者广泛使用。根据CNKI检索（检索时间：2019年11月17日；检索方式：全文检索"无讼案例or无讼网"），自2015年起，陆续有371篇法学期刊学术论文和755篇学位论文基于无讼的检索结果开展学术研究。

目前，我国法律法规中对电子数据的定义尚未完全统一。如前文所述，电子数据的明确定义首次出现在2015年《民诉解释》中，但主要侧重于网络证据。2016年两院一部《电子数据规定》和2019年《民事证据规定》全面、详细地列明了4类共21种电子数据类型。本书基于这一定义，运用无讼网分别对涉及以上电子数据裁判文书的数量进行统计，观测2012年以来各类电子数据的使用频率及其变化趋势。为了提升检全率，本书将部分电子数据类型的检索词进行了拓展与细分，如"视频"包括"录像"，"音频"包括"录音"，"即时通信"包括"QQ""微信"，"电子交易记录"包括"网银""支付宝""微信支付""微信转账""微信红包"等。

由图4-4可知，自2012年以来，诉讼中最常见的前十类电子证据有：音频、即时通信、视频、短信、电子交易记录、图片、计算机程序、电子邮件、网页、用户注册信息，总量超过所有电子证据的97%，是目前最需要重点关注的电子证据类型。其中，视频、音频、图片等较为传统的多媒体类型电子文件在诉讼中仍占据重要地位，而文档类电子文件的应用相对偏少。此外，即时通信、计算机程序、电子邮件、网页等目前纳入档案化管理比例较低的电子文件类型在实际诉讼中也发挥着重要作用。这一统计结果与前文对法律工作者访谈的结果基本吻合，但在实际访谈中被提及最多的"电子邮件"在本次统计中仅排第八位，这与访谈对象中从事民商事专业方向的法律工作者较多有关，电子邮件在劳动争议、合同纠纷等案件中出现比例较高，根据无讼的检索结果，涉及电子邮件的民事案件有 145989 例，而刑事案件为 3687 例。整体来说，电子邮件仍然是一类非常需要关注的电子证据。

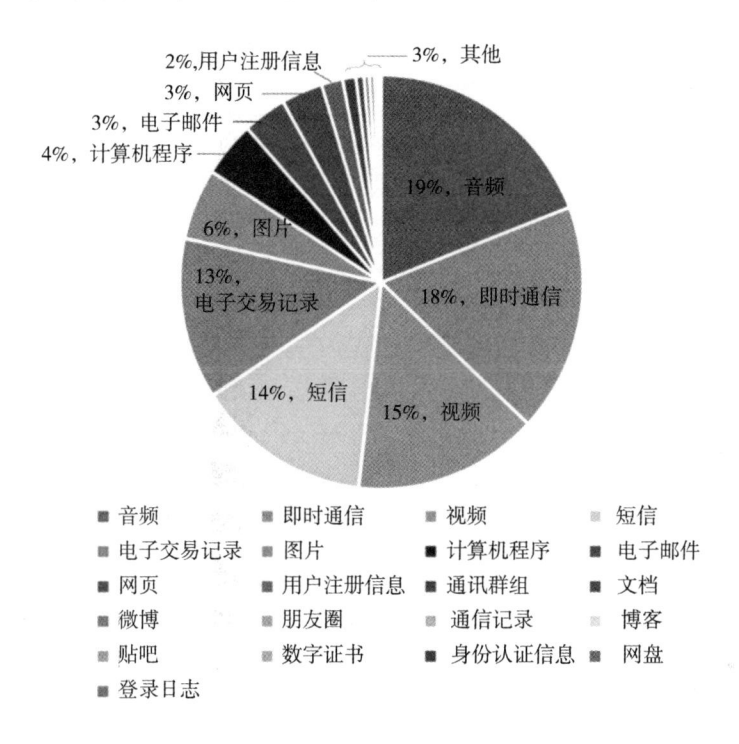

图 4-4　基于裁判文书统计的电子数据类型—数量饼状图

根据表 4-9 和图 4-5 对各类电子证据数量随年度变化情况的统计可知，从 2012 年起，除电子邮件在 2016 年呈现突发式增长又回落外，其他各类电子证据均呈现逐年上升的趋势。笔者对这一"反常"的突发现象进行了检索，发现在该年仅广东益民旅游休闲服务有限公司一家公司涉案 25254 件，其中涉及电子邮件这种证据类型的裁判文书就有 25055 篇，特大案件导致文书的批量增加。① 如果

---

① 南方都市报：《广东益民公司破产案债权金额达 12.3 亿 370 人通过网络参加债权人会议》，http://static.nfapp.southcn.com/content/201802/08/c961453.html，2019 年 11 月 19 日。

将这一异常数据去除，2016 年涉及电子邮件证据类型的案件数量则为 17698 件，电子邮件也呈现较为平稳的增长态势。

表 4-9　　　　　　电子数据类型—年度数量统计表　　　　　单位：件

电子数据类型	2012	2013	2014	2015	2016	2017	2018	总量
音频	7666	22276	79633	111284	133751	153414	176638	684662
即时通信	1672	4956	22462	40689	103719	165763	299391	638652
视频	11674	23643	75804	92947	103800	110456	113154	531478
短信	5021	13840	53906	76017	93340	114393	145387	501904
电子交易记录	2145	6351	22123	30742	55547	118094	216052	451054
图片	3700	7135	20852	27510	35319	47281	58302	200099
计算机程序	3963	5359	13130	17678	24575	44734	46848	156287
电子邮件	2620	5066	13107	15673	42753	22390	23697	125306
网页	3037	5645	12604	16868	20875	28689	30424	118142
用户注册信息	636	2012	6467	8544	9617	14159	20802	62237
通讯群组	76	232	1313	2707	5318	10465	17577	37688
文档	1615	1741	3123	3124	3088	4838	5553	23082
微博	94	316	1671	2357	2552	4269	4464	15723
朋友圈	2	15	189	830	2201	4335	8079	15651
通信记录	78	209	736	987	1220	1339	1203	5772
博客	169	533	613	719	861	1131	1065	5091
贴吧	17	59	229	411	516	687	945	2864
数字证书	10	49	140	197	256	406	954	2012
身份认证信息	21	33	101	178	300	518	621	1772
网盘	23	17	50	70	173	268	401	1002
登录日志	11	9	30	58	70	87	141	406

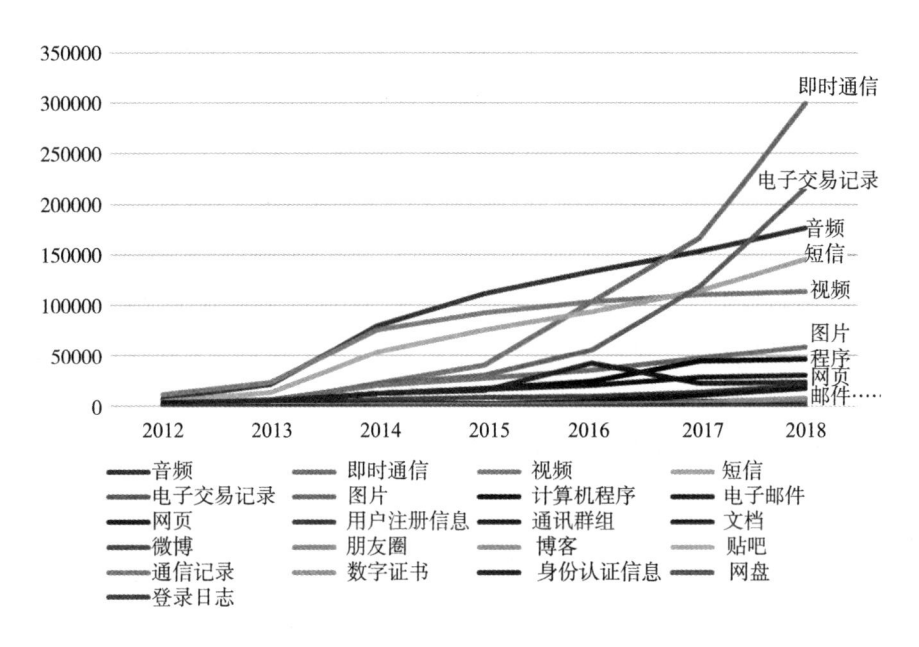

图 4-5 电子数据类型—年度数量变化情况

综合分析，2012—2018 年间①，各类电子证据均呈现逐年增长的趋势。其中，即时通讯信息、电子交易记录的增长速度和增长率迅速攀升。结合前文对法律工作者的访谈，即时通讯信息、电子交易记录在机构中的管理水平亟待提升，数据丢失、乱码现象时有发生，且数据量庞大，面临着一定检索困难。此外，短信、音频、图片、网页、电子邮件等电子证据类型也在持续上升。

二 电子证据"三性"常见问题统计分析

笔者使用无讼案例检索平台的"结果中检索"功能，分别对"电子证据/电子数据+真实性""电子证据/电子数据+关联性""电子证据/电子数据+合法性"进行检索，检索时间为 2019 年 11

---

① 由于裁判文书的公开需要一定周期，笔者截稿时无法完全统计 2019 年的案件数量，为保证调查结果的全面、准确，故仅就 2012—2018 年之间的裁判文书进行统计。

月 17 日，检索结果分别为 20051 件、16708 件、12078 件，对电子证据真实性的关注比关联性、合法性要多；此后，通过对 21 类电子数据真实性、合法性与关联性分别进行检索（表 4-10，图 4-6），其结果与总体情况相一致，对真实性的关注最多，关联性、合法性次之。可见在实际的司法审判中，真实性是电子证据三性中最受关注的问题，这与前文电子文件证据性概念模型的理论推断相吻合，与法律法规条款的归纳结果相一致，与对法律工作者的访谈结果相呼应。此外，这也与刘品新教授 2003—2018 年间 56% 的案件均存在真实性判断问题[①]的调查结果相契合，从侧面验证了前文析出需求的代表性。

表 4-10　　裁判文书中 21 类电子数据三性问题数量统计表　　单位：件

电子数据类型	真实性	关联性	合法性
音频	345553	200829	124153
即时通信	184264	118012	67523
视频	121532	85655	65633
短信	165591	106080	64589
电子交易记录	109648	78890	45734
图片	88914	63677	44830
计算机程序	47406	31269	21199
电子邮件	60668	31980	19731
网页	72012	48787	33850
用户注册信息	22162	16554	11148
通讯群组	9813	6519	4090
文档	12484	7822	5792
微博	7208	4346	2838
朋友圈	5325	3553	1975

---

① 刘品新：《论电子证据的理性真实观》，《法商研究》2018 年第 4 期。

续表

电子数据类型	真实性	关联性	合法性
通信记录	2183	1391	818
博客	2772	1856	1243
贴吧	867	591	372
数字证书	1062	332	295
身份认证信息	806	552	377
网盘	251	149	90
登录日志	134	93	65

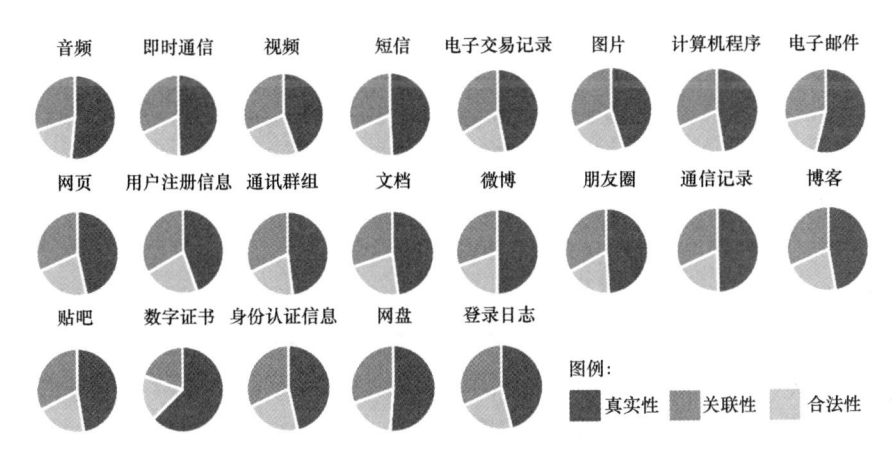

图 4-6 裁判文书中 21 类电子数据三性问题统计饼状图

三 "档案管理方式保管"和"正常业务活动形成"电子证据调研分析

2019 年 12 月,《民事证据规定》指出"档案管理方式保管"和"正常业务活动形成"的电子证据可在无反证的情况下确认其真实性,说明在文档管理工作范畴之下,电子文件自形成到归档保存全生命周期的证据资格和证明力都能够得到保障。其中,"档案管理方式保管"直接指向档案工作,将"档案材料"的证明力优势从纸质环境延伸至数字环境;第(三)项"正常业务活动中形成"的电子证据是电子文件管理前端控制的重要对象,涉及电子文件的形成、流转等多项业务活动。这两项规则强调了电子文件全生命周期管理的意义，将档案管理与司法证据认定紧密地联结在一起。由于本书初稿成稿于 2020 年 3 月，彼时该条款尚未生效；因此，笔者于 2022 年 3 月对涉及"档案管理方式保管"和"正常业务活动中形成"电子证据的案例进行调研，检视《民事证据规定》实施近两年来电子证据审查认定的"新气象"。

笔者首先对在审判一线工作的 P8（已调动至中级人民法院工作）、P9、P23 三位法官进行了访谈，向他们了解第九十四条第一款第（三）项、第（四）项的使用情况。遗憾的是，三位法官均表示在实践工作中还未应用到上述条款，同时，他们也表达了对此二条款的看法。P8 指出，在此二条款规定下，能够确定的是不能仅因为非实体档案/文件而不采信证据，档案身份的确有一定优势，但还是要严格判断其真实性、关联性与合法性，这一点还希望能够有更加明确的指引；P9 进一步指出，目前的确还未碰到这两类电子证据，尚未总结出判断的"要点"，这与其所在的法庭主要处理私人事务相关，几乎不存在涉及机构的业务活动和档案管理工作；P23 也表示目前工作尚未涉及上述两类电子证据，并指出本条款生效时间较短，司法实践需要一定的"反应时间"。在一线法律工作者难以提供更多有效信息的前提下，笔者对最高人民法院 2020 年 5 月后发布的指导性案例、公报案例与典型案例进行了检索，尚未发现直接相关的案例。因此，在下一步的研究中，笔者将扩大调研范围，在中国裁判文书网中进行广泛检索。

（一）"档案管理方式保管"电子证据适用现状及典型案例分析

中国裁判文书网是由最高人民法院建设、统一公布各级人民法院生效裁判文书的官方门户。笔者以"档案管理方式"为关键词在中国裁判文书网中进行检索（检索时间：2022 年 2 月 5 日），共检得 111 篇裁判文书，逐一精读、筛选，发现 97 篇文书仅在阐明裁判依据时顺带提及此项，其余 14 篇裁判文书中，有 3 篇未明确指向档案工作。最终，本书选定11篇与"档案管理方式保管"直接相关的裁判文书作为研究对象，其中7篇被采信，4篇未采信，所涉及电子证据类型包括金融财税活动的相关文件，以及产权图纸、医疗档案、即时通讯信息等。可见，该项规则在助力电子证据采信方面发挥了一定作用，但尚未得到广泛应用。

在被采信的7篇裁判文书中，"档案管理方式保管"电子证据均在声明"档案身份"后被认定真实。其中，（2021）辽09民终904号、（2021）鲁02民终2019号、（2021）辽0902民初21号3个案例采用了档案系统拍照打印或直接输出打印的示证方式，电子证据的效力在不另行核实"原件"的情况下获得法庭的"无损"认可，可知该项规则在一定程度上减少了电子证据真实性的认定争议。较为遗憾的是，现有裁判文书中对"什么是档案管理方式"，以及"如何判断电子证据以档案管理方式保管"所言不多，笔者也未查询到援引档案领域相关法规、标准作为审判依据的案例……基于现状，笔者归纳了司法实践中认定"档案管理方式"的两类常用思路：

1. 存储载体安全可靠

某追偿权纠纷案中，原告某公司提交了电话录音资料作为证据，被告以初始录音电话（即原始载体）通话记录不可考，否认该证据的真实性。对此，原告称该录音以档案管理方式存储在电脑中，并被刻录成光盘封装保存，法院在当庭听取确认内容连贯后予以采信。[①] 本案例中，通话的初始"原件""原物"虽不可考，但以不可擦写、安全可靠的光盘为载体，能够有效固化录音长期保存阶段的状态。原告封装刻录光盘的举措可视为档案管理方式之一，有助于辅助法官实现电子证据的真实性认定。

2. 保管系统清洁可信

某不正当竞争纠纷案中，被告之一八方通公司提供了保存在其

---

① 参见中联重科股份有限公司与姜×、聂×追偿权纠纷案，湖南省长沙市岳麓区人民法院民事判决书，（2020）湘0104民初3110号。

网络系统中原告企业上传的营业执照和注册信息，法院认定其为档案管理方式保管的电子证据并予以采信。① 某合同纠纷案中，被上诉人中国民生银行洛阳分行提交的《银行承兑协议》非加盖公章纸质原件的数字化副本，而是档案系统直接导出的打印件，由于一审中曾对纸质原件进行过质证，因此法庭对该电子证据予以采信。② 由上可知，"档案管理方式保管"的判断与信息系统是否可靠密切相关。此外，被采信的7篇裁判文书中共提及5个系统，分别是：八方通公司网络系统、国家税务总局青岛市税务局平台、太平洋科技个险查询系统（了如指掌）、天安人寿保险股份有限公司保单查询系统、中国民生银行洛阳分行档案系统。值得注意的是，虽然上述系统中的文件均以"档案身份"获得了法庭认可，但除最后一例明确以档案系统命名外，其他系统并不属于档案领域所理解的传统"档案管理系统"。

关于以"档案管理方式保管"为由举证而未被采信的案例数量不多，但反映的问题较为集中，具体情况如下：

1. "档案管理方式保管"难以证明

某医疗损害责任纠纷案中，患者的出院时间成为争议焦点。上诉人某医院提交了出院意见作为证据，遭到缺少患者监护人签名且无出院手续佐证的质疑。对此，上诉人主张出院意见是以"档案管理方式保管"的医嘱病例，并辩称"现在是科技时代，电脑上的时间谁能改"③，法院综合判定不采信该证据。某邮寄服务合同纠纷案中，上诉人邮政速递某分公司提交了客户结算清单作为证据，但被

---

① 参见西安飞机工业铝业股份有限公司与陕西陕飞铝材有限公司，陕西西旺铝业有限公司不正当竞争纠纷案，陕西省咸阳市中级人民法院民事判决书，（2020）陕04民初52号。

② 参见洛阳五羊三轮摩托车有限公司、中国民生银行股份有限公司洛阳分行合同纠纷案，河南省洛阳市中级人民法院民事判决书，（2021）豫03民终1225号。

③ 参见天水市第三人民医院与石××、刘×医疗损害责任纠纷案，甘肃省天水市中级人民法院民事判决书，（2020）甘05民终435号。

质疑是单位自行制作，无法避免主观性。对此，上诉人主张其作为国家大型快递企业，不可能编造十几万条快递业务记录[①]，法院对该电子证据不予认可。通过上述两个案例可以看出，出院意见和客户结算清单虽均被冠以"档案管理方式保管"，但其制作过程是否客观仍遭受质疑；且两个案例的举证方未能拿出切实证据证明其"档案管理方式保管"行为，基本停留在口头辩护，无助于证据的最终采信。

2. 原始载体难以查考

某劳动争议案中，上诉人向法院提交了钉钉打卡截图以佐证其主张的加班事实，他指出钉钉平台数据是在正常业务活动中形成并以档案管理方式保管的，但在面临质疑时，上诉人无法追溯到证据的原始载体，且未能出示更多证据佐证加班事实，导致证据不予采信。[②] 不论钉钉平台生成、存储的数据是否为档案管理方式保管，上诉人未能使用原始移动终端示证，仅凭截图难以证明证据未经篡改，加之此证据为"孤证"，加大了采信难度。同时，本案例也是网络平台办公大趋势下电子证据偏在现象的缩影，许多机构业务活动的文件与数据并非自主保管，而服务商的保管行为受到存储服务器的保存时效、存储结构与平台数据规则影响[③]，这对机构的文档数据存证、保管能力提出了更高要求。

3. 与待证事实关联性较低

某土地承包经营权纠纷案中，上诉人主张依据政府处保存的林地登记档案分配林地征收补偿款，但质证时发现该档案仅反映了被征地的面积和位置[④]，不能证明林地权属，无法解决案件争议焦点。

---

① 参见中国邮政速递物流股份有限公司济南市分公司等邮寄服务合同纠纷案，山东省济南市中级人民法院民事判决书，（2020）鲁01民终569号。

② 参见邓××、长沙相成物业管理有限公司劳动争议案，湖南省长沙市中级人民法院民事判决书，（2021）湘01民终7170号。

③ 周翔：《论电子证据的偏在性及其克服》，《大连理工大学学报》（社会科学版）2020年第1期。

④ 参见陈××、林××土地承包经营权纠纷案，浙江省台州市中级人民法院民事判决书，（2021）浙10民终211号。

与前述两类案件不同的是，本案电子证据明确属于"档案管理方式保管"，但由于档案形成部门未能将与业务活动相关信息尽数登记、归档，导致因关联性不足无法完成对待证事实的证明，因而难以被采信。

由上可知，目前"档案管理方式保管"这项规则尚未得到广泛应用，对其的证明和采信还未形成普遍规律。但值得关注的是，在司法实践中，对"档案身份"电子证据真实性的质疑最终都指向了"前端"业务环节的办理过程是否客观、流程是否完备等，这实际上与第九十三条第一款第（三）项的"正常业务活动中形成"密切相关。因而，有必要进一步研究"正常业务活动中形成"电子证据的适用现状，为电子文件全生命周期的证据效力保障提供参考。

（二）"正常业务活动中形成"电子证据适用现状及典型案例分析

笔者以"正常业务活动中形成"为关键词在中国裁判文书网中进行检索（检索时间：2022年3月10日），共检得330篇裁判文书。其中91篇仅在阐明裁判依据时顺带提及此项，14篇并非机构层面的电子文件管理活动，排除以上样本后，本书选取225篇直接以"正常业务活动中形成"为判决依据的案例作为研究对象，相关电子证据主要来自即时通讯系统、办公自动化系统、票据系统、信用卡系统、保险系统等业务系统。其中，203篇裁判文书中电子证据被采信，22篇未采信。与"档案管理方式保管"相比，"正常业务活动中形成"得到了更广泛的应用，电子证据的采信率大幅提升。

在被采信的203篇裁判文书中，"系列性"案件屡见不鲜，如(2021)桂0102民初1811号等29个案例属某银行信用卡纠纷系列案件，(2020)桂0102民初4434号等14个案例属某银行借贷合同纠纷案件等，呈现出较强的经济领域聚集特征。值得关注的是，在(2020)赣05民初23号民间借贷纠纷案中，原告所提交的微信聊天截图被质疑未经公证，法院则判定该电子证据是在正常业务活动中形成的，具有证明效力。① 不难发现，"正常业务活动中形成"规则在很大程度上减少了电子证据真实性的认定争议。司法界对判断电子证据是否为正常业务活动形成基本达成共识，相关内容分析如下：

1. 符合业务办理惯例

在被采信案例中，15 例"正常业务活动中形成"电子证据的采信依据为"符合业务办理惯例"，此处的业务办理惯例具体指合同签订的一般流程、日常结算的习惯行为、行业惯例、职务行为、工作邮箱信息往来、形成于常用业务系统等。如某施工合同纠纷案中，法院认定原告公司人员发送的微信属职务行为，符合日常结算习惯；② 又如某储蓄存款合同纠纷案中，被告某银行提交的凭单及监控录像被认定为符合银行的行业惯例与业务习惯；③ 某银行卡纠纷案中，原告出示的交易数据因源于其日常使用的、正常运行的业务系统而被采信④，等等。由上可知，业务办理惯例指常态化、普遍性操作，即不存在违背常理的情状，主要从作业人、作业规范与习惯、作业系统多方面综合审查认定。

2. 形成贯穿业务活动的证据链

法律事实的认定需要互相关联的证据形成完整证据链，"孤证"一般不被采信。对于电子证据而言，其真实性的审查认定相比于传统证据面临更多"不确定性"，更需要"链化"；业务活动通常由多个具体业务行为构成，要证明其真实发生，也需要较完备的证据链。据调查，共有 79 例案件中的电子证据通过多项证据的结合使用实现

---

① 参见新余赣锋新能源产业投资合伙企业与前途汽车（苏州）有限公司、北京长城华冠汽车科技股份有限公司民间借贷纠纷案，江西省新余市中级人民法院民事判决书，（2020）赣 05 民初 23 号。
② 参见襄阳盟臻建设工程有限公司、沈 × 建设工程施工合同纠纷案，湖北省荆门市中级人民法院民事判决书，（2020）鄂 08 民终 544 号。
③ 参见田 × ×、中国邮政储蓄银行股份有限公司韶关市分行储蓄存款合同纠纷案，广东省韶关市武江区人民法院民事判决书，（2020）粤 0203 民初 1144 号。
④ 参见周宁县农村信用合作联社、陈 × × 银行卡纠纷案，福建省周宁县人民法院民事判决书，（2021）闽 0925 民初 132 号。

了"1+1>2"的证明效果,按照证据的证明作用可分为两类。第一类为支撑核心业务的证据,一般是"系列"文件。如某信用卡纠纷案中,原告提交了贷记消费卡申请表、IC 贷记卡领用合约、IC 贷记卡章程等电子协议以及电子订单截图等一系列证据证明贷款业务的发生。① 第二类为间接印证业务活动时间、顺序、场景的证据,如某技术合同纠纷案中,被告某公司出示微信聊天记录以佐证双方签订合同前的沟通与合同履行情况;② 其他案例中,电话录音、电子邮件等也发挥了佐证作用。综上,多重证据链接了完整时间轴、铺陈了连贯活动线,构建起合乎逻辑的完整证据链,有助于辅助法官对该业务活动的真实发生形成心证。

3. 提供可信取证方式说明

笔者调研过程中,发现有机构通过出示"证据的证据"证明其取证过程的清洁可信,实现电子证据证明力补强。某金融借款合同纠纷案中,上诉人某银行在提交《个人贷款业务客户还款清单》的同时,提交了《电子数据现场提取说明》,证明该证据打印件取证方式可信、不存在人为变更的可能性,有力证实了放款义务已履行的事实。③ 本案例不仅为"正常业务活动中形成"电子证据的证明力提供保障,亦为所有电子证据的证明力补强提供了借鉴思路。

在未采信的 22 篇裁判文书中,6 个案例的电子证据由于内容本身存在争议、缺乏质证环节等程序问题不被采信,其他案例中削弱"正常业务活动中形成"电子证据效力的情况如下:

1. 单方制作难以避免主观性

据笔者调查,共有 8 例"正常业务活动中形成"的电子证据因

---

① 参见惠安县农村信用合作联社、杨×信用卡纠纷案,福建省惠安县人民法院民事判决书,(2021)闽 0521 民初 8941 号。
② 参见赫徕森漫游有限公司、深圳市宜联畅游技术有限公司技术合同纠纷案,中华人民共和国最高人民法院民事判决书,(2021)最高法知民终 1039 号。
③ 参见平安银行股份有限公司太原分行与刘××金融借款合同纠纷案,山西省太原市中级人民法院民事判决书,(2020)晋 01 民终 4578 号。

"举证单方自行制作"、无法排除主观篡改可能性而不予采信。如某买卖合同纠纷案中，上诉人提交的库存明细数据被质疑为单方制作，无法证明未经篡改；① 某财产损害赔偿纠纷案中，再审申请人提交的某鉴定机构出具的《资产评估报告》被质疑是其自行委托、使用单方材料制作，无法证明客观公正。② 由上可知，电子文件的形成与机构业务及相关人员密切相关，无法做到完全"客观"，上述案例的举证方在面临质疑时未能进一步申明电子文件形成与电子证据制作过程中的防篡改举措，为电子证据的真实性认定埋下隐患。

2. 与待证事件关联性较低

在本书调查的案例中，"正常业务活动中形成"电子证据有8例被指出缺乏关联性。如某买卖合同纠纷案中，上诉人提交公司内部请示函与微信聊天记录，意在证明被上诉人存在设计变更行为，法院认为以上证据不足以证明其主张，故不予采信。③ 与前文所述情形相同，举证方未能在业务办理阶段留存相关记录，则需在诉讼中承担举证不能的后果，这也与前文"形成贯穿业务活动的证据链"被采信相呼应。

（三）"档案管理方式保管"与"正常业务活动中形成"电子文件证据效力现状分析

"档案管理方式保管"和"正常业务活动中形成"两项规则在推动电子证据真实性认定实践中发挥了积极作用，尤其是后者得到了更加广泛的认可与应用。通过梳理案例的采信依据和未采信原因，发现"档案管理方式保管"与"正常业务活动中形成"电子文件证明力的核心影响要素有：载体是否安全可靠、系统是否清洁可信、

---

① 参见安徽省六安市金安区好满宜超市、安徽盛锦化妆品有限公司买卖合同纠纷案，安徽省六安市中级人民法院民事判决书，（2020）皖15民终2328号。

② 参见驻马店市大方物流有限公司、张××等财产损害赔偿纠纷案，河南省高级人民法院民事裁定书，（2021）豫民申3301号。

③ 参见梦网荣信科技集团股份有限公司、安徽首矿大昌金属材料有限公司买卖合同纠纷案，安徽省六安市中级人民法院民事判决书，（2020）皖15民终2326号。

能否避免单方制作主观性、如何实现对"档案管理方式"的合理证明、是否符合业务办理惯例、是否形成贯穿业务活动的完整证据链、是否具备可信取证过程。上述要素均可指向证据三性的核心——真实性，这也是电子证据审查认定中最具争议的属性；部分要素亦涉及关联性、合法性。同时，各要素的证明过程存在着密切关联，如是否符合业务办理惯例与系统是否正常运行相关，档案管理方式的证明亦需要对如何避免证据制作的主观性加以说明，等等。将上述要素映射、对标至电子文件管理领域，不难发现电子文件单套制、单轨制理论研究早已敏锐地触及了相关要点，标准法规层面亦逐步推进，电子文件对"四性"的要求有助于指引来源可靠、程序规范、要素合规电子凭证的形成……但实践案例折射出的问题又提醒我们，电子文件管理实践及司法对档案工作的认知距离对电子"档案材料"顺利采信的期许还存在一定差距，本书将其概括为"内容覆盖"与"形式规格"两个方面。

"内容覆盖"方面，"档案管理方式保管"与"正常业务活动中形成"电子证据共同面临关联性不强的问题。虽然关联性作为证据三性之一，其证明是所有电子证据均可能存在的问题，并非以上两种情形特有；但不管是"档案管理"还是"业务活动"，其基本特征都是流动的、多环的而非静止的、单一的，故而对于内容完整性原本就具有更高要求。以上两种情形下电子证据在司法实践中普遍存在的证据效力瑕疵，恰恰突出了目前机构文档管理中仍存在对核心文档缺乏判定，对文件登记、收集与归档保存缺乏规划等问题，这种"内容覆盖"上的不足成为认定电子证据构成"档案管理方式保管"或"正常业务活动中形成"情形的主要障碍之一。

"形式规格"方面，除前文所述的载体不当问题指向文档管理能力与意识的缺位，更多争议集中在已有证据难以用法官易于理解和便于审查的形式提交与呈现，这主要体现在对"档案管理方式保管"证据的采信较为粗疏。如前文案例分析所言，无论是采信了归档时不完整的"档案"和来自"非典型"档案系统的文件，还是因质疑电子文件形成者的"动机"而不予采信，其采信理由与未采信原因都存在不符合档案领域一般认知的情况，这或源于法庭与当事机构的认识不一——法庭判断"档案管理方式保管"时缺乏系统参考标准和执行导引，当事人举证时难以把握证明要点、无法提供强有力的支撑材料应对反证。从第九十四条第一款第（四）项设置的目的来看，"档案管理方式保管"无疑是司法认定的电子数据真实性、可靠性程度较高的情形[1]，但并不意味着只要冠以"档案管理方式保管"的名义，或仅完成"归档"瞬间，就能够确保证据的真实。因此，一方面，档案管理的优势在于纳入管控范围后依靠严格的法律与制度保证档案不遭到篡改和歪曲[2]，并不能承担完全还原事件本身客观真实的期许，"档案身份"也不是证明电子证据真实性的"万金油"；另一方面，各机构对档案工作国家标准、行业标准的具体执行程度不同，不能一概而论；此外，法官对"档案管理方式保管"的理解与判断亦可能在心证过程中产生差异……可见，无论是对于组织机构还是司法部门，"档案管理方式保管"的证明都亟待更为细化的指引，以平衡认知、消弭偏差。同样，虽然"正常业务活动中形成"的审查判断思路已相对统一，但在部分案例中，电子证据依然会遭受"单方制作"质疑，举证方必须自证无恶意篡改行为，这对电子证据的规格及其证明提出了更高要求。

可知，"档案管理方式保管"和"正常业务活动中形成"电子证据真实性证明除需依靠进一步提升电子文件管理工作质效外，如何将已有的文档管理成效以司法可理解、可认证的形式转化并呈现，成为切实保障"档案管理方式保管"与"正常业务活动中形成"电子文件证据效力的关键一步。

---

[1] 郑学林：《关于新〈民事证据规定〉理解和适用的若干问题》，《人民法院报》2020年3月26日第5版。

[2] 刘家真：《电子文件与法律——电子文件的凭证性探讨之一》，《档案与建设》2000年第1期。

四 对裁判文书统计分析的归纳与评介

在本章的第一节和第二节中，笔者从法律法规的理论层面和法律工作者访谈的实践层面归纳了组织机构电子文件证据效力保障的现状与需求，本节内容则承担了补充与验证的作用，主要体现在以下两个方面：

第一，补充了对司法实践常用电子证据类型与应用趋势的了解。

在对法律工作者的访谈过程中，笔者初步了解了电子邮件、即时通讯信息、电子交易记录等常用电子证据类型的应用情况。通过对裁判文书的检索统计，笔者系统了解了 21 种电子证据类型的应用频率与应用增长趋势，为后文组织机构电子文件证据效力保障体系框架的构建积累了丰富的现实参考素材。

第二，侧面验证了前文析出需求项的代表性与客观性。

通过对法律法规的分析和对法律工作者的访谈，笔者从多方面分析了组织机构电子文件证据效力保障的现实需求。在对电子证据的审查认定方面，真实性始终是证据效力关注的核心。本节中，笔者将"电子数据/电子证据"及 21 种证据类型作为关键词分别与"真实性""合法性""关联性"进行组配检索，其检索数量均呈现"真实性 > 关联性 > 合法性"的现象，侧面验证了前文研究成果的代表性与参考价值。

第三，补充了"档案管理方式保管"和"正常业务活动中形成"电子证据的审查认定现状。

新《民事证据规定》实施至今已两年有余，从裁判文书中反映的情况可以看出，"档案管理方式保管"和"正常业务活动中形成"两项规则对电子证据的真实性认定发挥了切实效用。其中，司法实践中对"正常业务活动中形成"电子证据的审查判断已基本形成共识，但对"档案管理方式保管"的内涵与要求尚未统一，其采信依据与未采信原因均较为粗疏，暂无援引档案领域法律法规与标准规范作为审判依据的情况。通过对两百余篇相关裁判文书的逐一精读，发现电子文件管理实践除存在如归档管理规划不足、保管载体不当等基础性问题外，还面临着管理过程与管理成果难以被司法人员理解与认可的新挑战，促进"档案管理人员所管理的电子文件"向"司法可认证的以档案管理方式保管电子证据"的有效转化、弥合领域间的认知鸿沟与理解偏差十分必要。

第四节　现状与需求的整合分析

现状归纳与需求提取是一个层层递进的过程。第一节中初步分析了我国电子证据的立法现状，从法律法规中提炼了电子文件证据效力保障的基本需求；第二节则立足于实践，通过对律师、法官、大型企业法务人员、法学科研工作者的半结构化访谈，进一步丰富了对电子证据司法应用实践的认识，补充并完善了电子文件证据效力的需求项的细节，至此，各需求项已基本产生；第三节则通过对2012年至今裁判文书的统计与分析，验证了前述结果的代表性与客观性，着重分析了2020年5月《民事证据规定》生效后，"档案管理方式保管"和"正常业务活动中形成"电子证据的审查认定现状。本节中，笔者将对前三节的内容进行整合分析，进一步阐述组织机构电子文件证据效力保障的现状与需求，这些需求中有对电子文件管理的直接需求，也有蕴含在电子证据司法证明中的间接需求。

一　证据三性方面

由于以真实性为核心的证据三性相关需求项（A1—A9，B1，C1—C4）已在前文中详细展示与总结，且对电子证据三性的要求已分散蕴含在法规制度建设、技术、管理与保全、能力与意识、成本控制五个方面中，访谈中亦未得到证据三性审查判断相关的新概念，故本节对此不专门展开论述。

二 法规制度建设方面

电子文件的证据效力涉及司法认可，法规制度的建设至关重要。综合前文研究，司法界从现有立法的完善和配套制度与规范建设方面对电子文件证据效力保障提出了需求。

（一）现有立法体系的完善

结合前文研究，现有的电子证据法律体系仍需要从以下几个方面加以完善：

1. 完善民事电子证据取证、保全、审查、认定的相关规定

目前电子证据立法体系大部分由关于刑事电子证据取证、审查判断的法律法规组成，在民事诉讼中，法官在电子证据取证、保全、审查认定等工作方面需要一定指引（P4），如民事电子证据的取证规程、证据保全方法、证据保全机构资质相关规定等（P11）。由于法律法规修订周期较长，有法律工作者建议可以由最高法遴选相关的指导性案例予以发布，亦有助于电子证据在民事诉讼中的使用（P26）。需要特别指出的是，前述需求的收集时间为2019年6—9月，在笔者的补充采访中，法律工作者也反映了民事电子证据真实性认定可操作规程仍旧缺乏的观点（P8、P9），虽然《民事证据规定》的颁布对电子证据的审查认定具有突破性意义，但在取证、保全具体做法上的指引还有待进一步完善。

2. 明确电子数据存储义务与权限

电子证据取证实践工作中，往往会面临无法取证的困难。一方面，这是由于电子数据的形成机构未能将需要的相关数据纳入管理范围，如聊天记录、邮件记录、银行流水这类体量大、更新频率高、来源复杂的数据，部分访谈对象建议通过立法手段对网络服务运营商、提供商等机构保存用户产生的相关数据的范围和期限进行规定，使部分关键电子证据免遭灭失风险（P8、P10）。同时，公安机关或法院在向该类第三方机构调取用户形成的电子数据时，也会遭遇机构以《网络安全法》等相关法律法规中对个人信息保护的相关规定

或是保护通信自由通信秘密为由拒绝,这一点在民事诉讼中尤甚,部分访谈对象也建议通过立法为法院向第三方机构进行电子证据取证提供专门渠道(P8、P10、P25)。

3. 通过立法衔接电子文件管理工作与电子证据的审查认定

司法对电子证据的核心关切在于真实性的审查认定,与电子文件管理工作相关立法的衔接则有助于这一工作的开展。首先,可通过档案法律法规的制定积极回应《电子签名法》和三大诉讼法中对电子数据品质与规格的要求,减少电子证据司法应用产生争议的情况(P2)。其次,可在电子证据法律法规中对电子文件保管作出更为详细的规定。目前新《民事证据规定》中列明了"档案管理方式保管的电子数据"可认定真实性,但比较模糊、笼统。因此,可通过立法形式对此进行更详细的规定,当电子文件管理满足何种要求时,可以直接由法庭采纳等(P10、P14)。

(二)电子证据与电子文件配套制度与规范的建立

在完善现有法律法规体系的基础上,应通过配套制度与规范的进一步建设促进其落实:

1. 档案部门协助司法部门出具数据固定指引

如前一小节所述,目前民事电子证据在取证保全方面随机性较强,当事人和律师实施固定保全时缺乏有效指导。档案部门作为专业的保存机构,可在数据固定、提取方面提供先进经验并协助司法部门执行(P2)。如可以通过制定数据的固定保全程序指引,指导用户电子证据固定的具体方法、所用工具或格式等,在不牵涉过多第三方的情况下保证该电子证据的真实可靠(P7、P17)。

2. 组织机构应制定规范化的电子文件管理制度

在访谈过程中,多位访谈对象反复强调机构电子文件管理水平对电子证据司法证明的重要意义,认为由于电子文件管理工作的严重滞后,使得传统证据时代档案的证明力优势并未在数字时代发生实质性作用(P2)。并建议各机构可以将电子证据审查判断的部分要点如原始介质优先、保管链登记制度等融入电子文件管理制度中并严格执行,减少由此可能带来的纠纷或涉诉风险(P1、P2、P8、P9、P17)。

三 技术方面

电子证据区别于传统证据的关键在于其技术属性,现有法律法规和访谈结果中均强调了对技术要素的重视。

(一)采用真实性保障技术

如本章第一节所述,我国的法律法规中明确提出了电子证据真实性的技术审查要点,即"是否使用可被验证的电子签名、电子认证、可信时间戳、哈希值校验、区块链等固定、防篡改技术(A4)",上述技术手段也作为真实性审查的关键要点为法律工作者们广泛提及,并就其使用特点进行了评价。如目前电子签名已在商务活动中得到了普遍使用;区块链技术也早已有了成功的司法判例(杭州互联网法院区块链存证第一案);可信时间戳由国家授时中心提供服务,非营利、资质合规、价格低廉,受到了许多法律工作者的推荐;哈希值校验也已得到广泛认可(P2、P4、P7、P8、P9、P11、P12、P13、P16、P25)。

(二)选用可靠系统与软件

电子证据生成系统或软件的质量决定了电子证据形成时的真实性与合法性:

1. 合法合规、安全稳定

本章第一节电子证据相关法律法规中亦对此作出了要求,即"系统软硬件完好,运行正常,未受病毒侵袭(A6)",此类未开源的可靠系统或软硬件自动生成与发送的信息可被视作真实。在实践工作中,法律工作者也指出系统必须是正规、合法的系统与软件,并对其安全性、稳定性和长久性提出了需求(P10),对裁判文书的调查亦显示,安全可靠的存储载体与清洁可信的保管系统是判定"档案管理方式保管"电子证据的重要依据。

2. 功能完善、生成与保存信息全面

在司法实践工作中，亦面临着从海量系统数据中检索可用数据的需求，如 P17 谈到在办案过程中调取系统数据时，三次检索调取所得的结果都不同；P11 谈到某个案件查扣了 40GB 的数据，检索提炼难度很大；P4 谈到系统最好有版本控制功能，便于对比多个版本的数据信息等，这要求系统或软件的检索功能必须完善。同时，系统所生成的数据及其附属数据必须全面，法律法规中对此亦有更为详细的规定，即"生成、存储、传递与保存的环境要素、协议、附属与外围信息需全部收集；数据内容、关联信息、附属信息、访问操作日志、系统环境信息等可相互印证"（A7）等。

四　管理与保全方面

管理与保全是电子文件证据效力保障的核心环节，它覆盖了电子文件—电子证据保管链全程，包括前端电子文件管理质量与水平与后端电子证据保全的手段与举措等。

（一）提高机构电子文件的管理水平

以"档案管理方式"保管的电子证据能够在无反证的条件下直接认定真实，法律工作者亦在访谈中从多个方面提出了对机构电子文件管理的需求，并指出："管理电子文件并不是因为每份文件都有可能涉诉；而是当机构电子文件得到良好管理时，提前解决纠纷、避免涉诉的可能性将大大增加，我们都不希望动不动就要打官司，而是希望能把问题解决在萌芽阶段。"（P2）尤其希望电子文件管理工作能够确保电子证据形式及内容上的真实性，保证其还原客观真实的能力。

1. 保证原件安全完整

如本章第一节中分析结论所示，虽然电子证据已不存在严格的"原件"概念，但《电子签名法》中采用"功能等同法"的立法思路规定了数据电文原件的条件，其是否能有效表现所载内容并可供随时调取查用，是否能证明完整性，原始介质是否保存完好对电子证据的真实性至关重要（A2）。在访谈中，法律工作者认为原件被篡改、损坏的可能性最小，强调在能提供电子证据原件的情况下尽量提供原件，即原始载体上最初形成的那份电子文件（P8、P9、P11、P14、P19）。并要求档案部门需要保证接收进馆的电子文件就是最初的、真实的电子文件（P2）。即使提供复制件，也需要与原始载体上的电子证据进行比对。

2. 电子文件保存环境应具有保密性

根据访谈对象的意见，电子文件保存环境的保密性体现在电子文件管理的设备载体和系统应采取一定加密措施，不向非授权人员泄露数据内容，尤其是商业秘密（P12、P13、P15、P17）。法律法规中对此也有相关规定，主要体现在对相关人员使用信息系统时掌握密码、电子签名、用户名、账号情况的限制（A8）。

3. 重视邮件、交易记录等数据丢失、损坏与乱码现象

安全保管是档案管理的核心要义①，但在实际工作中，法律工作者反映的情况不甚乐观。如在取证时，法律工作者常面临诸如电子证据被保存责任机构故意删除、传输过程中不慎丢失、在格式转换时损坏与产生乱码等情况，甚至本地服务器与云服务器崩溃导致数据不可逆丢失等，致使产生无法取证或电子数据不可用的问题。这一问题在网络运营商或通信运营商保存用户数据方面尤为常见，如电子邮件的丢失、银行流水数据的灭失、通讯记录的乱码等（P5、P8、P9、P10、P11、P17）；值得注意的是，在对裁判文书的统计结果中，电子邮件、交易记录、即时通讯记录涉诉的频率很高，在"档案管理方式保管"和"正常业务活动中形成"的 200 余例案件中，涉及微信证据的就有 32 例，其多作为补充、印证性材料，部分能够直接证明转账或交易事实。可见，上述类型电子证据在诉讼中发挥的作用逐渐增强，对其的规范化管理也应尽早提上日程。

---

① 陆国强：《推动档案事业在高质量发展轨道上迈出坚实步伐——在 2020 年全国档案局长馆长会议上的报告》，《中国档案》2021 年第 1 期。

4. 尽量减少人为干预的风险

正如法律法规中规定，可靠系统自动生成与发送的数据可视作真实（A6）；刑事诉讼中强调二人以上同时取证，取证人、制作人、持有人、见证人及其活动过程须有签字和录像证明（C1、C2），人的因素是电子证据生成和保管过程中最不确定的风险因素之一。根据访谈对象的意见，电子文件的生成与收集应保持客观性，避免人为改动或增删，尽量执行全自动化操作，或采用制度或技术措施增加人工造假的成本使其放弃造假行为等（P1、P2、P16、P21）。

5. 加快档案存量电子化进程

在访谈中，专家提到随着智慧司法的迅速发展，对诉讼材料电子化的要求逐渐紧迫，目前司法界对档案界最紧迫的要求在于尽快"补齐"电子文件，实现"存量电子化，增量数字化"，避免产生纠纷或者需要应对诉讼时造成证据空白（P1、P2）。笔者对裁判文书的调查也显示，未能准确判定核心电子文件并实施归档管理已成为制约"档案管理方式保管"电子证据审查认定的重要因素。

（二）采取有效的证据保全策略

当组织机构面临诉讼时，往往需要实施证据保全。保全实质上是一种固化行为，结合法律法规的规定与访谈结果，大致有下列需求：

1. 进行清洁性检查

清洁性检查是指在提取电子证据前对其保存环境和保存介质是否受到影响与干扰的确认过程。中国公证协会的行业文件《办理保全互联网电子证据公证的指导意见》中规定了清洁性检查的具体步骤，即清理上网记录、确定 IP 地址、存储介质病毒查杀与格式化等。在访谈中，法律工作者也强调，介质和环境是否清洁是质证环节常需应对的问题；即使是笔记本电脑的当庭演示，如果未确认该设备与网络环境的清洁，也会受到质疑（P11、P16、P23、P23）。

2. 关键节点固化与及时固化

首先，必须保证在关键节点固化留存痕迹，如首次交易确认、保单更改等,即确保电子证据状态发生变更的所有环节均有记录,如百度快照、淘宝交易快照功能等(P11、P12、P13)。其次,固化时机也非常重要,行为发生后固化保全的时间差越小,同等条件下可视作更为真实,即被篡改的可能性越小。如:交通事故发生当时提取的行程记录仪数据真实的可能性大于一周后提取的数据。此外,对于知识产权案件,侵权人可能随时删除证据,如无法做到及时固化,则可能面临无法取证的境况(P12、P13、P24)。

3. 关键过程录像见证

在刑事诉讼中,为保证取证过程的安全、合法,规定必须对勘验、检查、搜查等侦查活动进行录像(C1),通过笔录、清单、录像和见证人等多种手段保证电子证据在提取过程中不被篡改。在访谈中,法律工作者也建议可以采取录像、录屏的方式对电子证据浏览、提取等过程进行记录,以"动态、直观"的形式证明其未经篡改(P7、P24)。

4. 公证保全

目前来说,公证保全是应用最广泛、认可度最高的证据效力保障途径之一。一般而言,经过公证的电子证据证明力优先,有助于法院的采信或被直接采信(P7、P8、P9、P11、P12、P13、P16、P18、P19、P21、P23、P24)。由此可见,目前电子证据采信对公证的依赖度很高,甚至有法律工作者将公证视为电子证据保全的必备环节,指出如遇到难以审定的电子证据,便会建议当事人去做公证。但公证保全也存在着一些问题,如只能为某事物"存在"作见证,而无法确认在公证之前是否遭遇篡改,即实质上的真实性难以确认(P9、P22)。也有访谈对象提及合作制公证处出于利益在公证流程上的不严谨现象(P25)。

5. 档案管理保全

早在2002年,何家弘等就建议将档案学电子文件管理的理论与方法用于电子证据保全;[①]《民事证据规定》和《行政证据规定》也

---

① 何家弘、刘品新编:《电子证据法研究》,法律出版社2002年版,第99页。

指出档案材料作为书证时具有证明力优先级。这一观点在访谈中也得到了印证，部分法律工作者认为，由公共档案馆出具的档案材料具有公信力，其证明力毋庸置疑（P2、P17、P23）；有法律工作者表示，在收集证据阶段会优先考虑是否可从档案馆调取（P19），这与该受访对象有档案学教育背景相关；也有法律工作者持保守态度，认为电子形式的档案材料并非天然证明力优先，如果有体系化的、严格的档案管理制度，或许其证明力将高于一般电子证据（P7、P12、P13、P16），这一观点也在2019年新《民事证据规定》中得以体现。

6. 有公信力与资质的中立机构协助保全

如前所述，随着电子证据保全的需求不断扩大，市场上出现了各类辅助存证保全的机构，即第三方保全机构。如前所述，法律工作者普遍认同档案机构辅助电子证据保全，认为有第三方协助保全的效果比仅有当事人自行保全更为客观（P9），但对易保全、存证云等第三方存证机构还持保守态度。同时，他们认为第三方机构协助电子证据存证保全应具备如下特质：首先，具有法定的资质和公信力，目前法律法规中尚无此类规定，导致第三方存证保全机构的地位十分尴尬，法律工作者建议通过立法的形式明确规定何种机构能够从事电子证据存证保全工作（P1、P16）；退一步说，在第三方机构资质和公信力不明确的情况下，可采用接受度较高的国家授时中心可信时间戳服务等成功判例较多的第三方保全服务，它们来自权威机构或公信力较强的企业（P7、P12、P13、P19、P22）。其次，该机构最好是中立的非营利性机构，否则其很可能与当事人存在利害关系，从而影响该证据的效力（P2、P11、P8）；也有法律工作者表示，希望政府部门能够主导参与并对该行业进行有效监管（P21、P24）。

7. 申请真实性鉴定

对于无法自证的、较为专业的技术性问题，需要请专业的司法鉴定机构出具鉴定意见（P21），如某电子邮件是案件的唯一关键证据，存储在当事人自行架设的服务器上，无法证明是否经过自行篡改，如此份证据是定案无法舍弃的关键证据，便只能通过鉴定机构对这一真实性问题进行技术鉴定（P8）。

此外，上述电子证据保全策略的实施过程也需要合理记录与说明。前文（2020）晋01民终4578号案例中，举证方通过自行出具《电子数据现场提取说明》实现了对证据真实性的补强，对其证据保全行为进行了合理、有效证明，切实保障了电子证据的证明力。

五 能力与意识方面

能力与意识是笔者通过对法律工作者的访谈得到的需求项，强调在电子文件证据效力保障的过程中人员因素的作用与影响。

（一）掌握电子证据相关的知识与能力

从电子证据的生成到认证全程，涉及当事人、律师、法官、公证人员等各类角色，共同对电子证据效力的发挥产生影响。

1. 当事人与律师具备保全与提供证据的能力

当事人作为事件发生时的第一参与者，其证据保全能力对电子证据而言至关重要，他们需要迅速决定保全什么、如何保全等。在很多大公司，有专事诉讼问题的法务人员对此进行处理（P9、P24）。对于个人或小型企业，很多时候需要依赖律师指引进行证据保全，这要求律师能够熟悉各类电子证据并掌握其最佳保全方法（P12、P13、P15、P22、P23、P26）；中华律师行业协会也出台了《律师办理电子数据证据业务操作指引》协助律师开展此项工作。

2. 法官具有一定技术知识储备与理解能力

目前，法律法规中，特别是民事诉讼领域对电子证据审查判断的条款相对宽松，对电子证据认定最终需要靠法官自由裁量权的合理行使，即"不管这个电子证据原本是否真实，必须让法官确信它真实"（P9、P17）。这就需要法官能够理解部分真实性保障关键技术的原理，避免由于法官缺乏对相关技术的认知而导致的过度采信或过于谨慎等情况，这种需求在知识产权案件中尤为急迫（P4、

P11、P12、P13、P21、P23）。

3. 公证人员技术素养过关

目前公证是电子证据保全最常用的方式，但在实际访谈中，有法律工作者对公证人员的技术素养提出了质疑。如当事人是技术专家，很可能伪造技术环境，公证人员按照常规的操作无法察觉异样，则"假的"就可以通过公证变成"真的"，这显然是荒谬的（P4）。

4. 培养电子证据专门人才

在采访中，有访谈对象特别提到应重视电子证据专门人才的培养以应对日益旺盛的需求，希望以问题为导向，开展跨学科的专门教育，培养既懂法律又懂技术的专门人才（P10）。

（二）具备证据保留意识与非歧视态度

电子证据的司法应用实践已二十余年，随着技术的不断发展与进步，电子证据受到了越来越多的关注，其中也伴随着人们意识与态度的变化，具体仍有以下方面的需求：

1. 当事人应具备证据保留与存证保全意识

电子证据具有无形性，极易被篡改与灭失，且由于电子证据的产生往往是海量的，当事人一时间意识不到将来会遇到纠纷或遭遇诉讼，在证据保留的意识缺乏的情况下，很容易发生误删或者数据覆盖现象（P9、P12、P13、P19、P22、P25、P26）。

2. 对电子证据持技术中立与开放接纳态度

笔者通过访谈了解到，目前审判机关对电子证据的采纳整体比较谨慎、保守（P4、P8、P9、P21），但已呈现逐渐开放的趋势（P4、P5、P7、P16）。已有部分法律工作者对电子证据持比较支持的态度，认为电子证据相比于证人证言、被害人陈述等形式更具连贯性、动态性和直观性，能够更加客观地反映当时的情况（P11、P14）。希望法律工作者能够以技术中立的观点看待电子证据及其应用（P2）。

3. 法院积极实施电子化庭审与案卷归档驱动前端

在采访中，据法律工作者反馈，当事人电子证据保留意识较低和法院采信较为保守与法院至今未能普遍推行线上庭审和电子化归档紧密相关。目前,"拉着行李箱开庭"仍然是很正常的现象,这间接导致了电子证据的形成机构电子化工作的动力缺失(P2、P18、P19、P23、P25)。

(三)请"有专门知识的人"协助司法证明

在电子证据取证保全、质证认证的过程中,由于当事人、律师或法官无法精通各个领域,所以需要专家证人的协助。在我国的法律法规中,将此类人员称为"有专门知识的人"(A9)。在电子证据的应用实践中,主要需要下列专家证人的协助。

1. 专家辅助人与技术调查官协助

目前,专家辅助人和技术调查官是较为主流的司法证明人员参与协助形式。一般来说,技术调查官由法院聘任、借调或合作,可协助勘查现场,也可参与质证环节;律师或当事人所请的协助人员一般称专家辅助人(P10、P11、P21)。

2. 公证处人员指导协助

有律师提到,公证人员在进行电子证据公证业务时会指导当事人如何对证据进行保全,但一般只有需要对证据进行公证时才能得到此类指导(P12、P13)。

3. 专利代理人等行业专家协助

涉及专业知识的知识产权案件往往需要专利代理人进行辅助。专利代理人一般具有理工科背景,既要通过司法考试,又要通过专利代理人考试,同时具有技术思维和法律思维(P11)。

六 成本控制方面

成本控制也是访谈中获得的新需求,当电子证据司法证明过程所需的费用过高或操作较为烦琐时,除非该电子证据是不可或缺的关键证据,否则当事人可能会放弃此项电子证据,转而寻找其他证据与证明途径。

（一）降低取证、保全与鉴定成本

据法律工作者反映，当双方对电子证据的真实性难以达成共识时，往往会采取鉴定手段，例如对某个大型游戏程序代码的鉴定是以 0.8 元/行进行收费，将整个程序进行鉴定可能需要上百万的费用，这甚至多于案件的标的金额（P11）。公证的收费也是 200 元起（P12），如果银行等机构需要对大量电子合同进行公证，"那可能是一个天文数字！"（P17）。根据前文的调查结果可知，目前司法审判对公证、鉴定的依赖性比较强，给当事人带来了较大的经济负担；随着电子证据的广泛应用，降低费用的需求日益紧迫（P4、P8、P9、P10、P24）。

（二）简化司法证明各环节操作以提升效率

如前所述，鉴定、公证等程序不仅收费较高，其程序也比较复杂，往往会拖慢整个审判进度。有访谈对象反馈："有时候我不建议当事人做公证，主要不是怕贵，更重要的是比较麻烦"（P7）。对此，法律工作者希望能有更为简便的认定电子证据真实性的方法（P8、P9、P10、P23）。

七 归纳与评介

在前几个小节中，笔者从证据法学视角整合分析并详细阐述了电子文件证据效力的需求，共包括 6 个大类，14 个子方面，34 个具体的需求项，详见图 4-7。

在上述需求中，有法律工作者直接对档案部门电子文件管理工作提出了需求，如档案部门协助司法部门出具数据固定、保存的指南，机构电子文件管理水平的提升等，这将作为后续电子文件证据效力保障体系框架构建的重要参考。同时，还有一些需求项虽非直接指向电子文件管理工作，但能够提前至电子文件管理环节预先执行或转化到电子文件管理过程中，如真实性保障技术的采用、证据保全相关措施的借鉴等。此外，还有一些需求项可能不属于电子文件管理工作职责，或与档案部门和电子文件管理人员无关等，这需

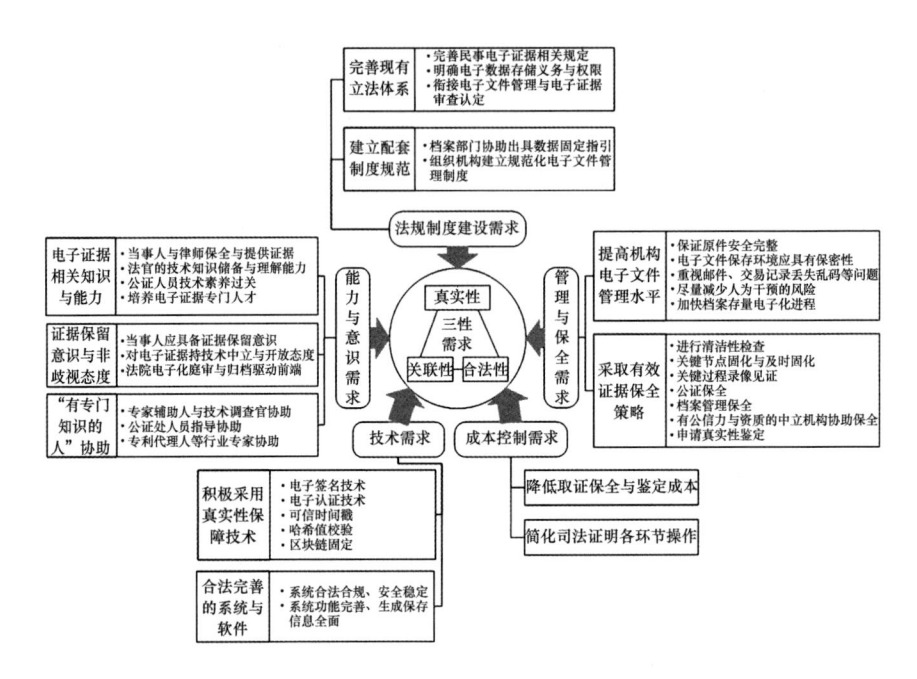

图4-7　证据法学视角下组织机构电子文件证据效力保障需求

要在后续章节进行电子文件证据效力保障体系框架构建时进一步分析、识别并予以排除。

第五节　本章小结

证据效力保障是电子文件管理的目标之一，这不仅是档案工作的重要任务，而且本质上是获得司法认可的问题，因此，从证据法学的视角探究基本需求十分必要。

在第一节中，笔者从法律法规层面入手，检索得到电子证据相关的法律法规46部，总结了电子证据的立法进程与立法现状，对其中关于电子证据审查判断的相关条款进行分析，初步提炼了法律法规对电子证据规格与品质的具体规定，并从真实性需求（A1—A9）、关联性需求（B1）、合法性需求（C1—C4）、对电子文件保存的需求四个方面初步总结了组织机构电子文件证据效力的保障需求项。通过本节研究，笔者发现在电子证据相关的法律法规中，真实性是电子证据审查判断的核心需求，刑事诉讼对电子证据规格的要求更为全面，法律法规中与电子文件管理的相关规定比较欠缺。

在第二节中，笔者从实践层面切入，对北京、上海、江苏、广东、山东等电子证据司法应用实践较为发达的地区的法官、律师、科研人员、企业法务人员等法律工作者就电子文件的证据效力保障进行了半结构化访谈，借助编码的方法分析访谈资料，进一步丰富了电子文件证据效力保障的需求项。发现电子证据实践工作对证据三性需求、技术需求和证据保全措施等进行了再次强调，同时，对法规建设、机构电子文件管理工作、电子证据相关人员能力与意识、成本控制等方面提出了新的需求，使笔者对司法实践中常用的电子证据类型有了初步掌握。

在第三节中，笔者对裁判文书中电子证据的常见类型和电子证据的"三性"问题分别进行了统计分析，对新《民事证据规定》中"档案管理方式保管"和"正常业务活动中形成"电子证据的应用实践现状进行了补充调研，进一步丰富对电子证据实践应用现状的认识，也从侧面验证了前文研究成果的代表性与客观性。

在第四节中，笔者全面整合前三节中呈现的组织机构电子文件证据效力保障需求项，从证据三性、法规制度建设、技术、管理与保全、能力与意识、成本控制六个方面正式提出并详细阐述了证据法学视角下组织机构电子文件证据效力保障的现状与需求，为后文保障体系框架的构建提供了现实参考依据。

第五章

电子文件证据效力保障的国际借鉴

上一章中，组织机构电子文件证据效力保障的现状与需求得以初步呈现。但通过对国内外研究现状总结可知，我国档案学界在积极向证据法学探索延伸的研究过程中，还存在研究内容较为零散、跨学科视角深入不足、研究方式较为单一等问题；虽然法学界已有学者开始重视与电子文件管理的融合研究，但还未形成较为可观的规模或固定方向。国外图情档界和证据法学界在电子文件管理与电子证据司法应用衔接方面起步较早，在电子文件的证据效力保障方面实践经验丰富，虽然其成果难以直接适用于我国的法律环境，但其中的思路与方法能够为本课题研究提供一定的参考与指引。本章旨在对上述成果进行梳理分析，为我国电子文件的证据效力保障提供借鉴。

第一节 电子证据法规标准与电子文件管理的衔接与契合

电子文件的证据效力关乎司法认可，法规标准对电子证据的规定指引着电子文件管理实践的方向。通过笔者调查，国外电子证据相关法律法规与标准规范通过对电子证据适用传闻规则、最佳证据规则、鉴证规则作出规定，以及声明组织机构的电子文件保留义务等，回答了"司法需要怎么样的电子文件管理"的问题；尤其是加拿大国家标准 CAN/CGSB – 72.34 – 2017《电子文件用作书证》（*Electronic Records as Documentary Evidence*）更是直接从证据的视角规划了电子文件管理方案，为电子文件与电子证据的相互转化提供了明确路径。受法系的差异影响，英美法系国家在陪审制度的影响下，较为推崇包含诸多证据规则的证据制度，只有符合规则的证据材料才能被接纳，故而电子证据的法律规定十分多元化，判例与成文法均具备，类型与数量也较丰富①，本节选用的例证主要来自英美法系国家。

一　调适电子证据对各项证据规则的适用

电子证据的出现为传闻证据规则、最佳证据规则与鉴证规则的适用性带来了挑战，为提升电子证据在司法实践中的采纳率，英美法系各国积极调适其在上述证据规则中的适用情况。

（一）规定电子证据的传闻例外

传闻规则指传闻证据不具可采性，无法在审判中作为证据使用。② 由于电子设备无法为其形成的记录"作证"，电子证据在英美法系中常被定为传闻证据③，为了促进对电子证据的采纳，各国在证据法中纷纷制定了传闻规则的例外规则。

英美法系的代表国家英国与美国对传闻规则的规定存在较大区别，但整体都采取了对电子证据放宽规定的策略。英国的立法思路是"连根拔起"式的，如其在《1968 年民事证据法》及《最高法院

---

① 刘品新：《中国电子证据立法研究》，中国人民大学出版社 2005 年版，第 132—133 页。
② 何家弘、刘品新编：《电子证据法研究》，法律出版社 2002 年版，第 353—359 页。
③ 赵菁：《类型化研究下的电子数据取证与认定规则》，《山东警察学院学报》2019 年第 4 期。

规则》中规定了电子文件的可采纳性，但需注意文件制作者的可靠性以及是否按其职责制作；《1995年民事证据法》中规定传闻规则一般予以采纳，即取消了传闻规则；且在刑事诉讼中对传闻的限制也逐渐放宽。①

美国的思路更为普遍，即"日常活动的业务记录例外"。《联邦证据规则》803（6）中规定了对"日常活动记录"（Regularly Conducted Activity）的例外："具有相关知识的知情人以任何形式制作的关于行为、实践、情况、意见或诊断的记录。这些记录是在当时或接近当时制作的或根据转来信息制作的。这些记录是在正常的业务活动中制作的，并且该项业务活动的正常做法就是制作这些记录等。上述应由文件保管人员或其他适格证人予以证明。但是信息来源、制作方法与环境缺乏真实性的不适用此条款。此处所称的业务（Business）是指企业、事业机关、协会、自由职业等各类行业，无论其是否以营利为目的。"② 在加拿大，《加拿大证据法》也有类似规定，如30（1）规定："在法律程序中若关于某事的口头证据可被采纳，则在正常的日常业务活动过程中的记录（Record Made in the Usual and Ordinary Course of Business）也可被采纳"，30（2）中进一步规定："若已发生的某事不在正常的日常业务活动过程记录中，法庭可推断该事项不存在或未发生"③。在《加拿大证据法》中，"业务"（Business）也采取了宽泛的定义方式，泛指在加拿大境内与境外从事的任何营利或非营利的生意、职业、贸易、行当、产业与事业，也包括政府机关和法院等具有证据职权的其他组织的一切活动。

由上可知，英美法系各国通过传闻证据规则的例外规定减少电子证据采纳的障碍，使得在日常的业务活动中正常形成的电子文件

---

① 何家弘、刘品新编：《电子证据法研究》，法律出版社2002年版，第354页。
② 沈达明：《英美证据法》，对外经济贸易大学出版社2015年版，第147页。
③ Justice Laws Website, "Canada Evidence Act", November 26, 2019, https://laws-lois.justice.gc.ca/PDF/C-5.pdf.

经保管人员或其他适格证人证实后即得以被法庭采纳。

（二）定义电子证据的原件范围

最佳证据规则即原件规则，是针对文书证据原件的一项证据能力规则，凡不是原件的书证，除非有法定原因，否则一律排除适用。① 在原件规则的前提下，必须将原件与复制件进行区分。由于电子证据本身由二进制代码组成，须通过计算机或其他电子设备才能够读取显示，不存在严格的"原件"概念；且由于电子证据可以做到无损复制，原件规则的适用性遭到了挑战。据刘品新归纳，各国在调适电子证据适用原件规则时采用以下几种思路②：

第一，功能等同法（完整性推定法）。功能等同，即"具有原件同等效力"，此种立法逻辑下最为经典的法律为联合国《电子商务示范法》，其中对数据电文原件的要求是"有办法可靠保证信息自首次以其最终形式生成，始终保持其完整性，并能够将该信息显示给观看信息的人"，即运用数据完整性推定其作为原件的能力。这一立法思路为许多国家所承袭，如《加拿大证据法》31.2 中规定电子文件的最佳证据规则应满足"能够证明电子文件或电子文件系统的完整性"；我国《电子签名法》也采取了类似规定方式。

第二，拟制原件法（认同复制件）。刘品新指出，"拟制"是司法认知中的一种"约定"，即"明知是 A，将其看作 B"，美国《联邦证据规则》1001（d）即采用了这一定义思路，它规定："文书或录音的原件（Original）本系指文书或录音本身及制作者或发行者形成的相同效力的任意副本；对于以电子方式存储的信息，原件表示任何能够准确反映其信息的任何打印输出或其他可见的输出物"③；这实际上是扩大了原件的定义，将复制件也看作原件。澳大利亚

---

① 陈光中主编：《证据法学》，法律出版社 2015 年版，第 264—269 页。
② 刘品新：《论电子证据的原件理论》，《法律科学（西北政法大学学报）》2009 年第 5 期。
③ The National Rules Committee, "Rule 1001 – Definitions That Apply to This Article", July 4, 2022, https://www.rulesofevidence.org/article-x/rule-1001/.

《联邦证据法》不仅允许提交电子证据的复制件，也允许提交电子复制设备所形成的复制件。① 菲律宾《电子证据规则》也将符合规定的打印输出物及复印件看作原始文件相当物（Equivalent）。

第三，功能等同于拟制原件混合标准说。混合标准说既采用功能等同中对完整性的推定，又认同复制件的提交资格，更大程度地提升了电子证据的采纳率。如加拿大1998年《统一电子证据法》第4条规定："（1）可通过证明记录数据的电子文件系统或者借助其数据得以记录或存储的系统的完整性，即可证明该电子证据满足最佳证据规则；（2）如明显地、一贯运用、依靠某一打印输出形式的电子记录，作为记录或存储在该打印输出中的信息的记录亦符合最佳证据规则。"② 这意味着证明了符合完整性的电子文件可以被采纳为证据，在正常业务活动中形成的电子文件的打印件也可作为证据提交，二者相辅相成。

由上可知，各国立法都根据电子文件的特点对原件理论进行了改造或补充说明，最佳的电子证据也对日常业务活动形成的电子文件管理、电子文件管理系统的维护提出了要求。

（三）明确电子文件的自我鉴真途径

根据《元照英美法词典》的定义，鉴真（Authentication）是指"认定、鉴证"③，陈瑞华详细剖析了它的定义：一是证明法庭上出示、宣读的某一证据与举证方所声称的证据具有"同一性"；二是证据如实记录了真实情况的本来面目，即"真实性"④；按照形式，鉴真可分为外部鉴真与自我鉴真。自我鉴真（Self-Authenticating）是指那些仅因其外观或不证自明的内容就可能是真实的文件，在对方

---

① ［澳］澳大利亚司法部编：《澳大利亚联邦证据法》，王进喜译，中国法制出版社2013年版，第69页。

② 何家弘、刘品新编：《电子证据法研究》，法律出版社2002年版，第497—498页。

③ 薛波主编：《元照英美法词典》，法律出版社2003年版，第119页。

④ 陈瑞华：《实物证据的鉴真问题》，《法学研究》2011年第5期。

当事人不提出反对意见的情况下，举证方无须提供其他证据就能够认定其真实。① 可见，能够进行自我鉴真的电子证据或电子文件拥有较高的证据地位与较强的证明力。

在美国《联邦证据规则》中，902规定了自我鉴真的相关条款，其中涉及电子证据的有②：

902（4）：公共文件的核正副本。官方文件的副本，或经法律授权在公共办公室记录或存档的文件的副本，如符合联邦法律的规定，或由记录保管人、其他授权人员进行证明，则可认定真实。

902（8）：经确认的文件。经过公证或其他有权进行确认的官员合法签发的附有确认证书的文件。

902（11）：经认证的国内正常活动的文件。电子文件的原件与复制件须符合本法803（6）（A）—（C）中关于传闻规则例外的规定，且符合联邦法律规定，并经文件保管人员或其他适格证人证明。

902（12）：经认证的国外正常活动的文件。电子文件的原件与复制件须符合902（11）的要求，并提供签署证明。

902（13）：电子程序或系统生成的经认证的文件。由电子程序或电子系统生成的结果准确的文件，经符合902（11）、（12）中证人规定的人员认证。

902（14）：从电子设备、存储介质与文件中复制的数据。从电子设备、存储介质与文件中复制的数据须经过数字鉴定，或经符合902（11）、（12）中证人规定的人员认证。

由上可知，政府机构的电子文件和经公证的电子文件可实现自我鉴真；对于一般组织机构所保存的电子文件，美国《联邦证据规则》中自我鉴真条款则指出，只要能够证明组织机构电子文件是在正常业务活动过程中制作的，且形成电子文件就是开展此项业务的

---

① 徐磊、敖意：《美国证据法上的辨认和鉴真规则》，《西华大学学报》（哲学社会科学版）2011年第5期。

② The National Rules Committee，"Federal Rules of Evidence-2019 Edition"，November 26，2019，https://www.rulesofevidence.org/article-ix/rule-902/.

正常方式，该电子文件作为证据时，即可在对方当事人不提出反对意见时认定为真实，具有证明力优势。值得注意的是，美国《联邦证据规则》要求电子文件的管理人员应当对电子文件的形成进行作证，这也从侧面对电子文件管理人员的能力提出了要求。

二 声明组织机构的诉讼留存义务

在美国的民事诉讼中，诉讼留存（Legal Hold）即保持诉讼用文书之意，赛多纳（Sedona）会议①发布的术语表（第五版）也将其表述为"文件留存"（Records Hold），可见其与文件管理工作的密切性。② 诉讼留存是证据开示（Disclosure）制度与信息发现（Discovery）程序下的必然要求。根据美国《联邦民事诉讼规则》第26条的规定，当事人在诉讼前有主动开示核心诉讼资料的义务，也需要配合对方的要求开示相关信息。③ 根据赛多纳术语表（第五版）的定义，"发现"是指为获得法律程序中所需的证据而对信息与材料进行的识别（Identifying）、定位（Locating）、保存（Preserving）、保护（Securing）、收集（Collecting）、准备（Preparing）、审查（Reviewing）和提交（Producing）事实与信息的过程。电子发现（E-

---

① 赛多纳（Sedona）会议是一个国际知名的非营利性法律与政策组织，致力于促进及完善反垄断法、复杂诉讼和知识产权等领域的法律和政策，汇聚了法学家、律师、专家、学者和其他人士，以工作小组的形式对法律问题提出最佳实践（Best Practices）解决方案。该会议WG1工作组于2003年所提出的赛多纳原则（The Sedona Principles）对电子文件的留存与形成影响深远，亦成为美国《联邦民事诉讼规则》修改的动因之一。WG6工作组在电子信息管理、电子发现与信息披露方面发布了一系列文件，WG7工作组则针对加拿大地区的电子发现实践提出建议。详见其官网：https://thesedonaconference.org。

② The Sedona Conference, "The Sedona Glossary: eDiscovery & Digital Information Management (Fifth Edition)", July 4, 2022, https://thesedonaconference.org/sites/default/files/publications/Sedona%20Conference%20Glossary%2C%20Fifth%20Edition_0.pdf.

③ 汪振林：《美国民事诉讼电子信息发现程序研究——以2006年〈美国联邦民事诉讼规则〉的修订为中心》，《河北法学》2011年第3期。

Discovery）则更为具体地指电子存储信息（Electronic Stored Information，ESI）被"发现"的过程。①

在部分案件中，一方当事人发现电子文件不可用，或原告起诉后被告在文件管理活动中销毁相关信息时，争议便可能发生。② 可见，电子发现的前提是组织机构合理留存了相关电子文件。美国联邦司法中心（Federal Judicial Center）在《管理电子信息发现（第三版）》③ 中规定了组织机构需要保存与执行信息发现的各类数据或文件类型，包括：动态数据/文件（Active Data/Records）、档案数据（Archival Data）、文件附件（Attachment）、备份数据/灾难恢复数据（Backup Data/Disaster Recovery Data）、嵌入数据（Embedded Data）、遗留数据（Legacy Data）、元数据（Metadata）、残余数据/环境数据（Residual Data/Ambient Data）、系统数据（Systems Data）等。《联邦民事诉讼规则》更是在第37条"未能证据开示或配合信息发现：制裁"（e）中规定了对未保存电子存储数据的制裁情况——如果由于当事一方未能采取合理措施保存诉讼前与诉讼中应当保存的电子信息而致使其丢失，并且无法通过再次执行信息发现程序来回复或替换时，法院将：

（1）一经发现丢失信息对另一方造成损害，则可下令在不超过必要的范围内采取消除该损害的措施；或

---

① The Sedona Conference, "The Sedona Glossary: eDiscovery & Digital Information Management (Fifth Edition)", July 4, 2022, https://thesedonaconference.org/sites/default/files/publications/Sedona%20Conference%20Glossary%2C%20Fifth%20Edition_0.pdf.

② Federal Judicial Center, "Managing Discovery of Electronic Information: A Pocket Guide for Judges (Second Edition)", July 4, 2022, https://www.federalrulesofcivilprocedure.org/frcp/title-v-disclosures-and-discovery/rule-37-failure-to-make-disclosures-or-to-cooperate-in-discovery-sanctions/.

③ Federal Judicial Center, "Managing Discovery of Electronic Information (Third Edition)", November 27, 2019, https://www.fjc.gov/sites/default/files/2017/Managing_Discovery_of_Electronic_Information_3d_ed.pdf.

（2）仅在发现当事人故意剥夺另一方在诉讼中使用该信息的行为时，则可（A）假定丢失的信息对当事人一方不利；（B）指示陪审团，该信息可能或必然对当事人不利；（C）撤销诉讼或进入缺席审判模式。①

可见，未能履行电子文件保存义务的组织机构将在民事诉讼中获得制裁。

此外，在加拿大国家标准《电子文件用作书证》中，第 5 节"电子文件用作书证的法律要求"中也提出了预见发生或已发生诉讼时组织机构的诉讼留存义务，要求所有受到影响的当事方与非当事方的文件管理人员、IT 人员通过纸质或电子形式进行诉讼留存。同时，还要求电子文件管理系统具有暂停处置文件的功能，以应对诉讼留存或其他法律程序所需的对信息的审计、审查、调查、查询与访问。文件管理人员还应与法律顾问、IT 人员和业务经理协商制定详细的诉讼留存程序，其中包括②：

a) 组织机构中被授权签署、修改与撤销诉讼留存的个人或职位；

b) 与本机构法律顾问协调的过程；

c) 诉讼留存确保合规的管理过程；

d) 确定文件保管人和数据源的过程；

e) 对诉讼留存至关重要的信息系统；

f) 保护文件免遭未经授权的访问与修改；

g) 为记录此次诉讼留存程序所采取的行动。

---

① Federal Judicial Center, "Managing Discovery of Electronic Information: A Pocket Guide for Judges (Second Edition)", July 4, 2022, https://www.federalrulesofcivilprocedure.org/frcp/title-v-disclosures-and-discovery/rule-37-failure-to-make-disclosures-or-to-cooperate-in-discovery-sanctions/.

② Standards Council of Canada, "CAN/CGSB - 72.34 - 2017 Electronic records as documentary evidence", March 1, 2017, https://www.scc.ca/en/standardsdb/standards/28933.

在此基础上，《电子文件用作书证》还特别强调应重视对员工关于诉讼留存知识与技能的培训，以合理规避法律风险。

由上可知，法规标准对组织机构应诉时诉讼留存的制裁规定"倒逼"其在以数字环境为主的业务活动中切实做好电子文件管理工作。为避免应诉时举证不能的法律制裁，机构的业务部门、文件与档案管理部门和法务部门在日常工作中应达成一致，尽早规划需要保存的电子文件类型与保存期限、部署电子文件管理系统等。

三　以全面的法规体系保障电子证据效力

与我国关于电子证据的相关规则与细节散见于各类司法解释不同，英美法系许多国家都通过制定专项的电子证据法或在证据法中添加电子证据专章系统规制电子证据的取证收集与审查认证等，详见表5-1与表5-2，前文所述的电子证据对各项证据规则的适用也来自这些法律文件。

表5-1　　　　　　　　国外电子证据专项立法①

法律名称	内容特色
南非《1983年计算机证据法》	世界上第一部以"计算机证据法"命名的电子证据法，共6条，就民事诉讼中计算机打印输出物的定义、鉴证、可采性与证据力进行了规定
加拿大《1998年统一电子证据法》	共计9条，以条款加解释的形式呈现，定义了Electronic Record，规定了电子证据的鉴证、最佳证据规则、完整性推定、标准、具结证明和交叉询问等
菲律宾《2011年电子证据规则》	共计12项规则，规定了电子文件、最佳证据规则、鉴证规则、电子签名、证明力规则、传闻例外规则、证明方法、证人询问、音视频、照片材料与即时性证据

---

① 表5-1、表5-2中的信息参考何家弘《电子证据法研究》、刘品新《电子证据法研究》、汪振林《电子证据学》中的相关介绍与法律文件原文共同整理归纳得出。

表 5-2　　　　　　　　　　国外证据法的电子证据部分

法律名称	内容特色
英国《1968年民事证据法》（已废止）电子证据部分	规定了计算机打印输出陈述的可采性
澳大利亚《1995年证据法》电子证据部分	规定了电子证据的传闻规则例外、工序，及其他设备正在运行过程中制作的书证、用户直通电报、书信与密码电报的便利证明
新西兰《1952年证据修正法》电子证据部分	规定影音副本电子证据的采纳
美国《1999年统一证据规则》电子证据部分	将电子证据纳入"Record"范围，扩大了其所适用的证据规则。对传闻例外、自我鉴真、辨认、补强证人证言无必要性、原件、复制件可采性、关于内容其他证据的可采性、公共记录、摘要、当事人证言或以记录方式的自认、法庭与陪审团职能等进行了规定
美国《联邦证据规则》电子证据部分	对电子证据传闻例外、剩余例外、鉴证、辨认、补强证人证言无必要性、原件、复制件可采性、关于内容其他证据的可采性、公共记录、摘要、当事人证言或以记录方式的自认、法庭与陪审团职能等进行了规定
加拿大《证据法》电子证据部分	规定电子证据传闻例外和最佳证据规则的适用

在关于电子证据的相关立法中，由于英美法系实行"规范证明制度"，想要使电子证据为法庭所接纳，就必须调适其适用证据规则的情况，以判例法或专项成文法的形式作出规定；而大陆法系实行自由心证制度，法官对电子证据的采纳拥有自由裁量权，故而大陆法系中关于电子证据的规定较为笼统，如法国《刑事诉讼法》中仅有关于电讯截留的相关条款，德国《刑事诉讼法》中规定了电子证据的扣押、监听、扫描等取证事项。由于法系与证明制度不同，英美法系国家的相关法律文件表现出对电子证据更为细致、丰富的规定。

在专项电子证据立法与证据法中电子证据专章之外，其他实体法也规定了一系列电子证据的相关条款，如加拿大《个人信息与电子文件法》对电子证据内容与适用条件的规定等。同时，电子商务相关立法对电子证据的法律效力予以认可，与证据法的内容互相配合、形成呼应，共同保障电子证据的法律效力。影响力最大的即为联合国《电子签名示范法》和《电子商业示范法》，此外还有美国《统一电子交易法》《统一计算机信息法》《犹他州数字签名法》、印度《1999年信息技术法》、意大利《数字签名法》、俄罗斯《联邦信息法》《电子数字签名法》等。

综上可知，英美法系国家通过电子证据专项立法或在证据法中增加电子证据专章提升电子证据的可采性，并与其他实体法中对电子形式信息证据效力的认可相呼应，共同构筑了电子文件证据效力的法规保障体系。目前我国尚无电子证据的专门立法，电子证据的相关立法集中在刑事诉讼领域，且多散见于司法解释中，民事、行政领域电子证据的法律适用规定相对较为缺乏，上述立法思路、内容能够为我国电子证据立法中关于电子证据的质证规则、证明力审查判断等方面提供一定参考。

四 制定符合证据要求的电子文件管理标准

由前文可知，英美各国在电子证据专项立法或证据法与诉讼法中从各个侧面直接或间接地对组织机构的电子文件管理工作提出了要求，但限于法律文件的篇幅与效力，上述要求一般为较宏观的总括性的条文，更多细节性规定则以标准的形式呈现。

1992年起，美国国家标准协会（American National Standards Institute，ANSI）与信息和图像管理协会（Association for Information and Image Management，AIIM[①]）联合发布了国家标准ANSI/AIIM TR31《法律可接受的信息系统生成记录》（*Legal Acceptance of Records Produced by Information Technology Systems*），该标准于2004年再

---

① 现已更名为智能信息管理协会（Association for Intelligent Information Management）。

次修订，对法律可接受的信息系统生成记录的基本要求与自我评估进行了规定。

加拿大标准委员会（Standards Council of Canada）1993年即发布了国家标准 CAN/CGSB-72.11-93《缩微胶卷与电子图像用作书证》(*Microfilm and Electronic Images as Documentary Evidence*)①，首次从司法电子证据可采性的视角为组织机构电子图像文件的捕获、组织与检索等进行了详细规划。2005年，CAN/CGSB-72.34《电子文件用作书证》(*Electronic Records as Documentary Evidence*)② 的颁布则正式为组织机构的电子文件的形成与管理制定了更加全面、详细的方案，该标准于2017年进行了再次修订。《电子文件用作书证》明确指出，其所提出的电子文件管理方案不仅适用于电子证据的提供，也适用于一般业务的电子文件管理场景，对该标准的应用无法完全避免诉讼，但将有助于电子文件作为证据提交时的可采性。InterPARES项目主持人露茜安娜·杜兰蒂担任此标准审议委员会的主席，InterPARES项目的相关研究成果也在标准中得以体现。

该项标准以《加拿大证据法》31.5中对电子文档可采性的规定为依据："为保证在任何规则与法律之下电子文档的可采性，可以就记录或存储电子文档的方式的标准、程序、用法或惯例提供证据；并应考虑使用、记录或存储电子文档的企业或机关的类型以及该电子文档的性质与目的。"③ 同时，围绕着法律程序常考察的"信息系统完整性"（IT System Integrity）、"文件完整性"（Record Integrity）

---

① Standards Council of Canada, "CAN/CGSB-72.11-93 Microfilm and Electronic Images as Documentary Evidence", November 26, 2019, https://www.scc.ca/en/standardsdb/standards/5525.

② Standards Council of Canada, "CAN/CGSB-72.34-2017 Electronic records as documentary evidence", March 1, 2017, https://www.scc.ca/en/standardsdb/standards/28933.

③ Justice Laws Website, "Canada Evidence Act", July 12, 2019, https://laws-lois.justice.gc.ca/PDF/C-5.pdf.

和"日常业务活动中正常形成"（Made in the Usual and Ordinary Course of Business）的关键事项进行标准的制定。该标准主要遵循的逻辑是：组织机构应当做好随时提供电子证据的准备，持续地执行此标准可作为电子文件及其管理系统完整性的有力证明，间歇地执行比不予执行有利，但不足以实现完整性证明；仅在预期发生诉讼时执行此标准是远远不够的。

《电子文件用作书证》的主体内容集中在5、6这两节中。其中"5. 电子文件用作书证的法律要求"中主要对电子证据采纳与采信相关的法律法规进行解析，从总则、电子文件用作书证的可采性要求、电子发现程序与诉讼准备、诉讼留存、电子签名与原始签名、纸质副本鉴真六个方面进行了阐述。在5.2中，该标准指出"电子文件管理系统的完整性证明"是关键所在，并提出可从原始来源、是否为同步记录、是否为常规业务数据、数据登录情况、标准遵从情况、是否支持决策制定、软件可靠性、系统变更情况等方面证明电子文件管理系统的完整性，进而证明电子文件的真实性与可采性。"6. 文件管理方案"则是对第5节中要求的具体实现，它包括管理方案总体规划、管理政策制定、文件管理手册、信息系统管理指南四个部分，文件管理手册全面规定了电子文件的捕获、分类组织、维护利用、保管期限与处置、质量保证等内容，信息系统管理指南则规定了系统的备份与系统恢复、安全保护与文件传输、审计跟踪等功能要求。此外，该标准还对新技术环境下产生的各种新型电子文件作为证据的问题进行了探讨，如跨境云存储数据问题、社交媒体记录问题、移动办公产生数据问题等。

综上，《电子文件用作书证》将证据法中对电子证据可采性的要求有选择地"翻译"到电子文件管理的语境中，搭建了电子证据与电子文件相互转化的途径，为组织机构生成、管理更有利于法庭采纳的电子文件提供了全面、细致的参考与指引，有力保障了电子文件的证据效力。

第二节　数字取证与电子文件管理的流程融合与技术借鉴

数字取证（Digital Forensics）指对电子存储信息（ESI）的取证，取证（Forensics）指的是对保存在计算机上或通过计算机检索的数据科学地检查、分析，使其能够在法庭上作为证据使用。[1] 数字保存联盟（Digital Preservation Coalition，DPC）在《数字保存手册》（*Digital Preservation Handbook*）中指出，数字取证技术为数字保存带来了许多可能性，包括建立可靠来源保管链，采用写保护技术进行捕获与传输，检测伪造或非授权行为等。数字取证还可以辅助元数据与相关内容的挖掘与提取，进而提升检索效率，建立访问控制等；同时，数字保存与数字管护的原理与思想也能够给予数字取证以启示。[2] 如绪论中所言，国外图情学界积极向数字取证领域拓展，如不列颠哥伦比亚大学的露茜安娜·杜兰蒂、北卡罗来纳大学教堂山分校的克里斯托弗·李等学者较早开展了数字保存、电子文件管理等领域与数字取证原理、技术与方法的融合研究，通过 BitCurator、Forensic Investigation of Digital Objects、Digital Records Forensics 等大型跨学科研究项目，开发了一系列操作性强的模型与程序，实现了数字取证原理与技术向前端电子文件管理工作的渗透，推动了电子文件管理实践流程向后端数字取证环节的延伸。本节内容也将以上述代表性项目的主要成果为基础，分析国外数字取证与电子文件管理

---

[1] The Sedona Conference, "The Sedona Glossary: eDiscovery & Digital Information Management (Fifth Edition)", July 4, 2022, https://thesedonaconference.org/sites/default/files/publications/Sedona%20Conference%20Glossary%2C%20Fifth%20Edition_0.pdf.

[2] Digital Preservation Coalition, "Digital Preservation Handbook", July 4, 2022, https://www.dpconline.org/handbook/technical-solutions-and-tools/digital-forensics.

流程融合与技术借鉴的特色。

一 电子文件管理与数字取证的业务流程融合

在电子文件管理业务流程方面，开放档案信息系统（Open Archival Information System，OAIS）是影响力最为广泛的标准，数字管护中心（Digital Curation Centre，DCC）提出的数字管护生命周期模型（DCC Lifecycle Model）和 InterPARES 项目的保存链模型（Chain of Custody Model）也颇具代表性。而在数字取证的流程中，由于涉及多种多样的实际情况和复杂场景，取证流程模型版本众多，如奥恩·凯西（Eoghan Casey）在《数字证据与计算机犯罪》[1]中和托尼·萨姆斯（Tony Sammes）在《数字取证指南》[2]中均对数字取证的过程进行了详细阐述。基于以上成果，国外学者开始关注电子文件管理与数字取证业务流程的融合研究，主要发展出下列两种思路：

（一）将数字取证的部分活动前置于电子文件管理的业务流程中

该思路的典型代表是杰瑞米·雷顿·约翰（Jeremy Leighton John），他对比了数字取证和电子文件管理的生命周期，认为二者有诸多共通之处，将这两项活动的生命周期进行融合，具体包括：①数字捕获（Digital Capture）：包括将数据转移到暂存区留待有权限的证据管理人员检查、命名登记、接收、数字获取与哈希值创建。②处理（Processing）：包括检查与评估、元数据提取、复制导出、复合文件或复杂数字对象的扩展与区分、互操作与长期保存的格式转换与迁移。③检查与分析（Curatorial Examination and Analysis）：使用复制或磁盘镜像进行仿真、元数据创建与内容阐明；内容分析与

---

[1] Eoghan Casey, *Digital Evidence and Computer Crime*, London: Academic Press, Elsevier, 2011, pp.187–224.

[2] Tony Sammes and Brain Jenkinson, *Forensic Computing. A Practitioner's Guide*, London: Springer, 2007.

可视化、修订与选择性加密。④数字档案存储系统（Digital Archival Storage System）：整合与打包准备、传输与摄入数字存储库。⑤访问与资源发现（Access and Resource Discovery）：数字策略合规与授权发布、启用访问权限。① 上述流程既包含了电子文件生命周期从文件的形成到最终被访问利用的整个过程，又将数字取证所需的如创建哈希值、加密、磁盘镜像等活动提前至文件管理阶段实施，在资源访问与发现的最后阶段即实现了数字取证的部分工作。该流程对于高价值核心电子文件或涉诉风险高的电子文件管理工作具有重要参考价值。

（二）构建"电子文件管理—数字取证"的全程管理链条

构建从电子文件管理到数字取证全程链条的典型代表是数字文件取证（Digital Records Forensics，DRF）项目，它主张在 InterPARES 保存链模型（Chain of Custody Model）的基础上，构建能够与之衔接的数字取证功能模型（Conduct Digital Forensics Function Model），为数字取证的实施及保障取证文件的真实性、可靠性与完整性提供指引，进一步形成从证据创建、获取到长期保存过程中的真实性保障方案。

DRF 项目始于 2008 年，历时三年，由不列颠哥伦比亚大学图书、档案与信息研究学院（现名为信息学院）、法学院和温哥华警方的计算机取证部门联合发起。国际知名电子文件研究专家露茜安娜·杜兰蒂教授担任首席主持人。该项目通过对计算机取证学、证据法学和档案学、文件身份鉴定学（Diplomatics）② 的相关文献进行系统研究，结合对加拿大法律框架的了解和对北美判例法的分析，以及对法官、书记员、律师、数字取证专家、警方调查人员、司法

---

① Jeremy Leighton John，*Digital Forensics and Preservation*，Salisbury：Charles Beagrie Ltd.，2012，p.4.

② 如前文第二章第三节的归纳，Diplomatics 亦译作"古文献学"，此处表述参考 DRF 项目组谢丽教授的翻译，采用"文件身份鉴定学"的译法。

执法机关的文件管理人员六类人员的采访，分析与解决目前加拿大电子证据应用的障碍。①

InterPARES 项目运用 IDEF0 建模方法构建的保存链模型包含四类共计 158 项管理活动，最大可扩展至五级。② 前两级定义的主要活动见图 5-1。DRF 的数字取证功能模型也沿袭了保存链模型使用的

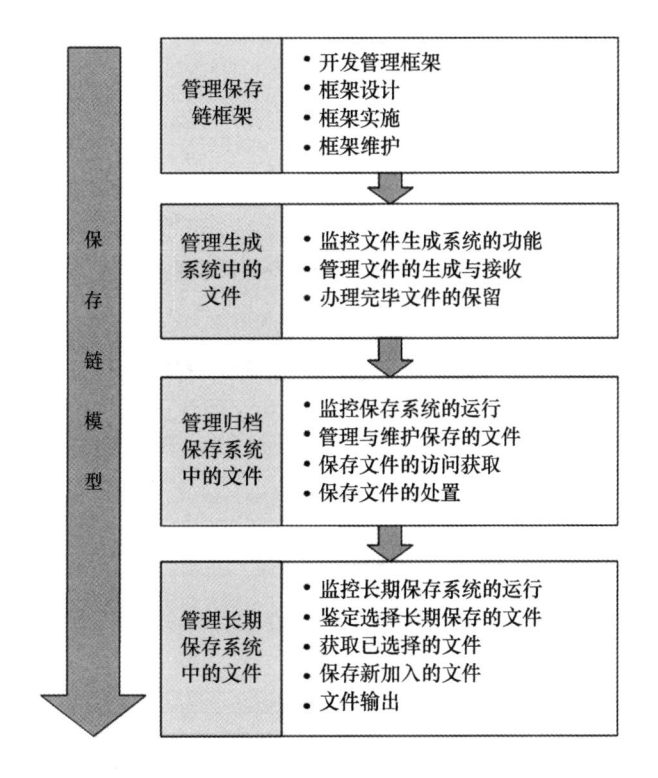

```
保存链模型
├─ 管理保存链框架
│  · 开发管理框架
│  · 框架设计
│  · 框架实施
│  · 框架维护
├─ 管理生成系统中的文件
│  · 监控文件生成系统的功能
│  · 管理文件的生成与接收
│  · 办理完毕文件的保留
├─ 管理归档保存系统中的文件
│  · 监控保存系统的运行
│  · 管理与维护保存的文件
│  · 保存文件的访问获取
│  · 保存文件的处置
└─ 管理长期保存系统中的文件
   · 监控长期保存系统的运行
   · 鉴定选择长期保存的文件
   · 获取已选择的文件
   · 保存新加入的文件
   · 文件输出
```

图 5-1 InterPARES 保存链模型（前两层级）

---

① Digital Records Forensics Project,"Digital Forensics Function Model", August 11, 2019, http://www.digitalrecordsforensics.org/display_file.cfm?doc=drf_conduct_digital_forensics_function_model.pdf.

② InterPARES2,"APPENDIX 14 Chain of Preservation Model Diagrams and Definitions", December 2, 2019, http://www.interpares.org/display_file.cfm?doc=ip2_COP_diagrams（complete）.pdf.

IDEF0 建模方法，共包含六大类活动，包含共计 50 项下位类活动，最大可扩展至三级。前两级定义的主要活动见图 5-2。DRF 项目认为，数字取证功能模型和保存链模型能够相互衔接、配套使用，从而保证证据在创建、获取直至最终保存全程的真实性、完整性与可靠性。

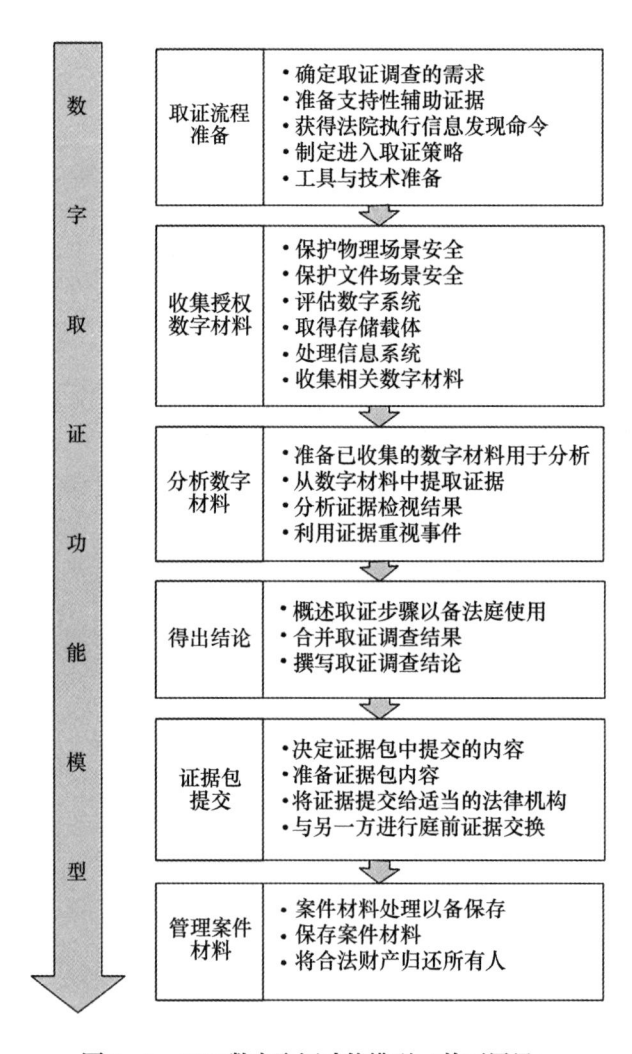

```
数字取证功能模型
│
├─ 取证流程准备
│   • 确定取证调查的需求
│   • 准备支持性辅助证据
│   • 获得法院执行信息发现命令
│   • 制定进入取证策略
│   • 工具与技术准备
│
├─ 收集授权数字材料
│   • 保护物理场景安全
│   • 保护文件场景安全
│   • 评估数字系统
│   • 取得存储载体
│   • 处理信息系统
│   • 收集相关数字材料
│
├─ 分析数字材料
│   • 准备已收集的数字材料用于分析
│   • 从数字材料中提取证据
│   • 分析证据检视结果
│   • 利用证据重视事件
│
├─ 得出结论
│   • 概述取证步骤以备法庭使用
│   • 合并取证调查结果
│   • 撰写取证调查结论
│
├─ 证据包提交
│   • 决定证据包中提交的内容
│   • 准备证据包内容
│   • 将证据提交给适当的法律机构
│   • 与另一方进行庭前证据交换
│
└─ 管理案件材料
    • 案件材料处理以备保存
    • 保存案件材料
    • 将合法财产归还所有人
```

图 5-2　DRF 数字取证功能模型（前两层级）

二 数字取证工具应用于数字管护实践：BitCurator

BitCurator 是北卡罗来纳大学教堂山分校信息与图书馆学院教授克里斯托弗·李主持的系列项目。它基于目前图书馆、档案馆与博物馆等文化遗产保存机构的数字管护（Digital Curation）实践中的系统不兼容、格式过时等问题，指出当前档案部门所使用的工具在提取可移动介质（软盘、闪存盘、硬盘等）中存储的原生数字资源时的局限性①，旨在通过开发新的软件来解决这一问题。

该项目分为 BitCurator（2011.1—2014.9）②、BitCurator Access（2014.10—2016.9）③、BitCurator NLP（2016.10—2018.12）④ 三个阶段。其中，第一阶段由北卡罗来纳大学教堂山分校（University of North Carolina, Chapel Hill, SILS）和马里兰人文科学技术研究所（Maryland Institute for Technology in the Humanities, MITH）联合发起，其他阶段由北卡罗来纳大学教堂山分校负责。

BitCurator 项目第一阶段开发了一个支持可移动存储介质数据管理开源软件 BitCurator。它基于 C 语言和 Python 语言编写，采用开放格式 AFF（Advanced Forensic Format）和数字取证可扩展置标语言 DFXML（Digital Forensics XML）等核心技术⑤，并通过与专家团队的讨论（Professional Experts Panel, PEP）确定了原生数字资源取证

---

① Christopher A. Lee, "Archival Application of Digital Forensics Methods for Authenticity, Description and Access Provision", *Comma*, No.2, 2012, pp.133–140.

② BitCurator, "BitCurator", July 4, 2022, https：//bitcurator.net/bitcurator/.

③ BitCurator, "Access. BitCurator Access", August 14, 2019, https：//bitcurator.net/bitcurator-access/.

④ BitCurator, "NLP. BitCurator NLP", August 14, 2022, https：//bitcurator.net/bitcurator-nlp/.

⑤ Christopher A. Lee, Matthew Kirschenbaum, Alexandra Chassanoff, Porter Olsen and Kam Woods, "Bitcurator: Tools and Techniques for Digital Forensics in Collecting Institutions", *D-Lib Magazine*, Vol.18, No.5/6, 2012, pp.14–21.

工作流。① 该软件相比于一般的数字取证软件具有两大创新：第一，集成于档案馆、图书馆的摄取、收集管理工作流之中；第二，提供数据的公开访问。具体功能为：编写了基于软件的防意外更改模块；通过镜像技术和哈希加密生成真实的内容副本；查看与导出取证镜像内容包；通过对文件系统的元数据捕获体现材料的原始顺序；通过日志文件、PREMIS 记录等数字管护过程中生成的文档建立可信保管链（Chains of Custody）②；生成描述磁盘内容与目录的报告；识别与标记重复性文件；发现与展示相关背景信息；能够以适当方式识别被编辑、过滤或屏蔽的敏感信息；导出磁盘与目录内容并生成存档信息包（Archival Information Packages，AIP）和分发信息包（Dissemination Information Packages，DIP）。此外，还计划纳入可视化功能，以便更直观地显示数据分析结果。③ 第二阶段 BitCurator Access 在第一阶段成果的基础上，升级了 BitCurator 的功能：构建了基于 Web 的工具；进一步简化了取证镜像包的访问方式，支持仿真环境的访问机制；运用数字取证技术生成更详细的元数据，提升了反映数据原始环境与背景的信息收集渠道。第三阶段 BitCurator NLP 的功能进一步升级，使用户能够从文件的异构集合中提取文本并执行自然语言处理任务，例如实体和实体关系识别，主题建模和主题模型可视化等。

总体而言，该项目针对档案馆、图书馆等文化遗产机构开发了专用的取证软件，它能够直接嵌入档案馆与图书馆目前的文件管理流程中，有利于符合法律规格要求的数字资源的形成、提取与展示

---

① Kam Woods and Christopher A. Lee,"Acquisition and Processing of Disk Images to Further Archival Goals", Paper Delivered to IS&T Archiving Conference 2012, sponsored by the Society for Imaging Science and Technology, Copenhagen, Denmark, June, 2012.

② Chain of Custody 即保管链，此处特指英美法系中的证据保管链制度。

③ Sam Meister and Alexandra Chassanoff,"Integrating Digital Forensics Techniques into Curatorial Tasks: A Case Study", *International Journal of Digital Curation*, Vol. 9, No. 2, 2014, pp. 6 – 16.

利用等。

三 数字取证视角下电子文件管理方案完善

数字取证在收集、处理来自各类载体和计算机系统的各种格式的原生数字资源方面具有专长，其理论与方法被部分机构吸收并用于完善电子文件管理方案。如斯坦福大学图书馆专门建立了原生数字资源保存实验室（Born-digital Preservation Lab）①，购置了Forensics Recovery of Evidence Device（FRED）等专业取证硬件设备、安装了Forensic Toolkit 5.2、BitCurator 0.8.4等软件，能够捕获、处理与分析来自硬盘、3.5英寸软盘、闪存盘等各种载体的数字学术资源。② 马里兰大学人文技术研究所（Maryland Institute for Technology in the Humanities，MITH）马修·科什鲍姆（Matthew G. Kirschenbaum）在《文化遗产馆藏中的数字取证与原生数字内容》（*Digital Forensics and Born-Digital Content in Cultural Heritage Collections*）中详细分析了原生文化遗产数字资源面临的格式过时、不可替代性风险、信任、真实性、数据恢复和成本方面的挑战，探讨了数字取证原理与技术应对上述问题的优劣势，呼吁文化遗产部门积极重视数字取证技术的重要影响意义，完善资源的获取与保存策略。③ 伦敦国王学院的电子研究中心（Centre for e-Research）和档案与信息管理服务机构（Archives and Information Management Service，AIM Service）联合发起的数字对象取证侦查项目（Forensic Investigation of Digital Objects，FIDO）亦致力于将数字取证的原理与方法融入电子文件管理

---

① Stanford Library, "Born Digital Preservation Lab", July 4, 2022, https://library.stanford.edu/research/digitization-services/labs/born-digital-preservation-lab.

② Michael Olson, "Digital Forensics @ Stanford Libraries: Why We Have FRED and Why you Don't Need One?" December 1, 2019, http://rbms.info/conferences2/preconfdocs/2010/SeminarIOlson.pdf.

③ Matthew G. Kirschenbaum, Richard Ovenden and Gabriela Redwine, *Digital Forensics and Born-Digital Content in Cultural Heritage Collections*, Washington, D.C.: Council on Library and Information Resources, 2010.

的整体方案设计之中，为英国高等教育文件与档案，特别是来自各类载体和计算机系统各种格式电子文件的收集、处理、管理和长期保存提供指导与支持，使电子文件的真实性、完整性得以保证，并符合法律法规的要求。该项目受英国联合信息系统委员会（JISC）资助①，由时任电子研究中心研究员的加雷思·奈特（Gareth Knight）担任主持人，历时为2011.2—2011.7。FIDO将数字取证原理与技术按照"软硬件环境配置—概念与理论模型构建—方案与工具开发—教育培训"的路径应用至对电子文件管理方案的完善，具有一定代表性与借鉴意义，详情如下：

（一）软硬件环境基础设施搭建

对于数字档案馆而言，应首先建立用于数字资源获取、检查、分析的基础环境，即软硬件设备。FIDO遵循低成本原则，在现有组件的基础上进行环境设施搭建，硬件方面配置了计算机、写保护设备、软盘控制器、硬盘驱动器等。在软件方面，以开源、免费软件为首选，针对不同的工作环节选取了一系列软件进行测试与推荐。在镜像复制软件方面，测试了DD、Dc3dd、dcfldd、FTK Imager、Guymager、Kryoflux Imager、OSFClone、Kryoflux Imager等工具，后五项较为常用；在镜像复制数据的记录生成方面，使用Fiwalk；在取证软件方面，测试了Autopsy Forensic Browser、OSForensics、Open Computer Forensics Architecture、Digital Forensic Framework、PTK Forensics，后两种性能更佳；在取证哈希生成方面，使用The SleuthKit（TSK）、Unix File；在创建时间线方面，应用TimeScanner、Log2 Timeline tools；在文件雕复（File Carving）方面，测试了Foremost、Magic Rescue、RecoverJPEG、SFDumper、SleuthKit DLS、Scalpel、PhotoRec，后两种工具最为可靠。在上述各环节中，FIDO项目组整体较推荐的工具

---

① Gareth Knight, "Forensic Investigation of Digital Objects Final Report", November 1, 2018, https://www.webarchive.org.uk/wayback/en/archBorn-digital/Forensics Labive/20181103121948/https://fido.cerch.kcl.ac.uk/fido-reports/.

有：Digital Forensic Framework，TimeScanner，PhotoRec，Scalpe。

（二）术语映射表的制定与业务过程理论模型构建

FIDO 结合业务需求与法律需求，评估各项数字取证方法与工作流程应用于高等教育档案获取、分析与鉴定的适用性，提出指导实践的各类业务模型，如将现有主流的取证流程映射到同一模型中，提出的整合性取证模型，包括准备（Prepare）、获取（Acquire）、检查（Examine）、分析（Analyse）、报告（Report）、审查（Review），并将这一取证模型嵌入基于 OAIS 的档案摄取流程之前（Pre-Ingest）[1]，使数字档案馆系统所捕获的电子文件更加完整。此外，还提出了针对不同存储介质与存储方式的数据获取决策树模型和数据镜像复制方法决策树模型，以及针对海量数字资源提出查询方法选择决策树模型等。为此，项目组还建立了专门的取证学与档案学的术语映射表（Forensic-Archival Terminology Mapping）[2] 便于展开跨学科研究。

（三）适用于档案管理的取证技术方案设计与工具开发

如前所述，FIDO 项目组对现有的与取证相关的各类工具进行了使用与评估，发现其功能无法直接适用于电子文件的管理环境，便依据文件与档案管理部门的工作惯例，探讨其所适用的磁盘镜像（Disk Imaging）[3]、取证哈希（Forensic Hashing）[4]、文件雕复（File

---

[1] Gareth Knight, "The Forensic Curator: Digital Forensics as a Solution to Addressing the Curatorial Challenges Posed by Personal Digital Archives", *International Journal of Digital Curation*, Vol. 7, No. 2, 2012, pp. 40–63.

[2] Kate O'Brien "Forensic-Archival Terminology Mapping", August 15, 2019, https://www.webarchive.org.uk/wayback/en/archive/20181101121949/https://fido.cerch.kcl.ac.uk/fido-reports/.

[3] Gareth Knight, "Forensic Disk Imaging Report", August 15, 2019, https://www.webarchive.org.uk/wayback/en/archive/20181103122344mp_/https://fido.cerch.kcl.ac.uk/wp-content/uploads/2012/11/FIDO-Forensic-Disk-Imaging-Report-v1.pdf.

[4] Gareth Knight, "Forensic Hashing Repor", August 15, 2019, https://www.webarchive.org.uk/wayback/en/archive/20181103122346mp_/https://fido.cerch.kcl.ac.uk/wp-content/uploads/2012/11/FIDO-Forensic-Hashing-Report-v1-Final.pdf.

Carving)①、文件摄取（Ingest）②技术方案。此外，还开发了专门适配档案环境的文件雕复工具"Java Carve Tool"，能够支持对 Scalpel 和 Magic Rescue 工具的参数配置，切实将数字取证技术应用到伦敦国王学院数字档案的管理实践中。

（四）开展教育培训

基于上述研究成果，FIDO 项目组于 2011 年 8 月对伦敦国王学院 AIM 的档案工作者开展了数字取证的相关培训，使其了解数字取证的原理、工具与方法。主要培训项目包括：数字取证与档案管理过程的比较、数字取证技术的应用场景、Archival-Forensic 概念映射、数字取证技术在 AIM 中的应用等。

总体而言，该项目借鉴数字取证的原理与技术，对高等教育档案的获取、分析、鉴定等各个环节进行了优化，保障电子文件进入数字档案馆系统前的完整性；还对相关档案人员进行培训，推动了项目落地。

第三节　电子文件管理与电子发现的行业实践交融

如前所述，电子发现是指对电子存储信息的识别、定位、保存、保护、收集、准备、审查和提交③，与数字取证不同的是，电子发现

---

① Gareth Knight, "File Carving Report", August 15, 2019, https：//www.webarchive. org. uk/wayback/en/archive/20181104124736mp_ /https：//fido. cerch. kcl. ac. uk/wp-content/uploads/2012/11/FIDO-File-Carving-Report-v1-Final. pdf.

② Gareth Knight, "Ingest Handbook for Digital Media", August 15, 2019, https：//www. webarchive. org. uk/wayback/en/archive/20181103122400mp_ /https：//fido. cerch. kcl. ac. uk/wp-content/uploads/2012/11/FIDO-Ingest-Handbook-for-Digital-Media-v1. pdf.

③ The Sedona Conference, "The Sedona Glossary：eDiscovery & Digital Information Management（Fifth Edition）", July 4, 2022, https：//thesedonaconference. org/sites/default/files/publications/Sedona% 20Conference% 20Glossary% 2C% 20Fifth% 20Edition _ 0. pdf.

是一个更为宏观的过程，一般用于获取正在活跃的数据或较易取得的证据；数字取证往往涉及更深层次的数据分析、检查，甚至数据恢复等，侧重于技术手段的使用。① 前者是民事诉讼程序的要求环节，后者更加类似我国司法证明中的取证鉴定环节，多见于刑事诉讼中。

美国 FTI 咨询公司调查显示，80%的机构每年遭遇诉讼或法律纠纷大于 100 起，10%的机构面临 2000 次以上的纠纷事件，合理的信息管理计划将有效降低诉讼或纠纷发生率；② 美国智能信息管理协会的研究显示，53%的机构均认为组织内部治理失败最大的风险来自面临诉讼或纠纷赔偿，而积极实施电子文件管理能够有效减少这一风险③，上述调查结果均将解决之道指向电子文件管理。在此背景下，档案界积极向电子发现领域拓展，商业性文件与信息管理机构和国际文件管理工作者协会等早已开始涉猎数字取证服务，而数字取证行业也关注组织机构信息治理的重要性，两个学科在现实业务领域中实现交融并已有成熟实践。

一 商业性文件与信息管理机构推出电子发现服务

随着电子发现的市场需求不断扩大，专业提供电子发现服务的公司如 MODUS④、VERITAS⑤、KENSIUM⑥、exterro⑦、Lighthouse⑧逐渐涌现。电子发现是涵盖法律、文件管理、信息技术等多方面的

---

① Flashback Data, "The Major Differences between Digital Forensics and E-Discovery", June 30, 2017, https://www.flashbackdata.com/digital-forensics-vs-ediscovery/.

② InfoGov Basics, "Litigation & eDiscovery", December 3, 2019, https://www.infogovbasics.com.

③ Iron Mountain, "The E-Discovery Ostrich", December 2, 2019, https://www.ironmountain.com/resources/whitepapers/t/the-ediscovery-ostrich. AIIM, "What is eDiscovery?", December 3, 2019, https://www.aiim.org/What-is-eDiscovery#.

④ 参见 https://discovermodus.com/ediscovery-services/。

⑤ 参见 https://www.veritas.com/insights/ediscovery-platform。

⑥ 参见 https://www.kensiumbpo.com/electronic-data-discovery-qc-services。

⑦ 参见 https://www.exterro.com/E-Discovery-software/。

⑧ 参见 https://lighthouseglobal.com/about-us/our-company/。

综合领域，正是由于这一特点，电子发现服务提供商的"身份"也呈现出多元性，其主业可以是法律服务、科技、咨询、软件开发、文件与信息管理等。笔者以国际文件与信息管理服务行业协会（Professional Records and Information Services Management，PRISM International）的成员为线索逐一进行调查，部分提供电子发现服务的商业性文件与信息管理机构详见表5–3。

表5–3　　　　提供电子发现服务的商业性文件与信息管理机构

机构名	机构简介	官方网址
Iron Mountain	Iron Mountain 是致力于信息的存储、保护与管理的专业机构，目前已为全球50个国家超过22500个组织机构提供服务。其核心业务包括信息管理、数字转换、安全存储、安全销毁、数据中心、云服务、法规遵从、数据恢复等	www.ironmountain.com
GRM	GRM 有30余年的历史，其核心业务为文档管理服务，同时也提供业务流程管理软件、文档管理软件、企业内容管理系统、数据咨询等服务	www.grmdocumentmanagement.com
iBridge	iBridge 是一家专业从事信息管理的公司，其业务范围覆盖信息的收集、组织、分析、业务流程外包等，以支持企业决策	ibridgellc.com
Morgan	Morgan 是一家专业从事文件管理的公司，提供文档扫描、离线存储、文件销毁、邮件处理、数据保护、电子发现等服务	morganrecordsmanagement.com
InfoFort	InfoFort 致力于为不同行业提供全生命周期的文件与信息管理服务，具体包括文档存储、票据管理、文档扫描、电子文件管理系统、工作流程自动化、业务数据分析等。其服务范围主要分布在中东、非洲与东南亚地区	www.infofort.com

电子发现服务最终虽导向司法诉讼环境，但该服务的本质即文件与数据的采集、检索与分析等生命周期管理。以 iBridge 为例，其提供的电子发现服务具体包括电子文件诉讼留存策略制定、远程自动化数据采集、数据评估、电子存储信息转换图像、基于网络平台的律师审查、概念检索、人工编辑、自定义格式转换、防火墙解决

方案制定等。可见，上述服务和文件与信息服务机构提供的一般服务范围相契合，这也是规模较大的文件与信息管理机构推出此项服务的原因所在。Iron Mountain、GRM、iBridge、Morgan、InfoFort 等机构的主要业务均为文件与信息管理，电子发现服务是其在核心业务基础上拓展的附属业务。如 Iron Mountain 在其"文件管理"服务中提供电子发现服务，GRM 以"数字化扫描"服务为电子发现提供支持，InfoFort 的文件管理咨询服务包括根据电子发现的诉讼留存义务进行数据合规管理等。有鉴于此，我国商业性文件与信息管理机构（在我国一般称档案服务机构、档案外包机构等）可以基于其业务专长，将司法对电子证据的要求对标融入电子文件与电子档案的管理方案之中，为用户提供此类相关服务，提升所保管电子文件在应对诉讼时的证明力优势。

二 文件管理与电子发现行业协会建立合作伙伴关系

在文件管理领域和电子发现领域，行业协会发挥着业务指导、标准制定、规范建设、评估监督等多方面的作用，此二领域代表性的行业协会有国际文件管理工作者协会（Association of Records Managers and Administrators，ARMA International）与电子发现专家认证协会（Association of Certified E-Discovery Specialists，ACEDS）。ARMA International[①]是国际性的信息管理会员制组织，为行业会员提供行业标准与最佳实践框架、行业动态与新闻、培训与素质拓展、继续教育与资格认证等服务。[②] ACEDS 是为在公共和私人部门从事电子发现专业人员开设的会员制组织，旨在建立电子发现专家社区，

---

① 根据官网注释，ARMA International 原简称 ARMA，是 Association of Records Managers and Administrators 的缩写，但随着文件管理这一工作的范畴逐渐扩大至信息治理，为了体现这一变化，特将缩略语改为 ARMA International。在本书中，仍采用"国际文件管理工作者协会"这一翻译。

② ARMA International，"Vision and Mission"，December 10，2019，. https：//www.arma. org/page/MissionAndVision.

促进思想交流、业务指导培训和最佳实践分享,并提供电子发现从业资格认证。上述两大行业协会积极向对方领域拓展并建立了合作伙伴关系,为电子文件管理与电子发现的融合与交流创造了机遇。

两大行业协会商定,ARMA International 成员如同时加入 ACEDS,将获得 20% 会费的豁免,且参加 ACEDS 认证亦可减免 20% 费用并获得专属的培训资料。ACEDS 会员如同时加入 ARMA,也将获得 20% 的会费豁免,且参加 ARMA International 的信息治理专业认证(Information Governance Professional Certification,IGP)时亦减免 20% 费用。① 上述政策通过费用减免侧面激励了电子文件管理人员与电子证据发现专家之间的能力互通和角色的相互转化,为两个协会之间在业务合作、资源共享、市场营销和培训教育方面的合作提供了更多可能性。②

电子文件管理与电子发现行业协会合作伙伴关系的建立根植于两个领域在共同应对信息治理、文件与数据安全管理等方面的紧密联系与相互依赖,这在协会提供的行业资源与开办的相关活动中亦有所体现,如 ARMA International 在协会杂志 *The Information Management Magazine* 中开设了"Discovery/eDiscovery"专区③,其举办的行业研讨会如"2019 文件与信息管理年度研讨会"④、"Office365 电子发现与信息治理研讨会"⑤ 等即以电子发现为主题或包括电子发现

---

① ARMA International,"Paternerships",December 10,2019,https://www.arma.org/page/Partnerships?&hhsearchterms=%22E-Discovery%22.

② ACEDS,"ACEDS Announces ARMA as Newest Affinity Partner",February 6,2019,https://www.aceds.org/news/news.asp?id=437228&hhSearchTerms=%22records+and+management%22.

③ ARMA International,"ARMA Magazine",July 4,2022,https://magazine.arma.org/category/discovery-ediscovery/。

④ 参见 https://www.arma.org/events/EventDetails.aspx?id=1095703&hhSearchTerms=%22E-Discovery%22。

⑤ 参见 https://www.arma.org/events/EventDetails.aspx?id=1092668&hhSearchTerms=%22E-Discovery%22。

专题等。同样地，电子文件管理也是 ACEDS2020 年度圆桌会议①等研讨会的重要议题。

三 电子发现领域对信息治理的重视与日俱增

在文件管理行业逐渐重视电子发现的同时，电子发现领域对机构信息治理也颇为关注，电子文件管理工作的重要性愈加凸显。最典型的代表即 EDRM（Electronic Discovery Reference Model）将信息治理作为电子发现活动的第一阶段。根据其定义，信息治理即对机构信息从生成到最终处置全过程的管理，以减轻电子发现的风险并降低成本；ARMA International 也将信息治理描述为一个战略性、跨学科的框架，由标准、流程、角色和指标组成，以帮助组织实现对信息资产的正确处理，以实现组织目标和法规遵从，降低不合格信息带来的外部风险。② 从这一角度来说，电子文件管理即机构信息治理的重要实现途径。EDRM 创立于 2005 年，目前是电子发现市场领先的标准组织，致力于提供改善电子发现工作的标准、指南、工具、最佳实践等。该组织 2016 年被杜克大学法学院收购，2019 年 10 月被电子发现专家协会（Association of Certified E-Discovery Specialists，ACEDS）的前执行理事玛丽·马克（Mary Mack）和客户副会长凯莉·沃尔斯塔德（Kaylee Walstad）收购，未来将向营利性机构的方向发展。③

EDRM 最为重要的成果即与该组织同名的电子发现参考模型（EDRM，Electronic Discovery Reference Model），以下简称 EDRM 模型。EDRM 模型包含 9 项活动，分别是信息治理（Information Governance）、识别（Identification）、保存（Preservation）、收集（Col-

---

① 参见 https：//aceds. org/event/aceds-roundtable-series-transitions-transformations-and-triumphs-in-2020/。

② ARMA International，"The Information Governance Professional（IGP）Certification"，December 1，2019，https：//www. arma. org/page/Certifications.

③ EDRM，"About us"，December 3，2019，https：//www. edrm. net/about-us/.

lection）、处理（Processing）、审查（Review）、分析（Analysis）、提供（Production）、展示（Presentation）。①

值得一提的是，EDRM 将信息治理放在了首要环节，并构建了信息治理参考模型（Information Governance Reference Model，IGRM），IGRM 并非简单的工作流程模型，而是一个层层嵌套的责任模型，它识别了信息治理中的各个利益相关方及其联系，将价值与义务和信息资产相关联，为组织机构提供了信息管理的整体方案。如图 5-3 所示，IGRM 模型共分为内外两个圈层。外部圈层是组织机构信息治理的五个利益相关方，分别为业务、隐私与安全、信息技术、文件与信息管理和法律。他们的利益侧重点各不相同，必须通过协同合作实现组织机构信息统一治理。内部圈层则是信息的生命周期模型，这些信息管理活动分属于三大利益方，他们有不同的价值取向：（1）业务部门——价值取向：通过对企业利润和企业目标的作用判断信息的价值；（2）法律部门与文件信息部门——责任取向：留存档案、执行诉讼留存义务以备应对电子发现是组织机构的责任，应当对其保存的内容、期限与处置方式进行规定；（3）信息技术部门——效率取向：信息技术部门往往会防止过度保存的行为以提升系统运行效率并降低成本，而对信息的价值没有概念。综合 IGRM 模型的内外圈层可以发现，在组织机构内部，信息治理必须促进各利益相关方的交流与互动，以确定何种信息具有价值、应当保存多久、以何种方式管理等关键问题，实现透明、高效的统一治理。由此可知，电子文件管理也不应只是档案部门自己的任务，应当积极调动组织机构其他相关部门的积极性与责任感，以政策与制度加以规约，实现组织机构电子文件的顶层设计与统一部署。

成立于 2012 年的律师事务所信息治理研讨会（Law Firm Information Governance Symposium）也致力于为组织机构的电子发现工作

---

① EDRM, "EDRM Model", December 3, 2019, https://www.edrm.net/wp-content/uploads/2019/05/EDRM_ Poster_ 36x24_ May-2019.jpg.

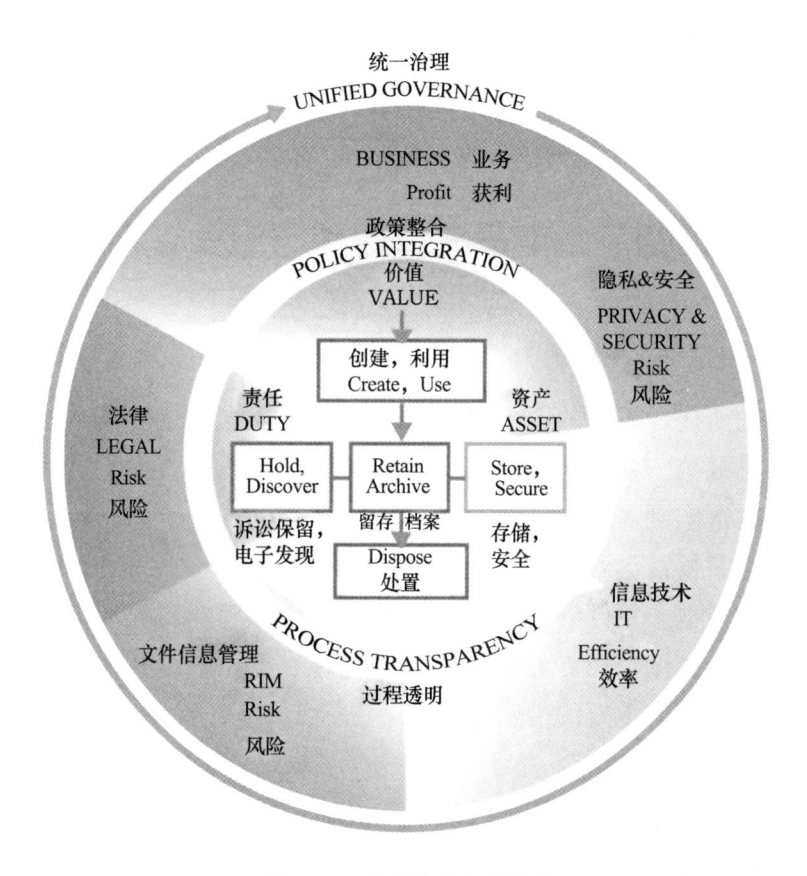

图 5-3 信息治理参考模型

制定信息治理计划，其报告《电子发现与治理工作组报告》（*eDiscovery and Governance Task Force Report*）亦强调了这一协同管理的思路，即：律师或法务人员应当掌握组织机构的所有数据格式类型、生成系统与相关人员，尽早介入以便于电子发现工作的开展；同时，该报告亦将文件与信息管理（Records and Information Management，RIM）视作信息治理的首要核心活动。[①]

---

① Law Firm Information Governance Symposium.，"eDiscovery and Governance Task Force Report"，December 10，2019，https：//www.ironmountain.com/-/media/files/Resources/Whitepapers/E/E-Discovery-and-information-governance-task-force-report-pdf.pdf? la = en.

此外，在实践领域，诸多提供电子发现服务的公司已将信息治理纳入其业务范围，如 Logikcull①、Seyfarth②、FTI③等均为客户提供信息治理规划与咨询服务。

第四节 电子文件管理与电子证据跨学科人才的培养

如前所述，国外的电子文件管理与电子证据司法应用在法律法规、标准规范、业务流程、技术方案、行业实践等方面实现了融合互通，其落实则需要专业人员的保障。在人才的培训教育方面，国外形成了高校跨学科专业人才培养与职业资格培训认证相结合的体系，保障了电子文件管理与电子证据司法应用跨学科人才的数量与质量，对我国图情档专业课程体系的完善、电子证据从业人员资质评估等工作具有重要的借鉴意义。

一 信息学院积极开设数字取证相关方向与课程

2016年，美国档案工作者协会发布的《档案学研究生课程指南》（Guidelines for a Graduate Program in Archival Studies）特别强调课程应当体现对司法的关注，并在"档案学核心知识"（Core Archival Knowledge）中强调了对联邦、州法律法规的了解，以及对形成法律文件系统的功能与结构的研究与学习。④

数字取证作为一门综合性学科，涉及信息管理、计算机、法律、公共政策、商业、医学、化学等多个领域，其人才培养也呈现出显

---

① 参见 https://www.logikcull.com/。
② 参见 https://www.seyfarth.com/。
③ 参见 https://www.ftitechnology.com。
④ SAA, "GPAS Curriculum", December 9, 2019, https://www2.archivists.org/prof-education/graduate/gpas/curriculum.

著的跨学科特征。国外许多高校开设的数字取证专业或方向依据不同的培养目标设置于各个学院或系所，如纽约州立大学奥尔巴尼分校商学院在本科与硕士培养阶段设置数字取证方向，长岛大学文理学院开设取证学本科专业，卡内基梅隆大学海因茨公共政策与管理学院在公共政策管理硕士培养方案中开设网络取证相关课程，辛辛那提大学教育、司法与公共服务学院在网络安全本科生培养方案中开设数字取证相关课程……在社会数字化、网络化与智能化的背景之下，基于信息管理学科与数字取证在数据采集、分析、检索、真实性保障等方面高度关联，部分信息学院也以各种形式开设了数字取证教育，或开设数字取证相关的研究方向，或在现有课程中增加数字取证的相关内容，系统学习与实践数字取证的理论与方法、技术与工具、伦理与道德等。

笔者以美国档案工作者协会的档案学教育高校名录（The Directory of Archival Education）和 iSchools 的成员名录线索，对其数字取证教育现状进行全面调研（调研时间：2021 年 4—7 月），为提高检全率与检准率，本书将与数字取证、电子发现相关的课程均纳入调研范围，对与证据、法律、信息安全相关的教学内容进行详细研读，系统分析其培养计划、研究方向、课程设置等。同时，访问行业协会与专业机构官方网站，进一步调查行业动态与实践现状。调查结果显示，共 15 所位于北美地区的信息学院开设共 29 项包含数字取证方向或内容的培养计划（2019 年 11 月，笔者曾对此进行初步调研，当时仅有 8 所信息学院设置相关计划），共计开设课程 47 门。其中，6 所高校开设于本科阶段，13 所高校开设于硕士阶段，4 所高校在本科与硕士阶段均有开设。在本节中，笔者将以北美地区信息学院为研究对象，分析信息学院数字取证教育的培养方式、课程设置、授课内容和授课方法。

（一）培养方式：各学科与各层次兼设

与国内图情档基于二级学科展开专业教育不同，北美地区信息学院立足于信息管理整体学科视角①,本科阶段不区分专业,统一授予文学或理学学士学位;硕士阶段则设置不同的专业方向分支(Track 或 Specialization)。② 数字取证的核心工作内容涉及信息管理生命周期的多个关键环节与流程,与图书馆学、档案学、信息管理、信息系统、信息分析等多个专业或研究方向深度相关,因此,北美地区信息学院数字取证课程大多根据培养需要或学院研究特长广泛分布于各方向的培养计划中,呈现图情档兼有的特征。如表5-4所示,本书对数字取证相关的学位(Degree)培养计划、文凭(Diploma)培养计划与资格认证(Certificate)计划进行了梳理,多数课程开设在信息管理、信息科学、信息安全类硕士的培养计划中,如多明尼克大学与华盛顿大学的信息学学士,雪城大学的高级信息管理硕士,得克萨斯大学奥斯汀分校、密歇根大学的信息科学硕士,德雷塞尔大学的信息系统硕士等;部分高校则在图书馆学、档案学等学科开设,如北卡罗来纳教堂山分校的图书馆学硕士、韦恩州立大学的图书馆与信息科学硕士,以及不列颠哥伦比亚大学的档案研究硕士,圣荷西州立大学的档案与文件管理硕士等。值得指出的是,部分 iSchools 成员为"信息科学与技术学院/系",含计算机与信息安全相关专业,这一发展定位使其数字取证教育具备浓厚的计算机学科特色,如乔治梅森大学专设数字取证硕士方向,并提供大量专业取证技术类课程;佐治亚理工学院将数字取证作为网络安全硕士培养的重要内容。

同时,随着社会对数字取证的重视与实践需求的持续扩大,北美 iSchools 院校数字取证方向或课程覆盖本科与研究生阶段,囊括学士、硕士、学士后、辅修、资格认证、实践学分等各类培养方式。总体而言,既有系统化的、针对专门人才的综合培养,

---

① 崔旭、刘燕权:《美国 iSchool 运动研究》,《图书馆工作与研究》2011 年第 12 期。

② 肖秋会、许晓彤:《AERI 的档案学教育与科研特色》,2018 年全国档案工作者年会论文,合肥,2018 年 10 月,第 32—38 页。

也有轻量化的、面向职业发展的资格教育；既有长期的线下教育，也有短期的线上教育，便于不同学习阶段与学习背景的学生自主选择，使更多信息管理背景的学生以各种方式接受数字取证教育与培训。

表5-4　　北美iSchools数字取证方向/课程所属培养计划

院校	数字取证方向/课程所属培养计划
不列颠哥伦比亚大学信息学院	档案学硕士——Master of Archival Studies
多明尼克大学信息学院	信息学学士（主修/辅修）——Informatics Major /Minor
德雷塞尔大学计算与信息学院	计算机与安全技术学士——BS in Computing & Security Technology； 信息系统硕士——Master's in Information Systems
乔治梅森大学信息科学与技术系	数字取证加速型硕士——Digital Forensics，Accelerated MS
佐治亚理工学院计算机学院	网络安全硕士（信息安全方向）——M. S. in Cybersecurity—Information Security； 网络安全认证——Cybersecurity Certificate
密歇根大学信息学院	信息科学硕士——Master of Science in Information
北卡罗来纳教堂山分校信息与图书学院	图书馆学硕士——Master of Science in Library Science； 信息科学硕士——Master of Science in Information Science
宾夕法尼亚州立大学信息科学与技术学院	信息科学与技术学士（主修、辅修）——Information Science and Technology； 安全与风险分析学士（辅修、网络教育）——Security and Risk Analysis，Minor； 信息系统与网络安全学士后认证——Postbaccalaureate Certificate in Information Systems Cybersecurity； 国土安全—信息安全与取证硕士（网络教育）——Master of Professional Studies in Homeland Security-Information Security and Forensics Option

续表

院校	数字取证方向/课程所属培养计划
匹兹堡大学计算机与信息学院	信息与网络安全硕士认证—Graduate Certificates-Information and Network Security； 网络安全、政策与法律硕士认证—Graduate Certificates-Cybersecurity, Policy, and Law
圣何塞州立大学信息学院	信息科学与数据分析学士—Bachelor of Science in Information Science and Data Analytics； 档案与文件管理硕士—Master of Archives and Records Administration； 信息学硕士—Master of Science of Informatics 数字资产硕士认证（信息治理、保障与安全方向）——Digital Assets Certificate (Information Governance, Assurance and Security)
雪城大学信息学院	数据分析专业学士—Data Analytics Bachelor's Degree； 创新社会与技术专业学士—Innovation, Society, and Technology Bachelor's Degree； 高级信息管理硕士—Master of Information Management for Executives； 企业数据系统硕士—Master of Enterprise Data Systems； 信息安全管理认证—Certificate of Advanced Study in Information Security Management
得克萨斯大学奥斯汀分校信息学院	信息学研究硕士—Master of Science in Information Studies
华盛顿大学信息学院（塔科马校区）	信息学专业学士（信息保障与网络安全学位方向）—Informatics, Bachelor of Science (Information Assurance and Cybersecurity)
韦恩州立大学信息学院	图书与信息硕士（档案与数字内容管理方向）—Master of Library and Information Science (Archives & Digital Content Management)
威斯康星大学密尔沃基分校信息学院	网络犯罪取证硕士认证—Graduate Certificate in Cyber Crime Forensics

（二）课程设置：专门开设与内容融入并行

如表5-5所示，按照开设方式，北美iSchools院校数字取证课程可分为"专设类"与"内容融入类"。第一，依据培养目标与研究特长专门设置数字取证类课程。如多明尼克大学信息学院"数字取证"课程系统讲授数字取证的概念、原理、技术与工具，展示数字证据收集、分析、展示与保存等关键流程；① 圣何塞州立大学信息学院"计算机/数字取证"讲授取证调查、固化成像、取证工具包使用、取证报告撰写等重要环节。② 此外，乔治梅森大学信息科学与技术系、华盛顿大学信息学院等院校不仅开设概论性数字取证课程，还针对数字取证的不同技术环境、应用对象、应用设备、法律伦理等方面设置了一系列更加精细化的专题课程。③ 第二，将数字取证的相关内容融入现有课程中，更新课程内容范畴。如雪城大学信息学院在"信息安全应用"课程中嵌入数字取证原理与流程相关内容，讲授数字取证对保障数据质量与数据安全的重要意义；④ 得克萨斯大学奥斯汀分校信息学院则将数字取证作为信息组织与分析、信息安全保障教学的重要部分，在"数字存档与保存"课程中讲授相关内容。⑤ 无论作为独立的课程门类，还是作为组成部分融入信息管理课程现有的教学内容中，数字取证作为涵盖数据收集、提取、组织、分析、展示与保存等活动的学科，与 iSchools 院校的培养目标具有较强的适配性，与现有教学内容也具备较为充分的融合、发展、再生空间。

---

① "Course Information-Digital Forensics"，July 27，2021，http：//bulletin. dom. edu/preview_ course. php? catoid = 14&coid = 34723.

② "Career Pathways-Informatics"，June 28，2022，https：//ischool. sjsu. edu/informatics-specializations.

③ "Digital Forensics, MS"，June 28，2022，https：//catalog. gmu. edu/colleges-schools/engineering-computing/engineering/electrical-computer/digital-forensics-ms/.

④ "Introduction to Information Security"，July 27，2021，http：//coursecatalog. syr. edu/preview_ course. php? catoid = 25&coid = 159099&print.

⑤ "Digital Archiving and Preservation"，June 28，2022，https：//www. ischool. utexas. edu/ischool-course-offerings? courseID = 233.

表5-5　　　　　　　　北美 iSchools 数字取证课程开设情况

院校	数字取证（或者含相关内容）课程	课程性质
不列颠哥伦比亚大学信息学院	数字文件身份鉴定学与数字取证（Digital Diplomatics and Digital Forensics）	不定期开设课
多明尼克大学信息学院	数字取证（Digital Forensics）	专业选修课
德雷塞尔大学计算与信息学院	信息取证（Information Forensics）；计算机取证（Computer Forensics）	专业选修课
乔治梅森大学信息科学与技术系	数字取证分析（Digital Forensics Analysis）；网络取证（Network Forensics）；数字媒体取证（Digital Media Forensics）；数字取证专题（Special Topics in Digital Forensics）；内存取证（Memory Forensics）；Windows 注册表取证（Registry Forensics-Windows）；数字取证分析（Digital Forensic Profiling）；内核取证分析（Kernel Forensics and Analysis）；数字取证研究（Research in Digital Forensics）；入侵检测取证实操（Operations of Intrusion Detection for Forensics）；事故响应取证（Incident Response Forensics）；移动设备取证（Mobile Device Forensics）；高级数字取证（Advanced Digital Forensics）；数字音视频取证（Digital Audio Video Forensics）；Linux 环境取证（Linux Forensics）；深度包检测取证（Forensic Deep Packet Inspection）；云环境取证（Cloud Forensics）；Mac 环境取证（Mac Forensics）；反取证（Anti-Forensics）	专业核心课；专业选修课；顶点（Capstone）综合性课程
佐治亚理工学院计算机学院	商业计算机取证与事故响应（Business Computer Forensics and Incident Response）；事故响应数字取证（Digital Forensics for Incident Response）；武器系统数字取证	专业必修课；专业方向选修（政策型课程）
密歇根大学信息学院	数字管护（Digital Curation）	精选课程
北卡罗来纳教堂山分校信息与图书学院	数字馆藏管护取证（Digital Forensics for Curation of Digital Collections）	专业选修课
宾夕法尼亚州立大学信息科学与技术学院	网络取证的法律、监管与政策（Legal, Regulatory, Policy Environment of Cyber Forensics）；计算机与网络取证（Computer and Cyber Forensics）	方向必修课；方向选修课

续表

院校	数字取证（或者含相关内容）课程	课程性质
匹兹堡大学计算机与信息学院	安全管理与计算机取证（Security Management and Computer Forensics）	专业方向选修课
圣何塞州立大学信息学院	档案工作者数字取证（Digital Forensics for Archivists）；计算机/数字取证（Computer/Digital Forensics）	专业选修课；专业方向课
雪城大学信息学院	数字取证（Digital Forensics）；信息安全应用（Applied Information Security）	专业选修课
得克萨斯大学奥斯汀分校信息学院	数字存档与保存（Digital Archiving and Preservation）；数字取证与事故响应（Digital Forensics and Incident Response）；电子发现与数字证据（Electronic Discovery and Digital Evidence）	专业选修课
华盛顿大学信息学院（塔科马校区）	数字取证（Digital Forensics）；移动数字取证1、2、3（Mobile Digital Forensics I II III）；网络安全概论（Introduction to Cybersecurity）；组织信息保障（Organizational Information Assurance）；信息保障策略建设与管理（Establishing and Managing Information Assurance Strategies）	专业选修课
韦恩州立大学信息学院	数字取证（Digital Forensics）	学科实践项目
威斯康星大学密尔沃基分校信息学院	信息科学专题：计算机取证（Special Topics in Information Science：Computer Forensics）	专业必修课

（三）课程内容："领域跨界"与"为我所用"并举

受所属学科专业及培养定位影响，iSchools院校的数字取证课程的内容具备"领域跨界"与"为我所用"两种面向。一方面，面向司法需求，发挥信息管理在诉讼证据开示与信息发现等工作中的优势，讲授数字取证的基础理论、概念与术语、原理与流程、标准与策略、技术与工具、伦理与道德、判例法等，使学生能够依据法定要求收集、提取、分析、展示、保存与报告电子证据，服务数字取证，在司法框架下从事信息管理活动。此类课程从信息管理本学科出发，向外辐射，充分调动数字取证的跨学科属性，如乔治梅森大学信息科学与技术系联合电子与计算机工程系等相关专业合作开设课程，威斯康星大学密尔沃基分校信息学院与刑事司法与犯罪学系合作开展数字取证教育教学等，使信息管理专业学生具备跨界从事数字取证工作的相关能力。① 此类课程技术色彩浓厚，这不仅得益于各相关学院的课程共建，也与部分 iSchools 院校向计算机学院的转型与合并有关。另一方面，面向本学科场景，吸收数字取证在数据提取、分析等方面的经验，解决图情档领域的实际问题。此类课程充分运用数字取证的技术与工具基础，协助解决信息管理工作中面临的真实性保障、数据质量保证与数据分析等关键问题，如不列颠哥伦比亚大学信息学院"数字文件身份鉴定学与数字取证"课程教授学生如何在数字文件全生命周期管理中发挥数字取证优势，保障数字文件真实性；② 北卡罗来纳教堂山分校信息与图书学院"数字馆藏管护取证"将数字取证的原理与技术应用于图书馆、档案馆与博物馆的原生数字资源管理环节。③

（四）授课方法：理论教学与实践实操并重

数字取证具有突出的技术性与应用性，北美 iSchools 院校普遍遵循理论与实践相结合的原则设计课程内容、开展教学工作，在讲授数字取证理论与原理之外，安排专门的实践学分或教学环节，使学生能够在模拟实验室或现场体验数字取证实践工作。如韦恩州立大学信息学院为档案与数字内容管理方向的硕士生设置了数字取证学科实践项目，学生需在数字媒体实验室中完成一系列实践学习；④ 乔治梅森大学信息科学与技术系"移动设备取证"课程亦规定学生需在实验室中

---

① "Graduate Certificate in Cyber Crime Forensics", June 28, 2022, https：//uwm.edu/informationstudies/academics/certificates-cas/cyber-crime-forensics/.

② UBC School of Information, "ARST 556H", July 9, 2021, https：//slais.ubc.ca/arst-556h/.

③ "INLS 561 – Digital Forensics for Curation of Digital Collections", July 9, 2020, https：//ils.unc.edu/courses/2017_spring/inls561_001/.

④ "Archives & Digital Content Management Courses", July 9, 2020, https：//sis.wayne.edu/mlis/archives-specializations.php.

完成对所收集数据的分析,并与运营商处的数据实现关联;① 华盛顿大学信息学院"移动数字取证"系列课程则通过实践案例讲授数字取证原理与方法。② 同时,部分高校紧跟行业实践,与专业的数字取证机构和人员合作授课,如雪城大学信息学院"数字取证"课程主讲人马克·波利特(Mark M. Pollitt)为专业数字证据服务公司的总裁;③ 圣何塞州立大学信息学院"计算机/数字取证"课程由斯坦福大学原生数字保存实验室(Born-digital Preservation Lab)的服务经理米歇尔·奥尔森(Michael Olson)担任主讲教师;宾夕法尼亚州立大学信息科学与技术学院"计算机与网络取证"课程则组织学生亲身参与一个计算机犯罪案件取证项目,并与检察官、专家证人等关键人员交流④,为学生积累实践工作经验。综上,国外信息学院对数字取证课程的引入是大信息管理视域下推动学科交叉融合与纵深发展的积极探索,为文件与信息管理领域学生的跨学科培养提供了基本渠道,有助于提升文件与信息管理人员的综合素质,为"信息管理—数字取证"专业跨领域人才的培养奠定了基础,亦为文件与信息管理人员向数字取证人员的能力转化提供了更多可能性。

二 电子文件管理与电子证据专业人员职业认证互鉴

欧美国家具有发达的职业资格认证体系,它一般是指对于某行业或专业的知识与能力、熟练操作程度的第三方证明,是确保能够完成某工作或任务的资格。根据美国国家标准局(American National Standards Institute,ANSI)的规定,从事职业资格认证的机构必须提

---

① "DFOR 672:Mobile Device Forensics",June 28,2022,https://catalog.gmu.edu/search/? search = DFOR + 672.

② "UW Seattle Course Descriptions",July 9,2021,https://www.washington.edu/students/crscatt/tinfo.html.

③ "Mark M. Pollitt",June 28,2022,https://ischool.syr.edu/mark-pollitt/.

④ "Computer and Cyber Forensics 3 Credits",July 27,2021,https://bulletins.psu.edu/search/? P = IST%20454.

供除培训课程以外的专门评估，并向符合评估标准的人授予有时间期限的认证证书。这表明职业资格认证必须通过接受一定时间的培训并通过考试方可获得，且具有2—3年左右的有效期，有效期过后需重新认证。职业资格（Professional Certification）与执业许可（Professional Licensure）不同，前者的认证主体是专业的行业协会，组织或个人自愿参与认证；后者则是由州政府机构颁发，一般是出于法律规定从事某特定职业的要求。①

国外文件与信息领域对相关从业人员进行认证的代表性行业协会有：（1）国际文件管理工作者协会（Association of Records Managers and Administrators，ARMA International），成立于1955年，是信息管理与信息治理领域的专业社群；（2）文件管理者认证协会（Institute of Certified Records Managers，ICRM），成立于1975年，是文件与信息管理行业的专业认证机构；（3）智能信息管理协会（Association for Intelligent Information Management，AIIM）致力于协助组织机构在数字驱动的业务环境下应对信息管理挑战，是专业性的会员制组织；（4）美国档案工作者协会（Society of American Archivists，SAA）是北美历史最悠久、规模最大的全国性档案专业协会。

电子发现领域公认最为权威的认证机构是电子发现专家认证协会（Association of Certified E-Discovery Specialists，ACEDS），它是为电子发现专业人员开设的会员制组织，组织了本领域首个职业资格认证考试，专门从事电子发现专业能力认证。值得注意的是，上述两个领域的各项职业资格认证内容中不乏相互交融互通的成分，具体体现在以下两个方面：

（一）电子发现相关要求嵌入文件信息管理人员职业资格认证项目

如前所述，文件与信息管理领域主流的四个行业协会均推出了

---

① Wikipedia, "Professional Certification", December 9, 2019, https：//en.wikipedia.org/wiki/Professional_ certification#Other_ applications.

文件与信息领域的职业资格认证项目。如表5-6所示，无论从事文件与信息管理、信息治理、企业信息检索、文件分析或数字档案管理等职业，法规遵从都是必然的能力要求。具体而言，文件与信息管理从业者需具备基本的法律知识，了解组织机构开展业务和档案管理相关的法律法规，对文件与信息进行合规管理；了解诉讼的基本程序、诉讼留存和电子发现的要求，并通过保管期限设置、合规销毁等文件与信息管理工作支持上述要求；掌握数字取证的原理与技术，并将其应用于电子文件的提取、分析与完整性保障等。

表5-6　　文件与信息管理职业资格认证中的电子发现相关内容

认证机构	认证项目	认证要求中电子发现的相关内容
国际文件管理工作者协会——Association of Records Managers and Administrators, ARMA International	文件与信息管理认证——Records & Information Management (RIM) Certificate①	本证书的目标对象是文件与信息管理的入门级从业者，涉及文件与信息管理的律师等法律工作者、IT从业人员亦可考取该证书。本认证需参与10组课程，其中与电子发现相关的有3组课程： ①电子文件管理——Electronic Records Management-第7部分为电子发现的标准与法律要求。 ②文件保管期限与处置——Records Retention and Disposition-第4部分为诉讼留存对文件管理与处置的要求。 ③文件管理与法律——Records Management and the Law-本组课程共9节，详细阐述了文件管理的法律要求，具体有：文件信息管理支持机构合规；文件管理的义务；法律法规对机构业务的指导；标准、指南与最佳实践；诉讼程序；诉讼启动；诉讼留存；证据发现；审判
	信息治理专业认证——Information Governance Professional (IGP) Certification②	本证书的目标对象是熟练掌握信息治理理论与实践的高层次人才，旨在培养组织机构的信息管理/信息治理高级管理人员，首席数据官（CDO）、首席信息官（CIO）、首席信息安全官（CISO）、首席技术官（CTO）和首席隐私官（CPO）等。本认证的主要内容涵盖了归档、合规管理、信息管理、信息技术、法律、电子发现、隐私、安全等多个领域与学科

---

① ARMA International, "Attain your Essentials of RIM Certificate", July 9, 2021, https：//www.arma.org/page/EssentialsOfRIM.

② ARMA International, "Essentials of Information Governance (IG) Certificate", July 9, 2021, https：//www.arma.org/page/EssentialsIGCertProgram.

续表

认证机构	认证项目	认证要求中电子发现的相关内容
国际文件管理工作者协会——Association of Records Managers and Administrators，ARMA International	通用文件管理原则认证——Generally Accepted Recordkeeping Principles Certificate①	本认证是上文 RIM 认证的嵌套认证，其中与电子证据相关的认证课程为"诉讼辩护与信息治理相关原则"，它阐述了信息治理和电子发现之间的关系，描述诉讼辩护信息治理相关原则，列举判例法相关例证说明未能实现此原则的法律制裁
	企业检索资格证书——Enterprise Search Certificate②	本认证专门针对组织机构的电子发现需求而设立。要求参与认证的人员学习电子信息存储（Electronic Storage Information，ESI）检索的相关技术、法律遵从、策略等
文件管理者认证协会——Institute of Certified Records Managers，ICRM	文件管理人员认证——Certified Records Manager（CRM）	这两种资格认证均需考察法规遵从（Compliance）的相关内容，具体包括： ①法律法规：文件管理人员应当熟悉各类法律法规和司法判例中对文件与信息管理的要求，并能够制定符合上述要求的文件管理方案。 ②政策遵循：对于电子邮件等电子通讯信息的使用，一般有专门的规定与章程，文件管理人员应当予以重视并促进其形成与使用。 ③诉讼支持：在现如今的业务环境中，文件管理人员应重视与法律工作者的合作，并重视电子文件的诉讼留存、合规销毁与删除等工作
	文件分析人员认证——Certified Records Analyst（CRA）③	
智能信息管理协会——Association for Intelligent Information Management，AIIM	信息专业人员认证——Certified Information Professional（CIP）④	该认证与电子证据相关的认证项为"自动治理与法规遵从"（Automate Governance and Compliance）。其提供的"现代文件管理"（Modern Records Management）培训课程专门介绍了电子发现的需求与隐私政策⑤

---

① ARMA International，"Essentials of The Principles ⓒ Certificate（Training Course Bundle）"，July 9，2021，https：//www. arma. org/page/EssentialsOfPrinc.

② ARMA International，"Enterprise Search Certificate"，December 9，2019，https：//www. arma. org/page/EssentialsOfEntSearc.

③ ICRM，"Why Should You Become a Certified Information Professional？（CIP）"，July 9，2021，https：//www. aiim. org/Education-Section/CIP.

④ AIIM，"Certified Information Professional（CIP）"，December 9，2019，https：//www. aiim. org/Education-Section/CIP.

⑤ AIIM，"Modern Records Management"，December 9，2019，https：//www. aiim. org/Education-Section/Deep-Dives/Deep-Dive-MRM.

续表

认证机构	认证项目	认证要求中电子发现的相关内容
美国档案工作者协会—Society of American Archivists，SAA	数字档案专家认证—Digital Archives Specialist（DAS）	该认证包括对数字取证的培训，共分为基础课程和进阶课程两个阶段。 ①基础课程专注于可移动存储介质（软盘、硬盘、记忆棒、光盘等）中数据的防篡改提取与长期可用性的保障，学习数字取证原理、技术与工具在档案环境中的应用。该课程采用线下培训的方式，学生需自行携带电脑，并安装十六进制编辑软件 Cygnus Hex Editor、取证成像软件 FTK Imager、加密哈希（MD5/SHA）软件 FileVerifier++等。① ②进阶课程则在 BitCurator 环境中使用开源工具进行数字取证实操训练。具体包括：如何从物理存储介质中读取比特流并将其存储为文件，识别"隐藏"在介质中的数据，应用写保护程序并创建磁盘镜像以防止数据意外丢失，识别并提取系统文件，将数字取证方法用于文件收集

（二）文件管理成为电子发现专业人员职业资格认证的重要内容

在 ACEDS 的认证中，信息管理与诉讼准备被排在首位（详见表5-7）。这不仅说明信息管理是电子发现的第一道程序，也说明了信息管理对诉讼活动准备与启动的重要性。这与前文所述的电子发现参考模型 EDRM 将信息治理视为首要环节不谋而合。

表5-7 **电子发现职业资格认证中的电子文件管理内容**

认证机构	认证项目	认证要求中电子文件管理的相关内容
电子发现专家认证协会 Association of Certified E-Discovery Specialists，ACEDS	电子发现专家认证—Certified E-Discovery Specialist（CEDS）②	该认证是首个专门针对电子发现从业人员的认证，按照电子发现的流程共考察15个项目，其中第一个就是信息管理与诉讼准备，其余还有项目计划、诉讼留存实施、收集计划与实施、数据处理、数据剔除、审查计划、数据审查、数据提交、项目管理、法律框架与义务、跨境证据发现、伦理、技术、预算

---

① SAA, "Digital Forensics: Fundamentals", July 9, 2021, https://www2.archivists.org/prof-education/course-catalog/digital-forensics-fundamentals.

② ACEDS, "CEDS Certification", July 9, 2021, https://www.aceds.org/page/certification.

续表

认证机构	认证项目	认证要求中电子文件管理的相关内容
电子发现专家认证协会 Association of Certified E-Discovery Specialists, ACEDS	电子发现实践技能认证—eDiscovery Executive Certificate (eDEx)①	认证项目与 CEDS 基本一致，也包括关于信息管理相关内容的考察

综上可知，法规遵从、电子发现与数字取证的相关能力已作为文件与信息管理各类职业认证的重要考察项目，是文件与信息管理人员的必备素质；同样地，信息管理的重要性在电子发现专业人员的职业认证中亦获得认可。职业资格认证作为职业能力与职业素养的风向标，将电子证据的相关需求在文件与信息管理行业中提升到了新的高度，推动信息管理在数字取证领域中扮演更加积极的角色，亦使数字取证成为信息管理业务创新更为活跃的动力，二者共同提出了对"电子文件管理+电子发现/取证"复合型人才的迫切需求。

第五节 本章小结

由绪论可知，我国电子文件管理领域与电子证据领域已有初步交融，但仍存在研究内容较为零散、融合深度比较有限、研究方式较为单一的问题，难以直接应对司法界对电子文件证据效力保障的需求。国外在文件信息管理、电子取证、电子发现等领域的融合方面具有一定的经验，对其进行归纳梳理，能够为我国提供有益参考。

在第一节中，笔者系统梳理了电子证据法规标准与电子文件管理的衔接情况，发现英美法系国家通过调适电子证据对各项证据规

---

① ACEDS, "eDiscovery Executive Certificate (eDEx)", July 9, 2021, https://www.aceds.org/page/ediscovery-executive-certificate.

则的适用，排除了电子文件的可采性障碍并阐明电子文件作为证据使用的证明力优势条件；其次，在民事诉讼中强化电子文件的诉讼留存义务，未能妥善保管与处理电子文件将获相应制裁，这从法律层面确定了组织机构电子文件管理工作的重要地位，"倒逼"组织机构电子文件管理工作水平的提升；再次，通过电子证据专项立法或在证据法中增加电子证据专章细化对电子证据的认证，构筑电子文件证据效力的法规保障体系；最后，通过一系列标准规范促使法律条文的落实，将证据法中对电子证据可采性的要求"翻译"为电子文件管理的具体举措，有力地提升了电子文件应对诉讼时的证据效力。

在第二节中，笔者总结了国外数字取证与电子文件管理的流程融合与技术借鉴。发现在业务流程方面，学者们已始重视将数字取证的部分活动前置于电子文件管理的业务流程中，或构建"电子文件管理—数字取证"的全过程管理链条。在工具与技术方面，国外学者将数字取证技术应用于图书馆、档案馆的管理环境中，开发了Bitcurator等工具促进符合法律规格要求的数字资源的形成、提取与展示利用，并进一步将数字取证原理与技术应用至获取、分析、鉴定等电子文件管理方案各环节的优化。

在第三节中，笔者总结了实践工作中电子文件管理与电子发现行业实践领域的交融，这种交融合作的法律依据是对诉讼留存的要求，具体表现在商业性文件与信息管理机构推出电子发现服务，文件管理与电子发现行业协会建立合作伙伴关系，以及电子发现领域对信息治理的关注与重视。

在第四节中，笔者对国外电子文件管理与电子证据跨学科人才的培养情况进行了归纳。人才保障是各项工作顺利开展的基础，国外信息学院已积极开设数字取证的相关方向与课程，文件与信息管理职业资格认证与电子发现职业资格认证也实现了考评项目的互通互鉴……对"电子文件管理+电子发现/数字取证"复合型人才的需求日渐迫切。

第 六 章

组织机构电子文件证据效力保障的体系框架

在第三章中，笔者从证据三性、法规制度建设、管理与保全、能力与意识、技术、成本控制等方面分析总结了证据法学视角下我国电子文件证据效力保障的需求。由前述可知，电子证据审查认定的法规条文并未直接指向电子文件管理实践，法律工作者对电子文件管理工作的认知和了解有限，因此，上述需求难以直接对应电子文件证据效力保障的工作要点。在本章中，笔者将视角从证据法学转向档案学，依据电子文件管理领域的法律法规、政策标准、国际实践等，对第四章中总结的需求进行筛选与识别，初步归纳组织机构电子文件证据效力保障体系框架中保障要素的相关参考项；在此基础上，运用专家意见征询法确定最终的保障要素、体系框架内容与层次结构，为组织机构电子文件证据效力的保障工作提供参考。

第一节 体系框架的适用对象、构建目标、原则与思路

组织机构电子文件证据效力保障体系框架（以下简称"体系框

架")的构建根植于电子证据广泛应用的背景,旨在从电子文件管理视角为现代组织机构应对纠纷或诉讼提供助益,该体系框架具有特定的适用对象、构建目标与构建原则。

一 适用对象

顾名思义,体系框架的适用对象应当是"组织机构"中的电子文件。根据《档案法》规定,组织机构指国家机构、社会组织,即机关、团体、企业事业单位和其他组织。本体系框架中,组织机构具备如下特征:

第一,是形成、管理电子文件的机构。体系框架的构建关注电子文件—电子证据保管链全程,起始于电子文件的形成环节,仅承担保存工作的相关机构(如:各级各类公共档案馆)并非本体系框架的主要适用对象,但体系框架亦涉及长期保存阶段的电子文件证据效力保障工作,因而对其也具有一定参考价值。

第二,不包含电子证据的认定机构,即司法机关等。本书旨在从电子文件管理视角为电子证据司法应用提供助益,默认电子文件作为证据提交法庭后效力不再发生实质性变化,并不涉及且无法直接作用于电子证据的最终认定,因而不包括认定电子证据的司法机关。

第三,重点关注高涉诉风险业务的机构。出于对实际应用场景的考量,体系框架可重点适用于涉及金融财税、知识产权、医疗健康、互联网交易等较易面临纠纷与诉讼的机构及业务。根据笔者的前期调研,上述机构在业务活动中所产生的电子合同、电子发票、电子病历、设计图纸等电子文件的涉诉概率较高,证据效力保障需求较强。

本书组织机构中的电子文件特指具有下列特征的电子文件:

第一,包含全生命周期阶段的电子文件。基于"大文件观",强调电子文件运动的整体性,向前覆盖至电子文件形成之前,向后包括已归档的电子文件。

第二，组织机构的电子文件而非个人的电子文件。与 ISO 15489 - 1：2001（即国标采标 GB/T 26162.1—2010）、GB/T 18894—2016 等标准将电子文件的形成者定义为组织机构与个人不同，本体系框架中的电子文件是组织机构层面形成的，与个人处理私人事务所形成的文件相对，更接近国务院办公厅《电子文件管理暂行办法》中对电子文件的定义，专指组织机构业务处理过程中产生的电子文件。

第三，以原生电子文件为主。电子证据认定有"原件""原物"的要求，如存在纸质原件的前提下应当尽量出示纸质原件，故本体系框架中的电子文件主要指初次生成即为数字形态的原生电子文件。在"存量数字化、增量电子化"的趋势下，各组织机构普遍开展了纸质文件的数字化工作，形成了大量再生性电子文件，当发生不可避免的情况致使无法或不便出示纸质文件时，再生性电子文件则成为"唯一证据"；随着庭审向全程数字化的方向发展，对再生性电子文件的需求也将逐渐增加，组织机构亦需要重视再生性电子文件的证据效力保障，不应因还保存有纸质原件就疏于对数字复制件的管理。

二 构建目标

总体而言，体系框架旨在从电子文件管理的视角为现代组织机构应对纠纷或诉讼提供助益，参考第三章提出的电子文件证据性概念模型，需满足真实性、可靠性、完好性、可用性、齐全性、安全性、保密性、合法合规性，以实现组织机构内部认可、组织机构间互相认可、司法机关认定这三个层面的目标。

第一，组织机构内认可：辅助组织机构业务的正常运转。现代组织机构越来越依赖数字环境开展业务活动，这必将伴随更多电子文件的产生，对电子文件作为业务凭据的依赖性越来越强。如何使电子文件获得组织机构内部各业务部门的认可，实现无障碍流转、运行与办理，是本体系框架最为基本的目标。

第二，组织机构间互信：业务往来与纠纷处理质效提升。电子文件作为业务凭证已经广泛用于现代商业活动，并在组织机构的业务往来中流通。无论是正常的业务往来，还是面临纠纷摩擦，在本体系框架下开展的电子文件管理工作有助于留存更完善的业务凭证记录，为证明事实提供更全面、更有效的证据，有利于提升业务办理效率，使本组织机构在纠纷中获得优势地位。

第三，司法机关认定：应诉时具备证明力优势。当组织机构与个人或其他组织机构的矛盾不可调和、发生诉讼时，电子文件将转化为电子证据，在诉讼中发挥法律凭证价值。相比于组织机构内或组织机构间对电子文件业务凭证价值的认可，司法机关对电子文件法律证据效力认定的标准与要求更为全面、具体。如何辅助组织机构电子文件在司法认定中具有证明力优势，也是本体系框架拟实现的最终目标。

三　构建原则

基于适用对象与构建目标，本体系框架的构建遵循以下原则：系统性原则、需求导向原则、连贯性原则、成本效益原则。

（一）系统性原则

系统思想是分析与综合的辩证思维工具，一般系统论创始人冯·贝塔朗菲（Von Bertalanffy）指出："系统是相互关联、相互作用的诸多要素的综合体。"[1] 本书所构建的体系框架应当满足系统的一般要求，需包含管理、技术、法制、人员等多重要素，并应具有整体性、相关性、集合性、目的性、层次性和环境适应性的特征[2]，具体表现在：各要素协调存在，共同构成一个整体；各要素之间相互联系、相互依存、相互影响；各要素之间可能存在主次关系，要素内也可能包含子要素等；类似的要素应当聚类形成更高级别的要

---

[1] ［美］冯·贝塔朗菲：《一般系统论基础、发展和应用》，林康义、魏宏森译，清华大学出版社1987年版，第8页。

[2] 高志亮、李忠良编著：《系统工程方法论》，西北工业大学出版社2004年版，第8—13页。

素,类似的子系统应当聚集成为系统;系统应当服务于证据效力保障的最终目标;系统应当符合法律、政策与现实大环境的基本需求等。这意味着不能仅靠某一方的力量或某一种策略与手段来解决组织机构电子文件的证据效力保障问题,而应意识到,问题的解决需要依靠多方力量、采取多重策略、应用多种手段协同配合。

(二)需求导向原则

需求导向原则是一种以需求为中心、以用户为驱动来规划体制、机制、系统的指导思想。[①] 组织机构对电子文件证据效力保障存在的客观需求是本书体系框架构建的动力来源。根据前文的研究可知,三大诉讼法中,电子证据的法定地位早已确立,但在司法认证中仍旧争议不断;电子文件的单轨单套管理酝酿已久,然而组织机构电子文件管理实践的步伐却远未及于此。随着2019年国务院716号令对电子文件单套制归档管理的正式要求,以及其中关于电子文件法律效力"四个等同"的论述,组织机构保障电子文件证据效力的现实需求愈发凸显。基于此,体系框架的构建须牢牢把握以上背景,同时要重点突出对第四章具体需求的回应。

(三)连贯性原则

连贯性原则是指任何事物的发展与其过去与未来的行为都有所联系[②],并非孤立存在。体系框架不是架空的、突兀的,而应当基于过去、现在与未来相结合的连续性视角加以构建。首先,该体系框架应当承接已有的工作成果,综合考量现有的政策法规、标准规范、组织管理与业务流程;其次,该体系框架应当能够针对性地解决现在工作中所存在的问题;最后,该体系框架应当具有一定延伸性与预测性,符合未来电子文件管理工作和电子证据司法应用的趋势,

---

① 朱林、吴兆文:《数字信息资源管理研究》,中国出版集团、世界图书出版公司2012年版,第130页;苏东出、石晓东、孙萍:《数字图书馆技术导论》,西安地图出版社2008年版,第206页。

② 吴丹编著:《管理决策方法——理论、模型与应用》,河海大学出版社2014年版,第4页。

保证在一定时间范围之内该体系框架的指导意义和参考价值。

（四）成本效益原则

成本效益原则是财务管理领域最经典、影响最广泛的价值判断原则，指对生产经营活动的成本与收益进行分析与权衡，使之实现最佳结合以获得最大盈利。[①] 组织机构电子文件证据效力保障是一项复杂、庞大的工作，让电子文件管理满足司法对电子证据的所有要求是不现实的，对所有电子文件按照诉讼证据的标准进行同等管控显然也是不经济的。因此，构建组织机构电子文件证据效力保障体系时，应把握好成本效益原则，对电子文件证据效力保障的需求进行筛选与辨别，精简核心需求并将其转化为保障要素；同时，应当使体系框架具有一定伸缩性和灵活性，能够为不同类型、不同性质电子文件的证据效力保障工作提供恰当的参考。

四　构建思路

在第三章中，笔者从证据法学视角归纳了组织机构电子文件证据效力保障的需求。本节以此为基础，将上述需求对应、转化到具体的保障要素中，综合构建体系框架。具体思路见图6-1。

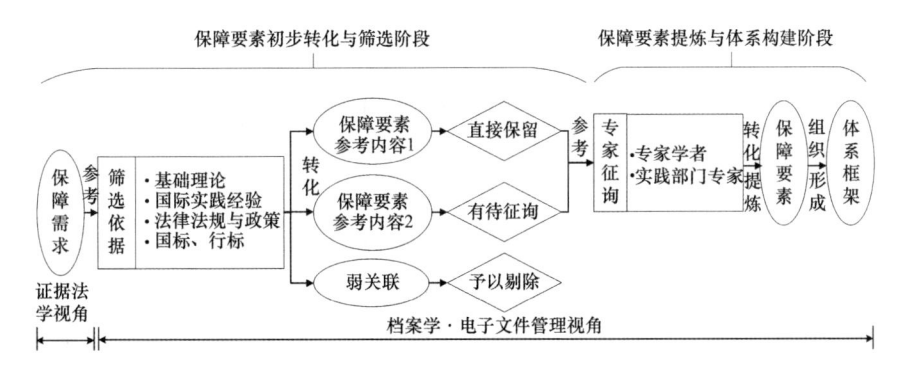

图6-1　组织机构电子文件证据效力保障体系框架构建思路

[①] 陈华庚、张健美、王超：《财务管理》，上海交通大学出版社2015年版，第8页。

体系框架构建共分为两个阶段：

第一阶段：保障要素初步转化与筛选。第四章中，笔者从证据法学视角归纳了电子文件证据效力保障需求（共计6个大类，14个子方面，34条具体需求项），继而以基础理论、国际经验、电子文件管理法律法规、政策标准为依据，判断上述需求能否指引体系框架中保障要素的形成。对于明显能够转化为保障要素参考内容的需求，可直接保留；对于所提供的参考性有限、仍待完善的需求，可予以暂时保留并等待第二阶段的征询；对于和电子文件管理工作关联性较弱、难以转化为保障要素参考内容的需求项，可予以剔除。经过初步筛选，可得到精炼后的保障要素参考内容。

第二阶段：保障要素提炼与体系构建。该阶段在第一阶段工作的基础上，运用专家意见征询法，进一步完善保障要素、构建体系框架。首先，以第一阶段"有待征询"的需求项为主，结合已被"直接保留"的需求项，设计专家意见征询大纲，以深度访谈的形式征询专家对各项保障要素参考内容的意见与建议。其次，整理、归纳专家意见，分析提炼保障要素。最终，组织归纳各保障要素，分析要素间相关关系，形成体系框架，用于指导组织机构电子文件证据效力的保障工作。

第二节 保障要素的初步转化与筛选

在本节中，笔者参照一系列筛选依据，对组织机构电子文件证据效力保障的需求进行逐一分析，分门别类地将与电子文件管理工作相关的保障需求转化为保障要素参考项。该过程实现了对保障要素的初步转化和筛选。

一 参考依据

前述章节分别对电子文件管理与电子证据应用领域的基础理论、

国际实践，以及相关法律法规与政策依据进行了研究，为初步筛选体系框架各项保障要素提供了依据。

（一）基础理论、理论工具及国际实践依据

如前所述，电子文件的证据效力保障作为一项跨学科研究课题，应综合参考文件生命周期与文件连续体理论等档案学理论与思想、证据保管链等证据法学相关理论，并结合前文所提出的两项跨学科理论工具，即电子文件证据性概念模型与电子文件—电子证据保管链进行分析与研究，详见第二章、第三章。同时，美国、英国、加拿大等证据法较为发达的英美法系国家在电子文件管理与电子证据司法应用的交融与互动方面实践颇丰，在法律法规、标准规范、管理流程、技术应用、行业服务和人才培养方面形成了较为体系化的路径，为体系框架的构建提供了有益的经验参照，相关内容详见第五章。

（二）电子文件管理法律法规与政策依据

在前文归纳的保障需求中，许多需求直接指向了法规制度的建设与完善，不仅包括电子证据领域的法规制度，也涉及电子文件管理的相关法规制度。第四章已对电子证据的相关法规进行了梳理，本节中，笔者以国家档案局门户网站资源与北大法宝检索结果为参考，重点归纳电子文件管理领域的法律法规与政策，试图从电子文件管理的角度为上述需求"求解"。

在电子文件管理领域，最具标志性的法律即 2004 年《电子签名法》，它首次明确了电子签名的法律地位。2019 年国务院 716 号令《国务院关于在线政务服务的若干规定》率先明确提出了政务服务相关电子文件的单套制归档，并提出了电子签名与手写签名、电子印章与实物印章、电子证照与纸质证照、电子档案与纸质档案法律效力等同的"四个等同"的论述；[①] 2020 年，新《档案法》中专门增

[①] 中华人民共和国中央人民政府：《国务院关于在线政务服务的若干规定》，http://www.gov.cn/zhengce/content/2019-04/30/content_ 5387879.htm，2019 年 12 月 23 日。

加了信息化建设专章（第五章），指出"电子档案应当来源可靠、程序规范、要素合规"，"电子档案与传统载体档案具有同等效力，可以以电子形式作为凭证使用"。上述法律与行政法规形成了体系框架构建的基本背景。

在党内法规方面，《电子文件管理暂行办法》（厅字〔2009〕39号）、《国家电子文件管理工作规划（2011—2015年）》（厅字〔2011〕37号）和《国家电子文件管理"十三五"规划》（厅字〔2016〕37号）从宏观视角对电子文件管理工作进行了统筹规划。

国家档案局作为统筹规划、宏观管理全国档案工作的国家部门，发布了一系列部门规章与规范性文件，主要集中在电子文件归档管理、档案数字化、数字档案馆建设等方面，其管理对象逐渐由政府机关电子文件向企业电子文件延伸。详见表6-1。

表6-1　　国家档案局发布的电子文件管理相关规范性文件

编号	名称	时间	性质
1	数字档案馆建设指南（档办〔2010〕116号）	2010	部门工作文件
2	电子档案移交接收办法（档发〔2012〕7号）	2012	部门工作文件
3	档案信息系统安全等级保护定级工作指南（档办发〔2013〕5号）	2013	部门工作文件
4	数字档案馆系统测试办法（档办发〔2014〕6号）	2014	部门工作文件
5	档案数字化外包安全管理规范（档办发〔2014〕7号）	2014	部门工作文件
6	企业电子文件归档和电子档案管理指南（档办发〔2015〕4号）	2015	部门工作文件
7	档案信息系统安全保护基本要求（档办发〔2016〕1号）	2016	部门工作文件
8	建设项目电子文件归档和电子档案管理暂行办法（档发〔2016〕11号）	2016	部门工作文件
9	企业数字档案馆（室）建设指南（档办发〔2017〕2号）	2017	部门工作文件
10	电子档案管理系统基本功能规定（档办发〔2017〕3号）	2017	部门工作文件
11	电子公文归档管理暂行办法（国家档案局第14号令）	2018	部门规章

此外，国家密码管理局、国家知识产权局、住房和城乡建设部等国家部门均发布了各自领域内电子文件管理的相关规范。

上述法律法规与政策规范多为总括性、纲要性的文件，从宏观视角对电子文件工作的目标、环节、方法与要求进行统筹规划，对本书体系框架的构建具有参考价值。

(三) 电子文件管理标准依据

相比于法律法规与政策规范的提纲挈领，国家标准、行业标准的发布则更具体地展现了电子文件管理的各个方面，对电子文件管理实践具有更直接的指导作用。2013年，国家电子文件管理部际联席会议办公室（简称"国电联办"）下发了《关于印发〈电子文件管理标准体系框架〉的通知》（以下简称《标准体系框架》），成为深入研究电子文件管理标准需求的指导性文件。[1]《标准体系框架》根据电子文件管理的逻辑架构进行组织，共分为以下六个维度：(1) 基础类：管理术语、管理通则；(2) 对象类：文件实体、元数据；(3) 过程类：形成办理、归档管理、长期保存；(4) 系统类：设备、软件、技术；(5) 监督检查类：认证测评、能力评估；(6) 应用领域类：通用管理、业务管理。随着各维度中标准的不断丰富，《标准体系框架》中对各维度的内涵阐释无法完全适用于目前的部分标准，笔者酌情对其进行了调整，如在过程类维度中增加"数字化"类别，在监督检查类维度中增加"检查检测"类别等。

笔者在上述标准体系框架的指引下，通过对国家档案局门户网站的标准资源、国家标准化管理委员会网站下设的全国标准信息公共服务平台、国家标准全文公开系统进行检索（检索词："电子文件""电子档案""信息与文献""文件""档案""文档"），对我国电子文件管理领域的国家标准和行业标准建设现状分别进行统计与

---

[1] 刘越男、马林青编：《2010—2015年电子文件管理发展与前沿报告》，电子工业出版社2016年版，第120—123页。

研究，详见表 6-2 与表 6-3（首次统计时间：2019 年 12 月 12 日①）。由于各维度和类别的划分各有侧重、互相交叉，大部分标准被分配唯一的对应维度，极少数标准在多个维度的属性均较为突出，故而归属于多个维度。

通过对相关国家标准、行业标准的总结可知，国家标准在各维度的发展较为稳定，行业标准则更侧重于对元数据、数字化等具体业务环节的规定，二者共同形成了较为完整的电子文件管理标准体系，下一步有待制定针对更多具体行业领域的电子文件管理标准。其中，特别是 GB/Z 26822—2011《文档管理 电子信息存储真实性可靠性建议》、GB/T 30540—2014《文件管理应用 电子数据的存档 计算机输出缩微品（COM）/计算机输出激光光盘（COLD）》等国际标准采标形成的国标，明确规定了电子文件证据性保留的内容；行业标准 DA/T 70—2018《文书类电子档案检测一般要求》为电子文件四性的判断提供了依据，行业标准《电子档案单套管理一般要求》提出整体系统、来源可靠、程序规范、要素合规、安全管理的五大基本原则，以确立电子档案单套管理的基本要求。值得关注的是，行业标准《电子档案证据效力维护规范》规定了电子文件存证保全等环节的操作规范，对电子文件的证明力保障形成了直接参考。以上标准规范为本书体系框架要素的初步筛选提供了重要参考思路。

二 转化过程与筛选结果

基于上述依据，笔者分析了电子文件证据效力保障的各项需求能否直接采纳或间接转化为构建体系框架的保障要素，并剔除与电子文件管理工作关联较弱的需求内容，初步筛选出用于构建体系框

---

① 2022 年 5 月，作者对我国电子文件管理的国家标准与行业标准进行了补充调研，补充调研的相关成果将直接用于进一步完善体系框架、丰富策略支持内容。

表6-2 我国电子文件管理领域相关国家标准（类属—时间顺序）

类属		标准号/计划号	标准名称	状态
基础类	管理术语	20122016—T—244	电子文件管理 术语	暂缓
		GB/T 34110—2017	信息与文献 文件管理体系 基础与术语	现行
		GB/T 20225.1—2017	电子文档管理词汇 第1部分：电子文档成像	现行
	管理通则	GB/T 34112—2017	信息与文献 文件管理体系 要求	现行
		GB/T 26162—2021	信息与文献文件（档案）管理概念与原则	现行
		GB/T 41207—2021	信息与文献文件（档案）管理体系 实施指南	现行
对象类	文件实体	GB/T 23286.1—2009	文献管理 长期保存的电子文档文件格式 第1部分：PDF1.4（PDF/A-1）的使用	现行
		20109996—T—339	电子文件存储与交换格式 文书类流式文档	正在起草
		GB/T 2901—2012	信息与文献 信息交换格式	现行
		20132357—T—469	电子文件存储与交换格式 流式文档（CDM）数据交换格式 扩充要求	正在审查
		GB/T 30541—2014	文献管理 电子内容/文档管理格式 可移植文档格式 第1部分：PDF 1.7	现行
		GB/T 32010.1—2015	文献管理 长期保存的电子文档文件格式 第3部分：支持嵌入式文件的ISO 32000-1 的使用（PDF/A-3）	现行
		GB/T 23286.3—2021	文献管理应用 提高电子文档文件格式的可访问性 第1部分：ISO 32000-1（PDF/UA-1）的使用	暂缓
		GB/T 33190—2016	电子文件存储与交换格式 版式文档	现行

续表

类属	类	标准号/计划号	标准名称	状态
对象类	文件实体	GB/T 37003.1—2018	文献管理 采用 PDF 的工程文档格式 第 1 部分：PDF1.6（PDF/E-1）的使用	现行
	元数据	GB/T 26163.1—2010	信息与文献 文件管理过程 文件元数据 第 1 部分：原则	现行
		GB/T 25100—2010	信息与文献 都柏林核心元数据元素集	现行
		20100028—T—241	电子文件通用元数据规范	暂缓
	数字化	GB/T 33870—2017	干部人事档案数字化技术规范	现行
过程类	形成办理	GB/T 31913—2015	文书类电子文件形成办理系统通用功能要求	现行
	归档管理	GB/T 17678.1—1999	CAD 电子文件光盘存储、归档与档案管理要求 第一部分：电子文件归档与档案管理	现行
		GB/T 17678.2—1999	CAD 电子文件光盘存储、归档与档案管理要求 第二部分：光盘信息组织结构	现行
		GB/Z 26822—2011	文档管理 电子信息存储 真实性可靠性建议	现行
		GB/T 18894—2016	电子文件归档与电子档案管理规范	现行
		20214973—T—241	政务服务事项电子文件归档规范	征求意见中
	长期保存	GB/Z 23283—2009	基于文件的电子文件信息的长期保存	现行
系统类	设备	GB/T 33189—2016	电子文件管理装备规范	正在审查
	软件	20101511—T—469	电子文件存储与交换格式 流式文档 应用编程接口	现行
		GB/T 29194—2012	电子文件管理系统通用功能要求	现行
		GB/T 31914—2015	电子文件管理系统建设指南	现行

续表

类属		标准号/计划号	标准名称	状态
系统类	软件	GB/T 31913—2015	文书类电子文件形成办理系统通用功能要求	现行
		GB/T 34840.1—2017	信息与文献 电子办公环境中文件管理原则与功能要求 第1部分：概述和原则	现行
		GB/T 34840.2—2017	信息与文献 电子办公环境中文件管理原则与功能要求 第2部分：数字文件管理系统指南与功能要求	现行
		GB/T 34840.3—2017	信息与文献 电子办公环境中文件管理指南与功能要求 第3部分：业务系统中文件管理通用功能要求	现行
	技术	GB/T 39784—2021	电子档案管理系统通用格式	现行
		GB/T 2901—2012	信息与文献 信息交换格式	现行
		GB/T 30540—2014	文件管理应用 电子数据的存档 计算机输出缩微品（COM）/计算机输出激光光盘（COLD）	现行
		GB/T 33994—2017	信息与文献 WARC文件格式	现行
	认证测评	GB/T 17679—1999	CAD电子文件光盘存储归档一致性测试	现行
		20122019—T—244	电子文件管理 电子文件管理系统测评规范 第1部分 总则	暂缓
		20132358—T—469	电子文件存储格式 流式文档 交换格式和测试要求	正在审查
		GB/T 31021.2—2014	电子文件测试系统规范 第2部分：归档管理系统功能符合性测试细则	现行
监督检查类	检查检测			
	能力评估	GB/T 39755.1—2021	电子文件管理能力体系 第1部分：通用要求	现行
		GB/T 39755.2—2021	电子文件管理能力体系 第2部分：评估规范	现行
应用领域类	通用管理	本表中GB/T 31913—2015、GB/T 33870—2017等通用职能活动电子文件相关规定入此类		
	业务管理	本表中GB/T 17679—1999等CAD相关规范可入此类		

表6-3 我国电子文件管理领域档案行业标准（类属—时间顺序）

类属		标准号/计划号	标准名称	状态
基础类	管理术语	DA/T 58—2014	电子档案管理基本术语	现行
	管理通则	DA/T 92—2022	电子档案单套管理一般要求	现行
	文件实体	/	电子档案证据效力维护规范	征求意见中
对象类	元数据	DA/T 46—2009	文书类电子文件元数据方案	现行
		DA/T 54—2014	照片类电子档案元数据方案	现行
		DA/T 63—2017	录音录像类电子档案元数据方案	现行
	数字化	DA/T 43—2009	缩微胶片数字化技术规范	现行
		DA/T 52—2014	档案数字化光盘标识规范	现行
		DA/T 31—2017	纸质档案数字化规范	现行
		DA/T 62—2017	录音录像数字化规范	现行
		DA/T 68.2—2020	档案服务外包工作规范 第2部分：档案数字化服务	现行
		DA/T 89—2022	实物档案数字化规范	现行
过程类	形成办理	DA/T 50—2014	数码照片归档与管理规范	现行
		DA/T 82—2019	基于文档型非关系型数据库的档案数据存储规范	现行
		DA/T 85—2019	政务服务事项电子文件归档规范	现行
		DA/T 78—2019	录音录像档案管理规范	现行
		DA/T 80—2019	政府网站网页归档指南	现行

续表

类属		标准号/计划号	标准名称	状态
过程类	形成办理	DA/T 79—2019	证券业务档案管理规范	现行
		DA/T 94—2022	电子会计档案管理规范	现行
		DA/T 88—2021	产品数据管理（PDM）系统电子归档与电子档案管理规范	现行
		DA/T 32—2021	公务电子邮件归档管理规则	现行
		/	ERP系统电子归档和电子档案管理规范	征求意见稿
		DA/T 93—2022	电子档案移交接收操作规程	现行
	长期保存	DA/T 47—2009	版式电子文件长期保存格式需求	现行
		DA/T 48—2009	基于XML的电子文件封装规范	现行
		DA/T 75—2019	档案数据硬盘离线存储管理规范	现行
		DA/T 90—2022	档案仿真复制工作规范	现行
系统类	设备	DA/T 38—2008	电子文件归档光盘技术要求和应用规范	现行
		DA/T 74—2019	电子档案存储用可录类蓝光光盘（BD-R）技术要求和应用规范	现行
		DA/T 38—2021	档案级可录类光盘CD-R、DVD-R、DVD+R技术要求和应用规范	现行
	软件	DA/T 56—2014	档案信息系统运行维护规范	现行
	技术	DA/T 44—2009	数字档案信息输出到缩微胶片上的技术规范	现行
		DA/T 49—2012	特殊和超大尺寸纸质档案数字图像输出到缩微胶片上的技术规范	现行
		DA/T 53—2014	数字档案COM和COLD技术规范	现行
		DA/T 57—2014	档案关系型数据库转换为XML文件的技术规范	现行
		DA/T 71—2018	纸质档案缩微数字一体化技术规范	现行
		DA/T 77—2019	纸质档案数字副本光学字符识别（OCR）工作规范	现行
		DA/T 95—2022	行政事业单位一般公共预算支出财务报销电子会计凭证档案管理技术规范	现行

续表

类属		标准号/计划号	标准名称	状态
监督检查类	认证测评	/	/	
	检查检测	DA/T 70—2018	文书类电子档案检测一般要求	现行
	能力评估	/	/	
应用领域类	通用管理	本表中 DA/T 32—2005、DA/T 85—2019、DA/T 88—2021 等通用职能活动电子文件管理相关规定可入此类		
	业务管理	本表中 DA/T 79—2019、DA/T 80—2019 等证券业务档案、产品数据相关规范可入此类		

架的参考内容。对于笔者个人难以把握的需求或要素项,将其标记为"有待征询",留待后续专家意见征询时重点关注。具体分析过程详见表6-4。

表6-4　　　　保障要素参考内容的初步筛选结果①

需求类属		需求项	保障要素参考内容	筛选结果
证据三性	真实性	形式上真实且内容上可靠	有 GB/Z 26822—2011 等国标采标与国外经验参考,但对于"内容可靠"理解不一	有待征询
	关联性	与待证事实有实质联系,与案件相关信息全面收集	在元数据管理方面已有广泛共识	直接保留
	合法性	取证主体、程序合法	已有电子文件管理系统认证测评相关国标正在起草,仍需完善	直接保留
法规制度建设	现有立法体系的完善	完善民事电子证据取证、保全、审查、认定的相关规定	2019 年《民事证据规定》有所突破,在取证、保全方面仍需完善	有待征询
		明确电子数据存储义务与权限	缺乏明确规定,国外有相关经验可借鉴	有待征询
		通过立法衔接电子文件管理工作与电子证据的审查认定	缺乏明确规定,国外有相关经验可借鉴	有待征询
	配套制度与规范的建立	档案部门协助司法部门出具数据固定指引	有 GB/Z 26822—2011 等国标可作部分参考,可进一步完善	直接保留
		组织机构应制定规范化的电子文件管理制度	有规范性文件与标准的指导,可进一步完善	直接保留

---

① 为呈现原始研究思路,保证研究逻辑的连贯性与完整性,该分析过程与后续问卷设计均基于对法规标准的初次调研结果;对法规标准补充调研的相关结果与启示将直接用于进一步完善体系框架、丰富策略支持内容。

续表

需求类属		需求项	保障要素参考内容	筛选结果
技术	采用真实性保障技术	电子签名	已有实践和《电子签名法》规定	直接保留
		电子认证	已有实践和《电子签名法》规定	直接保留
		可信时间戳	已有实践和相关国标，可进一步完善	直接保留
		哈希值校验	已有实践，可进一步规定	直接保留
		区块链技术	已有实践，可进一步规定	直接保留
	合法完善的系统和软件	合法合规、安全稳定	已有电子文件管理系统认证测评相关国标正在起草，仍需完善	直接保留
		功能完善、生成与保存信息全面	已有规范性文件、国标、行标可参考，可进一步完善	直接保留
管理与保全	提高机构电子文件的管理水平	保证原件安全完整	已有关于设备、管理过程的国标、行标，可进一步完善	直接保留
		电子文件保存环境应具有保密性	已有关于等保的规范性文件，可进一步完善	直接保留
		重视邮件、交易记录等数据丢失、损坏与乱码现象	已有长期保存行标可供参考，有待完善	有待征询
		尽量减少人为干预的风险	电子文件管理理论与系统建设的相关规范、标准可供参考	直接保留
		加快档案存量电子化进程	已有规范性文件规定	直接保留
	采取有效的证据保全策略	进行清洁性检查	已有信息系统规范性文件、国标、行标可参考，可进一步完善	直接保留
		关键节点固化与及时固化	电子文件管理理论与归档管理相关标准可供参考，亦可完善	有待征询
		关键过程录像见证	缺乏明确规定	有待征询
		公证保全	缺乏明确衔接规定	有待征询
		档案管理保全	已形成一定共识	直接保留
		有公信力与资质的中立机构协助保全	已有实践，可进一步完善	有待征询
		申请真实性鉴定	缺乏明确衔接规定	有待征询

续表

需求类属	需求项	保障要素参考内容	筛选结果
能力与意识	掌握电子证据相关的知识与能力	当事人与律师具备保全与提供证据的能力	国外经验可参考借鉴	有待征询
		法官具有一定技术知识储备与理解能力	与电子文件管理范畴关联较弱	暂时无关
		公证人员技术素养过关	与研究对象关联较弱	暂时无关
		培养电子证据专门人才	国外经验可参考借鉴	有待征询
	具备证据保留意识与非歧视态度	当事人应具备证据保留意识	国外经验可参考借鉴	有待征询
		对电子证据持技术中立与开放接纳态度	与电子文件管理范畴关联较弱	暂时无关
		法院积极实施电子化庭审与案卷归档驱动前端	与电子文件管理范畴关联较弱	暂时无关
	请"有专门知识的人"协助司法证明	专家辅助人与技术调查官协助	已有能力评估相关国标，但缺乏对人员的具体规定，有待完善	有待征询
		公证处人员指导协助	与电子文件管理范畴关联较弱	暂时无关
		专利代理人等行业专家协助	与电子文件管理范畴关联较弱	暂时无关
成本控制		降低取证、保全与鉴定成本	国外经验可参考借鉴	有待征询
		简化司法证明各环节操作以提升效率	与电子文件管理范畴关联较弱	暂时无关

由表6-4可知，经过笔者的逐一筛选，原有的6大类需求与14个子需求项均被保留，但与电子文件管理范畴关联较弱的"公证人员技术素养""简化司法证明环节"等7条具体需求内容被剔除。在剩余的需求内容中，有16条具体的需求在电子文件管理领域已有较为完善的对应参考依据，可将其直接转化为保障要素的参考内容；还有14条具体需求内容在电子文件管理领域中的参考与依据不足，

还需通过接下来的专家意见征询再作考量。

第三节 保障要素的进一步识别与完善

初步筛选后，仍有部分需求项难以完全转化为保障要素的参考内容，需借助对专家意见的征询进一步完善、识别。

一 识别过程：专家意见征询

专家意见征询是以专家的意见、经验、知识进行判断与预测的一种定性方法，尤其适用于对预测目标发展方向缺乏必要信息时。专家意见征询有三种常用的方式：一为"专家个人判断"，此种方式较为简便，能够最大限度地利用专家的个人能力与经验，但也较为依赖专家的知识深度与广度；二为"专家会议预测"，这种方式能够获取大量信息，但专家间的观点亦可能相互影响、形成干扰；三为德尔菲法，此方法已形成较为固定、成熟的模式，能够较客观地获得一组专家对某问题的预测结果，在权重因子测度方面尤其适用。[1]基于本书的研究需要，笔者选取第一种方式，即就研究问题一对一向专家进行请教、咨询，并结合深度访谈法的优势，充分吸收电子文件管理专家学者和实践部门专家的经验与智慧，更全面地识别保障要素。

（一）专家意见征询法的实施过程

笔者于2019年9—11月陆续对8名电子文件管理专家进行了意见征询访谈。具体的实施过程主要包括下列步骤：

1. 设计意见征询提纲

根据前文需求转化与筛选过程中不确定的或关键的内容设计半开放式问题，并根据专家学者和实践部门专家的专业侧重设计不同

---

[1] 黄汉江：《投资大辞典》，上海社会科学院出版社1990年版，第630—631页。

的问题,最终形成两个版本的意见征询提纲。

2. 选定征询专家

由于个人判断式的专家意见征询法较为依赖专家个人的经验和知识结构,笔者邀请了电子文件管理领域的8位专家作为征询对象,其中5名为全国档案专家,从事电子文件管理研究多年,具有较高知名度和影响力;3名为来自档案实践部门的电子文件管理专家;6人具有博士学位;7人为教授或具有高级职称。详细信息见表6-5。

表6-5　　　　　　　　参与意见征询的专家信息表

编号	地区	职业	职称
R1	湖北	教师	教授
R2	北京	教师	教授
R3	北京	电子文件管理人员	研究馆员
R4	北京	教师	教授
R5	江苏	教师	教授
R6	江苏	教师	讲师
R7	江苏	电子文件管理人员	研究馆员
R8	四川	电子文件管理人员	馆员(中级)

3. 预访谈与正式访谈征询

为保证意见征询效果,笔者在开始正式访谈前预先对档案学专业电子文件管理研究方向的一名博士研究生与一名硕士研究生进行了预访谈,进一步完善了访谈提纲的内容结构、表达方式等。并于2019年9—11月间陆续对8名专家进行了面对面或视频访谈,单人平均受访时长为1.5小时,并形成了录音与文字记录材料。

4. 专家意见分析

结束对每位专家的访谈后,及时处理访谈资料、整理访谈内容。

综合笔者初步筛选的保障要素参考内容与专家的意见，借助 XMind 思维导图工具对"保障需求—保障要素"进行"目的—手段"分析、提炼、归纳形成最终的体系框架。

（二）专家意见征询提纲设计

为保证获取足量信息、尽可能全面地归纳保障要素，笔者在访谈中使用半开放的提问方式，给受访者充分的回答自由。问题主要围绕着初步筛选时不确定的、有待征询需求项展开，如"档案部门能够为电子证据审查判断提供何种法规或标准支持"等。亦对初步筛选阶段中笔者根据各类参考依据已获得的保障要素参考内容再次进行意见征求，如"对 DA/T 70—2018 中缺乏可靠性检测的看法"等。

专家意见征询提纲共含两个版本——学者版、实践专家版。提纲初稿于 2019 年 8 月底完成，经预访谈后定稿。表 6-6 以学者版访谈提纲为例，展现问题与需求项的对应关系。

表 6-6　电子文件管理专家意见征询提纲内容示例（学者版本）①

征询需求		征询问题
管理与保全需求	提高机构电子文件的管理水平	1. 司法实践目前对应用率较高的电子邮件、社交媒体文件、即时通讯数据、电子交易记录、网页等电子证据类型十分关注，但目前组织机构还未形成对其的普遍管理，您觉得上述类型的电子文件会否成为未来电子文件管理工作的重要关注点？
		2. 司法取证常遇到乱码等不可用问题或数据丢失问题（多为即时通讯信息与电子交易记录等），结合您的认识，您认为导致这种现象的原因有什么？应如何解决？
	采取有效的证据保全策略	3. 易保全、存证云等科技公司积极开展第三方存证保全业务，您对档案馆或商业性档案机构辅助电子存证工作的前景怎么看？您觉得有什么优势或障碍？

① 为呈现原始研究思路，保证研究逻辑的连贯性与完整性，该分析过程与后续问卷设计均基于初次调研结果。

续表

征询需求		征询问题
证据三性需求	真实性：形式上真实且内容上可靠	1. 一般来说，组织机构的档案部门主要保证归档后电子文件不受篡改。对于司法界普遍关注的"业务源头的真实"，档案部门能采取何种有效措施加以保障？
		补充提问：司法界目前十分关注区块链存证，但也仅能保证上链后的真实性，档案部门能为证据上链前的真实性确定提供何种帮助？
		2. 对于司法界关注的"内容真实可靠"，您认为档案部门能否对内容的真实可靠负责？保障电子文件内容可靠性应当靠什么？
		补充提问：《DA/T 70—2018 文书类电子档案检测一般要求》具体规定了对"真实性、完整性、可用性、安全性"的检测办法，您对"可靠性"的检测有什么看法？
技术需求	采用真实性保障技术；合法完善的系统和软件	1. 您了解到的目前保障电子文件"四性（真实、可靠、完整、可用）"采用的主要技术都有哪些？您认为这些技术的发展现状是否足以实现四性保障？
		2. 您认为未来电子文件管理在技术方面的关注趋势是什么？
能力与意识需求	具备证据保留意识与非歧视态度	1. 您认为提升组织机构对电子文件信任度的关键在于什么？
	掌握电子证据相关的知识与能力	2. 就您的了解，您对电子文件管理人员法律素养的提升有什么看法？
法律规制需求	现有立法体系的完善；配套制度与规范的建立	在前期调研中，法律工作者普遍认为各类电子证据审查、判断可供参考的法律法规依据较为缺乏，您认为档案部门可以为此提供何种支持？或：您认为电子文件相关法律法规能否作出相关说明？
成本控制需求	降低取证、保全与鉴定成本	目前，提升电子文件证明力最有效的途径是公证保全，但公证也面临着收费较高和证明范围有限的问题，您认为档案部门如何助力组织机构电子文件真实可靠的自证？

以上接受采访的专家理论水平高、实践经验丰富，在访谈的过程中，常以笔者的提问为切入点，深入探讨相关方面的问题，能够确保保障要素来源的全面、专业、可靠。

二 保障要素的聚类与完善

笔者借助 XMind 的思维导图功能对初步筛选和专家意见征询获得的保障要素参考内容进行整合。运用"目的—手段"分析的思路进行"保障需求—保障要素"的分析——以前述阶段研究中获得的 14 个保障需求项为线索，整理得到 61 项保障要素参考项，详见图 6-2。并将各保障要素参考项按照其所反映的主题进行聚类，共得到 15 项保障要素，分别为：法律法规、标准规范、制度建设、管理对象、管理时机、管理思路、管理模式、电子文件管理系统、司法认可的真实性保障技术方案、元数据、人才能力要求、人才教育、职业培训、人才交流。在此基础上再进行二次聚类，将 15 项保障要素划归为 4 类，详见图 6-3。由此，基于证据法学视角提出的证据

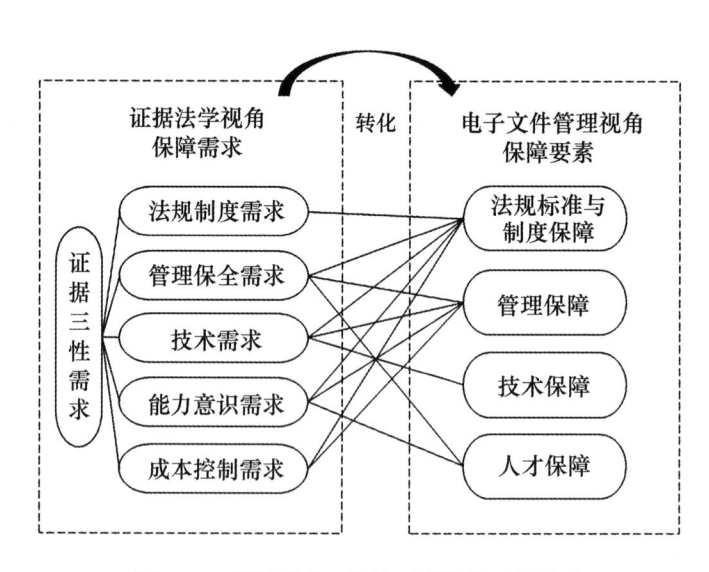

图 6-4 保障需求—保障要素转化对应关系

组织机构电子文件证据效力保障需求-保障要素

完善现有立法体系
- 《档案法》确认电子文件的同等效力
- 《档案法》与证据法的条款衔接
- 明确规定第三方服务机构公共服务电子文件权限
- 证据法及司法解释提出电子文件管理要求

建立配套制度规范
- 档案标准规范对电子文件证据效力保障的指引
- 档案界提供被司法界认可的电子文件管理规程、指南、白皮书
- 机构电子文件管理顶层设计
- 电子文件管理目标纳入机构管理目标

电子证据相关知识与能力
- 构建电子文件管理人员能力体系
- 跨学科专业人才培养
- 机构内部全员电子文件管理培训
- 业务人员和档案人员具备法律素养
- 文档管理人员了解电子文件法律法规和标准规范
- 电子文件管理人员可就其工作内容上庭作证
- 文档管理人员熟悉电子文件相关技术

证据保留意识与非歧视态度
- 国家政策法规的导向
- 上级审计、检查方式向电子文件转变倾斜
- 单套制归档的落实

"有专门知识的人"协助
- 电子文件管理人员作为专家辅助人
- 电子文件管理人员兼职技术侦查官

采取有效的证据保全策略
- 借助市场力量第三方参与保全
- 确认市场力量的正当性
- 档案服务机构业务拓展
- 技术中立,有能力者先行探索
- 对ERMS、TDR进行认证评估

降低取证保全与鉴定成本
- 电子文件日常管理中进行保全
- 电子文件来源的真实可靠
- 电子文件"四性"检测结果提供参考
- 档案部门添加可供自认证的标识

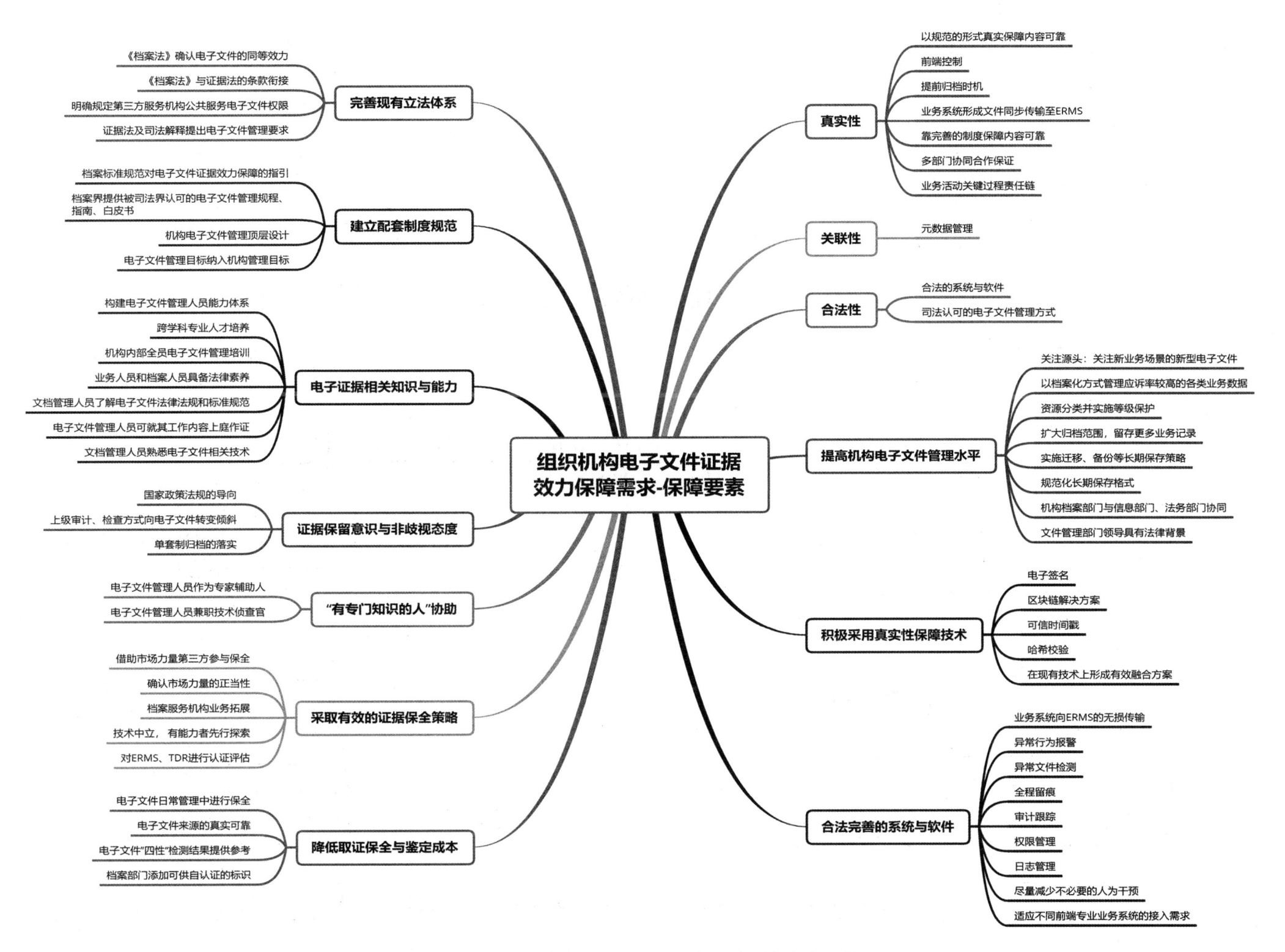

真实性
- 以规范的形式真实保障内容可靠
- 前端控制
- 提前归档时机
- 业务系统形成文件同步传输至ERMS
- 靠完善的制度保障内容可靠
- 多部门协同合作保证
- 业务活动关键过程责任链

关联性
- 元数据管理

合法性
- 合法的系统与软件
- 司法认可的电子文件管理方式

提高机构电子文件管理水平
- 关注源头:关注新业务场景的新型电子文件
- 以档案化方式管理应诉率较高的各类业务数据
- 资源分类并实施等级保护
- 扩大归档范围,留存更多业务记录
- 实施迁移、备份等长期保存策略
- 规范化长期保存格式
- 机构档案部门与信息部门、法务部门协同
- 文件管理部门领导具有法律背景

积极采用真实性保障技术
- 电子签名
- 区块链解决方案
- 可信时间戳
- 哈希校验
- 在现有技术上形成有效融合方案

合法完善的系统与软件
- 业务系统向ERMS的无损传输
- 异常行为报警
- 异常文件检测
- 全程留痕
- 审计跟踪
- 权限管理
- 日志管理
- 尽量减少不必要的人为干预
- 适应不同前端专业业务系统的接入需求

图 6-2 组织机构电子文件证据效力保障要素参考项整理

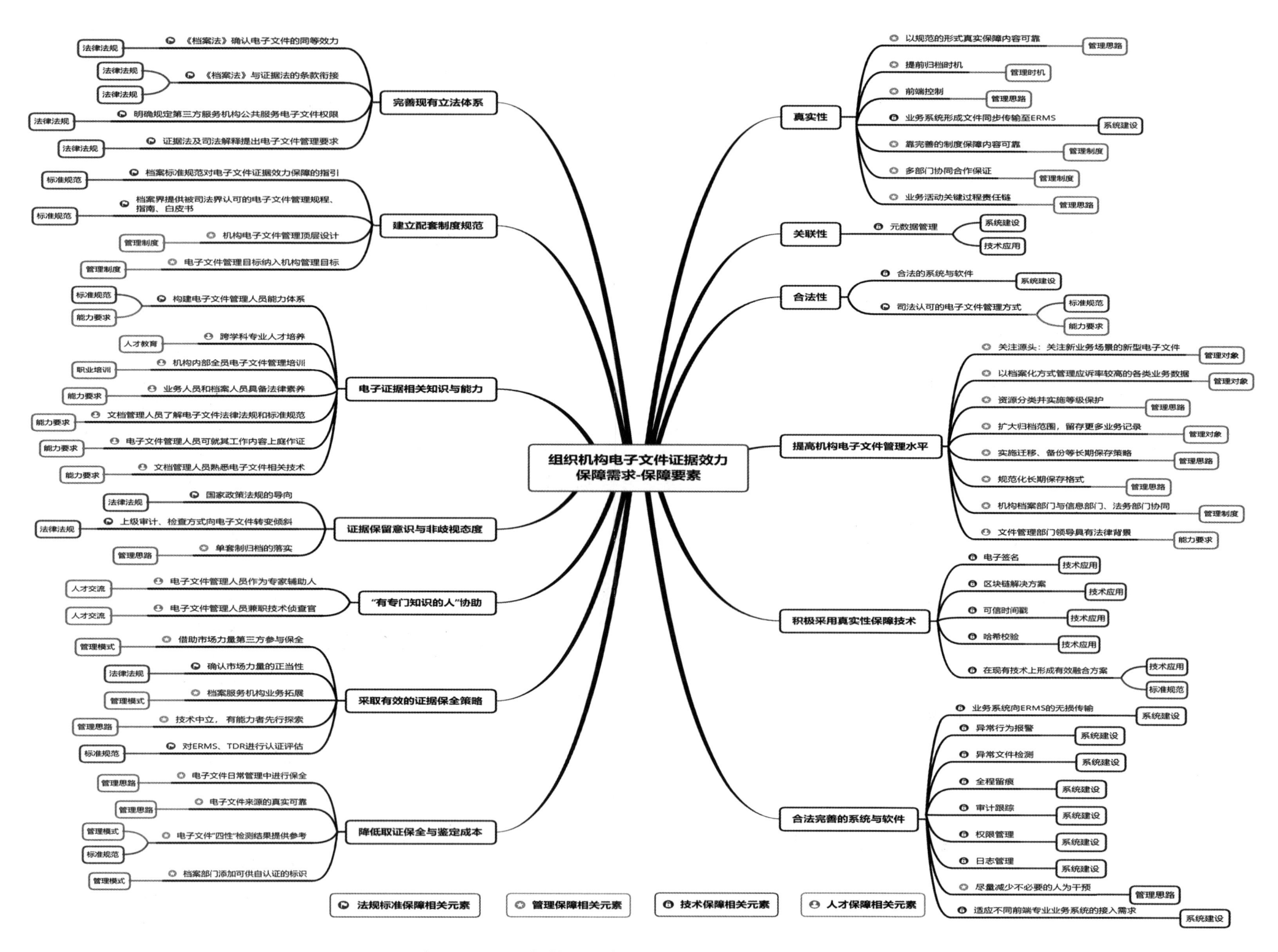

图 6-3　组织机构电子文件证据效力保障要素聚类分析

三性需求、法规制度需求、管理保全需求、技术需求、能力意识需求和成本控制需求这6类现实需求已实现全面转化，形成了电子文件管理视角下的法规标准保障、管理保障、技术保障和人才保障4类保障要素。可以发现，组织机构电子文件证据效力的保障工作不仅仅停留在本机构层面，它既需要组织机构内部基本的管理保障与技术保障，也需要国家层面的宏观法规保障与基础性人才保障等。具体转化对应关系详见图6-4。

第四节 体系框架的最终确立

通过前文研究，笔者共获得了4类共计15项保障要素，并在此基础上提出了最终的体系框架。详见图6-5。

一 体系框架的层次结构与运行机制

如图6-5所示，本体系框架由保障目标层、保障要素层与业务场景层三个主要部分构成。

保障目标层是体系框架的总领。以本书在第三章中提出的电子文件证据性概念模型为依据，组织机构电子文件证据效力的保障应当以真实性、可靠性、可用性、齐全性、完整性、安全性、保密性与合法合规性为目标，上述目标应当嵌入电子文件管理的全流程与各环节，并辅助定义各项保障要素的内涵。

业务场景层是本体系框架运行的基础环境。以本书在第三章中提出的电子文件—电子证据保管链为依据，组织机构的电子文件证据效力保障工作应当始于组织内部或机构间的业务工作，历经文档管理各环节，部分有可能转化至司法应用阶段。本体系框架致力于实现组织机构电子文件在业务场景、文档管理场景以及向司法应用场景转换的证据性，以保障其证据效力。

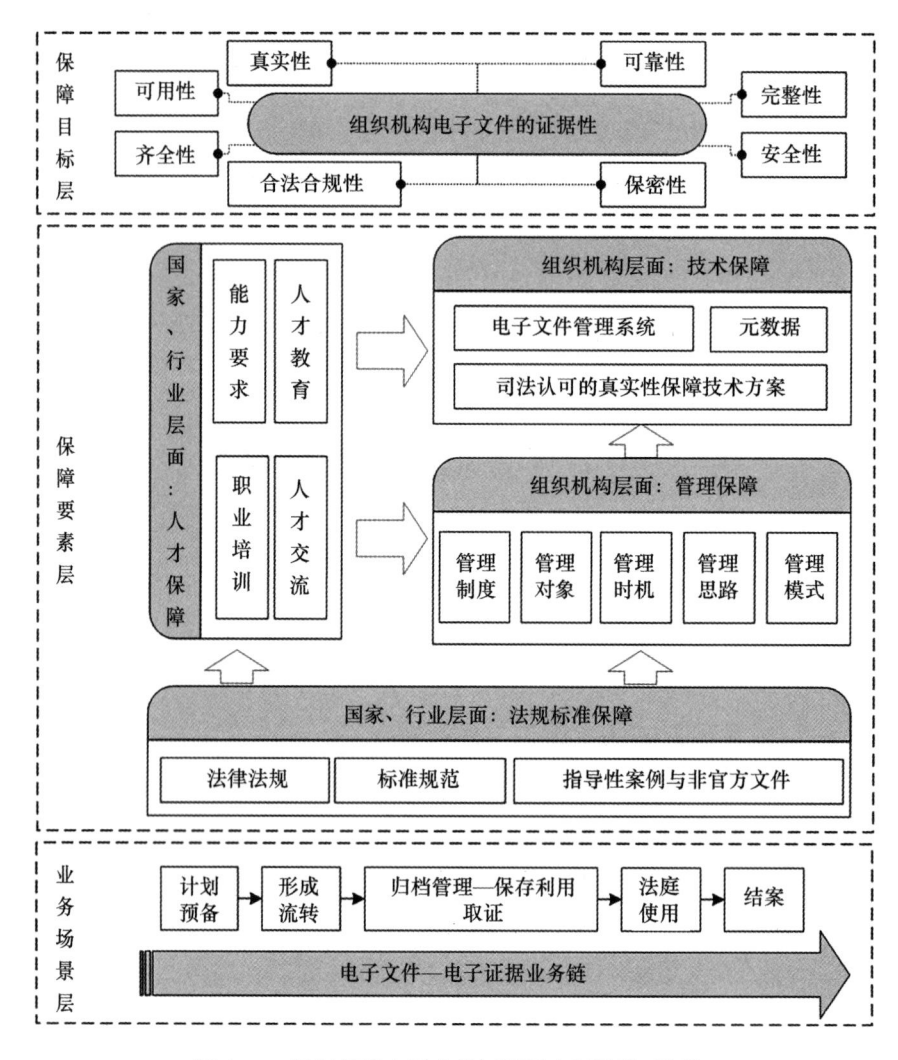

图 6-5 组织机构电子文件证据效力保障体系框架

保障要素层是体系框架的主体,是组织机构电子文件证据性实现的核心。法规标准保障是管理保障、技术保障和人才保障的前提与基准,奠定了其他保障要素的基调与方向。管理保障是法规标准保障中法律法规、标准规范的具体化,体现在管理制度的完善、管理对象的转变、管理时机的调整、管理思路的变通与管理模式的创新。技术保障是管理保障的落实途径，将管理保障的各项要素映射到电子文件管理的技术方案与系统功能设计之中。人才保障是影响管理保障与技术保障执行情况与落实程度的重要因素，对组织机构电子文件证据效力保障的最终成效具有关键作用。其中，法规标准保障和人才保障是国家、社会与行业层面的保障要素，管理保障与技术保障则更多依靠组织机构内部的完善与落实。

综上，在电子文件证据性目标的指引下，通过各保障要素的协同配合与落实，保障组织机构电子文件在业务场景、文档管理场景及司法应用场景中的证据效力。

二 各项保障要素的内涵

各项保障要素是体系框架的主体内容，共包括法规标准保障、管理保障、技术保障和人才保障四类，各类保障要素的关系见图6-6，详细阐释如下：

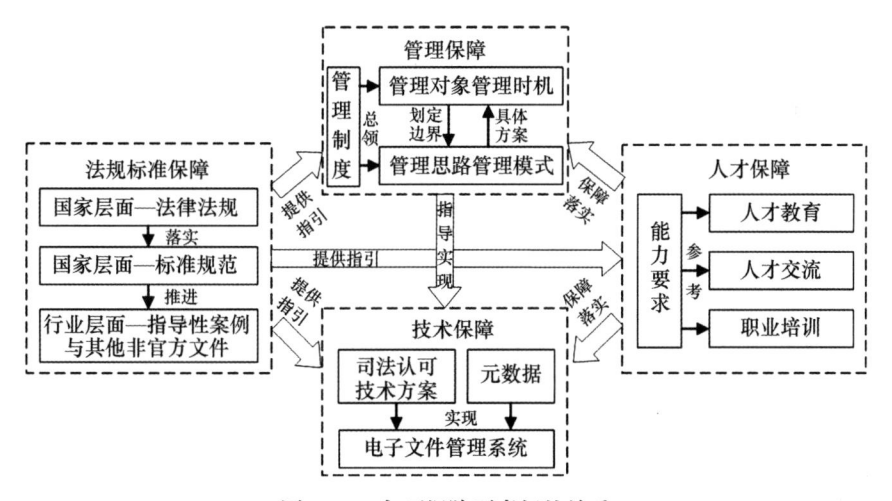

图6-6 各项保障要素间的关系

（一）法规标准保障

法规标准保障主要聚焦在国家层面与行业层面，是其他各项要素得以顺利实施的前提基础，亦为其提供了最具效力的参照。

国家层面主要有法律法规和标准规范。法律法规主要包括现行有效的法律、行政法规、司法解释、部门规章、行业规定等，既包括电子证据相关法律法规对电子文件的规定，也包括电子文件相关法律法规对证据效力的规定，它们全局性、纲领性地规定了电子文件的证据效力问题。标准规范主要包括国家标准、行业标准和相关规范性文件等，它们将法律法规的具体要求细化落实，使其更具操作性。既包括电子文件管理各项业务的标准，也包括电子证据司法应用的标准，其重点在于如何通过标准规范定义司法认可的电子文件规格及其管理规程。

行业层面主要包括最高人民法院定期发布的指导性案例、公报案例与典型案例，以及档案行业、电子存证行业发布的白皮书、指南等非官方文件。它们更新速度较快，有助于更高效地推行和传播法律法规和标准规范的主要内容。

（二）管理保障

管理保障主要聚焦在组织机构层面，是最为核心的保障要素，包含管理制度、管理对象、管理时机、管理思路、管理模式五个方面，它们全面定义了组织机构电子文件证据效力的"5W1H"。

管理制度绘制了组织机构电子文件证据效力保障工作的框架，决定了机构电子文件管理工作的目标与地位，系统规定了电子文件管理的责任与方式，是管理保障的基础。

管理对象与管理时机共同确立了组织机构电子文件证据效力保障的工作范畴。管理对象是指纳入档案化管理、以电子文件方式进行管理的数字对象，应确保组织机构电子文件管理工作能够覆盖到涉诉率较高的文件、记录和数据，全面支持企业的法务工作和涉诉相关事宜。具体而言，应结合组织机构应对纠纷或诉讼的情况，修正、完善电子文件管理工作的范围。管理时机是指电子文件管理工作介入组织机构日常业务的时间点，即对关键的文件、记录和数据进行档案化控制的时间。证据的作用在于还原客观现实，在同等情况下，越接近事实发生时机的有效干预越容易最大程度地保留真实性，在档案管理工作中，该思路常表现为"前端控制"。本书也将在后续章节中详细讨论电子文件证据效力保障的优先和关键时机。

管理思路与管理模式共同形成了组织机构电子文件证据效力保障工作的具体方案。管理思路是指为实现电子文件证据性采取的管理理念、指导法则等，是管理保障的精髓所在。管理模式则为管理思路"添砖加瓦"，为管理思路的落实提供系统化的实现方式。

从管理对象、管理时机，再到管理思路与管理模式，系统体现了组织机构电子文件证据效力保障从分析到实现这一抽丝剥茧的过程。

（三）技术保障

与传统文件相比，电子文件较强的技术属性决定其必须依赖持续更新的技术手段进行管理。本体系框架中的技术保障包含司法认可的真实性保障技术方案、元数据和电子文件管理系统三个组成要素，主要集中于组织机构层面。

司法认可的真实性保障技术方案是技术保障中最为基础的要素，主要包括电子签名技术、时间戳技术、哈希校验技术、区块链技术等基本技术，在此基础上，根据组织机构业务需求与电子文件管理现状所组配、部署的最为适用的技术方案，最大程度获得司法认可，切实保障电子文件的证据效力。

元数据中蕴含的背景信息是电子文件区别于一般信息资源的重要标志，元数据既是一个管理问题，也是一个技术问题，还应当是功能完善的电子文件管理系统的必备模块，对电子文件真实性、关联性的证明具有重要意义。

电子文件管理系统是开展电子文件管理工作的主要"场所"，也是技术要素集成呈现的产物。国际档案理事会将电子文件管理系统的设计作为电子文件生命周期的首要阶段，其重要性不言而喻。本书将把电子文件证据性的实现途径融入电子文件管理系统的功能设计之中，提出电子文件管理系统证据保留优化方案，建设技术方案更先进、证据保留功能更完善的电子文件管理系统平台。

（四）人才保障

人才保障是一项宏观性的、长远性的工作，依靠国家、社会与行业领域的共同落实，包含能力要求、人才教育、职业培训和人才交流四个方面。相比于系统的自动执行，"人"被视为电子文件管理工作中最突出的不确定因素。因此，人员的能力与素质对电子文件管理的质效至关重要。

能力要求是人才保障的前提，是电子文件管理人才教育、职业培训的"风向标"，是跨领域人才交流的实现基础。电子文件的证据效力保障涉及档案、法律和计算机等多个领域，电子文件管理人员也将面临日益复杂的数字业务环境带来的严峻挑战。目前，"电子文件管理能力体系"系列标准的发布填补了我国在电子文件管理能力要求方面的空白，但有鉴于电子文件在应对诉讼方面需求的增长，该体系在对电子文件管理人员的证据保留能力方面仍可进一步完善。

人才教育在本体系框架中指高等教育阶段对电子文件管理与证据法学、计算机科学的跨学科人才的培养。职业培训则是针对电子文件管理专业人员的专项培训，培训方式与培训内容均较为灵活。在北美地区，档案与文件管理、电子发现与数字取证等方向的融合已取得一系列成果，职业培训认证亦经验丰富，为组织机构信息治理、数据合规提供了坚实的人才保障，可供参考借鉴。

人才交流是指电子文件管理人员与法律工作者通过各种"官方"或"非官方"途径就各自专业领域展开理论与实践层面的交流，旨在提升、拓展本领域影响力，加深领域间了解，促进领域间合作。

第五节 本章小结

本章中，笔者提出了组织机构电子文件证据效力保障的体系框架。该体系框架基于前几章的研究成果，包括：第一章中的核心概念与理论基础、第二章中的理论概念工具、第三章中的现实需求和

第四章中的国际借鉴相关内容。

在第一节中，笔者介绍了体系框架的适用对象、构建目标、构建原则与构建思路，初步构建了组织机构电子文件证据效力保障工作的基本范畴，确定了"初步筛选—专家意见征询"的研究思路。

在第二节中，笔者系统总结了与电子文件证据效力保障相关的基础理论与国际实践依据、法律法规与政策依据、标准依据，将与本研究相关的保障需求进行转化，初步筛选获得了体系框架中各项保障要素的参考内容。

在第三节中，笔者以保障需求与保障要素参考内容为基础，设计了专家意见征询提纲，并以深度访谈的形式对电子文件管理领域的 8 名专家进行了意见征询。结合专家的征询意见，最终归纳、总结保障要素参考项 61 项，保障要素 15 项，并将其划分为法规标准保障、管理保障、人才保障和技术保障 4 类。

在第四节中，笔者正式提出了组织机构电子文件证据效力保障的体系框架，该体系由保障目标层、业务场景层和保障要素层三部分组成，笔者分析了各部分之间的关系及整个体系框架的运行机制，阐释了各项保障要素的内涵。

第七章

组织机构电子文件证据效力保障的策略

上一章中，笔者构建了组织机构电子文件证据效力保障的体系框架，该体系框架以电子文件证据性概念模型提出的"八性"为保障目标，以电子文件—电子证据保管链为实现场景，包括国家与行业层面的法规标准保障、管理保障，组织机构层面的技术保障和人才保障4类共计15项保障要素，系统呈现了电子文件证据效力保障的必要条件。本章中，笔者将以上述保障目标为指引，以业务场景为前提，以保障要素为线索，从电子文件管理的视角出发，有针对性地结合目前组织机构电子文件证据效力保障的关键问题提出策略。

第一节 法规标准保障策略

电子文件能否具有证据效力，根本取决于是否符合法律法规对电子证据认定的要求。因此，法规标准保障在组织机构电子文件证据效力的保障中发挥着基础性作用，指引着管理保障、技术保障与人才保障的实践发展方向。本节中，笔者采取自上而下、从国家层面向行业层面推进的思路，分层次阐述了组织机构电子文件证据效力保障的法规标准策略。具体的逻辑思路为：完善的电子证据法律法规体系构建，电子文件与电子证据在法律层面的衔接，电子文件与电子证据在标准层面的衔接，指导性案例与非官方文件推进法规标准落实。

一 完善以专项立法为核心的电子证据法律法规体系

由第五章中关于国外证据法的分析可知，英美法系国家在陪审制度的影响下，证据规则较为详细，多制定专项的证据法或电子证据法，系统阐明电子证据的概念、证据资格、证明力、证明过程、证据规则适用等问题；同时，成文法与判例法并行，存在大量有法律约束力的判例可供参考，有力地推动电子证据的司法应用实践。大陆法系国家和地区大多未设置专门证据法，电子证据审查认定的相关规则分布在各项实体法和程序法中。① 我国整体类似大陆法系的立法特点，尚未颁布专项的证据法或电子证据法，电子证据的审查判断规则散见于《电子签名法》等实体法以及三大诉讼法等程序法和相关的司法解释中；近年来，我国合理借鉴英美法系判例法的优势，两高一部相继发布了一系列具有一定约束力的指导性案例。本节中，笔者将论述对我国电子证据专项立法及法律体系构建的探索。

（一）推动电子证据专项立法，体现档案管理要求

据第三章的统计，目前我国先后约有 46 部法律文件（含修正版本）涉及电子证据的概念与规则。在电子证据的收集提取和审查判断方面，多数是刑事诉讼相关的法律法规，可见目前我国电子证据法律法规在诉讼法中的分布并不平衡。

早在 2004 年，刘品新教授就呼吁应以可采性与证明力为重点，以刑事、民事、行政电子证据法律规范合一的思路进行立法。他广泛借鉴国际电子证据立法的先例，从电子证据的定义、定位与分类、

---

① 邱爱民：《科学证据基础理论研究》，知识产权出版社 2013 年版，第 302—303 页。

可采性规则、证明力条款、原件与复制件条款、其他相关规则（传闻规则、特免权规则、保全规则、鉴证规则、开示规则、质询规则）六个方面对电子证据立法内容加以设计并论证①，对我国电子证据专项立法具有开创性的借鉴意义。2008年，中国政法大学证据科学研究院牵头，撰写了《人民法院统一证据规定（司法解释建议稿）》，并以最高人民法院工作文件的形式发布，在全国四个中级人民法院与三个基层人民法院进行了为时一年的试点工作②，但该证据规定未获得较大范围的推广。该规定包括如下部分：总则、相关性与可采性、证据排除及例外、证据的开示、证据的提出、法院取证与证据保全、证明和附则，其中对电子证据的规格、出示、辨认与鉴真作了详细规定。就当时的试点效果而言，部分法律工作者认为相关条款过于"前卫"。但电子证据司法实践已历经十余年发展，技术水平、案件复杂程度、法律工作者素质等都有了相当程度的提升，亟待制定专项的电子证据立法或司法解释，形成完整的电子证据法律法规体系。

上述立法形式与内容已相对全面，但仍需在专项立法中加强与档案管理工作的呼应，可重点关注下列方面：

1. 电子证据的定义相关规则

在电子证据的定义方面，宜采用"总括性描述+列举"的定义方式。最贴近此方式的是两院一部《电子数据规定》，它对电子数据的定义是"以数字化形式存储、处理、传输的，能够证明案件事实的数据"，进而详尽列举了21种电子数据类型，包括网络平台发布的信息、通信信息、注册登录信息、电子文件等。该定义较为全面，可继续沿用。但需要注意的是，该定义中"（四）文档、图片、音视频、数字证书、计算机程序等电子文件"，此句的"电子文件"

---

① 刘品新：《中国电子证据立法研究》，中国人民大学出版社2005年版。
② 新浪网：《"统一证据规定"司法解释建议稿出台》，http：//news.sina.com.cn/o/2010-02-10/084217075943s.shtml，2020年1月2日。

非档案学意义上三要素齐全的"电子文件",亦非档案标准法规"小文件观"所指的尚未归档的业务活动信息记录,而是统一泛指数字形式的信息记录。从这一角度出发,为避免歧义,笔者认为可将"电子文件"的表述进一步细化,扩充其种概念,将表述调整为"(四)文档、图片……等电子形式的文件、信息与记录等"。

2. 电子证据的真实性认定相关规则

我国法律法规关于电子文件真实性认定的条款多为概括性的表述,并从收集管理方式、技术措施、来源主体、系统运行情况、环境附属信息、人员权限、专家证人等方面对真实性审查认定进行了说明(详见本书表4-2)。尤其在2019年新修正的《民事证据规定》中,明确提出了"档案管理方式保管的"电子数据在缺乏相反证据的前提下可以直接认定其真实性,实现了电子证据法律法规与电子文件管理的衔接。

但这一新增项既令档案界振奋,又给档案界带来了疑惑。"档案管理方式"一词较为模糊,在该语境中到底是指已归档的电子文件(亦即电子档案),还是也可以包括纳入档案化管理但尚未正式归档的电子文件?在前文对裁判文书的调查中,司法实践对此亦尚无定论。笔者认为,如果是已归档的电子文件,必然满足以"档案管理方式"保管的条件,无疑可以适用本条规定;如果该项规则仅指已归档电子文件,可以直接表述为"作为电子档案保管的可在无反驳证据的情况下认定其真实性",而非采用"档案管理方式"这种存在一定弹性的表达。且在2008年版的《民事证据规定》中,所用的表述为"……档案……其证明力一般大于其他书证、视听资料和证人证言",也从侧面印证了笔者的推测——纸质环境中直接使用了"档案"一词,延伸到电子环境中可直接对应"电子档案",不必要使用其他表达方式。此外,此次修订还指出"在正常业务活动中形成的"电子证据亦可认定真实性,由于电子文件的形成、办理与登记归档往往同时、迅速完成,业务系统中办毕的电子文件可能尚未正式进入归档环节,但已纳入档案部门的前端控制规划中,对其真实性的证明不妨也延伸到关于"档案"的款项中。因此，从档案管理的视角来看，"档案管理方式"应具备第二重涵义，如果档案化管理与控制的电子文件尚未正式进入归档程序，可通过提供辅助证明材料，证明其已被纳入档案管理工作中，同已归档电子档案一样具有真实可靠的品质，亦能够在一定程度上获得法庭认可。即便按照狭义的理解方式，将"正常业务活动中形成"理解为形成办理阶段的业务电子文件，将"档案管理方式保管"看作已进入归档管理阶段的电子文件，从档案管理视角看，业务活动与档案管理的场景分别位于文件生命周期前后端，本就紧密联系、难以割裂，正常业务活动中的相关文件应纳入档案工作的前端控制并进行全程管理；从司法证据审查判断视角看，冠以"档案管理方式保管"电子证据的真实性最终也需要溯源业务办理流程，即业务活动中文件的形成情况决定着档案管理方式保管对象还原客观真实的能力。可见，在这种语境下，"正常业务活动中形成"是以"档案管理方式保管"电子文件真实性实现的前提；"档案管理方式保管"是确认"正常业务活动中形成"电子文件得到规范、良好管控的有力保障，是机构档案工作水平的体现。出于应对诉讼的目的，也可将"正常业务活动中形成"和"档案管理方式保管"结合起来，利用电子文件全程管理链条实现真实性的互相印证与一体化证明，最大化展现电子文件管理工作的成效。

然而，无论采用广义还是狭义的定义，均以电子文件全生命周期管理为背景，均需基于"无反驳证据"的前提。在实际诉讼中，抗辩是必然存在的，并非打上了"档案"的标识即可高枕无忧。更有意义的解决方法在于相关部门尽快出具明确指引，为档案管理方式提供可行的、有效的证明思路。

基于上述讨论，笔者认为可对"档案管理方式"作如下补充说明：

（1）档案化管理活动①中形成的；

（2）作为电子档案保存的。

此外，参考我国三大诉讼法及相关司法解释中的规定，以及英美法系证据法中关于真实性的认定标准，笔者从电子文件管理的角度出发，认为电子证据专项立法中还可对真实性认定作如下原则性规定，满足条件且无反对证据可确认其真实性：

（1）存储、保管于可靠的介质及环境，由运行正常的系统形成或自动发送，或系统运行不正常，但对所形成数据的真实性不产生影响的（参考加拿大《统一电子证据法》、新《民事证据规定》等）；

（2）经过电子签名、电子认证等认证技术，或使用可信时间戳、哈希值校验、区块链等固定、防篡改技术的（参考两院一部《电子数据规定》等）；

（3）可靠公共资源网站、档案部门、对方当事人、中立第三方平台记录或保管的（参考《人民法院统一证据规定（司法解释建议稿）》、新《民事证据规定》等）。

上述规则分别从存储介质与系统运行情况、技术手段和电子证据可靠来源三个方面提出了真实性认定的条件，强调了档案部门和档案管理方法与技术的重要性，对电子文件管理实践工作具有指导意义。

3. 电子证据原件与复制件相关规则

如第四章所述，英美法系纷纷制定相关条款调适电子证据对最佳证据规则（即原件规则）的适用，根据刘品新的归纳，主要有功能等同或拟制原件等方法，我国现有法律法规对电子证据原件与复制件的规定偏向于功能等同法，即"满足……条件可视同原件"。

判断是否为原件要把握两个方面：一是最初形成的形态；二是

---

① 笔者此处使用"档案化管理活动"一词，主要参考了何嘉荪教授的观点，"档案化"能够使电子文件具备成为档案或法律证据的能力。参见何嘉荪、史习人《对电子文件必须强调档案化管理而非归档管理》，《档案学通讯》2005年第3期。

最初形成的环境或载体。对于电子文件而言，想要追溯到最初的形成载体并不难，但其生成形态是人无法直接读取的二进制代码，必须借助计算机等输出方式才可以为人所识别、理解。从这个角度来看，人无法使用电子文件的"原件"作为证据，亦即能够作证的电子文件都是"复制件"①。由于原件相比于复制件具有证明力优势，因此必须明确电子证据原件与复制件效力等同的情况，辅助电子证据的司法认定。此外，随着"存量数字化"工作不断推进，大量纸质文件转化为电子文件，并由于保管期限等原因被销毁，致使纸质原件不复存在，仅可提供电子复制件，此种情况电子文件的证据效力问题也亟待解决。

笔者参考《电子签名法》《民事证据规定》《电子数据规定》等法律法规，以及澳大利亚《联邦证据法》、加拿大《统一电子证据法》等，认为可从下列方面对电子证据的原件与复制件问题进行系统规定：

（1）原始介质或系统中的电子数据通过显示屏、打印等可读、可识别方式进行输出的，视为电子数据原件；

（2）能够证明记录或存储系统完整性、安全性的电子数据可视为原件；

（3）电子数据来源系统形成的与原件一致的复制件，视为电子数据原件；

（4）纸质文件因合理理由无法出示，经证明其制作、取得方式正当、内容与原件一致的数字复制件视为电子数据原件。

4. 电子证据保留义务相关规则

美国《联邦民事诉讼规则》的一大特色即在于对诉讼留存（Legal Hold）义务的规定，当事人若未能采取合理保存措施，致使电子

---

① 严格意义上，副本与正本相对，具有相同制作方式；复制件与原件相对，但制作方式不同。参见全亮《论原件与原本——兼辨复制件与副本》，《四川师范大学学报》（社会科学版）2012年第5期。

证据丢失的，将面临"假定丢失信息对当事人一方不利"的推定。这种不利制裁的手段对"倒逼"组织机构重视信息治理、将应对诉讼纳入组织机构顶层设计具有显著意义。与笔者在现实需求调查中遇到的"无法取证""数据丢失""数据已经乱码"等问题息息相关。

我国民事诉讼中亦存在相关规定，如新《民事证据规定》中的"一方当事人控制证据无正当理由拒不提交"时，亦可作不利于证据控制人的推定。但相比于"未能采取合理保存措施"直接指向组织机构的档案管理和信息治理工作，"无正当理由"则显得宽泛、分散许多。基于此，笔者认为应当在电子证据专项立法中明确对不利推定条件的表述，突出组织机构信息治理与文档工作的重要意义，这亦有助于从源头解决电子证据取证难、举证难的问题。

5. 电子证据的证明力高低相关规则

电子证据证明力高低判断的相关规则是电子证据地位的体现，在我国现有的法律法规与司法实践中，对证明力优势情况的判断已经形成如下共识[①]：

（1）公证电子数据证明力大于非公证电子数据；

（2）正常业务活动中形成的电子数据证明力大于为诉讼制作的电子数据；

（3）不利方持有的电子证据证明力大于有利方持有的电子证据；

（4）核正程序形成的电子证据证明力较大；

（5）原始证据的证明力大于传来证据；

（6）直接证据的证明力大于间接证据。

在《行政证据规定》和《民事证据规定（2008）》中，还指出了物证、档案、鉴定结论、勘验笔录的证明力优势。在2019年新修正的《民事证据规定》中，将证明力优势直接融入真实性规则之中。

---

① 汪振林主编：《电子证据学》，中国政法大学出版社2016年版，第309—311页。

笔者认为，在电子证据专项立法中，应当对此予以强调说明，进一步明确相关电子证据的证明力排序。如增加关于"以档案管理方式保管的电子数据证明力一般大于非以档案管理方式保管的电子数据"的规定。

（二）逐步形成完善的电子证据法律法规体系

如前所述，早在2012年，我国就已陆续在三大诉讼法中排除了电子证据司法应用的障碍。由于不同法律法规的效力范围各异，无法要求每一部法律文件都事无巨细地规定电子证据的方方面面，因此，需要逐步形成完善的电子证据法律法规体系，从各个效力层级或内容重点对电子证据的效力、审查认定与使用等方面进行规定。

从纵向上来看，完善的电子证据法律法规体系应当由宏观到具体，从中央到地方，以宪法为准绳，以证据法或电子证据法为核心，向行政法规、司法解释、部门规章、行业规定等逐层细化，使电子证据的概念定位、取证保全、审查判断、证明过程等都有法可依、有据可循。

从横向上来看，完善的电子证据法律法规体系应当以证据法或电子证据法为原点，与各实体法、程序法相衔接，向各领域辐射。如应当与三大诉讼法中的电子证据规则相协调；与《档案法》《电子签名法》《密码法》《税收征收管理法》《商标法》《合同法》《行政许可法》《监察法》《海关法》《审计法》《会计法》等法律，《国务院关于在线政务服务的若干规定》《政府信息公开条例》等行政法规，以及《税收票证管理办法》等部门规范中与数据电文、电子签名、电子数据、数据等相关的条款相衔接。通过加强与各实体法与程序法的衔接，规范各类社会活动电子文件形成、办理、使用的正当性，保障电子证据司法应用的顺畅与便捷。

二 加强档案法律法规与电子证据相关规定的衔接

如前文所述，电子证据的审查认定相关规则已向档案管理领域延伸，亟待档案管理相关法律法规的回应。2019年4月，国务院

716号令《国务院关于在线政务服务的若干规定》系统提出了电子文件的四个"效力等同"。2020年，新修订《档案法》第三十七条明确规定"电子档案应当来源可靠、程序规范、要素合规"，"电子档案与传统载体档案具有同等效力，可以以电子形式作为凭证使用"，从法律层面肯定了电子文件单独作为证据的能力与电子化的示证方式，提出了电子档案管理的质量要求。上述法律与行政法规初步实现了电子文件与电子证据的协调与衔接，但在档案管理方式的内涵、档案数字复制件的效力、归档管理范围与责任等方面仍有待进一步完善。

（一）回应"档案管理方式"的具体要求

如前文所述，《民事证据规定》指出，以"档案管理方式保管"可认定电子证据的真实性。而在新修订《档案法》中，并未对"档案管理方式"进行明确规定，仅在第三十七条中有类似关于档案管理要求的表述，即"电子档案应当来源可靠、程序规范、要素合规"，其重点在于强调电子档案达成的结果（要求）而非过程（方式）。因此，笔者认为有必要在《档案法》中明确档案的"管理方式"，这也恰是电子证据司法认定的关注点所在。结合前文的探讨，"档案管理方式"其实是对文件"档案身份"的一种认定，不仅指已进入归档环节的电子文件，也应包含档案化管理控制下的所有电子文件，更有必要对什么是档案管理方式加以定义。基于法的制定应遵循较高概括性的原则[1]以及修法慎改的原则[2]，笔者认为法律文件不适于过于详细的定义，但可在原文基础上适当添加关于档案管理方式的原则性表述，如："基于安全可靠的档案管理系统，采用全程管理与监控、长期保存与维护的管理方式与技术手段，使电子档案符合来源可靠、程序规范、要素合规的要求"。以此与电子证据法

---

[1] 李龙、曹南屏：《法理学》，武汉大学出版社1996年版，第296页。
[2] 徐拥军：《〈档案法〉修订草案的特点》，《中国档案报》2019年11月21日第3版。

律法规中对"档案管理方式"的要求相呼应。

此外，对于法律条文无法尽数表达的相关细节，可由国家档案局以发布部门规范性文件的方式进行"官方回应"。如发布"关于档案管理方式保管电子数据的说明""关于电子数据真实性认定的档案管理推荐性标准规范"等，辅助电子证据的取证、举证与认定。

在本书稿修订过程中，2020年11月，国家档案局发布行业标准《电子档案单套管理一般要求（征求意见稿）》，提出整体系统、来源可靠、程序规范、要素合规、安全管理五大基本原则，较为详细地阐述了电子档案单套管理的基本要求，可为"档案管理方式"的具体实施提供参考。[1] 2022年4月，《中华人民共和国档案法实施条例（修订草案征求意见稿）》规定了"来源可靠、程序规范、要素合规"的具体内容："（一）形成者、形成活动、形成时间可确认，形成、办理、整理、归档、保管、移交等系统安全可靠；（二）全过程管理应当符合有关规定，并准确记录、可追溯；（三）内容、结构、背景信息和管理过程信息等构成要素符合规范要求。"为电子档案的管理要求提供了更为细化的解读。但结合前文对裁判文书的调查，档案管理活动的成效在司法认定环节仍存在较强的不确定性，弹性化的规定在法官形成心证时容易出现个体偏差，有待进一步制定更具针对性与可操作性的规范性文件，辅助类案同判的实现。

（二）延伸归档范围、强调管理权责与期限

在对法律工作者的调查中，笔者发现，电子证据司法实践中常面临交易记录、登录信息、通信记录等业务记录的丢失、覆盖、乱码等不可用现象，这在一定程度上与档案领域法律法规对归档范围、保管期限与管理责任的强调不够明朗有关。

陈忠海、张瑞瑞曾于2018年调查除《档案法》之外，我国其他

---

[1] 中华人民共和国国家档案局：《国家档案局办公室关于征求〈电子档案单套管理一般要求〉档案行业标准项目意见的通知》，https://www.saac.gov.cn/daj/tzgg/202011/c21324009e7e44b5ba8e140ebeb22507.shtml，2022年4月13日。

法律中关于文件、记录和数据的相关规定，发现至少18部法律规定了来自各领域记录的保存要求。① 笔者于2020年1月4日使用北大法宝数据库进行补充检索，将"电子数据""数据电文""文件""记录""数据""档案"和"保管"或"保存"进行组配检索，我国其他法律中与档案保存、保管相关的部分示例条款详见表7-1。

表7-1　我国其他法律中关于档案保存的条款示例（不完全统计）

法律简称	条款示例
《证券法》（2019年修正）	证券公司应当妥善保存客户开户资料……各项信息……上述信息的保存期限不得少于二十年
《疫苗管理法》（2018年修正）	疾病预防控制机构……建立真实、准确、完整的接收、购进、储存、配送、供应记录，并保存至疫苗有效期满后不少于五年备查
《食品安全法》（2018年修正）	食品生产企业……如实记录食品原料……联系方式等内容，并保存相关凭证
《农产品质量安全法》（2018年修正）	农产品生产记录应当保存二年……
《大气污染防治法》（2018年修正）	企业事业单位和其他生产经营者……进行监测，并保存原始监测记录
《电子商务法》（2018年）	电子商务平台经营者应当记录、保存平台上发布的商品和服务信息、交易信息……
《精神卫生法》（2018年修正）	记录的文本或者声像载体应当妥善保存……
《公证法》（2017年修正）	公证机构应当将公证文书分类立卷，归档保存……按照规定移交地方档案馆保管
《水污染防治法》（2017年修正）	实行排污许可管理的企业事业单位……保存原始监测记录
《商业银行法》（2015年修正）	商业银行……保存财务会计报表、业务合同以及其他资料

---

① 陈忠海、张瑞瑞：《〈档案法〉之外的法律涉及文件、记录、数据规定的调查与分析》，《档案学通讯》2018年第3期。

续表

法律简称	条款示例
《种子法》（2013年修正）	有计划地收集、整理、鉴定、登记、保存、交流和利用种质资源……
《证券投资基金法》（2012年修订）	保存基金财产管理业务活动的记录、账册、报表和其他相关资料……
……	

基于此,笔者认为档案法律法规还应从以下方面进行完善,以促进其与电子证据相关要求的衔接:

第一,将规定归档管理范围拓展至数据级。

如表7-1所示,各领域经营活动产生了各类业务记录。随着数据密集型业务的开展,对电子文件管理、利用的需求早已深入至数据级粒度。[①] 各实体法中所指的"信息""资料""资源""材料"和"记录"并非仅以电子文件的形式保管,也并非都适于按照电子文件内容、背景与结构的方式生成与组织。目前,档案领域已针对此现象出台了相关标准规范,如2019年发布的《基于文档型非关系型数据库的档案数据存储规范》用于指引档案数据的存储与管理。但在《档案法》中,对管理对象的定义仍偏于保守,表述为"文字、图表、声像等不同形式的历史记录",对于新技术环境下档案工作特点的体现有所欠缺,难以给电子文件管理工作的开展提供有效指引与可靠凭据。基于此,笔者认为应在《档案法》中明确将归档对象范围的表述拓展至数据级,表述为"文件、信息、数据等"。

第二,强调公共数据的管理权责与管理期限。

如表7-1所示,实体法中规定的保存范围除反映本机构生产经营活动的材料,也有与社会民生息息相关的记录,更是根据不同行

---

① 钱毅:《从"数字化"到"数据化"——新技术环境下文件管理若干问题再认识》,《档案学通讯》2018年第5期。

业的特点对保管期限进行了规定。但目前的《档案法》中，对于公共民生服务类文件、信息与数据保管的义务缺乏规划，特别是对于组织机构在对外服务过程中形成的用户数据、管理文件等是否应当纳入档案管理范围、保存期限如何均缺乏明确规定，易致使实践工作中档案部门和业务部门工作目标与内容的脱钩，不利于档案工作与机构信息管理与数据治理工作的协同与融合，档案行政管理部门的相关执法监督亦缺乏依据。针对这一问题，浙江省政府曾于2017年出台《浙江省公共数据和电子政务管理办法》，明确规定了档案行政管理部门对公共数据归档管理的责任，虽仅限电子政务环境下的公共数据，亦不失为现有立法环境下的积极过渡。①

基于此现状，笔者建议应在档案法律法规中明确指出，国家安全、工程技术、农业科技、医疗卫生、经济金融、法律宗教、文学艺术、新闻出版等各个领域②在向社会公众提供生产生活服务活动中产生的文件、信息与数据，其生成企业、机关、事业单位、社会团体和其他组织机构③应当负有保管与归档管理责任，并进一步要求关键记录与材料的保管期限不得低于管理责任追溯与诉讼时效等。

第三，明确业务部门与整个组织机构的档案管理责任。

目前，《档案法》规定，在组织机构层面，机关、团体、企事业单位和其他组织的档案机构与档案管理人员负责档案保管工作。此款在一定程度上回避了档案的形成部门即业务部门在文档管理方面的责任，弱化了组织机构整体的档案管理任务，将档案部门与业务部门、档案管理目标与组织机构工作目标分隔开，不利于业务记录

---

① 浙江政务服务网：《浙江省人民政府印发〈浙江省公共数据和电子政务管理办法〉》，http://www.zjzwfw.gov.cn/art/2017/3/27/art_1177809_6090045.html，2020年1月8日。

② 中国国家标准化管理委员会：《GB/T 6565—2015 职业分类和代码》，中国标准出版社2015年版。

③ 中国国家标准化管理委员会：《GB/T 20091—2006 组织机构类型》，中国标准出版社2006年版。

的妥善保存，这种管理责任"后置"和"窄化"的表述不利于电子文件全程管理、协同管理的落实。基于此，笔者认为应当在档案法中明确规定组织机构的负责人为档案形成与管理的负责人①，将档案管理工作提升到组织机构工作目标的高度。

三 制定司法认可的电子文件管理标准辅助认定

如第四章所述，美国、加拿大发布了《法律可接受的信息系统生成记录》《电子文件用作书证》等一系列司法认可的文件管理标准，与法律法规中的相关规定形成呼应，为相关条款提供了有力补充。目前，我国国标采标亦有类似的规范，即 GB/Z 26822—2011《文档管理 电子信息存储 真实性可靠性建议》②，其来源国际标准为"Document Management—Information Stored Electronically—Recommendations for Trustworthiness and Reliability"（ISO/TR 15801：2009）③，该标准规定了确保所存储的电子信息真实可靠性的文档管理系统的实施与操作，声明了文档管理政策、保管职责、管理程序与过程、实现技术、审计跟踪等内容，特别强调了文档管理对证据形成的意义，建议组织机构实施文档管理前应当向相关组织与机构咨询法律问题、政府法规、财政规章与特殊制度等。2017 年，ISO/TR 15801：2009 废止并推出新版本 ISO/TR 15801：2017，标题由"Information Stored Electronically"更名为"Electronically Stored Information"，新增加了关于 ESI（Electronically Stored Information，电子存储信息）和

---

① 王岚：《国家治理视角下〈档案法〉修改的思路与思考》，《档案学研究》2015 年第 1 期。

② 中国国家标准化管理委员会：《GB/Z 26822—2011 文档管理 电子信息存储 真实性可靠性建议》，中国标准出版社 2011 年版。

③ ISO，"ISO/TR 15801：2009 Document Management—Information Stored Electronically—Recommendations for Trustworthiness and Reliability"，January 6，2020，http：//www.doc88.com/p-9863419329370.html.

可信"Trustworthy"的概念界定①，在概念表述上与美国《联邦民事诉讼规则》等现行法律法规对电子证据的表述衔接得更为紧密。

目前，我国关于电子文件管理的相关标准已初成体系并不断发展完善，包含电子证据的法律文件也逐渐增多。基于上述参考经验，立足于电子文件证据效力保障的现实需求，笔者认为应当制定司法认可的电子文件管理标准以辅助电子证据的司法认定，将法律法规中对电子证据要求的规定细化并落实到电子文件管理工作中。该标准可以国家标准或档案行业标准的形式制定，并至少包含下列部分：

1. 引言与范围

引言与范围需阐明本标准的制定目的、主要内容和适用范围。该标准应当规定司法认可的电子文件管理方案，基于"来源可靠、程序规范、要素合规"的要求，辅助"以档案管理方式保管的电子证据"的认定，并适用于机关、团体、企事业单位和其他组织机构在业务活动中形成的电子文件，特别强调对涉诉电子文件管理工作的适用性。但需要明确的是，按照此标准进行管理的电子文件有助于但并不必然在诉讼时被法庭采信。

2. 法律文件相关条款与参考标准规范

应当列明本标准制定所参考的各项实体法与程序法中对文件保存和电子证据的各项要求，系统地呈现司法对电子文件管理的要求。目前，如《电子签名法》、最高法《民事证据规定》等法律文件中已经明确提出了对文件保存和电子证据审查判断的要求，在此不作一一列举，详见本书表4-1至表4-4。同时，应当列明制定本标准所参考的相关标准规范并提供指引，代表性的标准有 GB/T 18894—2016《电子文件归档与电子档案管理规范》、DA/T 70—2018《文书类电子档案检测一般要求》、DA/T 92—2022《电子档案单套管理一

---

① ISO, "ISO/TR 15801: 2017 Document Management—Electronically Stored Information—Recommendations for Trustworthiness and Reliability", December 14, 2017, https://www.doc88.com/p-7088698296876.html.

般要求》等，本书表 6-2 与表 6-3 的相关内容可为此提供线索。

3. 术语与定义

本标准旨在解决涉及诉讼的电子文件管理相关问题，应当对电子证据领域的关键术语与定义进行明晰，便于电子文件管理人员理解司法诉求。且电子文件与电子证据存在诸多"类似"概念，应予以辨明，防止混用、误用。笔者认为应当在本小节明确界定下列概念：电子证据、电子文件、电子档案、证据效力、证据价值、凭证性、证据性、真实性（档）、真实性（法）、完整性（档）、完整性（法）、可靠性、可用性、安全性、合法性、关联性等。同时，也应对电子文件管理和电子证据司法应用的各项专业术语予以定义：鉴定（档）、鉴定（法）、归档、保全、公证、电子文件管理系统、业务系统等。

4. 电子文件管理政策

本标准中的政策指的是组织机构层面电子文件管理政策、制度。应明确规定组织机构电子文件管理的目标、原则、范围、责任、权限、责任、分工、奖惩等。重点关注下列问题：组织机构的电子文件管理工作符合国家法律法规与政策的规定；将电子文件管理工作置于组织机构的工作目标之中；将诉讼应对置于电子文件管理的工作目标之中；强调文档管理部门与信息部门、法务部门等工作的协同；明确组织机构各类人员在电子文件管理工作中的责任；电子文件管理外包服务等。

5. 电子文件管理程序

本部分规定了组织机构电子文件管理工作的常规程序，该程序对标《民事证据规定》中的"以档案管理方式保管的电子数据"要求。具体而言，可按照形成环节、归档管理环节和长期保存环节三个阶段进行规定，可重点关注下列问题：如形成环节的业务记录形成的基本要求、著录、捕获、版本控制管理等；归档管理环节的数字化、电子文件保管与处置期限表、证据性检测与审核等；长期保存环节的格式管理、备份、迁移、复制与仿真等；以及全过程的审计跟踪、风险控制、应急灾备、元数据管理、物理环境管理、电子文件外包管理等工作。上述管理程序可通过"总体要求＋具体规定＋相关参考标准"的形式进行制定。

6. 电子文件相关系统与技术

本部分规定了电子文件管理使用的信息系统及技术采用情况，对标两院一部《电子数据规定》等法律法规中对系统完整性、可靠性的要求，以及对真实性保障技术的采用情况。与电子文件管理相关的系统有业务系统（电子文件管理模块）、电子文件管理系统、数字档案馆系统，应分别规定对上述系统实现证据保留是基本功能要求，如系统运行环境清洁、系统维护、系统恢复等。此外，应对电子签名、电子认证、区块链、时间戳、哈希校验等防篡改技术的应用进行说明与规定。

7. 监督、评估与资质认定

在交由司法认定之前，电子文件管理工作应当首先接受机构内的监督与评估，并通过档案部门或行业协会的监督、评估及资质认定。此部分应规定下列内容：档案行政管理部门对各类组织机构电子文件管理工作的监督、指导与管理；档案行政管理部门与行业协会对提供电子文件管理服务的档案服务机构的监督、资质认定与评估，对电子文件管理人员能力的评估、考核与资质认定等。

8. 诉讼准备相关程序

对于组织机构而言，预先采取合规的证据保全措施，及时对证据进行固化，有助于最大程度保留证据还原客观真实的能力。文档管理部门应当掌握与诉讼相关的准备程序，以应对诉讼风险。本标准可重点关注下列方面：文档管理部门与法务部门配合证据调查、证据的提取与固定、证据保全手段、公证申请与材料准备、鉴定申请与材料准备、提起或应对诉讼等。此外，应列明能够辅助电子证据认定的材料列表，形成电子文件证据效力"证据包"，为组织机构开展诉讼准备工作提供明确指引。

综上，通过制定司法认可的电子文件管理标准，将司法对电子证据的要求"翻译"到电子文件管理工作中，将电子文件管理的成效转化到司法可认定、验证的语境下，既能够辅助组织机构做好基础性的电子文件管理工作，又能最大程度地发挥文档管理工作在诉讼应对时的积极作用，提升电子文件用作证据时的采纳与采信比率。

四 发挥指导性案例与"非官方文件"的推动作用

电子文件证据效力保障工作不是一蹴而就的，法规与标准能够从根本上为电子文件的证据效力提供保障。很多时候，技术的发展与变化十分迅速，但修法往往是一个漫长的过程，标准的论证、审核与发布也需要较长的周期。基于此，笔者认为应当发挥指导性案例、非官方指南、白皮书的作用，率先就当前法规标准中的模糊性问题进行阐释，为关键性问题提供指引。

（一）发布指导性案例与诉讼指南

近年来，最高法、最高检、公安部等纷纷发布指导性案例，虽不同于英美法系中拥有法源地位的判例，但对司法审判仍具有事实指导效力，且具有较强的针对性，对规范自由裁量权、解决"同案不同判"具有重要价值。[1] 指导性案例一般为社会广泛关注的，具有典型性、疑难复杂性或新类型的案例，经过严格的推荐、初审、意见征求、讨论、审议等过程后予以发布。[2]

以最高人民法院为例，笔者对其发布的31批共计178个指导性案例进行调查（调查时间：2022年5月）[3]，发现其中并无裁判要点或争议焦点为电子文件管理或档案管理的案例。基于目前的立法现状以及电子数据广泛应用趋势，笔者认为应当就"档案管理方式保管的电子数据"等要点发布相关的指导性案例，规范法官对档案管

---

[1] 刘峥：《指导性案例的适用效力》，《人民法院报》2017年7月19日第2版。
[2] 徐隽：《指导性案例是怎样选出来的》，《人民日报》2015年1月28日第17版。
[3] 中华人民共和国最高人民法院：《指导案例》，http：//courtapp.chinacourt.org/fabu-gengduo-77.html，2020年1月7日。

理工作的理解与认识,"回答"当前司法领域对档案工作的模糊认知。

在(2017)赣0430民初1701号欧阳××与中国邮政集团公司江西省彭泽县分公司储蓄存款合同纠纷一审案中①,原告(欧阳××)认为被告(中国邮政集团公司江西省彭泽县分公司)处的纸质档案(取款凭单)已销毁、不承认数字化复制件是其本人当初签署的原件;被告则以国家档案局第79号令《会计档案管理办法》与本单位的档案管理办法为依据,辩称其档案销毁与电子档案管理实践均符合规范。一审法院认定被告提供的电子档案具备法律效力,可依法采纳。二审中,电子证据的认定问题成为裁判要点,二审法院审查后认为被告所保存的电子档案来源合法、内容清楚,维持原判。②此后,欧阳××申请再审,称电子证据未经过公证、程序不合法,法院裁定认为邮政彭泽分公司纸质凭证原则上保管一年的做法符合相关管理规定,且对该证据已经履行了举证责任,无须公证,驳回了欧阳××的再审申请。③笔者相信,随着类似案件的增多,电子文件管理工作的重要性日渐凸显;司法部门应当重视这一趋势与需求,推荐相关典型案例,为电子文件管理工作和电子证据司法实践提供有力参考。

同时,笔者调研到,法院也可通过发布司法建议或诉讼指南的形式对机构电子证据存证、保全、取证等活动进行指导,提供具有针对性的"官方"参考指引。如青岛市中级人民法院④、深圳福田

---

① 参见欧阳××与中国邮政集团公司江西省彭泽县分公司储蓄存款合同纠纷一审民事判决书,(2017)赣0430民初1701号。
② 参见欧阳××、中国邮政集团公司江西省彭泽县分公司合同纠纷二审民事判决书,(2018)赣04民终246号。
③ 参见欧阳××、中国邮政集团公司江西省彭泽县分公司合同纠纷再审审查与审判监督民事裁定书,(2019)赣民申110号。
④ 《青岛市中级人民法院关于加强互联网金融机构电子存证的司法建议》,http://www.sdcourt.gov.cn/nwglpt/_3963514/_3963554/6484147/index.html,2022年4月24日。

区人民法院①分别针对互联网金融机构的电子存证工作、借贷纠纷解决和预防提出了一系列存证保全指引，上海市高级人民法院通过发布诉讼指南，有效解答了当事人在诉讼中可能面临的基本问题②……由此，法院可通过总结司法实践中"档案管理方式保管"电子证据的常见性问题与审查判断要点，针对纠纷与诉讼频发的机构与行业提出司法建议，或发布面向全社会的诉讼指南等。

（二）"非官方力量"：白皮书、报告与手册

前文所述颁布法律法规、发布标准规范与指导性案例的主体均为国家相关部门，为了应对瞬息万变的数字环境和迫切的电子证据存证保全需求，非官方机构如行业协会、学术研究机构等也可积极发挥作用，通过发布白皮书、手册、报告等，助力电子文件的证据效力保障。第四章中提及的赛多纳会议 WG1 工作组发布的赛多纳原则、EDRM 电子发现参考模型组织发布的信息治理参考模型 IGRM，以及律师事务所信息治理研讨会发布的信息治理相关报告均是成功例证。

目前我国电子证据领域已有部分机构向社会发布相关研究成果，如可信区块链推进计划③发布的《区块链司法存证应用白皮书》，系统阐述了区块链电子存证的应用原理、应用基础、参考架构、应用场景、现存挑战等④，为区块链在司法存证实践中的应用提供了详细

---

① 《广东深圳福田区人民法院发出〈司法建议书〉》，http：//cxzg. chinareports. org. cn/pafz/20200715/22787. html，2022 年 4 月 24 日。

② 《诉讼指南》，http：//www. hshfy. sh. cn/shfy/web/channel_ xw_ list. jsp？pa = abG1kbT1MTTAzMDgmbG1tYz3L38vP1rjEzwPdcssPdcssz&zd = splc，2022 年 5 月 2 日。

③ 可信区块链推进计划由中国信息通信研究院联合 158 家企业牵头启动，成立于 2018 年，目前已有 200 余家成员单位。可信区块链推进计划旨在推动区块链技术的研究与应用，促进行业良性健康发展，支撑政府决策。本白皮书由最高人民法院信息中心指导，中国信息通信研究院和上海市人民法院牵头，25 家人民法院、互联网法院、研究机构与科技公司共同参与编写。

④ 可信区块链推进计划：《区块链司法存证应用白皮书》，http：//www. trusted-blockchain. cn/schedule/list/2？page = 1，2020 年 1 月 7 日。

指引，走在了司法实践前沿。又如移动公证数据中心①发布的《电子证据应用白皮书》，展现了电子证据应用的趋势与生态等。② 可见，非官方组织机构在推进电子证据司法应用方面紧跟国家法规政策趋势，紧密结合行业实践，在落实法规标准要求、指导实践方面发挥了突出作用。

在文件与档案管理领域，鲜有由行业协会或研究机构等非官方组织发布的、面向组织机构电子文件证据效力保障的规范或文件，关于电子文件管理其他方面的白皮书、手册等也较少。由前文的需求调研可知，法律工作者重视档案部门在文件管理与长期保存方面的专业性，期待档案界能够协助发布关于电子证据存证保全的指引性文件，这无疑是我们后续可以探索的方向，电子证据领域的实践和国外的经验也为之提供了有益的启发。基于此，应进一步发挥档案行业协会和研究机构的作用，与电子存证领域积极合作，发布面向组织机构的、操作性强的电子文件证据效力保障相关指导手册或报告，如"涉诉电子文件管理指南""电子文件固定保全手册""电子文件真实性自证辅助材料一览"等。

（三）示例：组织机构涉诉电子文件真实性自证材料清单

对于电子文件证明力的发挥来说，做好电子文件管理只是第一步，在实际的司法审判中，电子证据是否真实、可靠是法官结合相关证据材料行使自由裁量权的综合判定结果，使法官理解并信任电子文件与电子证据的管理和保全过程至关重要。因而在提交作为证据的电子文件以外，还可提交辅助证明其真实性的相关材料。如《加拿大证据法》31.5 中指出："可以就记录或存储电子文档的方式的标准、程序、用法或惯例提供证据"。我国两院一部

---

① 移动公证数据中心隶属于移动公证电子证据服务平台，由北京风语者科技公司投资，国家公证机关、中国电信等机构共同参与。

② 《2018 电子证据应用白皮书》，https：//www. 4009991000. com/baipishu/bps-gundong2018. html，2019 年 7 月 21 日。

《电子数据规定》等法律文件中对刑事诉讼电子证据规定，应在提交证据的同时提交相关报告，注明提取和复制的时间、地点、电子数据规格、类别、文件格式、设备情况等内容。《电子档案证据效力维护规范（征求意见稿）》也规定："提取电子档案，宜同时提取电子档案、电子档案元数据、电子档案附属信息、电子档案存证验证信息。"第四章（2020）晋01民终4578号案例中，举证方通过出具自行制作的《电子数据现场提取说明》实现了对该证据真实性的补强。

如前所述，非官方性的文件针对性、灵活性强，发布周期短。有鉴于法院"清单式审查"惯例（如处理财产保全时会要求金融机构担保人提交"清单式"的资信证明材料），笔者尝试提出"组织机构涉诉电子文件真实性自证材料清单"，该清单旨在从电子文件管理的角度为组织机构应对诉讼时的证据材料准备提供指引，通过多份证据合力补强、提供"证据的证据"，提升主证据文件的证明力，为法官审查认定相关证据提供便利，推动电子文件从"档案标准"向"司法认可"的属性转化。

笔者根据目前法律法规中对电子文件管理的直接规定和对电子证据的要求推定（详见第四章总结，此处不予赘述），认为组织机构涉诉电子文件的真实性应当主要围绕下列要点予以证明：

第一，机构档案管理工作符合国家法律法规、标准规范，有体系化的、完善的档案管理制度；

第二，电子文件来源可靠，形成于正常的业务活动中，以档案管理方式保管，未经篡改；

第三，业务系统的电子文件管理模块、电子文件管理系统与数字档案馆系统均正常运行，未经破坏，系统完整性得以保障；

第四，电子文件管理人员具备专业素质，无人为过失性操作。

基于上述证明要点，组织机构在面临诉讼时，可依据表7-2进行诉讼证据材料准备。

表 7-2　　组织机构涉诉电子文件真实性自证材料清单

材料类型	材料内容	证明逻辑	备注
电子文件及附属材料	电子文件（尽量以原始载体出示）	尽量提供原件、原物，确保电子文件证据效力，避免真实性争议	如无法出示原件，则应根据新《民事证据规定》第十五条，出示与原件一致的副本，或者直接来源于电子数据的打印件或其他可以显示、识别的输出介质
	*电子文件附件	辅助形成完整证据链、还原客观事实	视现实情况决定是否出示
	电子文件元数据信息	补充提供电子文件内容、背景、结构及管理过程信息，与主电子文件相互印证，辅助形成完整证据链	元数据设置应符合国家、行业标准规定，能够体现文件形成、保管与转移链条上关键活动的发生时间与责任人等
	*归档登记、移交与接收登记表等	记录电子文件管理权限发生变化的关键操作，确保流程规范、责任可溯源	如本信息已包含在元数据信息中，可作重点说明，无需单独出示
	*电子签名、时间戳、哈希校验、区块链存证验证信息与相关文件	以司法认可的、可验证的技术确保电子文件真实可靠、未受篡改	如本信息已包含在元数据信息中，可作重点说明，无需单独出示
	自行取证保全全过程记录	完整记录提取电子文件的全过程，以证明取证主体与取证方法规范、可靠，证据的取得具有合法性	可出具视频录像、录屏、说明材料等文件
制度规范材料	机构文档管理相关政策文件、标准规范	机构的文档管理工作符合国家规定、达到行业要求。机构电子文件全生命周期已纳入文档部门管控，处于规范流转环境下，可以确认其真实、可靠	标准规范内容应涵盖文档自形成至保存利用全生命周期，涉及对各业务部门的工作要求；如出示本机构自主制定相关文件的，需说明符合国家、行业标准规范的情况；如机构未自主制定任何文档管理相关文件，需说明对国家、行业标准规范的遵从情况

续表

材料类型	材料内容	证明逻辑	备注
制度规范材料	*机构相关业务工作规范性文件	机构业务工作开展符合其一贯办理流程，属正常业务活动	证明证据为"正常业务活动中形成"时需出示
	*机房、电子设备管理相关文件	电子文件的物理环境安全可靠、管理规范，能够确保信息安全	如本信息已包含在机构文档管理相关标准规范中，可作重点说明，无需单独出示
	*备份恢复制度、应急预案等	风险防控机制健全，有能力应对电子文件管理过程中的突发情况与异常情形，保障信息安全	如本信息已包含在机构文档管理相关标准规范中，可作重点说明，无需单独出示
技术、系统与环境材料	系统日志文件（管理元数据文件）	记录电子文件管理相关操作与所依赖系统的运行状态，以证明操作合规，系统对电子文件的真实性、完整性无不良影响	依据新《民事证据规定》第九十三条，如系统发生异常情况，需额外说明其对电子文件生成、存储、传输的影响
	系统开发商基本概况与资质信息	电子文件所依赖的计算机系统来源可靠、资质合规	/
	系统评估、测试、验收、授权、使用情况文件	电子文件所依赖的计算机系统来源可靠、资质合规，处于正常使用、运行状态	如参加第三方机构评估、验收的，应提供相应报告；可视现实情况决定是否出示
	*系统功能描述性文件与技术配置文件	电子文件所依赖的计算机系统功能完备，具备有效防止出错的监测、核查手段	辅助法官对系统的作用、功能、技术等进行全面了解；可视现实情况决定是否出示
	*保管环境、网络环境描述性文件与报告	电子文件所处的物理环境、网络环境均处于安全可靠、正常运转状态	如本信息已包含在系统日志中，可作重点说明，无需单独出示

续表

材料类型	材料内容	证明逻辑	备注
人员材料	*岗位责任制度文件	电子文件的形成、管理人员责任分工明确，操作合规	/
	*职业培训、技能资格证书	电子文件管理人员具备专业素养与执业资质，能够胜任机构文档管理工作，确保文档管理的专业水平	/

注：*为可选项，视现实情况决定是否需要出示。

上述清单所列举的材料从电子文件自身、制度规范、技术、系统与环境、人员四个方面全面呈现机构电子文件管理工作的成果，为电子文件在司法场景中的真实性认定提供辅助。通过上述材料的证明，使司法领域所关注的电子文件—电子证据保管链上的关键环节均有据可查；以电子文件管理"认证链"的形式辅助司法证据保管链的完善。①

第二节 管理保障策略

管理保障是组织机构电子文件的证据效力保障承上启下的重要环节，它承接了各项法律法规与标准规范的要求，指引着技术的应用方向。本节中，笔者从管理制度、管理对象、管理时机与思路、管理模式的角度分别切入，剖析电子文件证据效力保障在管理层面的特点，基于现有的、较为成熟的电子文件管理思路，提出创新的、更完善的电子文件管理模式，助力电子文件在诉讼与纠纷中获得优势。

---

① 钱毅：《基于OAIS的数字档案资源长期保存认证策略研究》，《档案学研究》2018年第4期。

一 以管理责任链从源头确保电子文件的证据性

组织机构电子文件证据效力保障不只是档案部门的任务，更应成为机构各相关部门共同的目标。如第三章所述，司法领域的证据保管链制度有效保障了证据流转与传递过程中的不可篡改性；受此启发，机构应将电子文件管理工作纳入机构工作规划之中，构建"电子文件—电子证据"责任链，配合奖惩机制，调动各部门的积极性，从源头保障电子文件自形成起的证据性。

（一）责任追溯，奖惩明确

由电子文件证据性概念模型可知，证据性的核心在于证据法学意义上的"真实性"，即电子文件管理的形式真实、内容可靠、完好无损。目前，通过对电子文件管理系统的功能设计，能够在程序上和技术上实现有形的、可控的真实完好；而由"人"最终决定的电子文件内容是否可靠、是否具备还原客观事实的能力，则是电子文件证据效力实现最为关键、核心的品质。基于此，需要建立电子文件管理责任链制度，将各管理责任人和管理行为串联起来，做到对电子文件生命周期各环节的可追溯、可解释，覆盖系统日志管理与痕迹管理难以管控的问题，以"制度"规范电子文件管理的形式真实，从而保障其内容的可靠。责任链的构建与实现可概括为"责任明确—责任分配—责任行为记录—奖惩机制驱动"几个环节：

1. 明确电子文件管理责任主体

电子文件管理责任应覆盖电子文件—电子证据全业务链。在组织机构中，电子文件证据效力保障工作涵盖规划预备、形成流转、归档管理、保存利用、取证保全等内容，各阶段工作成果均会对电子文件的品质产生不可逆的影响。上述工作涉及的责任主体不应只是文档管理部门，应当涉及业务部门、档案部门、法务部门和信息/数据部门等各个职能部门，以及组织机构的负责人。

2. 精准分配电子文件管理责任与权限

在明确电子文件管理责任主体的基础上，应当实现权限的精准分配。每个工作人员均应对自己形成、管理的电子文件负责，每项电子文件管理活动也应当有对应的责任人，并通过对相关系统的权限管理加以控制。笔者根据电子文件—电子证据保管链，初步划分了各部门在保管链中的主要责任和监督辅助责任（详见表7-3）；各项责任并非独立存在，而是环环相扣。主要责任部门应当对其所形成或管理电子文件负责，严格审核、控制参与电子文件管理活动的人员；发生异常情况时应当及时向监督辅助的部门、人员和总负责人及时联系，共同处理。在以部门为单位进行责任划分的基础上，各部门内部还需根据实际情况精细分工，为人员分配其各自的管理权限，形成组织机构内部结构化的责任体系。

表7-3　　　　组织机构电子文件管理责任部门分配情况

责任部门	规划预备	形成流转	归档管理	保存利用	取证保全（机构内）
主要责任部门	业务部门；档案部门；法务部门；信息/数据部门	业务部门	业务部门与档案部门	档案部门	法务部门
监督辅助职责		档案部门；法务部门；信息/数据部门	法务部门；信息/数据部门	业务部门；法务部门；信息/数据部门	业务部门；档案部门；信息/数据部门
总负责	组织机构负责人				

3. 电子文件管理权属全链条记录

电子证据的认证需要一条可信的证据保管链，证明证据从获取到被提交至法庭为止，关于其流转和安置及其相关保管人员的沿革情况。[①] 受这一制度的启发，为证明组织机构电子文件的真实可靠、完好无损，可通过电子文件—电子证据保管链各环节责任人记录进

---

① Bryan A. Garner ed., *Black's Law Dictionary*, Minnesota: Thomson West, 2014, p. 261.

行印证。在电子文件管理全流程中，相关人员应有意识地留存工作痕迹，结合信息系统自动记录的元数据、日志和人工管理的相关记录，形成完整的机构内电子文件—电子证据管理权属记录链条。

4. 配合奖惩机制发挥责任链效用

责任的另一面是权力，权责须平衡一致，应结合奖惩机制，保障责任链制度发挥其效用。正面来说，责任链制度则是通过明确责任分配，实现诚信、高效的管理；① 反面来说，责任链制度的作用在于更便捷地追溯问题源头，明确过失行为的责任主体。在责任链中，工作人员对电子文件形成与管理的行为负责，其成果将纳入对该人员的日常考核中。考核与验收人员对其所考核与验收的工作负责，对造成不利后果的责任人或责任部门实施一定惩处，对考核优秀的责任人或部门予以表彰，促进责任链制度的良性运转。

综上，组织机构责任链制度的建立将电子文件—电子证据保管链中的各项活动与明确的责任人关联起来，督促工作人员重视电子文件管理工作，最大程度地保障电子文件形成源头的内容可靠，并确保其管理全程的真实与完整。

（二）自上而下，全面协同

协同即相互协作，使两个或两个以上不同的个体或资源部门一致地完成某一目标活动或过程，共同努力，协调一致，达到"1＋1＞2"的效果。② 组织机构电子文件管理责任链的实现离不开各部门及相关人员的协作，具体而言，需在电子文件—电子证据保管链的基础上，实现战略层面与策略层面的协同。

战略协同层面，应将电子文件管理工作作为组织机构的重要战略目标，纳入顶层设计，统筹规划。具体体现在将电子文件管理纳入机构工作计划，或机构信息治理、数据治理整体方案，制定机构

---

① 黄彦杰：《管理者责任素质》，中国致公出版社 2009 年版，第 141—144 页。
② 何国军：《出版产业供应链协同管理研究》，武汉大学出版社 2018 年版，第 33—35 页。

电子文件管理专项工作计划等。从宏观层面提升电子文件管理工作的地位，明确组织机构内各部门为实现这一目标所承担的任务，在协同配合下共同达成电子文件管理的最优化方案。

策略协同层面，应识别电子文件—电子证据保管链中各业务环节需要协同合作的内容。如在电子文件的规划预备阶段，档案部门、业务部门、法务部门和信息/数据部门分别就归档管理、业务实施、信息合规与诉讼风险、系统开发与维护等方面进行协商，运用集体智慧协同规划组织机构的电子文件管理范围、管理目标、管理流程、管理系统等。在以业务部门为主导的电子文件形成流转阶段，档案部门和法务部门应提供指导监督、信息部门及时做好系统跟踪维护等。在以业务部门和档案部门为主导的电子文件归档管理和保存利用阶段，档案部门主动引导，业务部门积极配合，法务部门和信息部门分别做好监督与维护工作。在面临诉讼风险，需要自行或配合开展电子证据取证保全工作时，其他部门应当在法务部门的指导与引领下，积极进行电子文件的收集、组织、检索、固化，以及系统相关文件的导出等。上述业务均需要依靠各部门协同完成。

通过战略与策略层面的协同管理，实现了组织机构部门、组织机构工作人员在资源、目标、手段方面的深入协作，共同促进组织机构电子文件—电子证据保管链各环节的紧密耦合，推动电子文件管理责任链的落实，切实提升组织机构的电子文件管理工作质效。

二 分步拓宽组织机构电子文件的管理范畴

通过第三章中对裁判文书的检索统计可知，自 2012 年以来，音频、即时通信、视频、短信、电子交易记录、图片、计算机程序、电子邮件、网页、用户注册信息成为诉讼中应用最广泛的电子证据，其总量超过了所有电子证据的 97%，是目前最需要重点关注的电子证据类型。笔者对律师、法官、企业法务等法律工作者展开调查时，他们对电子邮件丢失、银行流水数据灭失、通讯记录乱码的关注也印证了这一调查结果。这不仅体现了司法界对电子文件管理的需求，也反映了电子文件管理在范围方面存在的"范围覆盖"问题。正如某位访谈对象提到:"电子文件证据效力的关键在于能够将更多电子文件纳入档案部门的管理范围",为使组织机构的电子文件管理工作能够更好地契合其应对诉讼的需求,应对其电子文件管理的范畴进行明确并作出适当调整与改善。

(一)拓展组织机构电子文件管理工作的范围

为了进一步明确电子文件管理的范畴,首先应对组织机构目前所管理的电子文件类型及其原因有所掌握。

根据刘越男教授的研究,电子文件可按照其所发挥的作用大致分为三类:第一,行政管理类,上传下达、反映组织机构管理行为的电子文件,通俗地说,即"办事"形成的电子文件,如公文等;第二,凭证类,其本身即具有法律认可的证明效力,可作为某种权利、能力与资格的证明,如执照、证书、证明、合同等;第三,参考辅助类,既不执行行政传达作用,也不作为法律凭证,而是为形成以上两类电子文件提供参考,如调查报告、考勤记录等,它们不具备特定"职能",仅为生成电子文件提供依据。[①] 目前,各类组织机构电子文件管理的对象主要为行政管理类和凭证类电子文件,一般以参考辅助类电子文件不是"正式"文件而不予归档管理。且在目前的实践中,部分参考性文件由企业微信、钉钉、电子邮件等途径生成,其数据保存在腾讯云、阿里云等网络服务商的服务器中,并不保存在机构本地,机构难以直接管控,管理工作面临客观挑战。一旦涉诉,如未能恰当存证、取证,致使证据丢失、破坏,服务商处的"原始"数据难以及时查考时,机构将陷入被动。

按照生成系统,电子文件可大致分为以下主要类型:电子公文、

---

① 刘越男:《建立新秩序——电子文件管理流程研究》,中国人民大学出版社2005年版,第11—12页。

电子邮件、网页文件、计算机辅助设计文件、数据库文件等。① 对于机构而言，电子公文是保管最广泛的文件，CAD 图纸、三维电子文件等计算机辅助设计文件作为核心业务文件也得到了充分的重视。但笔者调查发现，网页类文件、电子邮件等一般较少纳入归档管理范围。其原因一方面来自技术问题，美国、英国、澳大利亚等在网页归档和社交媒体归档领域已有实践，学界研究成果也较为丰富，而我国对此类电子文件归档管理的相关技术规范较为缺乏，更倾向于归档管理已有较成熟经验的电子公文等。但随着 2019 年新出台的《政府网站网页归档指南》《基于文档型非关系型数据库的档案数据存储规范》的颁布，上述几类电子文件管理的技术规范指引逐渐丰富。另一重要原因在于此类文件本身的特性，电子邮件在国外往往具有"半公文"性质，是处理事务常用的、较为正式的文件；部分企业采用 Work in the Cloud 的工作模式②，即时通讯数据也成为被正式认可的记录，而我国尚未形成这样的共识。即便使用此类途径办公，一般也会采用更为正式的方式形成"官方的""定稿的"电子文件以记录业务成果，对电子邮件等过程性记录的归档管理不足。但在实际诉讼中，如果双方当事人在电子邮件中的意思表示真实，符合电子合同的构成要件，即使未形成所谓"正式"的合同，依然具有法律效力，这应当引起组织机构的重视。

随着各行业数字化的纵深推进，电子证据类型必将越来越广泛，将这一现象映射、对标至电子文件管理领域，直接表现为对各类电子文件的归档管理需求。目前，国家层面已逐步重视并推进各类电子文件的归档管理工作，标准规范的制定也由通用类向

---

① 冯惠玲、刘越男等：《电子文件管理教程》，中国人民大学出版社 2017 年版，第 11 页。

② Standards Council of Canada，"CAN/CGSB－72.34－2017 Electronic records as documentary evidence"，March 1，2017，https：//www.scc.ca/en/standardsdb/standards/28933.

各业务类拓展延伸，然而实践情况仍与应诉需求存在现实差距。各组织机构应根据诉讼需求，结合自身能力判定好涉诉核心电子文件，逐步拓展电子文件管理工作范围，尽快在以下方面实现推进：

第一，逐步将电子文件的管理范围向参考辅助类电子文件拓展，关注数据归档。在司法实践中，有时往往起关键性作用的电子证据恰恰是能从侧面印证管理痕迹和管理过程的参考辅助类文件，甚至是系统中碎片化的数据。笔者调查了二百余例"档案管理方式保管"和"正常业务活动中形成"电子证据的应用现状，发现涉及微信证据的32个案例中，其多发挥着补充、印证主要证据文件的作用。这应当引起组织机构的重视，将电子文件管理工作的范围逐步由行政类、凭证类"正式"文件向参考类、辅助类文件逐步拓展，参考涉诉需求规划配套数据归档的范围。但从证明效力来看，参考辅助类电子文件的作用是锦上添花的，一旦核心电子文件未能得到规范保管，仅凭参考辅助类文件也很难证明业务事实。因此，对于核心业务而言，机构应尽量形成较为"正式"的文件，以备诉讼举证。

第二，由电子公文、设计图纸等文档类、计算机辅助设计类电子文件向社交媒体文件、网页文件、电子邮件、数据库类文件拓展，覆盖组织机构核心业务环境所生成的文件，辅助形成还原业务全程的完整证据链。同时，如前文所述，在庞杂的文档数据"海洋"中，机构为应对数字取证需求往往需要花费巨大的时间精力查找所需文档。因此，在全面著录元数据的基础上，推动管理粒度向数据级拓展、实现全文性检索亦十分必要。

第三，对于涉及向公众提供服务并保存用户数据的组织机构，应当根据国家有关法律法规的规定，在服务合同中声明对用户数据的保存与使用权限和归档存储期限，按照声明事项保管用户数据；制定机构电子文件管理规范，在管理期限内适时迁移与备份，保证其不出现丢失、乱码等不可用问题。如根据《金融机构客户身份识别和客户身份资料及交易记录保存管理办法》的规定，客户身份资料和交易记录应当至少保存 5 年，且采用不同介质保存的，应当保证至少一种介质满足其保存期限。这要求金融机构的档案管理部门应当保证原生的电子客户身份资料和交易记录合规保存、谨慎销毁，保证其在保管期限内的可用性；纸质客户身份资料和交易记录应当与电子版本的信息变动保持一致等。就笔者对法律工作者的实际调研情况来看，目前银行在交易记录电子文件管理方面仍有较大的提升空间。对于需使用其他平台服务且数据保存在服务商处的机构，可有选择地将相关数据作为附件纳入归档管理范围；不宜归档的，应建议、指导相关业务人员以录屏或转化为硬拷贝①的方式自行存证，保留其在业务持续时限内的"原件"属性。此外，更多行业领域的业务记录还有待法律法规与标准规范加强第三方服务机构文件与数据保管权限和期限方面的规定，本书第七章第一节中亦有所涉及。

（二）分步推进管理范畴的原则与思路

囿于技术环境、管理水平、资金投入等各项现实条件不同，组织机构间电子文件管理水平差异较大。因此，电子文件管理范畴的扩大和管理对象的拓展应当分阶段、分步骤，具体思路为：

第一，优先向涉诉概率高的电子文件倾斜。

对于组织机构而言，以诉讼和纠纷事项为契机、以临时性保全为目的展开电子文件的检索、组织与管理，其效率和效果远低于日常、系统化的档案管理；且出于对实际需求的考量，并非所有的电子文件都需要按照应对诉讼的规格进行管理。因此，组织机构应对电子文件的涉诉概率进行评估，对涉诉可能性大的如合同类、财务类电子文件的证据效力保障给予更多关注，对"涉诉电子文件"和

---

① 朱晓东、张宁：《基于证据视角的社交媒体档案管理——以微信为例》，《档案学研究》2017 年第 2 期。

"非涉诉电子文件"采取"分而治之"的策略。

第二,优先向核心业务形成的电子文件倾斜。

核心业务体现了机构的核心竞争力,因此,电子文件管理的范围应当优先倾向核心业务,保障其顺利运行。如天津市档案馆在与OTIS(奥的斯)电梯公司合作的电子文件数据维保服务试点中,选取了电梯维修产生的单据①,它同时具备核心业务形成及涉诉概率较高的特征。

第三,优先向"正式"电子文件倾斜。

在多重任务并行的情况下,组织机构可先集中人力、物力和财力,保障行政管理类和凭证类电子文件的管理水平,在有条件的情况下,逐步向考勤记录、调查报告等参考性、支持性的电子文件扩展、过渡。

电子文件单轨制、单套制管理的推行是一个漫长的过程,目前,许多组织机构还处于纸质环境与数字环境交错进行的管理阶段。与司法界对各类电子证据紧迫的管理需求相比,电子文件管理实践的大环境对部分"非正式""非常规"电子文件的管理需求尚不十分迫切。但可以预见的是,随着业务环境加速步入数字世界,电子文件管理的范畴必将且应当逐步拓展。

三 电子文件—电子证据全业务链管理与适时固化

电子文件生命周期全程管理思想与电子证据司法实践中的证据保管链制度都以环环相扣的"链"保证电子文件或电子证据的真实、可靠、可控。面临诉讼时,电子文件生命周期和证据保管链通过"取证"这一枢纽相连通。为促使电子文件管理成果更好地为司法所认可,须将管理视角从传统的电子文件生命周期转向电子文件—电子证据保管链,从全程管理转向全业务链管理,选择合适的固化时

---

① 方昀、仇伟海、李德昆等:《电子文件数据维保服务案例研究》,《档案学通讯》2018年第4期。

机，记录电子文件—电子证据保管链活动的痕迹，保障电子文件的证据效力。

(一) 固化——更灵活的真实性保障手段

固化（Fix）指为了避免电子文件的内容、背景、结构等存在动态因素造成信息缺损，从而将其转化为不可逆的只读形式的过程。[①]在一般的电子文件管理实践中，固化是归档环节的主要活动。小文件观视角下，归档（File，≈Archiving）是电子文件转化为电子档案的关键环节，是指将具有保存价值的电子文件赋予档案属性并纳入档案管理范畴中的过程[②]，其实质在于文件管理活动与权属从业务部门向档案部门的交接与转移。[③] 归档后，业务部门只有电子文件的查阅利用权，而不能再对内容进行修改。因此，归档是一种"完全的"固化，这固然是保障电子文件证据性的稳妥办法，但并非"唯一解"。由于动态、交互式和体验式技术环境中所形成的、由于制作者意愿或系统功能导致的易发生有限变异的电子文件迅猛增长[④]，此类电子文件过早归档影响其正常流转办理，过晚归档则有碍电子文件的真实性保障，须探索能够在归档前固化的可能性。

根据组织机构涉诉电子文件的特征，笔者提出下列三种固化方式，可灵活应用于组织机构电子文件日常管理工作中。

1. 归档固化。归档固化是一种完全意义上的固化，是最常规的固化方式，适用于形成过程较为固定、已办理完毕的电子文件。具体做法是将主电子文件与辅助性、支持性的文件共同封装，以文件

---

① 周耀林、王艳明主编：《电子文件管理概论》，武汉大学出版社2016年版，第88页。

② 冯惠玲主编：《电子文件管理100问》，中国人民大学出版社2014年版，第85页。

③ 陈永生、侯衡、苏焕宁等：《电子政务系统中的档案管理：文件归档》，《档案学研究》2015年第3期。

④ Luciana Duranti and Randy Preston, eds., *International Research on Permanent Authentic Records in Electronic Systems* (InterPARES) 2: *Experiential, Interactive and Dynamic Records*, Padova: Associazione Nazionale Archivistica Italiana, 2008.

为单元进行管理，便于长期保存并支持对其的检索、利用等。主要分为逻辑归档和物理归档，前者只移交管理权属；电子文件仍存储在本地；后者移交管理权属和电子文件。在基于区块链技术的业务系统中，业务数据实时上链实现防篡改，其效果也与归档固化相当。

2. 快照固化。根据全球网络存储工业协会（Storage Networking Industry Association，SNIA）的定义，快照（Snapshot）是一种对指定数据集合的完整副本，该副本反映了数据在某个时间点的映像。[①]本书主要指的是图像型的快照，如网页快照等。快照固化可应用在业务办理过程中，尚未形成电子文件之前。既适用于操作周期较长、容易乱码或灭失的动态文件，又适用于对图形、图像较敏感，特别是涉及知识产权的文件。它能够完全捕捉电子文件的实时形态，既证明了电子文件在特定时间点的存在状态，又以直观、形象的方式呈现。对于负责审查判断电子证据真实性的司法人员而言，证据自身及其所传达信息的"可理解性"十分重要，快照固化恰能应对这一问题。需要注意的是，图像型快照留住了"瞬间"，相应也无法兼顾文件的整体性与动态性，因而只能作为辅助的固化方式，具体可作为辅助材料以"预归档"形式进行管理（本章第三节对电子文件管理系统的"预归档"功能进行了论述），并在电子文件办毕后一同归档。

3. 元数据即时捕获。对于部分形成周期比较长的电子文件，它们不似电子公文有着固定的办理流程和稳定的办理周期，而往往呈现出动态性、交互性、活跃性的特征，办理、使用周期较长。如等到完全办毕，成为了"冷数据"后再考虑归档管理，似乎为时已晚。针对此类情况，可预先定义元数据的捕获规则和周期（如：以权限更改或流转环节为捕获触发时间），即时将该电子文

[①] Storage Networking Industry Association，"SNIA Dictionary-Snapshot"，January 10，2020，https：//www.snia.org/education/online-dictionary? combine = snapshot&field_ dict _ cat_ tid = All.

件形成的元数据固化并预归档至档案部门控制的数据库中，维护该元数据与主电子文件的关联；① 新形成的更为全面的元数据可覆盖上一版本，直到电子文件归档完成。此种针对元数据的"不完全固化"能够在档案部门形成"登记"，确保档案部门掌握电子文件的形成与变动信息，监督电子文件管理行为，支持其在档案端口的可检索。

无论快照固化还是元数据的提前捕获，其目的在于尽可能早地留存电子文件形成办理的状态，是管理不同特性电子文件的"权宜之计"，其最终归宿仍应是实现完全固化，即归档管理与保管期限内的安全存储。

（二）固化时机：形成即固化与电子文件—电子证据保管链关键节点固化

如前所述，固化的及时性与电子文件还原客观真实的能力密切相关。由此，本书认为保障电子文件证据效力的关键在于把握适当的固化时机——形成即固化与关键节点固化，固化的同时应注重元数据的实时捕获。

1. 形成即固化

顾名思义，在电子文件形成同时即采取固化措施，"实时归档"即可视为形成即固化的方式之一，它能够最大程度地保留电子文件形成的原貌，防止因人为原因或技术变化造成的篡改等不真实、不完整现象的发生，是电子文件证据效力保障的最关键节点。如中国台湾某设计公司将"资料封存"功能嵌入设计业务界面，设计师能够随时对设计草稿的状态进行固化封存，并将研发活动的信息实时上传区块链，形成时间轴，为设计研发过程全程留痕，预防纠纷与

---

① 刘越男：《大数据政策背景下政务文件归档面临的挑战》，《档案学研究》2018年第2期。

诉讼的发生。① 如果没有对电子文件初始状态的说明与记录，后续程序与环节的规范化亦无法实现对现实业务的完整还原。形成即固化对技术和资金投入的要求较高，目前在知识产权保护和金融合同领域较为常见。

2. 电子文件—电子证据保管链关键节点固化

如前所述，形成即归档存在诸多"门槛"。结合前文所述的关于快照固化、元数据即时捕获等灵活性较强的固化方式，组织机构可在电子文件—电子证据保管链中选取纠纷可能性大的、关键的节点进行固化，使电子文件生成至提交法庭全程的关键操作均可追溯。如电子文件内容发生重大变化时、操作者发生变动时、管理权属发生变更时、出现异常操作现象时、版本更改时……便于应对诉讼时出示，以印证电子文件管理过程的可靠性。

通过梳理组织机构电子文件管理中固化的方式与使用条件，明晰电子文件—电子证据保管链中的固化时机，为组织机构留存电子文件的原始状态瞬间，并随着业务链条形成管理痕迹链条，保障电子文件的真实可靠。

四 档案服务机构参与存证保全的管理模式创新

随着电子证据在诉讼中，尤其是民事诉讼中的广泛应用，存证保全的需求急剧上升，存证云、易保全等第三方存证保全机构如雨后春笋般出现，但在实际诉讼中，该类机构面临诸多争议。

2019年2月，北京全景视觉网络科技股份有限公司（原告）诉成都日报社（被告）侵害作品信息网络传播权纠纷案二审尘埃落定，对定案起关键性作用的电子证据在一审和二审中得到了截然不同的判决，引发了法律界的广泛讨论。一审中，原告称被告在其新浪微博中擅自使用原告享有著作权的编号为 qj-0092 的作品

---

① 资料来自华进20周年庆典深圳站，台湾欧雷顾问有限公司总顾问傅绍明所作的报告《侵犯商业秘密行为的预防与证据》，报告时间：2019年7月26日。

作为文章用图①，并通过某第三方电子证据存证平台对被告微博发布的侵权图片进行了网络取证和存证，获取了该平台出具的《电子数据取证证书》以及公证处出具的《公证书》，法院对上述证书的法律效力予以认可，被告成都日报社对一审判决不服提起上诉。二审判决中，成都市中级人民法院则指出该存证平台既非公证机构，亦不属于电子认证机构，其资质尚不明确；《电子数据取证证书》和《公证书》所保全内容仅能证明电子副本与留存于该存证平台服务器上的电子数据一致，对于此前数据形成过程中环境是否清洁、取证方式是否规范，取证结果是否真实、完整，证据上传服务器之前是否经过篡改等细节均无法确认②，故撤销一审判决。从上述案例可知，由于易复制、易篡改，电子证据保全在实践中仍面临着保全平台资质与公信力、数据存管专业性等方面的问题，这使得法官自由裁量权不断摇摆，电子证据真实性、合法性难以认定。

　　将证据的保全转化到电子文件管理的语境中，其实质可看作"固化＋保存"，即保证证据自固化至呈交法庭期间得到良好保存，未经篡改，状态正常。本节中，笔者将结合档案服务机构参与电子证据保全的专业优势，构建档案服务机构参与电子证据保全的模式，为档案服务机构的服务拓展提供思路，为电子证据的司法认定与采信提供助力。档案服务机构形式多样，存在档案寄存托管机构、档案外包公司、档案咨询机构等多种称谓，国有、民营、外资等多种所有制类型，提供咨询、寄存、信息化、培训等多种业务类型。③ 此处所指的档案服务机构侧重于提供档案托管、信息

---

　　① 参见北京全景视觉网络科技股份有限公司与成都日报社侵害作品信息网络传播权纠纷一审民事判决书，2018 川 0104 民初 7459 号。
　　② 参见成都日报社、北京全景视觉网络科技股份有限公司侵害作品信息网络传播权纠纷二审民事判决书，2019 川 01 民终 1050 号。
　　③ 马琳：《我国现阶段档案服务机构类型及问题分析》，《档案学研究》2014 年第 4 期。

化相关服务的专业性、商业化企业或组织①，它们的业务范围与存证保全有重合之处，在为电子证据保全提供服务、助力其真实性保障与认定方面具有突出优势。

（一）目前电子证据保全常用途径的比较与分析

由于刑事诉讼中设置专门的侦查程序作为调查取证的环节，当事人与其他机构参与证据保全的权限有限②，本节所指的电子证据保全主要侧重于民事和行政诉讼案件中常用的保全方式，主要有以下几种：

1. 人民法院保全

根据《民事诉讼法》第八十一条、《行政诉讼法》第四十二条，证据可能灭失或者之后难以取得的情况下，诉讼参加人可向人民法院申请保全证据，人民法院也可主动采取保全措施。虽然人民法院实施保全的时机尚未作明确规定，一般而言，当事人可在诉前和诉中申请保全，人民法院审查后，对符合保全条件的证据作准予保全裁定。虽然人民法院参与证据保全有公权力背书、公信力强、费用较低，但其前置程序严格，耗时漫长，且须在证据可能灭失的危险情况下才予以保全。③ 即便《民事诉讼法》规定"人民法院接受申请后，必须在四十八小时内作出裁定"，两天时间也足够侵权人对相关电子证据进行修改和删除，在及时保全极易灭失的电子证据方面效果有限。2018 年 7 月，杭州互联网法院在一起著作权纠纷判决中认可了区块链电子存证，这是我国司法领域首次确认区块链存证保全的法律效力。④ 随后，北京互联网法院"天平链"、广州互联网法

---

① 黄霄羽、朱敬敬：《档案中介机构应当正名》，《档案学通讯》2012 年第 5 期。
② 廖永安主编：《诉讼证据法学》，高等教育出版社 2017 年版，第 165 页。
③ 熊志海、李嘉斌：《数字化作品电子证据保全问题研究》，《重庆理工大学学报》（社会科学版）2019 年第 2 期。
④ 《全国至少 7 省市法院构建了区块链电子证据平台北京、广州及杭州走在前列》，https://baijiahao.baidu.com/s?id=1636600044234627668&wfr=spider&for=pc，2019 年 7 月 23 日。

院"网通法链"、山东省高级人民法院电子证据平台、吉林省高级人民法院电子证据平台等由法院主导建设的各大区块链存证平台逐渐投入使用,意味着法院在保全电子证据的时效性和便捷度方面取得了一定突破,但其保全活动的启动是以确定的诉讼活动为前提①,只能确保证据上链后未经篡改,即"链上真实",此前证据生成、存储与传输中的真实性仍难以确认。

2. 公证处公证保全

一般意义上的公证保全即公证处实施的面对面保全。根据中国公证协会《办理保全互联网电子证据公证的指导意见》规定,申请者提前向当地公证处提出预约,公证时由公证员在做过清洁性检查的设备上对提取、固定互联网电子证据的过程的真实性作出公证。同传统的法院保全一样,公证保全也面临着保全时机滞后的问题,甚至有学者形象地说:"证据在来公证处的路上就已经消失了。"②同时,随着电子证据技术环境愈发复杂、数据量逐渐庞大,公证人员的专业素质难以支撑其对电子证据保全过程的真实性作出合理判断。即便公证处技术实力雄厚,也仅能对电子证据取得行为的真实合法作见证性公证,并未就数据本身的真实性加以说明,这限制了公证结果对案件事实证明的效果。③ 此外,高昂的公证费也令许多当事人望而却步。以上海某公证处为例,仅一条手机短信的公证保全就要 200 元,软件则要 800 元;④ 对于程序代码的公证则是按行收取费用,给当事人带来了较大的成本压力。传统公证保全电子证据费

---

① 最高人民法院信息中心等:《区块链司法存证应用白皮书》,https://www.databench.cn/static-file/media/21/a3/36a91cfcea09c697ba5c5243aac545ff.pdf,2019 年 7 月 1 日。

② 潘浩:《在互联网和大数据时代背景下公证机构保全证据业务的转型和发展》,《中国公证》2019 年第 3 期。

③ 何悦、刘云龙:《电子证据保全公证若干问题研究》,《中国发展》2012 年第 2 期。

④ 高鸽:《论电子数据运用中的问题与对策》,硕士学位论文,华东政法大学,2014 年。

用高、效率低的局限性日益凸显，网络公证应运而生。网络公证与公证处网上宣传或在线申请不同，是指网络公证机构被依法授权实施的使用电子技术对有关电子文件进行公证的行为。① 2012 年，上海市东方公证处推出了我国首家公证处自主研发与管理的网络公证云平台"公证证据宝"，实现了电子证据在线申请、远程固定保全和费用支付，电子证据保全的时效性得到了有效提升，且费用比传统公证有所降低。② 实质上，网络公证服务是以公证服务为主，其业务范围难以延伸至一般存证，且所有保全活动均依靠公证处开发的系统进行，技术实力和存储资源均面临着不确定性。

3. 市场现存第三方存证机构保全

存证云、易保全等基于云计算、区块链技术的第三方存证机构多依托于科技公司，与公证处、鉴定中心等机构合作，合作模式为科技公司提供数据存管服务，公证机构在线接受出证申请。当事人无须繁杂的申请手续，依照存证平台的指南即可自主完成存证、公证等保全过程，相比于法院和公证处公证，其保全程序效率有了显著提升。此外，目前第三方存证机构在电子合同、电子邮件等领域推出了"电子签""公正邮"服务，实现了业务端数据实时保全与一键申请公证功能。但如前文案例所述，第三方存证属新兴领域，尚未形成较成熟完善的行业规范和市场监管，且主要依托于科技公司这一营利性机构，法院容易对其资质以及其与当事人的利害关系产生质疑，对公证结果仍然只认定"仅能证明电子副本与留存于该存证机构服务器上的电子证据一致"的见证性事实，对于此前电子证据存管的专业性及取证过程的真实性难以形成确信。

综上，通过从时效性、保全范围、保全资质与公信力、技术实力、费用和保全方式 6 个方面对人民法院保全、公证处保全、市场

---

① 刘品新主编：《电子取证的法律规制》，中国法制出版社 2010 年版，第 276 页。

② 司徒颖聪：《公证在线存证平台与保全证据公证比较研究》，《中国公证》2019 年第 5 期。

表7-4　人民法院保全、公证处保全与第三方存证机构保全对比

保全途径		时效性	保全范围	保全资质与公信力	技术实力	费用	保全方式
人民法院保全	传统法院保全	以诉讼活动为前提，保全可能不及时	视案件情况而定	具有资质 公信力强	不同级别法院差距大	费用较低	存管
	电子平台保全	以诉讼活动为前提，保全可能不及时	上链后的真实性保全	具有资质 公信力强	实力较强	费用较低	存管
公证处保全	传统公证保全	程序较频繁，保全可能不及时	取证过程见证性保全	具有资质 公信力强	公证员素质参差不齐	费用较高	公证
	网络公证保全	保全及时性有所提升，亦需要通过审批	取证过程见证性保全	具有资质 公信力强	依赖于公证处自身技术实力	费用较高	公证为主 支持存管
市场现存的第三方存证机构保全		实时保全、时效性较高，较灵活	部分领域实现数据生成起实时保全	新兴领域，资质无定论，中立身份受质疑	专业技术公司，实力较为完备	取决于具体保全需求	存管为主 支持公证

现存第三方存证机构保全三类主要的电子证据保全途径进行对比与分析，发现由于自身职权、性质等原因所限，上述保全途径均具有各自明显的优势及局限性（详见表7-4）。除了技术实力、费用问题外，最突出的矛盾在于，公信力强、资质权威的人民法院保全和公证处保全程序较为繁杂，且往往难以确定采取保全措施前数据的真实性；而第三方存管机构虽较为灵活，可以将保全措施延伸至业务端，但目前的法院判决中对其资质的认定尚未达成普遍共识。

可见，今后电子证据保全的重点与难点在于——确保保全机构公信力与资质的前提下，实现数据生成后的实时保全，从而使电子证据的生成、传输、存证全程真实性得以保障。

（二）档案服务机构参与电子证据保全的优势

档案服务机构参与电子证据存证保全的优势具体表现在下列方面：

1. 司法证明力优势

如前文反复申述，《民事证据规定》《行政证据规定》等法律法规已确立了档案管理方式保管的电子证据、档案材料的证明力优势地位。此外，在证据认定中，由第三方提交的证据大于由举证方提交的对其有利的证据[1]，与电子文件生成单位自行管理相比，档案服务机构代管更不具有"同当事人的利害关系"，更具客观性，有利于司法机关对证据真实性的认定，这在客观上为组织机构的电子文件管理业务外包提供了动力。

2. 专业经验优势

档案服务机构的核心业务即文件与档案的安全管理、长期保存与提供利用等，这也决定其能够在前端控制原则和全程管理思想的指导下，在文件管理系统设计与开发、数据全程管理审计跟踪、信息保密安全防护等方面的人员组织、制度设计、法规遵从、标准规

---

[1] 刘品新：《印证与概率：电子证据的客观化采信》，《环球法律评论》2017年第4期。

范选择与软硬件配置方面具有更为丰富的实践经验，为数据提供安全、可控、规范的存储环境，与电子证据取证"清洁性检查"的要求相衔接，切实保障数据的真实、可靠、完整与可用。第五章中亦提及 Iron Mountain、GRM、Morgan 等大型商业文件中心均推出了电子证据发现服务。我国如苏大苏航档案数据保全中心亦采用数字摘要、可信时间戳、区块链等一系列技术手段与全程管理和实时监控保证电子文件的真实与安全，能够有效提升电子文件应诉的证明力。[1] 可见，在电子证据广泛应用的背景下，档案服务机构的专业优势更加得以彰显。

3. 公信力与资质优势

第三方存证平台"身份"的模糊一定程度上源于在该领域的市场发展尚不成熟，未出台相关的标准、规范对此类业务进行系统化的监管。相比之下，档案服务机构的开办与档案外包服务的开展在我国已有相当的规模与经验，虽然相比于欧美国家其发展尚不成熟，但这一市场正逐渐成长[2]，随着《档案保管外包服务管理规范（DA/T 67—2017）》《档案服务外包工作规范（DA/T 68—2017）》等标准的出台，其行业规范亦逐步走向正规、完善。一般而言，档案行政管理部门对所管辖地区的档案服务机构进行监督与指导，定期向社会发布推荐名单，有利于行业整体的规范化发展。在这一机制下，档案部门的专业性与公信力亦能为档案服务机构在文件与数据管理、保存业务方面的资质提供保障。

4. 效率优势

无论人民法院保全、公证处保全还是第三方存证机构保全，均是以诉讼活动为前提开展的保全行为，为个人用户或自行管理电子文件的组织机构的应诉提供了便利；然而对于已采用档案托管、数

---

[1] 资料来自笔者对苏大苏航档案数据保全中心的调研（调研时间：2019 年 6 月）。

[2] 李海涛、王月琴：《我国珠三角地区档案服务外包发展问题与对策研究》，《档案学通讯》2018 年第 4 期。

字化等外包服务的组织机构而言，再寻求上述保全机构进行数据保全，不仅面临不同机构间数据再传输过程中的真实性风险，也因重复保全造成了资源浪费。如果档案服务机构能够对文件保存全程的情况进行说明或辅助提供具有一定法律效力的证明材料，则无须重复保全，有利于提升保全效率、节约保全成本。

（三）档案服务机构参与电子证据保全模式的确立

结合上文分析的优势，笔者提出一种档案服务机构参与电子证据保全的模式，即"档案服务机构全程管理＋档案行政管理部门与相关行业协会监督与评估＋公证与鉴定机构出具证明文书"，试图解决目前电子证据保全面临的问题。该模式可作为辅助性业务与档案服务机构提供的其他服务并行开展，下文将对该模式的运行机理进行具体论述。

如图7-1所示，档案服务机构参与电子证据保全的模式包含四大主体：委托方，即图中所示的普遍意义上的组织机构；档案服务机构，即具备文件与档案管理相关能力并提供此类服务（包括本书所述的电子证据保全服务）的专业机构；公证机构与鉴定机构，为寄存的电子文件作出公证或鉴定，出具具有法律效力的公证或鉴定文书以保障其证明力；档案行政管理部门、档案外包服务行业协会和电子存证行业协会分别负责对档案服务机构的定期执法监督资质

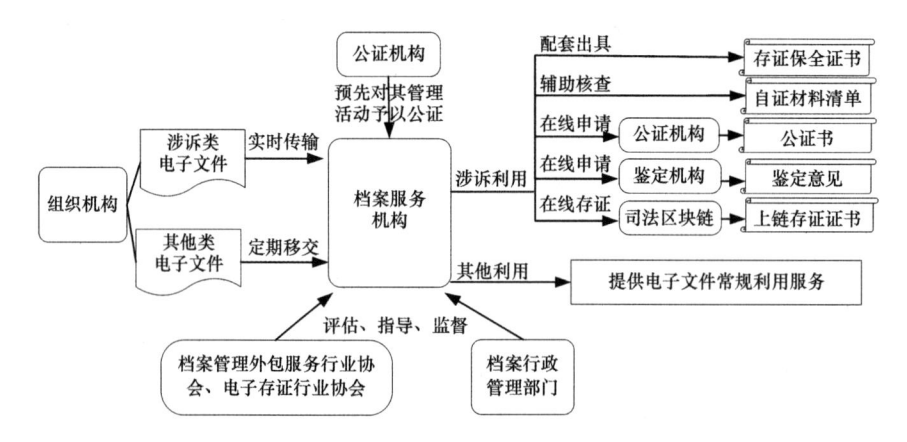

图7-1 档案服务机构参与电子证据保全模式的运行机理

评估和业务指导等。

上述四大主体相互配合，协调完成电子证据保全服务，具体流程如下：

首先，组织机构在需要档案服务机构代管的电子文件中将涉诉风险较高的电子文件如电子合同、设计图纸等单独划归为"涉诉类电子文件"，为保障其纳入档案化管理的及时性，应在数据或文件生成时同步传输至档案服务机构的系统中加以备份管理；其他类型的电子文件则可定期离线传输，有条件者亦可在线实时传输。

其次，涉诉类电子文件进入档案服务机构的管理系统后，档案服务机构应结合司法部门对电子证据认证的需求，按照档案管理规范对上述文件进行检验、备份与全程管理，以保障电子文件的真实、完整、可用及保管的物理环境安全与系统环境可靠，并通过对业务环节、技术细节、物理设施及系统环境情况等整个保管流程的预先公证，为采用上述方法管理的电子文件出具统一的存证保全证书，便于司法机关对档案服务机构的存证保全行为进行认定核实。同时，对于未直接在档案服务机构进行电子文件备份管理的组织机构，可自行出具存证保全证明材料，如前文所述的"组织机构涉诉电子文件真实性自证材料清单"，并由档案服务机构代为审查其专业性，辅助佐证。

最后，当电子文件有诉讼需求时，可根据诉讼的具体证明的需要，向与该档案服务机构合作的公证处在线提交公证申请，对于部分涉及专业知识的电子文件，也可向专业鉴定机构提交鉴定申请，为该份文件提供具有法律效力的公证或鉴定文书。按市场规律运行的、自律化的合作制公证机构和社会化鉴定机构日渐增多，为上述合作提供了土壤，形成了两种合作方式：其一，联合出具存证保全证明文书，虽然该份证明不具备电子认证的性质，但作为第三方出具的证明材料，依然有助于司法部门了解该份证据自生成后的保全措施，辅助衔接证据保管链。其二，代为传递办理公证与鉴定业务。档案服务机构可以为用户提供接入网上公证、鉴定的服务接口，当用户面临诉讼需求时，可根据其具体的证明需要，通过档案服务机构一键申请公证或鉴定，该组织机构的认证信息和该份电子文件相关信息亦可通过档案服务机构直接传递。需要指出的是，该环节的公证特指对某一份或一批电子文件的公证，而上一环节中的公证则指对档案服务机构整体保全行为的公证。此外，如该档案服务机构提供基于区块链的哈希值存储备份业务，则有希望在具备一定能力和规模的情况下与司法机构直接对接，如北京互联网法院天平链允许符合条件的系统和区块链接入，接入机构可一步到位地将其生成或存储电子文件的哈希值同步至天平链，便于法院进行真实性验证，详见本书第八章第一节的案例分析内容。

此外，为保证档案服务机构提供服务的规范性，提供存证保全服务的档案服务机构应接受电子存证领域行业协会的指导，档案外包服务行业协会还应根据相关标准对档案服务机构进行定期评估，并向社会发布评估结果，便于有相关需求的组织机构进行选择；档案行政管理部门也应对其管辖范围内的商业文件中心的执业情况进行执法监督与指导。

综上，电子文件管理与电子证据保全是两个正处在蓬勃发展中的领域，相关的法律规制、行业规范等尚存在完善与提升的空间。这一模式的实现还有赖于上文所提出的"形成即固化"管理方案的落实、档案服务外包行业的规范化建设以及与公证、鉴定等机构的业务合作等。可以预见，在电子证据保全需求市场规模日渐扩大的过程中，专业从事电子证据存证保全的第三方机构或将摆脱尴尬地位，成为民事电子证据保全的重要力量；且随着电子证据鉴真规则的不断细化完善，司法判决对公证与鉴定的依赖可能会逐渐减少，本书提出的模式亦可能需要进一步调整与优化。但可以确信的是，电子证据保全对数字环境中文件与数据的及时保存与合规管理需求必然增长，电子证据本身的质量与规格必将得到更多关注，在这一方面，档案服务机构大有可为。诚然，目前档案服务机构所保管的电子文件类型与提供的服务范围有限，无法覆盖所有电子证据的保全需求；但在第三方电子证据保全行业发展尚未成熟之时，档案服务机构应当意识到并且积极回应这一市场需求，在充分利用现有资源、保证其核心业务顺利开展的基础上为用户提供更为便捷的存证保全服务。

第三节　技术保障策略

电子文件区别于纸质文件的重要特征在于其突出的技术属性。信息技术的发展为电子文件的管理创造了机遇，也带来了难以预计的不确定性。目前，电子签名、时间戳、哈希校验、区块链等技术均已不同程度地应用于电子文件证据性的核心——真实性保障之中。在技术应用层面，难点并非在于达成电子文件证据性保障的目标，而在于如何选择对组织机构而言最适合、最高效、最经济的技术或技术组合、方案等。在组织机构电子文件证据效力保障体系中，技术保障在法规标准保障的指引下，将管理保障的制度、对象、时机、思路与模式落实到操作层面。本节中，笔者首先辨析了司法认可的防篡改技术的优势与局限性，进而根据组织机构的实际情况提出了可供选择的技术组合方案，在此基础上探讨了电子文件管理系统的证据保留功能优化与基于区块链的电子文件管理方案。

一　采用司法认可的电子文件管理防篡改技术

目前，《电子签名法》《计算机犯罪现场勘验与电子证据检查规则》、两院一部《电子数据规定》和《互联网法院规定》等法律法规中陆续规定了司法认可的电子证据真实性保障技术手段，将电子证据是否应用电子签名、电子认证、可信时间戳、哈希校验、区块链等防篡改技术作为电子证据真实性审查判断的要点。尤其是区块链技术，以其去中心化、防篡改的突出优势备受关注。2022年5月，《最高人民法院关于加强区块链司法应用的意见》发布，强调

"到2025年，建成人民法院与社会各行各业互通共享的区块链联盟"，充分发挥区块链技术在促进司法公信、服务社会治理方面的作用……①为电子文件的证据效力保障提供了借鉴线索。然而，上述技术的作用各有侧重，有必要进行系统分析、比对，为组织机构选取最适合的电子文件证据性保障技术方案奠定基础。

（一）哈希校验技术

哈希（Hash）校验是基于哈希函数运算的一种防篡改技术，又称单向散列算函数、数字摘要技术、数字指纹技术等。其原理是通过一个散列函数或哈希表映射，将不定长输入的字符串或其他类型数据（又称预映射，Pre-image）转换成固定长度的数字串输出。从预映射值很容易计算哈希值，但产生一个预映射值使其哈希值恰好等于一个特殊值却很难。② 也就是说，如果两份电子文件完全相同，则其所输出的哈希值完全相同；当其中某份电子文件发生哪怕极其微小的变化，生成的哈希值也完全不同，亦无法通过哈希值倒推电子文件的内容及其变化情况，这种不可逆的特性也是哈希算法用于防篡改和身份认证的关键所在。目前国际上较为常用的哈希算法是SHA-1（长度160bit）、MD5（长度128bit）等，SHA-1的变体SHA-256还可输出256bit长度的哈希值，一般认为输出长度越长，该算法越安全。③ 我国也有对标SHA-256的算法，即国密SM3，是目前安全性较高的一种算法。

电子文件哈希校验的步骤一般为：（1）信源端哈希值生成。即电子文件形成者或发送者选定某种哈希函数对某份电子文件进行哈

---

① 中华人民共和国最高人民法院：《〈最高人民法院关于加强区块链司法应用的意见〉全文（中英文版）》，https：//www.court.gov.cn/zixun-xiangqing-360271.html，2022年4月18日。

② 韩红旗：《语义指纹著者姓名消歧理论及应用》，科学技术文献出版社2018年版，第97—100页。

③ 梁兴琦：《电子商务安全保密技术及应用》，合肥工业大学出版社2006年版，第196页。

希运算，生成独有的哈希值。（2）电子文件与哈希值传输。形成的哈希值同该份电子文件一起保存，并传输给信宿。（3）信宿端哈希值验证。电子文件接收方运用同样的哈希函数对接收到的电子文件进行哈希运算，并将此哈希值与发送方的哈希值进行比较，如一致，则可认定此电子文件在传输过程中未经篡改，能够表达形成者或发送者的意图。

如上所述，哈希校验的防篡改机制使其成为电子签名、电子认证、时间戳与区块链等技术的基础，为电子文件的真实性提供了简便、高效的证明方式。在电子文件管理中运用哈希校验技术，有助于其作为证据时通过司法部门的真实性审查。且哈希函数的算法公开、透明，哈希值的生成与验证极易实现，使用门槛较低，便于推广普及。

（二）电子签名与电子认证技术

根据《电子签名法》的定义，电子签名（Electronic Signature）指数据电文中以电子形式所含、所附用于识别签名人身份并表明签名人认可其中内容的数据。电子签名最常见的实现方式之一是数字签名（Digital Signature）[1]，即用非对称密钥加密技术制成的电子签名[2]，其实现需利用公开密钥算法（RSA）和前文所述的哈希算法。法律意义上，电子认证（Electronic Authentication）是专门的、具有资质的认证机构（Certificate Authority，CA）对电子签名及其持有者身份进行真实性验证的法律服务；[3] 在技术实现层面，电子认证指的是以电子认证证书（又称数字证书，Digital Certificate）为核心的加密技术，它以 PKI（Public Key Infrastructure，公钥基础设施）为基础，对网络传输的信息进行加密、解密、签名与验证签名。[4] 虽然法

---

[1] 目前，司法认可的电子签名实现方式多指数字签名，为便于叙述，下文中的电子签名即专指数字签名。

[2] 赵振洲：《信息安全管理与应用》，中国财富出版社 2015 年版，第 146 页。

[3] 李守良：《电子商务概论》，河南科学技术出版社 2008 年版，第 227 页。

[4] 韩颖梅、王爽主编：《电子商务法规》，中国铁道出版社 2016 年版，第 86 页。

律法规原文将电子签名、电子认证并列为两种电子证据防篡改技术，但二者应当是相伴相生的，其关系表现为：电子签名主要解决了信息是否被更改的问题，电子认证进一步确认通信伙伴是否为本人的问题；电子签名可直接应用于封闭型、交互型的系统中，而在开放型网络中则需要电子认证的第三方保障；电子签名是技术层面的保障，电子认证是包含组织、技术、基础设施等的复杂系统或过程。

电子签名主要依靠非对称加密，公钥与私钥可实现互相加解密，公钥是公开的，私钥仅为个人持有。一般而言，公钥与私钥的角色是公钥加密、私钥解密；私钥签名、公钥验签。本研究主要关注加签、验签功能：发送方使用自己的私钥对信息进行签名，接收方使用发送方公开的公钥验证签名，确保信息来自发送者本人，实现其不可抵赖性；为了使接收方确信发送方身份，还需要可信的第三方——CA（Certificate Authority）机构对发送方的公钥进行认证，形成数字证书。

电子签名与认证可以是双向的（发送方与接收方均持有对方的公钥并进行验证），也可以是单向的（接收方持有发送方的公钥并验证），本书以单向验证为例概括电子签名的认证过程（详见图7-2）。①

第一，发送者申请数字证书：发送者A向CA机构申请数字证书，CA机构对A的身份信息进行审核，并用自己的私钥加密A的公钥，连同A的身份等相关信息形成数字证书。

第二，加签与传输：发送者A运用特定哈希函数计算电子文件的哈希值1，并通过自己的私钥对哈希值生成数字签名；将电子文件原文、数字签名与数字证书一起通过网络发送给接收者B。

第三，接收与验证：接收者B收到相关文件后，首先将收到的

---

① 赵屹：《电子文件防篡改技术发展对档案管理的影响及启示》，《档案学研究》2019年第6期。

原文按照约定的哈希函数生成哈希值2；然后运用CA机构提供的公钥对数字证书进行验证，验证通过后即可确认发送者A的身份，并用数字证书中A的公钥解密A的数字签名，得到哈希值3；对比哈希值2与哈希值3，如果二者一致，即可确认该份电子文件由A本人发送且未经篡改。

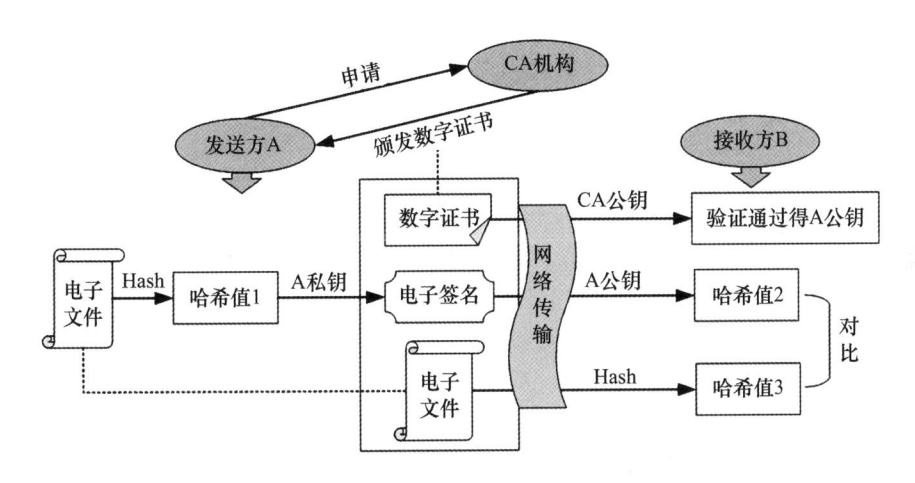

图7-2 时间戳工作原理

电子签名与电子认证在电子文件证据效力保障方面的特点在于：第一，防篡改性。一旦电子文件内容被修改，哈希值随之变化，无法通过电子签名验证，有助于电子证据完整性的认证。第二，行为的不可抵赖性。通过CA机构的电子认证背书，能够实现电子文件发送者的公钥和私钥的唯一对应性，只要私钥未经泄露，就能唯一确定该电子文件的签署者，有助于排除身份假冒的可能性，辅助电子证据"关联性"中对"人"和"事"关系的认定。

电子签名与电子认证在应用到电子文件管理时也显示出了一定局限性：第一，效率与成本问题。电子签名技术真实性保障的关键在于签名和验签，摘要形成、加密的过程均需改造、调整现有的电子文件管理流程，加之涉及第三方CA机构服务的成本问题，这在一定程度上意味着并非所有电子文件都能够使用或适于使用电子签名技术。第二，归档保存问题。电子签名是否应该归档保存、如何保存至今尚无定论。电子签名验证依托于 CA 机构的服务和软硬件环境，当组织机构采用不同 CA 服务时可能产生信任冲突；且电子签名可能在归档后由于 CA 机构关停、脱离原生软硬件环境、算法失效或数字证书撤销等原因导致无法验证，或电子文件迁移过程中无法成功迁移电子签名信息等。[1]

（三）时间戳技术

如前所述，数字签名技术能够有效解决电子文件的伪造、篡改和身份假冒等问题，但无法确认电子文件的权威制作时间，难以证明电子文件完整性的时间范围。时间戳技术则解决了这一问题，时间戳（Time-stamp）技术是数字签名技术的变种应用，能够保护文件和数据日期与时间的安全，非个人加盖，需数字时间戳服务机构（Digital Time-stamp Service，DTS）进行添加。简而言之，时间戳就像是包含时间信息的电子签名，它恰恰能够证明从一个特定的时间点开始直至被验证，电子文件不曾被修改。时间点的明确对于电子证据的真实性审查和证据链的形成有重要意义。

对于时间戳而言，日期和时间的安全与权威远比准确性更加重要。[2] 法律法规提及的"可信时间戳"特指由中国科学院国家授时中心联合信任时间戳（NTSC UniTrust Time Stamp Authority，TSA）服务中心提供的服务，"可信时间戳"为北京联合信任技术服务有限公司持有的商标。[3]

时间戳的工作原理与电子签名差异不大，具体为：

---

[1] 蔡盈芳：《电子文件归档中电子签名的处理研究》，《档案学研究》2019 年第 4 期。

[2] 国家工商总局网络商品交易监管司编：《电子数据检查及证据固定》，中国工商出版社 2014 年版，第 249—250 页。

[3] 联合信任时间戳服务中心：《可信时间戳服务》，https：//www.tsa.cn/html/kxsjcfw/，2020 年 1 月 14 日。

（1）哈希值上传。用户上传电子文件，即时计算其哈希值，哈希值将发送至DTS。

（2）形成时间戳文件。DTS收到哈希值后，连同接收时间一起用私钥进行加密，形成DTS的数字签名；电子文件的哈希值、DTS收到该文件哈希值的日期与时间、DTS的数字签名三部分共同组成了时间戳文件并返回给用户。

（3）时间戳验证。用户可通过DTS进行时间戳验证，以TSA为例，用户只需上传原文件和时间戳文件，系统对原文件生成的哈希值与时间戳文件中保存的哈希值进行对比，对比一致即验证成功。

时间戳用于电子文件证据效力保障的优势显而易见：第一，防篡改。时间戳技术方案的实现依然以哈希算法为核心，其单向不可逆性能够有效检测电子文件是否被篡改。第二，明确了管理日期与时间。相比于一般的电子签名，可信时间戳技术为电子文件添加了权威、可信、安全的时间信息，且目前国内"法定"的DTS仅一家，避免了争议的发生，有助于确定电子文件的形成、制作日期与时间，辅助证明电子文件—电子证据保管链的全程完整性，满足法律法规中对电子证据真实性、完整性的证明要求，形成时间轴与可信的证据链条。第三，价格低廉。目前，联合信任可信时间戳对电子数据认证的价位是每条10元，如以机构为单位按照包月、包年的模式订购权限则价格更为优惠。[①]

一般而言，组织机构向DTS购买的是API或SDK接口与管理员权限，机构内部时间戳的使用权限则靠管理员进行人工分配，具体分配情况可能不是一一对应的关系，需对操作痕迹进行排查，这在一定程度上降低了确定电子文件权属的效率。

[①] 联合信任时间戳服务中心：《可信时间戳服务》，https：//www.tsa.cn/html/kxsjcfw/，2020年1月14日。

（四）区块链技术

2008 年，区块链的概念首次出现在比特币白皮书中①，当前，区块链技术已从比特币的 1.0 时代、金融智能合约的 2.0 时代拓展到覆盖各领域、多范围的 3.0 时代，并衍生出了基于公有链、联盟链、私有链等不同类型和场景的区块链应用。② 2019 年 10 月 24 日，习近平总书记在中共中央政治局就区块链技术发展现状和趋势进行第十八次集体学习时强调，要把区块链作为核心技术自主创新的重要突破口，加快推动区块链技术和产业创新发展。③ 数字经济、金融服务、产品溯源、政务民生、电子存证等各行各业均积极探索"区块链+"的创新应用模式，档案界对区块链领域的关注也日益旺盛。

区块链（Blockchain）是一种多方共同维护，应用密码学保证传输与访问安全，实现数据一致存储、难篡改、防抵赖的记账技术，也称为分布式账本技术（Distributed Ledger Technology）④，是分布式存储、共识机制、点对点传输、加密算法等技术在互联网时代的创新应用模式。⑤ 它并不是一个"新"技术或单项技术，而是一种底层的技术方案，其上层可实现多种多样的应用。⑥

通用的区块链技术架构包含 6 个层次：（1）数据层：数据层位于区块链技术架构的最底层，主要包含数据区块，以及校验数据存

---

① Satoshi Nakamoto, "Bitcoin: A Peer-to-Peer Electronic Cash System", January 16, 2020, https://bitcoin.org/bitcoin.pdf.

② 井底望天、蒋晓军、相里朋、刘纯如主编：《区块链与产业创新：打造互联互通的产业新生态》，人民邮电出版社 2018 年版，第 23 页。

③ 中华人民共和国国家互联网办公室：《把区块链作为核心技术自主创新重要突破口》，http://www.cac.gov.cn/2019-10/26/c_1573627685044200.htm，2020 年 1 月 15 日。

④ 中国信息通信研究院可信区块链推进计划：《区块链白皮书（2019）》，http://www.cbdio.com/image/site2/20191111/f42853157e261f3346263b.pdf，2020 年 1 月 5 日。

⑤ 工业和信息化部：《2016 中国区块链技术和应用发展白皮书》，http://www.199it.com/archives/526865.html，2020 年 1 月 18 日。

⑥ 刘越男：《区块链技术在文件档案管理中的应用初探》，《浙江档案》2018 年第 5 期。

在性、完整性、不可篡改性的哈希值、时间戳、非对称加密、Merkle 树等技术，以及数据区块存储的链式结构等元素。（2）网络层：包含分布式组网机制、数据传播机制、数据验证机制，构建了基本的网络环境。（3）共识层：包含网络节点的各类共识算法，这也是区块链技术的核心，主要有工作量证明（Proof of Work，PoW）、委任权益权证明（Delegated Proof of Stake，DPoS）、权益证明（Proof of Stake，PoS）、简化拜占庭容错（Simplified Byzantine Fault Tolerance，SBFT）、实用拜占庭容错（Practical Byzantine Fault Tolerance，PBFT）等，上述共识机制在合规监管、资源占用、性能效率和容错性方面各有优势与不足。（4）激励层：提供激励机制与激励措施，鼓励节点参与区块验证，如比特币中的"挖矿"。（5）合约层：合约层是建立在区块链虚拟机上的脚本与算法，能够实现灵活编程与数据操作，即智能合约。（6）应用层：区块链在各场景的应用，从可编程货币、可编程金融逐步向可编程社会拓展。[1]

高德纳（Gartner）2019 年发布的区块链技术成熟度曲线显示，分布式账本技术已进入半成熟阶段的低谷期，实现了较为广泛的应用；数据安全区块链、区块链管理服务等处于上升的萌芽期，还有待进一步开发；对智能合约应用的期望达到高潮，是业界关注的焦点。[2] 区块链技术的应用现状恰恰切合了电子文件管理领域对区块链的需求。

1. 哈希嵌套块链式结构的防篡改、可追溯

"区块链"顾名思义，其特点在于将数据区块以链式结构组织并存储，这是区块链技术实现防篡改的关键，也是最受档案界关

---

[1] 张亮、刘百祥、张如意、江斌鑫、刘一江：《区块链技术综述》，《计算机工程》2019 年第 5 期；王元地、李粒、胡谍：《区块链研究综述》，《中国矿业大学学报》（社会科学版）2018 年第 3 期；马永仁：《区块链技术原理及应用》，中国铁道出版社 2019 年版，第 38—41 页。

[2] 上海市科学学研究所：《Gartner 2019：区块链技术成熟度曲线》，http：//stc-sm.sh.gov.cn/P/C/163086.htm，2020 年 1 月 16 日。

注的特性。在区块链上，每一个区块由区块头和区块体组成（详见图7-3），其中，区块头包含时间戳，记录了该区块的封装时间；难度值（Target）定义了挖出区块的难度目标，通过输入不同的随机数（Nonce）使生成区块的哈希值小于等于目标值；Merkle根哈希值是区块体中以 Merkle 树叶子节点存储的数据两两哈希运算生成的总哈希值，区块体中任何的数据变化均会引起 Merkle 根哈希值的变动；区块头还包括前一区块的区块头经哈希运算生成的哈希值，各区块通过哈希指针相链接，如区块 n-1 中的数据发生篡改，相应的 Merkle 根哈希值、区块头哈希值均随之变动，区块 n 中的"前一区块哈希值"和本区块的区块头哈希值也将变动，并带动此后所有区块发生变动。由此可见，存有哈希值和时间戳的区块按顺序在时间轴上链式分布，数据一旦写入就不可篡改。区块链技术将内容与形成时间、顺序牢牢地绑定在一起，维护了数据的整体的真实性、完整性与可追溯性。在这个层面上，区块链技术实际是电子签名和时间戳技术的另一种综合应用与实现。

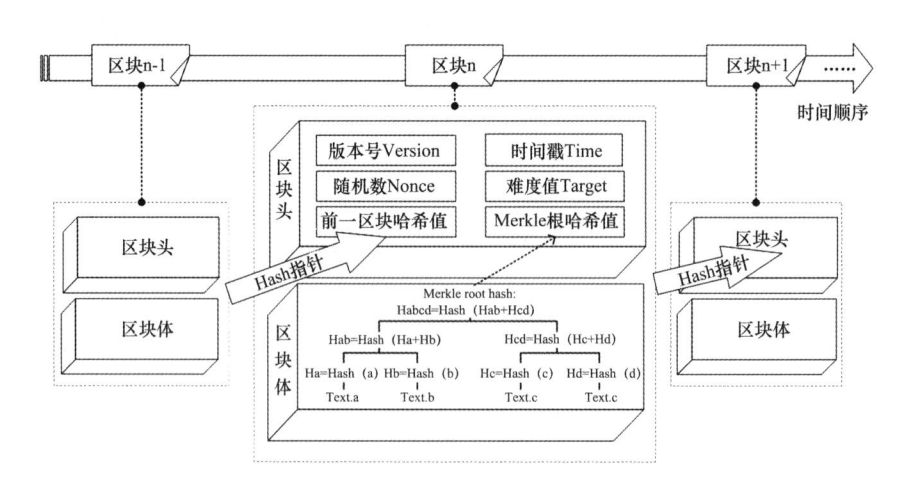

图7-3 区块链数据结构

2. 无需第三方的去中心化新型信任机制

目前，电子文件管理工作基本以组织机构为中心开展，有的依赖于第三方外包机构，还有 CA 机构参与，机构的复杂性可能导致不信任问题。如前所述，区块链的本质是分布式的"账本"，在比特币场景中，无需银行等中心机构，链上的每个节点都参与记账，如通过 PoW 共识机制赋予记账又快又好的人创建区块的能力，其他节点可进行验证并拥有该区块的备份，实现区块链的共同治理与维护。此种机制下，一半以上的节点都蓄意篡改交易的情况几乎不可能发生。这种无中心机构、无中心系统、无第三方背书，依靠共识机制运行的机制是对以人和机构为中心信任机制的颠覆，实现了向基于逻辑和代码的信任的转变。[1] 在区块链系统中，电子文件无须依靠保管机构或第三方权威机构的证明即可实现真实性认证，这无疑是对传统电子文件管理模式的挑战。

3. 自动化智能合约应对"人"的不确定因素

智能合约是一套以数字形式订立的承诺，包括合约参与方可以在上面执行承诺的相关协议[2]，这意味着区块链的意义不止于货币，而能够提供其他类型的服务。区块链中智能合约的本质就是隔离沙箱环境中运行的一段代码，是"If-Then"和"What-If"的条件语句[3]，原理类似于自动售货机。在区块链环境中，双方可提前将智能合约设置在区块链中，一旦区块中的数据满足条件则自动触发合约，且不能更改。通过智能合约，可以开发除防篡改功能外的电子文件管理功能。如将电子文件的管理规则写为智能合约代码，实现自动

---

[1] 《区块链如何解决信任机制？》，https://blog.csdn.net/QianZhaoVic/article/details/88771934，2020 年 1 月 18 日。

[2] 井底望天、蒋晓军、相里朋、刘纯如主编：《区块链与产业创新：打造互联互通的产业新生态》，人民邮电出版社 2018 年版，第 32 页。

[3] 欧阳丽炜、王帅、袁勇等：《智能合约：架构及进展》，《自动化学报》2019 年第 3 期。

鉴定、自动归档、自动销毁等自动化管理，以减少人为干预的不确定因素。笔者认为，"区块链+电子文件管理"的探索，应以实现智能合约层的应用为目标，方能彰显区块链技术的特征，亦能解决目前电子文件管理中的信任问题。

尽管区块链技术具有明显优势，但由于其尚属于新兴技术，行业规范和标准较为缺乏，应用至电子文件管理中还面临着如下问题有待协调和解决：

1. 档案部门、档案人员和档案工作的地位受到挑战

一直以来，组织机构的档案部门、社会层面的国家档案馆、专业档案馆等档案机构是我国电子文件管理的主体，具有中心地位和领导地位，负责档案工作的行政管理、统筹规划，承担着电子文件鉴定、归档、长期保存等重要任务。档案部门为其保管的档案出具的证明在司法审判中具有证明力优势，亦彰显了档案部门天然的公信力，在区块链上形成的电子文件自带"凭证性"、审计属性和自证能力，无需档案机构认可便能成为强有力的证据，这势必影响档案机构的权威性。其次，区块链的去中心化机制使链上各个节点共同管理、维护保管的电子文件，业务人员即可在业务办毕后实现电子文件上链，并通过智能合约实现自动化管理。此举弱化了档案人员在电子文件管理工作中的作用，空置了档案人员的权限，使其角色定位变得模糊。最后，区块链从底层技术上实现了电子文件管理系统和数字档案馆系统的固化归档、长期保存、真实性保障等功能，传统的 ERMS 和 TDR 的角色可能被替代；且全息式的解决方案和全程可追溯的透明管理特征削弱了归档、鉴定等环节的独立必要性。随着区块链技术的进一步发展，电子文件管理可能成为信息基础设施中泛化的功能①，电子文件管理领域和文档管理专业的地位也将受到影响。但实际上，区块链带来的挑战远不止档案行业，金融、医

---

① 刘越男：《区块链技术在文件档案管理中的应用初探》，《浙江档案》2018 年第 5 期。

疗等其他领域也面临着行业生态与行业布局变革的未知数，这需要通过顶层规划协同解决。

2. 仍难以解决电子文件可靠性的关键问题

如前文电子文件证据性概念模型所示，电子文件证据效力实现的核心在于真实、可靠和完好，其中最难以控制的就是内容的可靠，其解决之道在于尽可能提前固化的时间，尽量满足"形成即归档"的要求。然而目前，受职能所限，档案部门对"区块链+电子文件管理"应用的探讨多聚焦在通过区块链的防篡改功能保障归档电子文件的真实性方面，即"上链后的真实"。如果业务环节均在链下，到了档案管理环节才进行上链，对于上链之前电子文件的内容是否可靠，是否符合事实情况的瓶颈仍未取得突破。

3. 资源占用与成本效率等客观困难

区块链技术与传统的"业务系统—电子文件管理系统—数字档案馆系统"的管理流程不同，区块链系统是一个全息、透明系统，为了维护数据安全，区块链需要执行大量无意义计算，这无疑将消耗大量资源。据英国POWER-COMPARE的预测，按照目前比特币挖矿、交易耗电量的增长速度，2020年比特币的耗电量将与目前全球用电量持平。[①] 在成本效率方面，去中心化机制使得数据写入的速度大大下降，比特币每秒钟的交易是4—5笔，以太坊十余笔；在电子文件管理领域，目前如英国区块链电子档案信任管理项目ARCHANGEL为提升效率，仅将电子文件的哈希值上链。[②] 但若要通过区块链智能合约实现电子文件通证化、全自动管理，仅以哈希值作为存储对象远远不够，这也对区块链的运行效率和各节点的基础设施提出了更高的要求与期待，更依赖于大量的经济投入，并间接影响组

---

① 《被捧上天的区块链技术，项目落地还需要解决这些难点》，https：//baijiahao.baidu.com/s？id=1597183988473512314&wfr=spider&for=pc，2020年1月18日。

② 杨茜茜：《基于区块链技术的电子档案信任管理模式探析：英国ARCHANGEL项目的启示》，《档案学研究》2019年第3期。

织机构各相关部门工作方式和业务环境的调整，需要组织机构本身具有较强的"链改"意愿与决心。

由上可知，区块链作为一种新兴的底层技术方案，在电子文件管理方面有其突出的优势，局限性也相当明显。笔者认为，对于"区块链+电子文件管理"的应用模式应持审慎态度，在无法有效解决文件内容可靠、数据稳定安全等问题时，贸然采用基于区块链的电子文件管理方案并非上佳之选。而对于此类应用的后续发展，开发者不应仅止于分布式账本技术的防篡改功能，这无异于变相的"时间戳+电子签名"，而应当积极探索智能合约与自动化管理功能，充分发挥区块链技术的优势与特色。

在本节中，笔者分别对哈希校验、电子签名与电子认证、时间戳和区块链技术的原理及其在电子文件管理中的应用进行了梳理，并对其优势与局限性进行分析。具体到电子文件管理工作实践中，应当结合需求选择最适合组织机构的技术方案，这将在接下来的一节中进行讨论。

二 选择业务驱动的电子文件管理技术组合方案

通过上一节可知，哈希校验、电子签名与电子认证、时间戳和区块链技术应用于电子文件管理各有其优势与局限性。然而，组织机构的业务工作各异，管理电子文件的需求亦不相同；既不能要求规模与资金有限的组织机构一步到位地实现电子文件区块链全程管理，也无需墨守成规地让金融、保险、财税等相关领域电子文件依然遵照传统意义上一般要求的"基准线"进行管理。基于这一观点，笔者在综合分析上述技术的基础上，归纳了"电子签名+时间戳""区块链辅助真实性验证"和"电子文件—电子证据全链条区块链管理"三种技术组合方案，并指出以上方案的选择应当由组织机构的业务进行驱动。

（一）司法认可防篡改技术的综合比较与分析

通过上一节中对司法认可防篡改技术的系统分析，可以发现上述技术并非彼此独立或更迭，而是相互关联、不断发展。哈希校验是实现防篡改验证的核心，电子签名与电子认证、时间戳都是对哈希算法的发展与应用，前者在防篡改的基础上长于识别文件形成者与签署人，后者实现了权威时间信息的确认；区块链技术基于上述前三类基础技术及方案，结合智能合约、共识机制等技术，实现了基于技术逻辑的信任。

笔者进一步将以上技术与技术方案的优势与局限性归纳如下，详见表7-5。

表7-5　　司法认可的防篡改技术优势与局限性比较分析

技术类型	优势与特点	待解决的问题
哈希校验技术	①不可逆、防篡改； ②成本低廉	①部分算法安全性较低； ②效果单一
电子签名与电子认证技术	①哈希校验防篡改； ②将签署人与电子文件绑定，行为不可抵赖； ③有CA机构第三方背书	①CA机构间或存在信任冲突； ②是否/如何归档保存仍有争议； ③效率与成本问题客观存在
时间戳技术	①哈希校验防篡改； ②确认电子文件形成与管理时间； ③价格较低； ④有唯一服务机构权威背书	确认文件权属的效率有待提升
区块链技术	①块链式结构防篡改； ②无需第三方背书的去中心化信任机制； ③智能合约解决对人为操作的不信任问题	①内容修改较为不便； ②与电子文件系统的衔接问题； ③无法根本解决内容可靠性问题； ④资源、效率与成本问题客观存在

由表7-5可知，以上技术或技术方案的核心功能均为防篡改，但在防篡改机制、防篡改功能表现、成本、效率等方面各有侧重。根据目前法律法规的规定，无论使用上述何种技术，只要能够实现防篡改效果，都可在无反驳证据的情况下认定其真实性。因此，上述技术间并无高下之分，组织机构可根据自身需求选择最适合的技

术或技术方案进行电子文件管理，以保障其证据效力。

随之而来的问题是，如何考量组织机构的需求呢？笔者认为最核心的要素在于业务需要，即电子文件管理中的"前驱"① 因素。业务环境应用何种系统、生成何种格式的电子文件，决定着后端采取何种技术策略进行归档管理与长期保存。比如在区块链业务中形成的电子文件，如果仍然按照传统模式进行管理，必将产生诸多重复劳动的环节，真实性保障机制与思路亦会产生冲突。此外，在技术策略的选取中，成本投入往往具有"一票否决权"——如果电子文件管理的成本高于业务环境中电子文件形成所耗费的人财物力，这种管理模式必然不稳定、不可持续，不会为组织机构所采用。因此，组织机构电子文件管理的技术方案与策略选择应当以前端业务需求为核心驱动。基于此，笔者总结了三种保障证据性、辅助证据效力实现的电子文件管理技术方案，适用于不同的业务环境，匹配不同的业务需求。

（二）方案一："电子签名+时间戳"

从技术层面来看，组织机构电子文件形成于各类业务系统，被人工归档或自动捕获至文件与档案管理系统并长久保存，根据鉴定结果判定其销毁或在执行四性检测后进入 TDR 被长期保存，部分机构采用 ERMS 和 TDR 集成的系统。

为了更好地保障电子文件的证据效力，组织机构可在业务活动中，尤其是对权属与责任较为敏感的电子文件（如：公文、合同、凭单等）使用电子签名并将其一同归档。如前所述，学界和业界对电子签名是否归档意见并不统一。有的认为为防止 CA 机构的不稳定性应当统一解除签名；有的则认为对于需要长期保存的电子文件

---

① 冯惠玲、刘越男、马林青：《文件管理的数字转型：关键要素识别与推进策略分析》，《档案学通讯》2017 年第 3 期。

可在归档时去除签名;① 还有观点认为应当将电子签名、数字证书、签名算法等与电子文件一同归档，在此过程中保证电子签名的可验证性，不再继续验证的则将验证结果加盖时间戳归档。② 笔者较为赞同最后一种观点，虽然电子签名的作用主要体现在业务环节中，但权属证明和真实性保障的痕迹不应在业务结束后就予以剔除。将电子签名及相关信息与电子文件一同归档，亦是对电子文件形成时已采用防篡改技术的证明，更有利于电子文件脱离业务环境后用作证据时的真实性认定。同理，还应对日期与时间比较敏感的电子文件（如：商标设计方案）在形成阶段、归档阶段和进入长期保存的阶段使用时间戳，并将时间戳信息一同归档保存。

电子签名和时间戳的配合使用形成了十分稳定的电子文件防篡改技术组合，在电子文件管理中已有丰富的实践经验。其中具有代表性的是薛四新提出的"电子文件身份证"构想，它通过对电子文件核心元数据、电子文件实体和电子文件哈希值进行语义计算，融合得出属于该电子文件的唯一身份标识，与电子文件生成单位添加的数字签名和时间戳共同封装。③ 据笔者的调研，该构想将用于清华大学学籍档案的管理。

"电子签名＋时间戳"的电子文件管理技术方案有两项重点：第一，在电子文件—电子证据保管链中，电子签名技术和时间戳技术的应用的时间节点越早越好，应当在业务环节就使用上述技术；如业务环节并未使用相关防篡改技术，后续归档时也应为电子文件添加时间戳，固化其内容与形成时间。第二，应将电子文件及其元数据、电子签名、时间戳共同封装为归档信息包，作为真实性保障技

---

① 蔡盈芳：《电子文件归档中电子签名的处理研究》，《档案学研究》2019 年第 4 期。

② 刘越男、杨建梁、张洋洋：《单轨制背景下电子签名的归档保存方案研究》，《档案学通讯》2019 年第 3 期。

③ 薛四新：《云计算环境下电子文件管理的实现机理》，世界图书出版公司 2013 年版，第 108—117 页。

术的使用凭证，以备审计或需要诉讼时形成时间轴证据链。鉴于上述技术应用较为普遍，成本投入明确，与一般电子文件管理工作的流程与逻辑适配度高，可用于管理具备应诉需求与涉诉风险的电子文件，并向电子文件管理制度体系完整、管理流程与系统规范、管理能力处于平均水平的机构推行。当然，上述构想的实现需要以功能完善的电子文件管理相关系统为依托，关于上述系统电子文件管理功能的深入探讨见本书第七章第三节相关内容。

（三）方案二："区块链辅助真实性验证"

如前所述，传统模式下的电子文件管理已形成了较为稳定的技术逻辑。随着区块链技术的广泛应用，中国石油化工集团有限公司（简称中石化）、中国科学院合肥分院等部分机构已将区块链技术引入文档管理场景，用于电子文件的长久可信保存。"区块链辅助验证"方案是一种"链上+链下"的技术方案，其形成流转阶段与方案一致，其所管理的电子文件仍旧是形成于传统业务系统的电子文件，仍以传统的电子文件管理模式为主导，但运用区块链的分布式账本技术辅助真实性验证工作。

在该模式中，传统模式与区块链存证是并行的关系。业务系统生成的电子文件办理完毕后，与其他需归档的快照信息、电子签名与验证信息、数字证书等一同封装，即时计算其哈希值。至此，电子文件被保存在数字档案馆系统中长期保存，其哈希值则被存入区块链系统中。当电子文件长期保存、查阅利用或用作证据需进行真实性检测时，可对数字档案馆系统存储的电子文件重新进行哈希运算，并将哈希值与区块链上存储的哈希值进行对比，对比一致即为通过真实性验证，可证明电子文件未经篡改。

该方案的核心在于利用区块链技术的防篡改"自证"属性，解决传统模式中对组织机构间电子文件管理工作的不信任，或对不同CA机构的不信任等问题。最为知名的区块链档案管理项目英国ARCHANGEL亦采取将档案内容、元数据、加密算法等重要信息哈希值上链的方式来维护和验证电子文件的真实性。① 但需要指出的是，该方案仍基于"传统"的电子文件管理流程，在归档环节才开始应用区块链技术进行真实性辅助验证，仅能证明上链后未经篡改，无法解决电子文件形成时的真实性与可靠性的根本问题。2021年1月，最高人民法院颁布的《关于人民法院在线办理案件若干问题的规定（征求意见稿）》中也明确指出，如当事人提出数据上链存证时已不具备真实性，举证方还应就上链存证数据的具体来源、生成机制、存储过程、第三方公证见证、关联印证数据等情况作出补充说明。鉴于此，笔者认为该方案实施的前提在于确认电子文件上链前管理的合规性，整体而言，方案二并未完全、充分发挥出区块链技术的核心优势，但也不失为一种可靠的技术方案，亦有利于采信率的提升。

对于一般组织机构而言，"区块链辅助真实性验证"的方案在现有电子文件管理工作秩序的基础上，为其证据效力保障锦上添花，易于推广实施；且由于区块链对上链格式有固定要求，区块的大小固定、可扩展性有限②，本方案可辅助非结构化或容量较大的电子文件的哈希值上链管理；此外，仅将哈希值上链，有利于电子文件内容信息的保密、防止泄密风险发生。对于部分具备法律效力并需要在业务办理环节发挥相应职能的电子文件而言，仅从归档环节上链仍有风险。建议有分布式存储条件或区块链应用需求的组织机构以此方案进行过渡与试点，逐步向更全面的区块链应用探索。

（四）方案三：电子文件—电子证据全链条区块链管理

如前所述，区块链具有"自证"真实的技术特性，数据一旦被

---

① John Collomosse, Tu Bui, Alan Brown, John Sheridan, Alex Green, Mark Bell, Jamie Fawcett, Jez Higgins and Olivier Thereaux, "ARCHANGEL: Trusted Archives of Digital Public Documents", paper delivered to ACM Symposium on Document Engineering 2018, sponsored by the Association for Computing Machinery, 2018.

② 工业和信息化部：《区块链数据格式规范》，https：//blog.csdn.net/wxb880114/article/details/79255631，2020年11月26日。

登入区块链，则无法被篡改。想要真正发挥区块链技术在电子文件管理中的优势，并非仅将归档电子文件"上链"，而是实现电子文件形成、管理与长期保存的全环境、全过程"上链"，并接入司法区块链，以司法机关的见证实现电子文件—电子证据全链条的防篡改、可追溯。此外，区块链技术的另一个核心功能在于智能合约。如前文 Gartner 的调查，防篡改的分布式账本技术目前已相对成熟，对智能合约的关注达到了最高期望值。智能合约"一旦满足条件则自动触发"的机制亦契合了电子证据审查认定中关于"电子证据是否为系统自动发送"的判断标准。

电子文件—电子证据全链条区块链管理的前提是业务环节上链。目前在电子存证领域，针对电子邮件、电子合同、知识产权等具体的电子证据类型，网易、百度、易保全、存证云、联合信任时间戳等公司推出了"公正邮"①"电子合同"②"微版权"③ 等服务。上述服务的共性在于，通过互联网直接在区块链平台上进行业务办理，实现"形成即固化""形成即上链"，以完善的形式真实确保内容可靠，保证电子文件自形成起至收集并提交法庭之前未经篡改。

对于全区块链的电子文件—电子证据管理，首先，应根据组织机构的需求确认底层区块链技术方案，搭建业务环境和文档管理环境。其次，在业务环节时就将电子文件转化为能够在区块链系统中流通的"虚拟资产"（Token），通过对 Token 的管理实现对电子文件的管理。再次，需将电子文件管理归档、鉴定、处置等相关规则写入智能合约，并将智能合约预置于区块链系统中，实现自动化操作，如设置执行定期脱链存储的时间期限等。此外，为满足部分电子文件的高涉诉需求，有条件的机构可申请加入司法

---

① 参见 http://gzy.mail.163.com/。
② 参见 https://www.cunnar.com/f/107.html。
③ 参见 https://www.ebaoquan.org/solution/eArrived。

机关建设的联盟链,实现电子文件与数据在诉讼中的直接验证与实时调用,使电子文件向电子证据的转化更为便利。如北京互联网法院相继颁布了《天平链应用接入管理规范》和《天平链应用接入技术规范》,为外部系统接入天平链提供了详细指引,有助于全面构建基于区块链的可信生态。具体技术方案的构想在本节第四部分中加以论述。

目前来看,电子文件—电子证据全链条区块链管理能够最大程度地发挥区块链技术的优势,但对现有业务秩序的影响较大、前期投入与后期维护成本较高,难以在短时间内推广至各类电子文件管理工作中。但对于金融财税、知识产权、医疗卫生等对电子文件真实性保障较为敏感、涉诉风险较高的领域,可率先试点电子合同、设计图纸、电子病历、电子发票等本身就具备一定法律效力的、结构化的电子文件类型进行试点。一旦该管理模式实现了行业领域的应用,其带来的生产效能与经济效益以及节省的时间与成本将十分可观,亦能避免不必要诉讼与纠纷的发生。

综合分析上述三种方案,方案一中使用的电子签名与时间戳确认了电子文件形成时的权属与时间,结合参考2019年《最高人民法院关于民事诉讼证据的若干规定》第九十四条中关于"以档案管理方式保管的电子数据可在无反驳证据的情况下认定真实性"的规定,归档后的电子文件具备证明力优势。因此,方案一能够实现电子文件全生命周期的真实性认证,但前提在于使用具有专业资质开发商开发的、符合国家与行业标准的管理系统,保证电子文件管理与存储环境的清洁性,便于确认电子文件与元数据符合档案管理的要求。方案二中区块链技术的使用时机在归档之时,因而一般可与方案一结合使用,补充对电子文件形成阶段的真实性证明。方案三实现了电子文件的全生命周期上链,并与司法区块链联通,能够实现电子文件—电子证据全流程真实性见证(详细比较见表7-6)。三类方案各具优势与特色,可适用于不同类型的电子文件与不同类型的组织机构,并不存在"高下之分",关键在于能否匹配组织机构的业务工作，满足其归档管理需求。无论采用"电子签名+时间戳"的技术方案，还是全区块链管理的技术方案，在各自的证明体系中合理自洽，实现最终信任才是重点所在。虽然区块链技术"自证"真实的特性具有先天优势，无须依赖第三方的力量便可实现"自我背书"，避免了第三方机构的风险；但若采用足够权威的电子认证机构与时间戳机构的服务，亦能完成真实性的认证，在司法证明上效果并无不同。当然，随着技术的发展，电子文件管理积极探索与区块链等新兴技术的结合将是不可逆转的趋势，笔者也将在随后章节中深入探讨。

表7-6　　电子文件证据效力保障技术方案综合对比

技术方案	实施时机	证据效力保障机理	适用电子文件特征	适用机构类型
方案一：基本模式	形成办理过程中	电子文件办理时添加电子签名并与时间戳一同归档；可通过验证电子签名和时间戳的有效性以及电子文件管理系统的资质确认电子文件的证据效力	一般有应诉需求与涉诉风险的电子文件均适用	电子文件管理制度体系完整、管理流程与系统规范、管理能力处于平均水平的机构
方案二：区块链辅助真实性验证	归档管理时	将归档电子文件及相关信息的哈希值存储在区块链上；可通过对比即时计算哈希值与链上存储哈希值的异同确认电子文件的证据效力	有应诉需求与涉诉风险的电子文件；非结构化或容量较大的电子文件；密级较高或含有隐私信息的电子文件	有一定分布式存储条件与区块链应用需求的组织机构
方案三：电子文件—电子证据全链条区块链管理	链上同步形成	电子文件全程形成流转于区块链平台，可对接司法区块链，有应诉需求时可直接调用	应诉需求与涉诉风险高的电子文件；结构化的电子文件	涉及高应诉概率业务、具备区块链系统部署条件的组织机构

三　优化电子文件管理相关系统的证据留存功能

电子文件的管理需依赖电子文件管理的相关系统，包括电子文件全程管理过程中所涉及 BS（部分含档案管理模块）、ERMS 和 TDR。国家也分别出台了关于电子文件形成系统、管理系统和长期保存系统功能要求的相关标准规范，具体有：GB/T 29194—2012《电子文件管理系统通用功能要求》、GB/T 31913—2015《文书类电子文件形成办理系统通用功能要求》、GB/T 31914—2015《电子文件管理系统建设指南》、《电子档案管理系统基本功能规定（档办发〔2017〕3 号）》、GB/T 39784—2021《电子档案管理系统通用功能要求》等，为建设电子文件管理的相关信息系统提供了基础性指导。基于证据效力保障的出发点，电子文件管理系统的证据留存功能可进一步提升与完善。

（一）整合与统一电子文件管理相关信息系统的功能规范

电子文件管理信息系统的功能规范是建设相关系统、维护电子文件证据效力的重要参考。笔者对目前已有的标准规范进行了系统梳理，详见表 7-7。

表 7-7　　电子文件管理相关系统功能要求对比

标准规范	系统定义	功能需求规定项	特点
GB/T 31913—2015《文书类电子文件形成办理系统通用功能要求》	应用于电子文件形成办理单位，旨在规范电子文件形成办理流程，同时实施电子化操作的业务系统	业务功能要求（形成；发送办理；接收办理；检索；管理）管理功能要求（系统管理；元数据管理；安全管理；流程管理；接口管理）可选功能要求（离线利用、导入与导出；性能要求）	按照业务、管理和可选功能分类组织，要求较为精细
GB/T 29194—2012《电子文件管理系统通用功能要求》	对电子文件识别、捕获、存储、维护、利用和处置等进行管理和控制的信息系统	基本功能（文件管理配置；文件管理业务；安全管理；系统管理）可选功能（数字化文件管理；多载体文件管理；离线利用；接口管理；工作流；性能要求）	按照基本功能与可选功能进行组织，要求较为精细

续表

标准规范	系统定义	功能需求规定项	特点
GB/T 31914—2015《电子文件管理系统建设指南》	对电子文件识别、捕获、存储、维护、利用和处置等进行管理和控制的信息系统	捕获登记；分类组织；鉴定处置；存储保管；检索利用；安全管理	按照文件生命周期阶段梳理需求并进行功能分析，要求较为全面
《电子档案管理系统基本功能规定》（档办发〔2017〕3号）	档案机构运用信息技术手段对电子档案进行接收、整理、保存和提供利用的计算机软件系统	接收；整理；保存；利用；鉴定与处置；统计	较为宏观的原则性规定
GB/T 39784—2021《电子档案管理系统通用功能要求》	实现对电子档案进行接收、管理、保存和利用的计算机管理信息系统	按照接收；整理；保存；利用；处置；统计管理；系统管理设计，分为必选功能与可选功能，必选功能来自《电子档案管理系统基本功能规定》	以《电子档案管理系统基本功能规定》为基础设计，要求较为精细

由表 7-7 可知，首先，各项标准规范覆盖的文件生命周期阶段不同。如 GB/T 31913—2015 关注形成办理阶段；GB/T 39784—2021 和《电子档案管理系统基本功能规定》关注归档后的管理阶段；GB/T 29194—2012、GB/T 31914—2015 关注电子文件的全生命周期。其次，上述五项标准规范采用了不同的功能描述逻辑。如 GB/T 31913—2015 主要适用于电子公文系统等业务系统，其"业务功能+管理功能+可选功能"的分类逻辑的优势在于将可变的业务需求和较为固定的系统管理功能分开，有利于组织机构根据自身的业务情况选择性参考；GB/T 39784—2021 也在文件生命周期流程的基础上分别对必选功能与可选功能进行列举。又如 GB/T 29194—2012 的特点则在于将核心功能与可选功能分开，执行逻辑明确。《电子档案管理系统基本功能规定》和 GB/T 31914—2015 则基于各管理环节对功能需求进行描述性说明。可见，上述标准规范所涵盖的管理阶段范围不同、分类逻辑也有差异，给机构统一采用造成障碍；但在

规定的具体内容方面，上述标准又存在诸多交叉，如元数据管理功能和对统计报表的功能等，亟待进行整合。

基于以上问题，笔者认为应当对电子文件管理各类信息系统的功能规范进行整合。一方面，统一目前形成办理系统（或模块）和电子文件管理系统的描述逻辑，按照同一分类组织模式进行阐述，便于使用者对照。其次，厘清三类信息系统中的共同需求，如系统管理、安全管理等，合并相同类目，集约化地对电子文件整个生命周期的管理系统提出功能需求，便于组织机构统一参考。

（二）重视关联性与合法性相关的元数据管理

元数据被看作是证明电子文件原始性、真实性的重要手段，是电子文件管理的"血液"[1]。按照司法对电子证据审查认定的相关法律法规，元数据作为"能够与电子数据相互印证的附属信息、关联信息"，成为证据审查认定的重要依据。因此，电子文件管理系统中元数据方案的设计既关系到电子文件日常管理与利用的便捷性，也决定了能够为其证据效力的实现提供何种"佐证"。

纵览目前对电子文件管理实践工作影响力较大的元数据方案，如都柏林核心元数据列出了资源描述的名称、创建者、主题等15类基本元数据元素，ISO 23081-1：2006《信息与文献 文件管理过程 文件元数据 第1部分：原则》（即国标采标 GB/T 26163.1—2010）规定了文件自身、业务规章和方针法规、责任者、业务工作与过程、文件管理过程五类元数据，PREMIS 数据字典（PREMIS Data Dictionary for Preservation Metadata，Version 3.0）规定了对象实体、权利实体、事件实体、代理实体四类元数据[2]，DA/T 46—2009《文书类电子文件元数据方案》、DA/T 48—2009《基于 XML 的电子文件封装规范》规定了来源、电子文件号、档号、内容描述、形式特征、

---

[1] 叶晓林：《电子文件全程管理之思考》，《档案学研究》2005年第1期。
[2] 刘志：《PREMIS 保存元数据与数字资源长期保存研究》，硕士学位论文，湘潭大学，2009年。

电子属性、数字化属性、电子签名、存储位置、权限管理、附注这 11 类元数据。上述各元数据方案以不同的分类思路从各方面记录了电子文件的真实、可靠、完整与可用，具体的元数据元素也十分详尽，但对应到本书提出的电子文件证据性概念模型，对应到电子证据司法证明的"三性"要求中，其对真实性圈层的关注较为集中，但对关联性圈层与合法性圈层的体现度尚不明确。

根据本书保障体系框架的启示，电子文件证据效力的实现至少需具备法规类、管理类、技术类和人员类四大类元数据，同时还包括文件自身的元数据。组织机构在选择元数据方案时，应当重视法规引用、文件关系、权限管理、技术属性、物理属性等元数据的形成、捕获与管理，突出元数据在辅助证明电子文件涉诉的关联性与合法性方面的优势。机构一旦应诉，相关元数据的提交将对辅助证明待证事实、形成完整证据链发挥重要作用。

法规制度相关元数据，属法规类元数据。新修正《民事证据规定》中明确指出"正常业务活动中形成的"和"档案管理方式保管"的电子数据在没有反驳证据的情况下可确认其真实性，法规制度类相关的元数据则能够辅助实现这项规定的证明。这要求电子文件的形成系统与管理系统需将组织机构电子文件形成、办理、管理、保存、维护过程中参照和遵循的法律法规、政策性文件、业务工作规章制度、档案工作规章制度、保密工作规章制度的执行情况如实记录并体现在元数据元素中。

文件关系相关元数据，属管理类元数据。电子证据的关联性既体现在证据和案件事实具有相关性，也表现在与案件事实相关的电子证据均可被发现与收集。具体到元数据上，可通过文件标识符和文件关联标识符确认与某业务相关的电子文件以及与该电子文件相关的文件，保证证据收集的全面性；还可通过关系、关系类型、关系描述等元数据元素定义文件与文件、文件与机构、文件与人员之间的转发、形成、替代、引用等关系①，这在 DA/T 46—2009 和 DA/T 48—2009 中亦有详细规定。

权限管理相关元数据，属人员类元数据。权限管理是电子文件管理常见的元数据类型，如 PREMIS 3.0 中就规定了对行为者实体（Agent）的相关元数据，包括行为者标识符、行为者名称、行为者版本、行为者附加信息、行为者类型等。② ISO 23081 也规定电子文件元数据应包含创建者、管理者、利用者及其授权信息等元素。通过权限管理元数据，能够辅助判断是否存在非法操作行为。根据《电子签名法》等法律法规的规定，电子证据取证时应当一并收集相关人员进入信息系统的情况，以及对电子证据密码、电子签名、用户名、账号的授权与使用情况，这恰是对权限管理元数据的需求。具体而言，电子文件权限元数据应当包括该电子文件的形成者、发送者、管理者等所有操作者，及其对应的部门、权限类型及掌握密码和签名的情况等。

技术属性与物理属性相关元数据，属技术类元数据。电子证据合法性审查的要点之一在于系统运行的可靠性、环境的清洁性和操作的规范性，以及"是否收集生成、存储、传递与保存环境的要素、协议、附属与外围信息"，因此，元数据应当能够证明电子文件在系统中流转的合规性和安全性。在技术和环境元数据方面，PREMIS 专设了环境（Environment）相关元数据，包括软硬件环境等支持电子文件可读可用的元素，DA/T 46—2009 和 DA/T 48—2009 设置了电子属性元数据，包含格式信息、计算机文件名、文件大小、创建程序、信息系统描述等子元素，ISO 23081 对此类元素的规定较少。因

---

① 唐长乐、张晓娟：《来源原则的核心价值及其元数据实现：以政务信息管理为例》，《信息资源管理学报》2018 年第 3 期。

② PREMIS，"PREMIS Data Dictionary for Preservation Metadata，Version 3.0"，January 28，2022，https：//www.loc.gov/standards/premis/v3/premis-hierarchical-3-0.html.

此，应当细化对技术类元数据的规定①，并单独增加或在技术环境类元数据中着重强调物理属性相关的元数据。技术属性指反映电子文件的形成、保管系统的相关属性和电子文件自身的电子属性，主要包括反映电子文件相关系统和软件的厂商、版本、更新维护记录、故障情况、故障恢复说明、内网安全、外网安全、网络协议等，以及电子文件自身的形成格式、迁移格式、保存逻辑地址、安全保障技术等。物理属性指电子文件外部保管设备与物理环境的相关属性，属"外围信息"，主要包括设备使用日期时间、维护日期时间、责任人员、库房环境信息、脱机存储地址、异地异质备份存储地址等。

（三）支持生成机构电子文件证据保管链报告

电子证据的数据内容、附属信息、关联信息、系统环境信息、访问操作日志是否能够相互印证是电子证据审查认定中十分重要的手段。② 因此，电子文件管理的相关信息系统应具备基本的生成系统审计日志的功能，并在此基础上生成支持纠纷与诉讼应对的证据保管链报告，也有助于组织机构涉诉电子文件真实性自证材料清单的出示。

对比电子文件信息系统的各项功能规定，电子文件信息系统能够生成的日志与报告大致有周期性统计报告、存储空间报告、审计跟踪报告、故障/错误情况处理报告、安全违规情况报告、移交操作报告等；同时还支持用户自定义选项生成报告，可选条件有时间、对象范围、文件版本与格式、特定位置、用户等。基于上述功能，笔者认为应在此基础上增加生成机构电子文件证据保管链报告的功能选项，便于诉讼支持。我国法律法规中亦有体现了证据保管链的规定，即要求对电子证据作者、收集者、取证人、制作人、持有人、见证人等的签名盖章，注明时间、地点、电子数据规格、类别、文

---

① 刘越男、杨建梁：《面向电子文件保存的统一元数据模型的构建》，《中国图书馆学报》2017年第2期。

② 详细总结见本书表4-2。

件格式、设备情况等进行记录（具体详见表4-4）。

基于此，电子文件的形成系统、管理系统和长期保存系统均应支持生成满足证据保管链要素的报告。具体应以电子文件—电子证据保管链为线索，对电子文件状态、格式、可信时间、人员、防篡改技术、法规遵从、逻辑地址、物理位置、设备情况等要素进行呈现，详见表7-8。具体使用时，用户可根据机构电子文件管理业务现状自行调整生成报告的项目，但必须包含必选项，以保证电子文件—电子证据保管链的完整性，其余机动项目视电子文件的流转情况而定。

表7-8　　　　　　　　证据保管链报告所需项目

报告项	形成流转	归档管理	保存利用	取证保全
状态	必选	机动	机动	必选
格式	必选	机动	机动	必选
可信时间	必选	机动	机动	必选
操作人员/部门	必选	机动	机动	必选
防篡改技术及验证信息	必选	机动	机动	必选
法规遵从	必选	机动	机动	必选
逻辑地址	必选	机动	机动	必选
物理位置	必选	机动	机动	必选
系统安全	必选	机动	机动	必选
设备安全	必选	机动	机动	必选

证据保管链报告应由电子文件的形成系统或管理系统自动生成，当组织机构面临纠纷与诉讼时，可通过提交综合性的证据保管链报告辅助证明电子文件保管全程的合法性与可靠性，进而证明电子文件的真实性、完整性。更有利于法务部门工作的顺利开展。

（四）预归档功能：形成即固化

本章第二节第三部分中，笔者探讨了电子文件固化的方式与时机对电子文件证据效力的影响，阐释了电子文件及早固化、快照形式固化的意义。基于此，笔者认为电子文件形成系统应当设置"预归档"的功能，尽可能留存电子文件形成办理环节的状态瞬间。所谓预归档，即电子文件尚未办理完毕，或已办理完毕但封装归档信息包的文档尚不全面、归档条件不成熟时，对电子文件的内容与状态预先采取固化手段。首次预归档的最佳时机在电子文件形成之时，亦即"形成即固化"，旨在尽早留存电子文件形成办理的状态，防止归档时间过晚导致的电子文件真实性可靠性问题。

根据本章第二节第三部分的分析，预归档的形式主要为两种"不完全固化"，即元数据即时捕获和快照固化。如图7-4所示，宜在电子文件形成办理系统中添加预归档功能模块，与后端的电子文件管理系统相衔接。对于应诉和纠纷风险较高的电子文件，可预先定义快照的时间节点，如形成时、权限转换时、系统更新前等，系统自动生成快照并添加可信时间戳，传输至由档案部门控制的电子文件管理系统的预归档库中；同时，可在快照时实时捕获元数据信息并提前将其一并传输至预归档库中，维护其与主电子文件的关联，元数据更新时刻自动覆盖上一版本，直至电子文件办理完毕。电子文件正式归档时，应将完善的元数据与快照文档纳入归档信息包范围，与主电子文件一同归档。

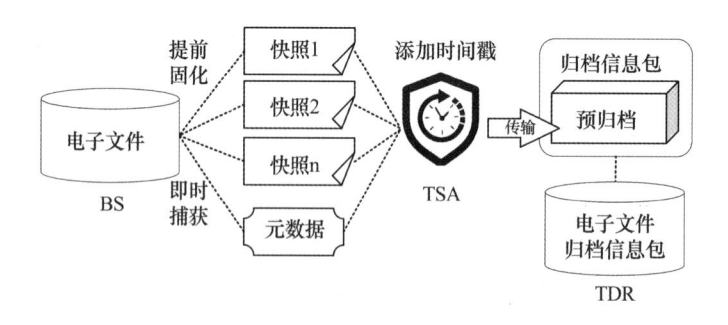

图7-4 电子文件管理系统的预归档功能实现原理

预归档功能应嵌入电子文件形成系统即业务系统中，还应当与电子文件管理系统的功能相衔接。其关键在于不"放任"业务部门的形成归档行为，而是通过提前向档案部门传输快照与元数据的形式，使档案部门能够全面掌控机构内电子文件管理的全程状态，提升档案部门工作的主动性。具体可通过 API 或 SDK 与预归档模块配合，或嵌入业务系统等方式实现。

四　构建基于区块链的电子文件—电子证据全链管理平台

如前所述，是否使用区块链技术已成为司法领域电子证据真实性审查认定的参考标准之一。本小节中，笔者将基于第二节第三部分内容的技术方案二、方案三，进一步构建基于区块链的电子文件—电子证据全链管理平台，实现对已经归档电子文件的区块链存储与真实性验证，以及部分电子文件的业务端上链管理。

（一）区块链类型选择

区块链技术在具备不可篡改性、可追溯性、公开透明性、去中心化等显著特征外，也面临着高效低能、安全性和去中心化的"不可能三角"——区块链技术只能同时满足上述两个优势，如比特币就是极致的"去中心化＋安全"而放弃高效低能的技术组合。① 基于此，电子文件—电子证据全链管理方案应根据自身需求选取最适配类型的区块链架构。

按照参与程度，区块链可分为公链、联盟链和私链。公链，即公共区块链（Public Blockchain），是完全开放的、去中心化的区块链，全世界任何人都可以参与、访问、发送交易并将数据写入区块。其代表性应用为比特币、以太坊等。公链的优势在于所有节点平等，透明度高、不可篡改，用户参与度高。但在验证效率与成本、安全性维护和系统可扩展性方面有一定局限性。联盟链，亦即行业区块链（Consortium Blockchain），参与区块链的节点是事先选择好的、

---

① 陈一稀：《区块链技术的"不可能三角"及需要注意的问题研究》，《浙江金融》2016 年第 2 期。

批准加入的，如相关行业机构或大型机构的上下层级等。联盟链的数据可以公开，也可以不公开；每个节点可能只承担验证、读取或存储的功能，节点的创建无须全网确认和共同治理，呈现"部分去中心化"的特征。其优势在于验证效率高、成本较低、扩展性良好，但不能排除节点共同作假、篡改数据的可能性。私链，即私有区块链（Private Blockchain），其参与节点一般是组织机构内部的用户，其自身拥有区块数据写入权，对外开放读取权限。私链在实际使用中似乎不能完美凸显区块链技术防篡改、去中心化的特征，但在成本、效率和隐私保护方面具有优势。[①] 各类型区块链对比详见表7-9。

表7-9　　　　　　　　公链、联盟链与私链对比分析

区块链性质	优势	局限
公链	完全去中心化；透明度高；不可篡改；参与度高、易于推广	效率较低；成本较高；系统可扩展性较弱
联盟链	验证效率较高；成本较低；扩展性良好	部分去中心化，可能存在节点恶意"欺骗"
私链	验证效率高；成本低；扩展性好；隐私保护	未发挥区块链技术特长，数据并非无法篡改

基于上述分析，本书综合考虑成本、效率与信息安全三个方面，以联盟链为基本架构展开电子文件—电子证据全链管理方案的设计。联盟节点的选择可以采用横向思路，邀请与本机构相关的业务节点机构加入或作为节点加入更大规模的区块链，如杭州互联网法院的司法区块链作为节点加入阿里巴巴旗下的蚂蚁区块链，同时接入区

[①] 陈东敏、郭峰、广红：《区块链技术原理及底层架构》，北京航空航天大学出版社2017年版，第6—8页。

块链的还有新华社、优酷等机构;① 北京互联网法院天平链则由北京市高级人民法院、北京市方圆公证处等司法机构和行业组织作为参与共识的一级节点，设置了包括国家电网、北汽集团等八个仅参与数据校验与记录的二级节点。② 亦可采用纵向思路，将组织内各层级机构设为联盟节点，实现总部与各分部的相互信任，中石化的档案区块链起初即采用此类思路。③

（二）共识机制选择

共识机制是区块链的核心，是对同个事务时间的先后顺序达成一致的关键。本书对几种主流共识机制特点的比较分析详见表7－10。④

表7－10　　　　　几种区块链主流共识机制的对比分析

共识机制	简述	优势	局限性
工作量证明（Proof of Work, PoW）	以算力为依据，每次达成共识需要全网共同参与运算，允许全网50%节点出错	①算法简单易实现；②节点间无须交换额外的信息；③破坏系统成本较高；④完全去中心化	①共识周期长，效率较低；②资源占用过大；③多个强算力节点联合易导致不安全现象

---

① 金色财经：《一条规定 两年时间 三所互联网法院的区块链存证之路》，https://baijiahao.baidu.com/s?id=1642556238810525558&wfr=spider&for=pc，2020年4月2日。

② 北京互联网法院：《天平链》，https://tpl.bjinternetcourt.gov.cn/tpl/#shen5，2020年1月26日。

③ 李春艳、乔超：《区块链技术在大型企业集团电子文件管理中的应用——以中国石化为例》，《档案学通讯》2020年第1期。经作者调研，中石化档案区块链将进一步拓展联盟链节点机构，以增强联盟链生态的可信性。

④ 张浪：《区块链＋商业模式革新与全行业应用实例》，中国经济出版社2019年版，第72—75页；工业和信息化部：《2016 中国区块链技术和应用发展白皮书》，http://www.199it.com/archives/526865.html，2020年1月26日；石进、薛四新、赵小柯：《基于区块链技术的电子文件真实性保障系统模型研究》，《图书情报知识》2019年第6期；闫树、卿苏德、魏凯：《区块链在数据流通中的应用》，《大数据》2018年第1期。

续表

共识机制	简述	优势	局限性
权益证明（Proof of Stake，PoS）	以算力为依据，节点记账权的获得难度与节点持有的权益成反比，拥有越多记账权，则获得越多权益	①运作过程较 PoW 更加简单；②节省资源；③共识时间较短	①拥有权益的参与者未必希望参与记账；②易产生分叉，需等待多节点确认；③可监管性弱
委任权益证明机制（Delegated Proof of Stake，DPoS）	节点选举若干代理人成为"超级节点"，代理人验证和记账	①具备 PoS 的优势；②共识时间较 PoS 更短	①具备 PoS 的劣势；②可监管性较 DPoS 更弱
实用拜占庭容错（Practical Byzantine Fault Tolerance，PBFT）	采用许可投票、少数服从多数选举领导者记账，容错率33%	①允许强监管节点参与；②可权限分级；③共识即确认，效率更高，能耗更低	①节点数量有上限；②对主节点依赖明显，1/3 节点作恶易导致不安全现象；③节点数量过多将降低效率

结合前文所述联盟链的特征，一般采用 DPoS 或 PBFT 共识机制。组织机构可综合考虑安全性、效率、资源占用以及参与节点数量及其之间的关系，选择适合的共识机制。

（三）系统架构

基于对区块链性质与共识机制的分析，以及对电子文件—电子证据保管链各项业务需求的梳理，笔者提出了基于区块链的电子文件—电子证据全链管理平台的系统架构，详见图 7-5。

该平台共七层，自下向上分别为：

基础设施层：提供区块链服务的各节点服务器，存储区块链产生的区块数据、状态数据等；部分服务器也提供一般的存储功能。

数据层：数据库能够加快区块链对服务器磁盘数据的访问和存储。根据本系统需求，初步划分了专门存储哈希值的数据库、存储智能合约的数据库以及联盟链的分布式账本数据库，以方便区块链调用。组织机构可根据自身需要进行数据库建设。①

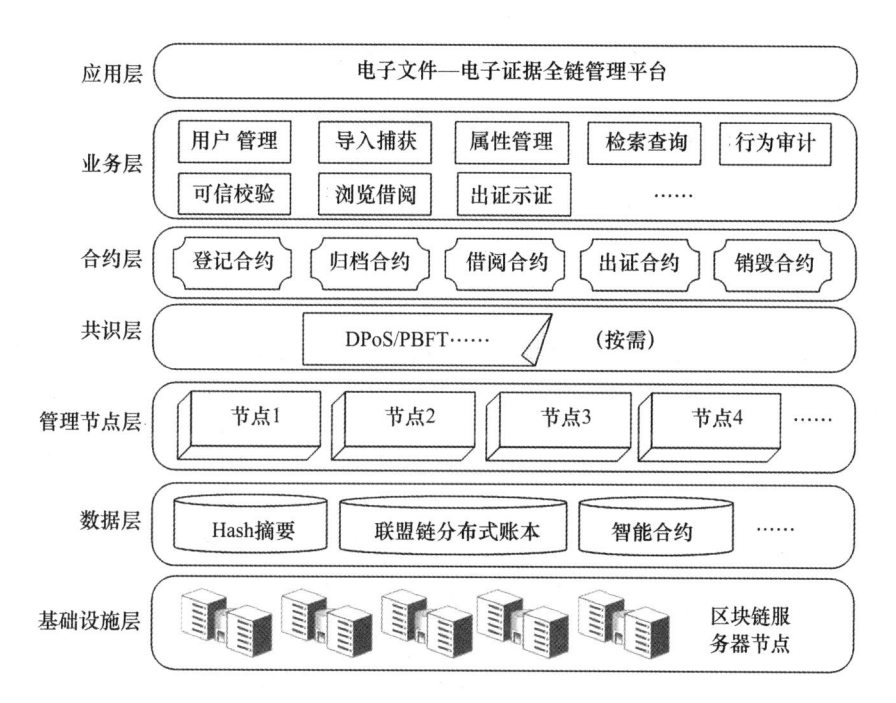

应用层	电子文件—电子证据全链管理平台
业务层	用户管理　导入捕获　属性管理　检索查询　行为审计 可信校验　浏览借阅　出证示证　……
合约层	登记合约　归档合约　借阅合约　出证合约　销毁合约
共识层	DPoS/PBFT……　（按需）
管理节点层	节点1　节点2　节点3　节点4　……
数据层	Hash摘要　联盟链分布式账本　智能合约　……
基础设施层	区块链服务器节点

图 7-5　电子文件—电子证据全链管理平台系统架构

管理节点层和共识层：根据组织机构联盟链的需要，选择 DPoS 或 PBFT 为区块链共识机制，并基于共识机制为联盟链内的节点分配权限，使其承担数据记录、校验、参与共识等不同任务。

合约层：区块链通过智能合约实现对数据的自动化操作，本平台拟根据电子文件的属性与信息，实现登记、归档、借阅、出证与销毁的自动化执行。②

业务层：通过基础技术架构部署，本平台预计实现用户管理、

---

①　孙国梓、冒小乐、陈鼎洁等：《基于区块链技术的电子数据存证系统》，《西安邮电大学学报》2018年第4期。

②　刘东伟：《基于区块链的学位证书登记与认证系统的方案设计与验证》，硕士学位论文，重庆邮电大学，2019年。

导入捕获、属性管理、检索查询、行为审计、可信校验、浏览借阅、出证示证等功能。具体系统功能需求还可参见本章第三节第三部分的详细内容，并结合组织机构的现实情况予以制定。

应用层：本系统以电子文件—电子证据全链管理平台的形式实现，能够对已经归档电子文件的区块链存储与真实性验证，以及部分电子文件的业务端上链管理。

（四）系统流程与功能实现

考虑到前文探讨的三类证据效力保障技术方案介入电子文件生命周期的时机、形式各不相同，但其真实性保障机理亦存在相通之处；其管理流程既有区别，也有交叉。实践中，电子文件管理工作可能对接多重业务，面临多样化的证据效力保障需求，需同时采用多种技术方案；或需要分步、分批地推进不同技术方案。为更加直观地体现多重技术方案所对应管理流程的区别与联系，本书将对三类技术方案进行综合阐释，便于组织机构能够实现逐渐向方案二、方案三两种基于区块链技术系统平台的过渡。

如图7-6所示，假设组织机构配置有办公自动化系统、核心业务系统、财务系统等多类业务系统（Business System，以下简称BS），BS-1、BS-2与BS-3这三类业务系统分别生成适用于前述方案一、方案二与方案三的电子文件类型；本示例方案中部署的区块链系统类型为联盟链。

1. "电子签名+时间戳"功能的系统实现

BS-1生成的电子文件在添加电子签名与时间戳信息后被ERMS捕获，与相关元数据一起封装形成归档信息包1，对其进行四性检测并将其长期保存在数字档案馆系统TDR中。当电子文件面临出证需求时，可验证其电子签名、时间戳的有效性与系统资质的可靠性，通过验证的电子文件即可执行出证利用。以上管理流程完全在本地系统加以实现。

2. "区块链辅助真实性验证"功能的系统实现

BS-2生成的电子文件在归档保存之前的管理流程与BS-1一

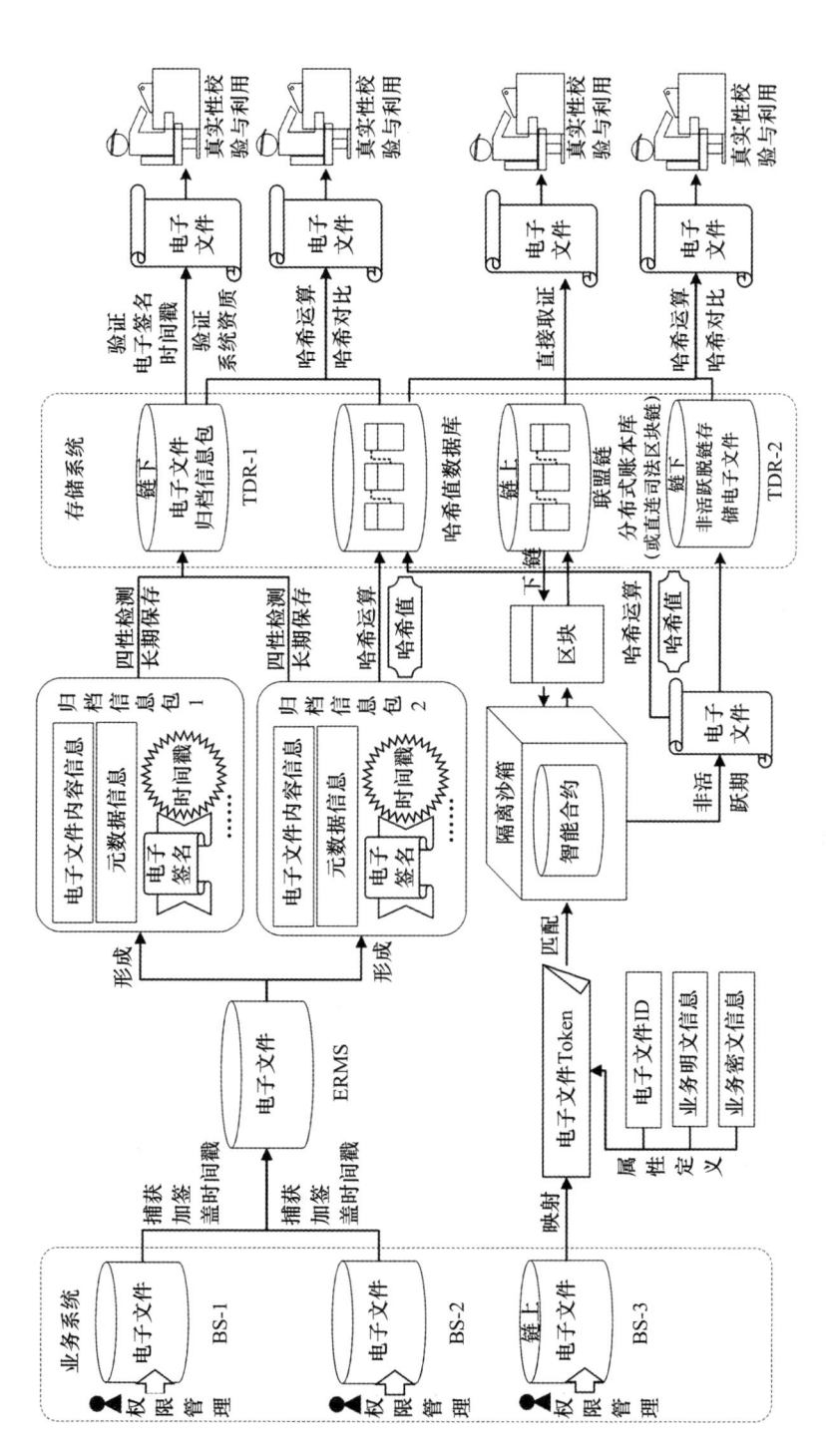

第七章 组织机构电子文件证据效力保障的策略 345

图 7-6 电子文件—电子证据全链管理平台系统流程

致，但归档前还需对归档信息包进行哈希运算，将哈希值存储在区块链上的哈希值数据库中，电子文件及其他信息组成的归档信息包仍保存于链下的 TDR-1 内。当电子文件面临出证需求时，可对存储于 TDR-1 中的归档信息包进行哈希运算，并将哈希值与区块链上存储的哈希值进行对比，对比一致即可证明电子文件未经篡改，可执行出证利用。以上管理流程的形成与存储阶段均依靠本地系统实现，哈希值的归档保存则在区块链系统中实现。真实的电子文件可向用户提供利用，或根据用户需求进行出证，具体出证的材料清单详见表 7-2。在实践工作中，如中石化档案区块链为解决跨机构信任问题，将跨机构形成或调阅电子文件的特征信息与元数据的哈希值存储在区块链平台上，原始的电子文件按照原要求保存；[①] 四川省大竹县某机构在办公自动化平台归档时将电子文件哈希值同步存入当地综合档案馆的区块链系统，实现了全生命周期追踪。上述两所机构均表示未来计划实现电子文件全生命周期上链，并探索管理其他业务区块链上文件的策略，这也与本书方案三的核心思路一致。

3. "电子文件—电子证据全链条区块链管理"功能的系统实现

第一，电子文件形成于 BS-3，与 BS-1、BS-2 不同，BS-3 即基于区块链的业务系统，系统中形成的电子文件能够实时上链。其中，每份电子文件将被看作虚拟的资产映射成通证（Token），如一份电子合同、一份电子保单等。用户可向通证添加属性，一般的、可在联盟链节点机构共享的业务信息可以明文形式添加，对于敏感的、保密的信息如身份证号、电话号码等可用密文形式添加，还可添加电子文件的 ID 等。

第二，智能合约被提前安装在区块链系统中，并在隔离沙箱中运行。通过运行智能合约，能够实现对通证的管理，自动执行登记、归档、销毁等，并将形成的新区块存储在联盟链分布式账本库中。

---

① 李春艳、乔超：《区块链技术在大型企业集团电子文件管理中的应用——以中国石化为例》，《档案学通讯》2020 年第 1 期。

用户可通过权限分配管理持个人密码对电子文件进行利用。

第三，由于区块链容量有限，且直接存储通证属性信息容易产生大量冗余数据，所以可定期将链上电子文件脱链存储。具体地，可根据相关规定在智能合约中设置脱链周期，电子文件脱链进入本地存储时同时生成哈希值，使哈希值进入相应的数据库长期保存。例如对于疫苗的接收、购进、储存、配送、供应的相关记录，根据《中华人民共和国疫苗管理法》的规定，需保存至疫苗有效期满后不少于五年备查①，则可将脱链保存周期设置为五年或以上。方案三尚属理论构想，但随着区块链技术的深入发展，如交通银行"链交融"证券系统、阿里健康区块链等基于区块链的业务平台将逐步增加。可以预见，电子文件—电子证据全区块链管理这一模式有望在未来得到更广泛的应用。

（五）系统适用性分析

组织机构电子文件的类型与管理需求各异，本书提出的电子文件—电子证据全链管理平台综合了两种技术解决方案，至少能够适用于下列电子文件的管理：

第一，对于非结构化的或容量较大的电子文件，宜采用"区块链辅助真实性验证"的方案。这是由于区块链中每个区块的大小固定，可扩展性有限，如存储数据容量过大则会影响系统运行效率；且区块链对上链格式有固定的要求，难以直接支持各类电子文件，尤其是非结构化电子文件的读取。②

第二，对于密级较高或含有隐私信息的电子文件，宜采用"区块链辅助真实性验证"的方案。由于区块链存储本质上是去中心化或半去中心化的存储模式，有其他联盟节点参与其中并承担记录或

---

① 《中华人民共和国疫苗管理法》，http：//www.npc.gov.cn/npc/c30834/201907/11447c85e05840b9b12c62b5b645fe9d.shtml，2020年12月18日。

② 工业和信息化部：《区块链数据格式规范》，https：//blog.csdn.net/wxb880114/article/details/79255631，2020年1月26日。

验证的任务，就无法保证信息的绝对保密。因此，对于需涉密电子文件，不适于直接将内容上链，可仅将关键信息的哈希值上链辅助真实性验证工作。但对于涉密程度非常高的电子文件，即使仅将哈希值存储于链上仍存在失密隐患①，不建议使用区块链存储方案。

第三，对于真实性保障要求极高、业务环节数据易产生纠纷或诉讼的电子文件，宜采用"电子文件—电子证据全链条区块链管理"的方案。如金融领域的、涉及弱信任多方的、涉诉风险非常高的电子文件，可保证其在业务环节就上链，实现全程可追溯与防篡改，更加透明化、标准化、规范化，提升了其应对纠纷与诉讼的能力。如交通银行的"链交融"证券系统基于原始权益人、中介机构、监管机构以及投资人共四类角色参与方组成的联盟链建设而成②，实现了基础资产信息与项目运转信息全程同步上链——将项目启动、资产池管理、尽职调查、产品设计、监管报批、销售发行、存续期管理 7 个业务阶段的 20 项活动数据及时上链，实现了全流程的真实性见证。③

第四，对于有规范化结构的数据，可采用"电子文件—电子证据全链条区块链管理"的方案。如电子合同等结构较为统一且可以结构化方式呈现的电子文件，可通过映射为通证并添加属性实现全链式管理，以保障其全程真实性。

此外，对于基础设施条件和资金投入有限的组织机构，"区块链辅助真实性验证"的方案较为适宜，待各方面条件成熟后可考虑采用"电子文件—电子证据全链条区块链管理"的技术方案。组织机构可根据自身需求选择适合的区块链管理方案，或将以上两种方案结合使用，实现优化、高效的管理。

---

① 刘越男、张一锋、吴云鹏、郑翀：《区块链技术与文件档案管理：技术和管理的双向思考》，《档案学通讯》2020 年第 1 期。

② 《交行推出国内首个区块链资产证券化系统"链交融"》，https：//baijiahao.baidu.com/s? id = 1620383454796481241&wfr = spider&for = pc，2020 年 1 月 8 日。

③ 参见发明专利"一种基于区块链的资产证券化管理系统及方法"。

第四节　人才保障策略

电子文件管理不仅仅是技术问题,何人参与管理、管理什么、如何管理决定着电子文件"从哪里来,向哪里去"。电子文件管理系统能按照功能设定自动执行,其执行情况可以留下痕迹[①],人为干预成为电子文件证据效力保障中的不确定因素。在对法律工作者的采访中,有专家提到应当"尽量减少电子文件管理中人的参与"。笔者认为,与其摒弃人的参与,更应合理发挥专业人员在档案工作中的积极作用,使电子文件管理人员具备证据保留的相关能力,使具备专业素质的档案工作者在合适的时间、以合理的方式介入电子文件管理工作,实现电子文件证据效力保障的目标。基于此,应当将证据保留纳入对电子文件管理人员的能力要求,加强培训与教育,培养电子文件—电子证据复合型人才,促进与电子证据领域专家的交流合作。

一　提升电子文件管理人员的证据保留能力

目前,我国尚未直接出台对电子文件管理人员的相关能力要求,这与我国未形成全国性的档案职业资格认证与评审体系有关。因此,电子文件管理人员证据保留能力的提升应首先明确该能力的具体要求,进而通过完善相关的职业资格认证与评估工作予以保障。

(一) 明确对电子文件管理人员的证据保留能力要求

复合型人才培养的前提在于明确培养目标、细化能力要求。在数字取证需求的推动下,电子文件管理人员在具备文档与信息管理理论基础与实践能力的前提下,应当掌握信息的收集提取、挖掘分析、保存恢复相关知识与技能,具备可从事或能够辅助从事信息治

---

① 刘品新:《论电子证据的理性真实观》,《法商研究》2018 年第 4 期。

理、数据合规、司法存证相关工作的能力。

目前,我国尚无对电子文件管理人员能力的明确要求与规定,档案专业职称评审主要着眼于档案法律法规、专业理论知识、工作能力、行业领导能力四个部分,且多为原则性规定。[①] 在缺乏能力要求细则的情况下,以上海市2018年的中级专业技术职务任职资格评审通知为例,评审专家通过学历资历、论文论著、继续教育、业绩证明等材料考察申请者的能力。[②] 近年来,部分省市以考代评,建立了档案专业技术资格考试制度,但考题仍较为基础,一定程度上促使档案工作者掌握、熟悉与了解档案管理的相关知识与能力。2013年起,国电联办牵头组织了"电子文件管理能力的通用要求"课题,随着 GB/T 39755.1—2021《电子文件管理能力体系 第1部分:通用要求》和 GB/T 39755.2—2021《电子文件管理能力体系 第2部分:评估规范》的发布,首次明确提出了与电子文件管理相关的能力要求、制定了电子文件管理能力框架(图7-7)与评估规范细则,多次提及保留电子文件原始证据性的能力。但该能力框架及其评估指标更多考察的是组织机构层面的工作,仍未聚焦对电子文件管理人员的要求以及对证据保留能力的专项要求。

如第五章所述,欧美国家在对文件与档案管理人员的多项职业认证中,均明确提出了文件与档案管理人员应掌握电子发现相关的法律法规与实践技能;同时,电子发现专业人员的认证项目也将电子文件管理作为必备能力要求。美国档案工作者认证学会(The Academy of Certified Archivists,ACA)发布的《专业档案工作者的角色描述声明》(*Role Delineation Statement for Professional Archivists*)指出,

---

① 许俊杰:《论我国档案职业资格认证科学体系之构建》,硕士学位论文,福建师范大学,2014年。
② 上海档案信息网:《关于开展2018年度上海市档案系列中级专业技术职务任职资格评审工作的通知》,http://www.archives.sh.cn/dazw/jszc/201806/t20180606_43759.html,2020年1月28日。

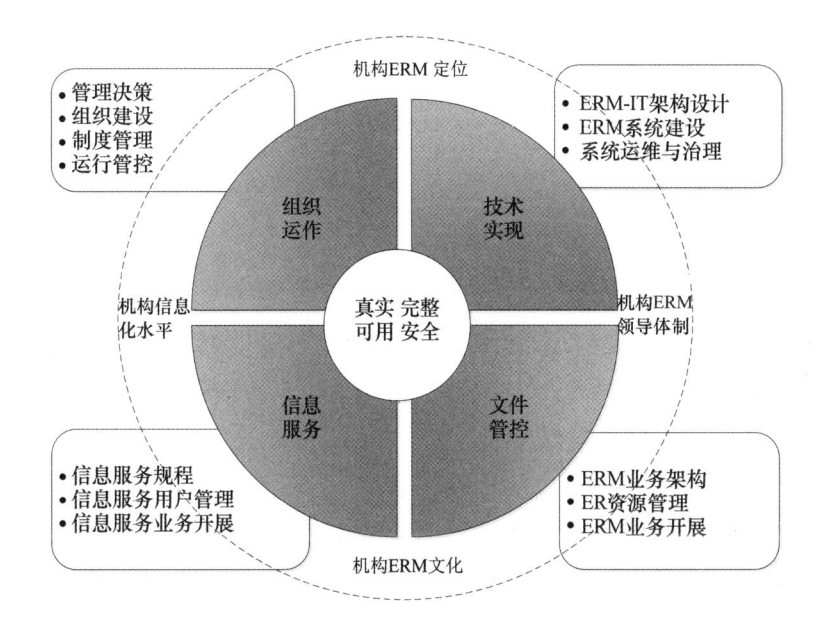

图 7-7 《电子文件管理能力体系 第 1 部分 通用要求》电子文件管理能力框架①

档案工作者应当掌握七个领域（Domain）的能力与知识。其中第七项"职业、伦理与法律责任"中，声明档案专业人员应当"知晓档案作为证据在法庭上利用的相关法律法规，以及档案作为证据的可采性条件"。与我国职称评审中仅规定了解、知晓或熟悉档案领域的法律法规不同，ACA 对法律素养的要求更为广泛，它特地强调了档案管理人员应了解与机构存款、贷款、交换、赠与、报税和财产转让相关的法律法规，同时还应具备按照上述法律法规准备与提供相关档案材料的能力。② 日本国立公文书馆也在《档案工作者业务职责与能力要求》中将"对公文书等相关法律的理解"排在首位，强

---

① 国家标准化委员会：《20153798—T—244 电子文件管理能力体系 第 1 部分 通用要求》，http://std.samr.gov.cn/gb/search/gbDetailed?id=5DDA8BA21DA618DEE05397BE0A0A95A7，2020 年 1 月 28 日。

② ACA, "Role Delineation Statement for Professional Archivists", July 4, 2022, https://www.certifiedarchivists.org/role-delineation.

调档案工作者在掌握本学科技能以外，最好至少掌握历史、法律、公共管理、信息工程等任意一门学科的知识；高水平专业人士需掌握《信息公开法》《个人信息保护法》《特定秘密保护法》等法律法规的相关条例与司法判例等。[①]

有鉴于此，本书认为应制定对电子文件管理人员能力的具体要求，分为总则和专项能力等。将电子文件管理人员能力与素质作为机构电子文件管理能力的重要组成部分，以及职称评审、专业技术资格考试的依据。其中，对电子文件管理人员证据保留能力的专项要求可从下列方面明确规定：

第一，在专业核心法律法规方面，熟悉以《档案法》为核心的档案与文件管理相关法律法规、标准规范等；

第二，在程序法方面，应了解基本的诉讼程序与诉讼规则，知晓电子证据审查判断的相关法律要求，掌握其中对电子文件管理的直接规定；

第三，在实体法方面，应根据组织机构的业务性质，了解与其相关的专项法律法规，识别易发生争议与诉讼的电子文件，并能够根据诉讼要求合理保存、组织整理相关的档案资源、撰写说明材料等；

第四，其余电子文件的相关组织能力、服务能力、管理能力与技术能力亦十分必要，可参见电子文件管理人员能力要求总则。

此外，在制定人员能力要求时，可考虑到一般组织机构电子文件管理人员与档案机构电子文件管理人员的职责与要求不同，业务部门电子文件管理人员与电子文件管理专家要求不同等，分级分类进行制定，此举可通过设置必备能力要求与可选能力要求予以实现。

（二）完善相关的职业资格认证与评估工作

对电子文件管理人员能力的要求需要相关的考核与评估加以落

[①] 李华莹、付鑫：《山川异域 同行可鉴：日本国家档案馆〈档案工作者业务职责与能力要求〉（中译本）》，https://www.sohu.com/a/376140071_734807，2020年3月9日。

实。基于目前的情况，应当尽快建立起统一的职业资格认证制度，如可由中国档案学会牵头①，建立包含职称评审、专业技术考试、能力评估三位一体的职业资格认证制度；适应数字化转型的需求，加大电子文件管理能力与知识的比例，增加关于法律意识、证据保留的相关内容。进而以职业资格认证制度体系带动相关培训与教育的发展，形成"能力要求—能力考核—能力教育培训"的良性循环。关于教育与培训的相关内容具体将在下节中探讨。

二 开展电子证据专门人才的教育与培训

随着电子证据的广泛应用，对电子证据专门人才的需求日益增长。电子证据专门人才可根据其专业度具体分为三种层次：第一，系统接受电子证据高等教育的专业人才，熟练掌握电子证据理论知识与实践技能；第二，与电子证据司法应用相关领域的专业人才，掌握电子证据生命周期一个或多个环节的核心知识与技能；第三，曾接受过电子证据理论知识与实践技能相关培训的人才。人才的培养是一个系统化的工程，应以高等教育为输出人才的主要途径，同时兼顾对更大范围内从业人员的再培训与再教育，充实各个层次的人才储备。其中，前两类人才需通过系统的高等教育进行培养，第三类人才则可采取更灵活的继续教育与按需培训。

（一）依托高等教育培养电子证据专门人才

自 2009 年起，国务院学位委员会、教育部在《学位授予和人才培养学科目录设置与管理办法》中就明确提出高校自主设置调整交叉学科②，《普通高等学校本科专业目录》《普通高等学校本科专业

---

① 赵淑梅、杨文旭：《美国档案职业资格认证主体的确立及启示》，《档案与建设》2011 年第 4 期。

② 国务院学位委员会：《教育部关于印发〈学位授予和人才培养学科目录设置与管理办法〉的通知》，http：//www.moe.gov.cn/s78/A22/xwb_left/moe_833/tnull_45419.html，2021 年 7 月 27 日。

设置管理规定》中也支持高校自主设置跨学科专业①，足见国家对交叉学科发展与跨学科本科专业建设的重视。北美地区的实践经验说明，在法律环境成熟的催化下，在业务关联内生力与实践需求外驱力的共同推动下，信息管理与数字取证复合型人才培养应运而生。可见，数字取证激发了信息管理学科新的活力空间，信息管理与数字取证复合型人才的培养亦前景广阔。

从北美信息学院开设数字取证教育的现状来看，无论是系统学习数字取证技能，还是将数字取证技术应用于信息管理领域，关注重点更倾向于数字取证本身的"技术性"与"工具性"。笔者认为，将数字取证纳入信息管理教育教学范畴前，应首先聚焦信息管理工作对数字取证的积极意义，分析其在证据保全方面的重要作用，强调通过规范化的信息管理工作预防不必要的诉讼与纠纷，加强法规遵从与政策遵循，而非仅靠取证环节的"弥补"与"恢复"。同时，应明确我国信息管理与数字取证复合型人才的培养是一项系统化的工作，既要吸收新学科领域的新知识、新动力，又要秉持学科核心任务，充分展现信息管理的学科特色。电子文件管理+电子发现/数字取证复合型人才的培养主要基于前述第一类与第二类人才开展。

对于第一类系统接受电子证据理论知识与实践技能教育的专业人才，可以综合类高校的法学类专业及公安院校的侦查类专业为依托，开设电子证据分支专业或研究方向，并适当加入信息管理类、电子文件管理等相关课程。具体地，可根据师资情况在本科生阶段开设电子证据相关课程；或在研究生阶段开设电子证据研究方向。如重庆邮电大学网络空间安全与信息法学院在电子证据的教学方面就颇具特色，其法学类本科生的七门学科基础课中有三门均与计算机相关，分别为计算机网络技术、法律专业计算机概论、互联网信

---

① 《关于政协十三届全国委员会第三次会议第4284号（教育类390号）提案答复的函》，http://www.moe.gov.cn/jyb_xxgk/xxgk_jyta/jyta_gaojiaosi/202011/t20201103_498000.html，2021年7月27日。

息安全概论；还开设了网上诉讼、电子证据理论与实务等专业课程[1]，亦设置了相应的研究生方向。对于专门的公安类高校，可专设电子证据类或网络侦查类本科专业，从事电子证据高精尖专业人才的培养。如中国人民公安大学、中国刑事警察学院均开设了网络安全执法专业，培养数字取证专门人才；湖北警官学院设置了信息技术系、刑事技术与情报系，实现了电子证据、信息技术与图情档领域的融合。[2]

对于第二类与电子证据司法应用相关领域的专业人才，主要有电子文件管理与数据治理人才，以及网络安全、数字取证与数字鉴定人才；前者主要依托于信息管理类专业，后者主要依托于计算机专业。对于电子文件管理与数据治理人才的教育，可在其原有专业下设与电子证据相关的研究方向，如北卡罗来纳教堂山分校信息学院的数字取证研究方向。或在原有培养计划的基础上增加电子证据类的相关课程，这一点在国外已经形成了丰富的实践经验，如第五章中分析，德克萨斯大学奥斯汀分校、北卡罗来纳教堂山分校、德雷塞尔大学、韦恩州立大学、雪城大学、不列颠哥伦比亚大学、圣荷西州立大学、华盛顿大学等高校的信息学院均在其图书情报类、信息管理类或档案学类硕士培养方案中提供与电子发现、数字取证相关的课程等。对于计算机专业的电子发现与数字取证教育，我国部分高校早有涉猎，如北京交通大学、华中科技大学、南京邮电大学等分别在信号与信息处理专业、信息安全专业中设置数字取证方向，其教学内容注重技术层面的实现，能够成为支撑跨学科教学的坚实力量。

对于信息管理类、电子文件管理方向的学生的电子证据教育可从以下三个方面着手：其一，优化与整合课程。依托信息资源管理

---

[1] 重庆邮电大学网络空间安全与信息法学院：《16 版 18 级法学类培养方案》，http://sl.cqupt.edu.cn/info/1013/4435.htm，2020 年 1 月 29 日。

[2] 湖北警官学院：《内设机构》，https://www.hbpa.edu.cn/jygk/jgsz.htm，2020 年 1 月 29 日。

一级学科优化升级现有课程体系，开设数字取证概论与实践等选修课程；或依据学科建设需要提升技术类课程的深度，整合数据挖掘、信息分析、信息安全技术等课程的内容，适时添加数字取证的教学模块。其二，增强学科协同。与法学院、计算机学院等相关学科联合开设法学概论、电子证据学、证据法学、数字取证、知识产权法、信息法学等选修课程，以选修学分互认、师资共享、共同制定跨学科合作培养计划等方式实现合作。其三，丰富培养方式。除在常规的档案学或图书情报硕士培养方案中设置电子证据与数字取证的研究方向之外，还可推出辅修学位、荣誉学位、研修班等短期培养计划，增强培养灵活性，向社会输送具备信息管理、计算机、法律等知识背景与实践能力的综合性人才。

（二）丰富电子证据专门人才的继续教育渠道

2019年1月，国家档案局和人力资源和社会保障部发布了《档案专业人员继续教育规定》，对档案专业人员继续教育的形式与内容提出了更为严格的要求，以应对新形势下档案专业人员知识结构老化、所需能力不足等问题。[①] 此项规定的发布有助于切实加强各类组织机构对档案专业人员培训工作的重视，促进档案专业人员的能力提升。如第五章中分析，国外由于发达的职业资格认证制度，开展了伴随职业资格认证考核的培训活动，为电子文件管理人员提供线上、线下等多种形式的课程，考核通过即可获得认证（Certificate）。有鉴于此，组织机构对电子文件管理人员进行电子证据培训活动应重视如下方面：

1. 形式灵活多样，线上线下相结合

借鉴国外经验，可在对电子文件管理人员的常规性培训中添加电子证据相关内容，亦可与行业专家合作开展辅助电子证据取证与司法应用的专项讲座。同时，邀请相关领域专家通过网络视频课等形式开展线上培训也不失为一种更加灵活的方式，参与培训人员可

---

① 梁琨:《〈档案专业人员继续教育规定〉解读》，《中国档案》2019年第2期。

在学习后获得相关结业证明。

2. 主体均衡发展，公益性与营利性相补充

由于各级各类国家档案馆承担为公民提供档案服务的职责，因而应定期按需接受对电子证据司法应用的要求、程序、法律法规的内部培训，切实辅助好电子文件的"出证"服务。同时，面对一般企事业单位文档部门的数字"出证"需求，可发挥高校与相关研究机构的作用，积极调动社会培训力量，在有关部门的监管下向社会层面提供普适的电子证据、电子取证、数据治理等方面的继续教育培训。

综上，电子文件管理人员向电子文件—电子证据复合型人才的拓展依托于高等教育的重视和继续教育渠道的丰富，从而保障各层次的电子证据专门人才的持续输出。

三　促进电子文件与电子证据跨领域人才交流合作

电子文件证据效力保障离不开电子文件管理领域与电子证据司法应用领域专业人才的交流与合作，这有助于传递最新行业动态、厘清现实需求、寻找领域共识，从而更好地解决共同关切的问题。具体地，可从理论层面与实务层面开展交流与合作。

（一）理论层面的交流与合作

如第三章研究所示，电子文件管理与电子证据司法应用在理论与业务层面有诸多共通之处，亟待两个领域的专家学者共同探索前沿理论的发展方向与学科融合可能性。人才交流有助于促进政策法规层面、管理层面、技术层面的交流与互鉴。如中国人民大学电子文件管理研究中心主办的"中国电子文件管理论坛"近年来较为关注电子文件管理与电子证据的结合，2018年、2019年、2022年相继邀请了电子证据领域的学者与实践专家就电子证据领域的学术趋势和业务实践进行交流与分享。就目前两个领域的发展现状，电子文件管理能够为电子证据的保全与管理、长期保存、开发与利用等方面提供理论指导，电子证据的应用导向、趋势与需求亦能为电子文

件管理提供有益指引。

(二) 实务层面的交流与合作

2018年，最高人民检察院发布了《关于指派、聘请有专门知识的人参与办案若干问题的规定》，《公安机关电子数据取证规则》《互联网法院规定》等法律法规也明确指出，在司法审判中，当事人可申请具有专门知识的人就电子数据的技术问题提出意见。[1] 这一规定为电子文件管理人员参与司法证明活动奠定了法律基础，意味着电子文件管理人员能够凭借自身的专业知识为电子证据的审查认定提供帮助。

此处"具有专门知识的人"一般指技术调查官与专家辅助人。技术调查官由法院聘任、借调或合作，可协助勘查现场，也可参与质证环节。以南京知识产权法庭为例，他们聘请了六位专职技术调查官，涉猎领域覆盖医药、机械、通信、计算机等[2]；上海知识产权法庭也聘请了13位工程师、学者等作为技术调查官。与技术调查官相比，专家辅助人更加"非官方"，一般由律师或当事人聘请。笔者采访过程中，一位律师便向笔者讲述了专家辅助人的作用：在某案件中，由于法官难以确定某账目的业务发生情况，便聘请了一位高级会计师对相关情况进行说明，将专业性强的问题"翻译"成法官可以理解、判断的事实，使司法判决得以顺利开展。由上可知，随着电子证据在各类案件中的广泛应用，法院也可同当地档案馆和高校合作，聘请档案馆员或电子文件管理领域的专家学者担任兼职技术调查官，解决文件与档案管理、保存的相关专业问题。律师在实际办案过程中也可以聘请电子文件管理领域的专家辅助人，对是否符合档案管理方式、档案保管流程是否完备、档案管理制度是否齐

---

[1] 白海莉、傅晓海：《"有专门知识的人"立法现状及资格准入探究》，《中国司法鉴定》2019年第5期。

[2] 顾敏：《南京中院首聘专职技术调查官》，《新华日报》2011年11月17日第7版。

全、电子文件管理系统功能是否完善等专业性问题提供参考意见。

第五节 本章小结

本章中，笔者以第五章提出的组织机构电子文件证据效力保障的体系框架为指导，深入探讨了组织机构电子文件证据效力保障的法规标准保障策略、管理保障策略、技术保障策略与人才保障策略，为实践工作的开展提供指引。

在第一节中，笔者立足于基础性的法规标准保障，采取了自上而下、从国家层面向行业层面推进的思路，分层次阐述了组织机构电子文件证据效力保障的法规标准策略。第一，从推动电子证据专项立法开始，逐步加强与各实体法与程序法的衔接，形成完善的法律法规体系。第二，加强档案法律法规中与电子证据相关条款的解释与呼应。第三，制定司法认可的电子文件管理标准，将司法对电子证据的要求"翻译"到电子文件管理工作中，指导组织机构的实践工作。第四，发挥指导性案例与白皮书、报告、手册等"非官方文件"的推动作用，并在此基础上提出了"组织机构涉诉电子文件真实性自证材料清单"。

在第二节中，笔者从管理制度、管理对象、管理时机与思路、管理模式四个方面剖析电子文件证据效力保障在管理层面的策略。在管理制度方面，受证据保管链制度的启发，提出了构建"电子文件—电子证据"责任链的构想并阐述其协同机制。在管理对象方面，指出应分步拓展组织机构电子文件的管理类型、丰富管理对象。在管理时机与思路方面，提出须将管理视角从传统的电子文件生命周期转向电子文件—电子证据保管链，从全程管理转向全业务链管理，并进一步阐述了固化的实现方式。在管理模式方面，结合档案服务机构参与电子证据保全的优势，指出档案服务机构参与电子证据保全的创新模式是档案外包服务的趋势所在。

在第三节中,笔者在法规标准保障策略与管理保障策略的基础上,进一步提出了组织机构电子文件证据效力的技术保障策略。首先,笔者对司法认可的防篡改技术的优势与局限性进行系统辨析,进而归纳了"电子签名+时间戳""区块链辅助真实性验证"和"电子文件—电子证据全链条区块链管理"三种技术方案,并分析了上述方案的适用条件。在此基础上,笔者深入探讨了电子文件管理系统证据保留功能的优化,探索构建了基于区块链的电子文件—电子证据全链管理平台。

在第四节中,笔者提出应合理发挥人才在档案工作中的价值,使具备专业素质的人员适时适当介入电子文件管理工作。首先,应明确提出对电子文件管理人员证据保留能力的要求,通过配套的认证与评估工作加以推动;其次,通过教育与培训,培养电子文件—电子证据的复合型人才;最后,促进电子文件管理与电子证据应用领域专业人才的交流与合作,提升档案工作在司法领域的影响力,发挥档案管理对电子证据在司法认定中的作用与价值。

第八章

组织机构电子文件证据效力保障的案例分析

前文中，笔者探讨了证据效力保障的体系框架与保障策略。本章，笔者将通过对案例的研究验证保障体系框架与保障策略的有效性与可行性。需要说明的是，由于本书提出的体系框架覆盖电子文件—电子证据全流程，相应的保障策略也覆盖国家、行业与机构各层面，囿于笔者的调研范围和资料获取能力，无法对以上内容尽数分析、验证，故选择了三个典型案例进行深入研究，包括司法领域的北京互联网法院天平链电子证据平台区块链存证、存证云的电子合同在线签约存证服务，以及档案领域的苏大苏航档案数据保全中心电子数据保全服务。对上述案例所体现的电子文件证据效力保障现状与机制进行分析，归纳与本书观点的契合性，指出现有实践工作在组织机构电子文件证据效力保障方面的优势、特色与不足，结合体系框架进一步思考其发展方向与未来趋势。

第一节 案例一：北京互联网法院天平链电子证据存证业务

天平链是北京互联网法院联合北京市高级人民法院、鉴定中心、公证处等司法机构，以及行业组织和大型企业等共计 20 家机构共同建立的司法联盟区块链。天平链自 2018 年 9 月 9 日上线以来，截至 2020 年 4 月 10 日，已累计存证逾 1558 万条，实现了电子证据的可信存证与高效验证，打造了社会化参与、社会化共治区块链应用新模式。①

一 北京互联网法院天平链概况及电子证据存证流程

如前所述，天平链的性质为联盟链，采取强中心、多点维护的管理模式。北京互联网法院为许可节点。北京市高级法院、北京市方圆公证处、国家信息中心电子数据司法鉴定中心、中国信息通信研究院、中国电子商会等 14 家司法机构、行业组织和科研院所为参与共识的一级节点。此外，还拥有 9 个仅参与数据校验与记录的二级节点，包括百度、京东、国家电网、安妮股份等大型企业，覆盖技术服务、知识产权、应用服务、金融交易等行业。其他 24 家接入机构仅有应用权限，不参与天平链治理。基于此，天平链依据接入评估、事前上链、事发勘验的应用流程实现了联盟链内部机构的电子证据存证、取证与验证工作。② 具体步骤如下：

1. 接入方能力评估。2019 年，北京互联网法院相继出台了两项标准，分别为《天平链应用接入管理规范》（BICB - 001 - 2019）③和《天平链应用接入技术规范》（BICB - 002 - 2019）④，用以规范和控制接入天平链的机构与系统。前者系统规定了接入天平链的申请

---

① 北京互联网法院：《天平链》，https：//tpl.bjinternetcourt.gov.cn/tpl/#shen5，2022 年 4 月 10 日。

② 中国知识产权网：《北京互联网法院发布"天平链"应用接入技术及管理规范》，http：//www.cn12330.cn/cipnews/news_content.aspx?newsId=120003，2022 年 4 月 10 日。

③ 北京互联网法院：《天平链应用接入管理规范》，https：//tpl.bjinternetcourt.gov.cn/tpl/#shen3，2020 年 4 月 10 日。

④ 北京互联网法院：《天平链应用接入管理规范》，https：//tpl.bjinternetcourt.gov.cn/tpl/#shen3，2020 年 4 月 10 日。

与受理、测评、评审、接入许可与公布等流程。后者对接入系统的安全性、电子数据的合规性与区块链的安全性进行规定。此外，天平链的接入机构还需满足从事业务与互联网案件密切相关的前提，且平台接入方需要具备一定的规模与影响力，区块链接入方应具备保证区块链节点软件安全稳定运行的能力等。上述规定保障接入天平链的机构、系统与区块链是安全、可信的。

2. 确权与侵权证据事前上链。接入天平链的各节点和系统可在业务完成后的第一时间直接将电子文件的数字摘要值上链，并接收天平链返回的存证编号。如以"天平链第一案"——蓝牛仔影像（北京）有限公司与华创汇才投资管理（北京）有限公司著作权权属、侵权纠纷案（以下简称"蓝牛仔案"）[1]为例，其存证过程为：

（1）蓝牛仔公司将业务活动中生成的知识产权电子文件同步上传至安妮股份旗下的"版权家"可信存证系统进行保管与备份，此处安妮股份为北京互联网法院天平链的二级节点之一，可参与天平链的数据校验与记录。

（2）版权家计算该份电子文件的哈希值，将其保存在自建的区块链平台"版权链"上，并通过跨链技术将该哈希值同步至天平链。

（3）天平链将存证编号返回至版权家区块链平台，版权家将本地存证编号与天平链存证编号共同返回给用户备查，具体流程详见图 8-1。

（4）当版权家平台通过大数据监测发现蓝牛仔存证的电子文件被侵权，便及时抓取固化侵权信息、生成侵权证据文件，并将其哈希值同步存入版权链与天平链，这一具体流程详见图 8-2。

3. 事发自动调取勘验。诉讼发生时，当事人提交原始电子文件与天平链的存证编号，法官在线勘验电子证据的真实性。仍以蓝牛

---

[1] 中国裁判文书网：《蓝牛仔影像（北京）有限公司与华创汇才投资管理（北京）有限公司著作权权属、侵权纠纷一审民事判决书》，http://wenshu.court.gov.cn/website/wenshu/181107ANFZ0BXSK4/index.html?docId=62422e4095d0469aa694aa8b002aa696，2020 年 4 月 10 日。

仔案为例，原告蓝牛仔公司向北京互联网法院提起上诉，并将在版权家存证的原电子文件、侵权信息文件与存证编号上传至电子诉讼平台。由于安妮股份为天平链二级节点，北京互联网法院电子诉讼平台可自动调取跨链证据进行验证，勘验结果证实蓝牛仔提供的电子文件自授时时间起已存在，且数据完整、未经篡改，可辅助判断侵权事实的成立。

面对层出不穷的区块链应用及区块链证据，北京互联网法院采取了"以链治链、规范用链"的思路，链上问题链上解决，充分发挥区块链在真实性保障方面的优势，为电子证据审查判断提供了新的解决思路。自 2018 年 9 月 9 日上线以来，截至 2022 年 1 月 28 日，

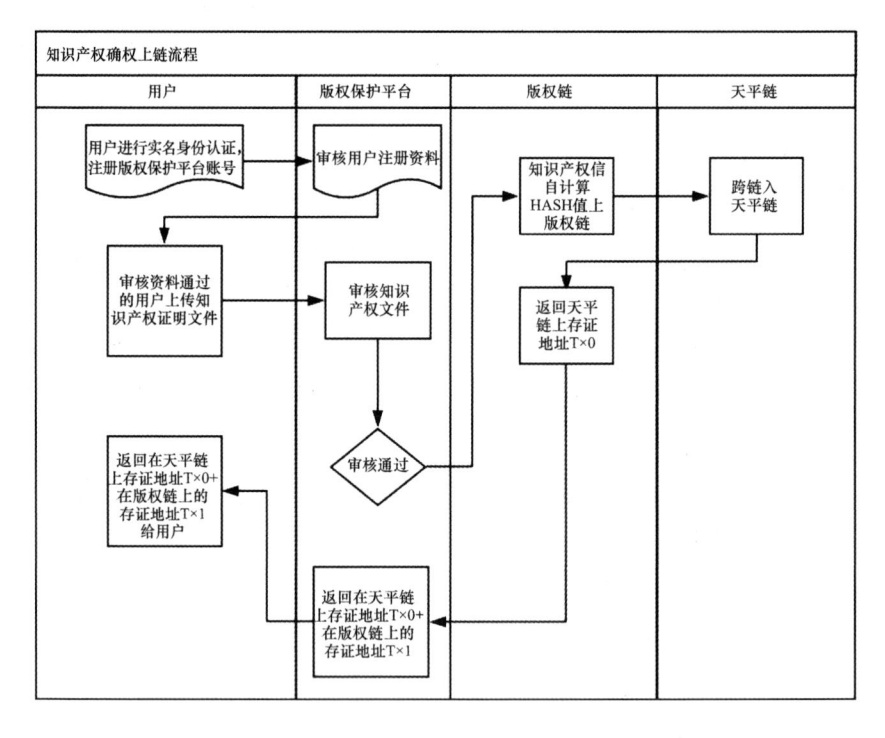

图 8-1 "蓝牛仔案"知识产权确权上链流程[①]

---

① 参见《巴比特专访"天平链"第一案出炉，区块链在司法领域真正落地了》，https://www.8btc.com/article/390794，2020 年 4 月 10 日。

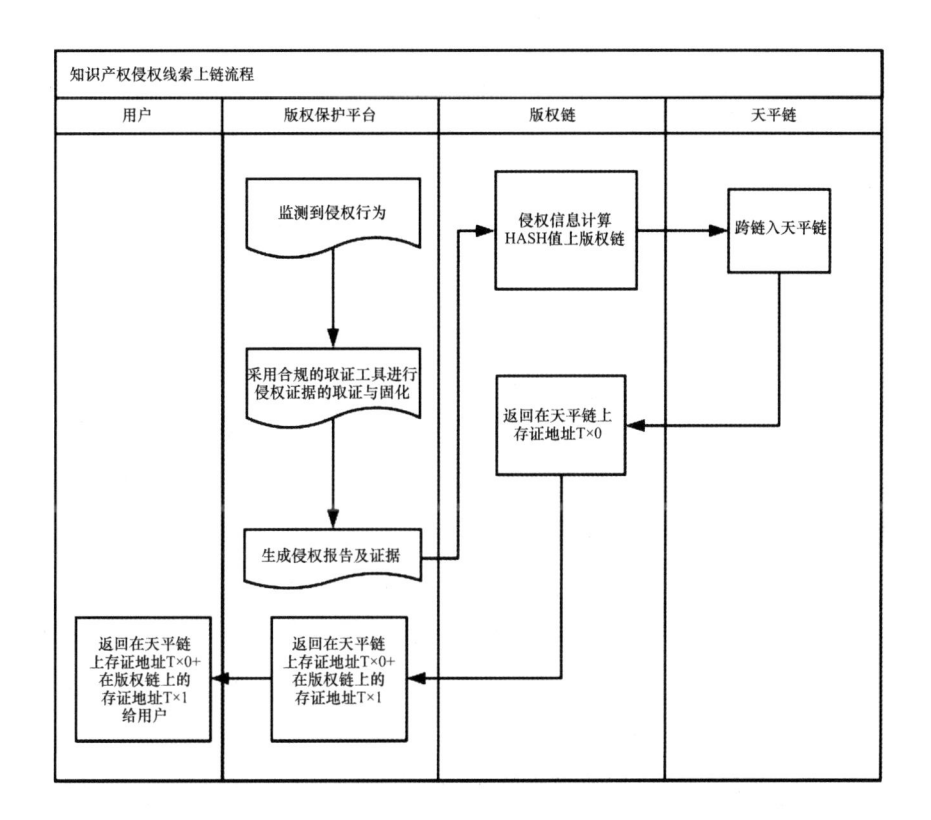

图 8-2 "蓝牛仔案"知识产权侵权线索上链流程①

天平链已累计存证逾一亿条，在线验证证据 27394 条，实现了电子证据的可信存证与高效验证，打造了社会化参与、社会化共治的区块链应用新思路。预计未来，北京互联网法院将始终秉持"中立、开放、安全、可控"的发展理念，进一步提升天平链的产业参与度和安全可信度，践行"业务链、管理链、生态链"三链合一②，打造辐射面更广的数字信任生态。

---

① 参见《巴比特专访"天平链"第一案出炉，区块链在司法领域真正落地了》，https：//www.8btc.com/article/390794，2020 年 4 月 10 日。

② 北京互联网法院：《天平链》，https：//tpl.bjinternetcourt.gov.cn/tpl/#shen5，2022 年 1 月 27 日。

二 与本研究保障思路的契合之处

北京互联网法院天平链是司法机构设立的区块链平台，前端对接多个业务系统与区块链上存储的大量电子文件与数据，业务覆盖电子文件生命周期各个环节，其存证实践直接或间接证明了本书保障体系框架与保障策略在电子文件—电子证据保管链全链上的有效性。

（一）依托司法机关，根本解决存证资质与公信力问题

在电子证据的真实性审查条款中，电子证据的来源与保管主体的可靠性是一项重要的判断因素。随着存证保全市场需求的逐渐扩大，越来越多的组织机构开始寻求第三方协助存证，笔者也在本书第七章第二节中紧扣当前电子证据存证资质和专业度无法并存的问题，论证了档案服务机构拓展该项业务的优势与可能性。但在该模式中，后端仍需连接公证机构或鉴定机构，加强其作为诉讼证据的可信性。天平链则直接依托司法机关从根本上解决了这一问题——法院开设平台，法院审查并认可接入机构的系统，法院为机构电子文件哈希值存证，涉诉时法院自行调取存储的哈希值与原件进行比对验证等。此外，天平链采用分级管理模式，北京互联网法院作为许可节点，司法、公证、鉴定机构等作为参与共识的一级节点，其他机构仅承担数据记录、校验工作或仅有使用权，这种多权威中心的管理模式平衡了天平链的安全性与司法效率。电子证据的后端"使用者"角色前置，同时成为电子证据的"监管者"与"验证者"，这大大提升了电子证据被采纳、采信的可能性。

（二）基于区块链技术，塑造机构间电子文件的真实互信生态

如前所述，天平链是分级管理的联盟链，区块链技术则是《电子签名法》《互联网法院规定》以及两院一部《电子数据规定》等法律法规中明确认可的真实性保障技术。与本书第七章第三节中提

出的"电子文件—电子证据全链条区块链管理"技术方案相契合的是，天平链实现了接入机构的业务系统或区块链系统的直接对接，实现了电子文件的"形成即固化"，及其哈希值从生成到法庭使用全环节的链上管理。以上流程"一气呵成"，极大节省了电子证据存证、取证、举证、审查勘验等各个环节的人力、物力、财力，提升了法院的工作效率。同时，由于区块链技术天然的防篡改特性，证据上链也在一定程度上降低了当事人对证据真实性的争议，促使案件尽快得到解决，避免不必要的纠纷与诉讼，有效防范了法律风险。由此可见，天平链犹如一个枢纽，联结了链上的其他节点，共同监督电子文件的生成、管理，实现了联盟链范围内电子文件与数据的真实性保障，塑造了各机构共治共享的互信生态。

（三）注重形成真实，实现电子文件—电子证据保管链的全链见证

前文的保障策略中指出，电子文件证据效力保障的关键在于固化形成时的真实性，确保电子文件—电子证据保管链全程的可信、可追溯，而天平链提升信任效率的关键也恰在于此。与将已归档电子文件上链并运用区块链辅助真实性验证的模式不同，天平链的技术方案尽可能延伸至电子文件形成之时，并通过颁布接入管理规范与技术标准控制接入系统和区块链的质量，从源头确保电子文件的真实可信，将事后的取证变为事前上链与同步存证。如《天平链应用接入技术规范》规定：在接入系统方面，需通过信息安全等级保护三级认证，确保软硬件设施安全、稳定；在数据方面，生成数据的主体、时间明确，提取、传输与存储手段可靠，并将电子签名、时间戳等技术列为必要技术项；在接入区块链方面，对其共识算法、稳定性、节点管理、智能合约安全等方面提出了具体的测评要求。上述举措保证了进入天平链的每份电子文件（哈希值）的"形成真实性"，解决了数据确权难题。同时，电子文件在各自的业务系统形成时，其哈希值则第一时间被同步上传至天平链，后续收集的侵权信息哈希值也可存入天平链，实现了电子文件的"全流程记录、全链路可信、全节点见证",保障了电子文件—电子证据保管链的完整性。

三 进一步思考

如前所述,天平链作为我国互联网法院运用区块链技术的典型代表,有效保障了联盟链系统内组织机构电子文件的证据效力。但由于区块链技术及其应用尚未全面成熟,行业规范较为缺乏,在未来实践中仍需要注意下列问题。

(一)扩大接入规模,与档案馆和档案服务机构深度合作

通过全面分析天平链存证业务流程可知,天平链充分运用区块链技术的优势,实现了联盟链内部信任;但同样也面临着区块链高效低能、安全性和去中心化的"不可能三角"问题①——目前,天平链包含一级、二级节点共计25个,后续有意向接入天平链的组织机构除通过测评、具备相应能力外,还需与互联网法院受理的案件类型相关,并具备一定规模与影响力,这决定着天平链中的节点数量不可能无限制增长。同时,电子文件管理与数字保存规模较小、能力水平有限的机构暂时不具备直接接入天平链的能力,只能以接入天平链的大型第三方数据服务提供商为"中介",实现电子文件的哈希值上链。基于这一现状,首先,天平链可在今后考虑进一步扩大接入规模,保证各行业的代表性企业或标杆机构的业务信息系统能够接入上链,平衡与完善整个行业生态。其次,还应考虑扩大第三方数据服务提供商的接入规模,使得更多组织机构的电子文件能够实现天平链存证。如杭州互联网法院司法区块链在版权、电子合同和金融领域分别对接了第三方数据服务提供商,扩大了服务的数据范围与规模。②

---

① 陈一稀:《区块链技术的"不可能三角"及需要注意的问题研究》,《浙江金融》2016年第2期。

② 杭州互联网法院:《杭州互联网法院司法区块链》,https://blockchain.net-court.gov.cn/portal/main/domain/index.htm,2020年4月10日。

笔者还注意到，目前天平链各级节点中尚未包含国家档案馆，广州与杭州互联网法院的区块链亦如此，这与目前档案馆自身的定位与技术发展现状有关，但这实际上忽略了档案馆在数据治理时代所发挥的作用与重要角色。此外，《天平链应用接入管理规范》将存证平台、公证机构等第三方数据服务提供商的业务职责定义为提供电子数据的存证、取证、验证、出证服务，按照这一逻辑，本书第七章第二节中提及的档案服务机构亦可提供存证与保全服务，可被纳入第三方数据服务提供商的范畴，一旦满足接入技术规范中的要求，应当具备接入资格。此外，相比于第三方存证机构仅能根据诉讼需求提供特定电子文件的存证，档案服务机构在证明力、公信力、数据保存专业经验、管理电子文件范围方面更具优势。由此，在未来工作中，天平链及其他互联网法院的司法区块链平台均应当对档案馆和档案服务机构的作用更加重视，考虑将其纳入管理节点或应用接入范围。2022年5月，《最高人民法院关于加强区块链司法应用的意见》发布，指出到2025年，要建成人民法院与社会各行各业互通共享的区块链联盟，充分发挥区块链技术在促进司法公信、服务社会治理方面的作用[①]，这也为司法区块链的进一步"扩容"指明了路径。

（二）加强配套法规标准建设，补充对电子文件管理的相关要求

虽然区块链技术并非新兴技术，但其在各行业应用的行业规则、准入机制、法律规制和标准规范有待随着实践进一步完善。以《天平链应用接入技术规范》为例，它通过一系列严格的技术规定强调了对接入机构的系统安全、数据安全与区块链安全的要求，但对电子文件形成管理过程中最为关键的管理安全，即机构电子文件与数

[①] 中华人民共和国最高人民法院：《〈最高人民法院关于加强区块链司法应用的意见〉全文（中英文版）》，https://www.court.gov.cn/zixun-xiangqing-360271.html，2022年4月18日。

据管理相关的制度、计划、规则等重视不足。此外，由于区块链的存储规模、管理便捷性、数据保密性与管理成本等问题，目前天平链上所保存的并非电子文件本身，而是哈希值；天平链承担的职责也并非备份、存储与管理，而是真实性存证与验证。电子证据最终应用的关键仍在于信息系统或服务器上保存了所需的电子文件，否则，哈希值将无法实现证明作用。可见，完善的电子文件管理工作是司法区块链发挥作用的前提，这有待相关法规标准的进一步规定。前文研究亦指出，对于证据效力保障而言，系统的电子文件管理工作优于为了应诉进行的事件性保全。由此，在司法区块链应用相关的法规标准方面，今后应进一步加强对组织机构本身电子文件管理能力的要求与水平的评估，督促接入机构做好基础的电子文件管理工作。

通过以上分析，可知以北京互联网法院天平链为代表的司法区块链为电子文件证据效力保障带来了一种便捷、高效的跨行业思路，但司法区块链的应用范围始终基于特定事件、特定目的、特定种类电子文件和部分机构，与电子文件管理并不冲突，亦无法完全取代，二者应为相辅相成的关系——司法区块链存证是对电子文件管理真实性验证的有效补充，电子文件管理是司法区块链应用和价值发挥的基础环节；系统化的电子文件管理工作仍是证据效力保障的必要方式，其重要性也应当在司法区块链应用中不断强化。

第二节　案例二：存证云电子合同在线签约存证服务

存证云成立于 2012 年，是福建中证司法鉴定中心与厦门市美亚柏科信息股份有限公司联合推出的"互联网+司法鉴定"应用创新服务平台，也是国内首个利用云技术、电子数据取证技术和加密技术提供电子证据综合存证服务的平台，能够为用户提供取证、存证、出证等服务。存证云相继推出了存证客户端、电子合同在线签约存证服务，还与网易合作推出了"公正邮"服务。笔者在无讼网法律大数据平台对"存证云＋电子合同"进行检索，得到判例 174 例（检索时间：2020 年 2 月 2 日），法院的采信情况良好。

一　存证云电子合同在线签约与存证的流程

用户与存证云签约后，可选择在存证云的在线存证平台（www.cunnar.com）进行存证，或通过 API 接入本企业系统中，使企业自己的业务平台具备合规签约的能力。使用在线签约功能前，用户需通过身份证号、银行卡号及手机号等信息实名身份验证。电子合同签约与存证的过程即电子文件形成办理与保存的过程，以在线平台为例，服务步骤如下[①]：

1. 用户登录存证云在线存证平台或签约功能模块，根据业务性质创制合同模板（如：办公租赁合同），填写合同的身份信息及具体内容，系统将自动生成电子合同。

2. 电子合同的基本内容设置完毕后，用户可在合同上添加"签名"。可添加以下一种或几种签名：（1）在线手写签名，通过短信校验码进行认证；（2）添加本机构的电子签章（电子签名技术）；（3）添加个人的电子签名（电子签名技术）。值得强调的是，存证云还支持刷码手机端签字，提升了操作的便捷性、灵活性。

3. 形成带有合法签名的正式的电子合同，选择发件人与发件方式，发送电子合同。

在这一过程中，存证云平台实现了电子合同生成、传输、签署的全流程固化保存，但到此用户只完成了"存证"的"存"。想要最大程度地留存该电子合同的证据效力，提升其应对纠纷与诉讼的证明优势，可在此基础上申请"出证"，即由存证云依托的福建中证司法鉴定出具鉴定报告，对上述全过程的真实性进行证明，这一步骤实现了"存证"的"证"。办毕的电子合同将被执行哈希计算，

---

① 存证云：《电子合同》，https：//www.cunnar.com/f/107.html，2022 年 2 月 2 日。

由存证云以云存储的方式进行备份。

二 与本研究保障思路的契合之处

存证云作为第三方存证平台，其业务范围涵盖了电子文件—电子证据保管链中的规划预备、形成流转、取证三个固定环节，从源头把控电子文件的形成真实，其核心思路与本书第六、七章组织机构电子文件证据效力保障体系框架与保障策略的内容有诸多契合之处，具体分析如下：

（一）安全技术组合保障电子合同真实保密

存证云的电子合同服务采用了"实名验证＋电子签名＋加密保存哈希校验"的技术组合，确保电子合同的真实与保密。上述技术也是《电子签名法》、两院一部《电子数据规定》和《互联网法院规定》等法律法规中明确规定的真实性保障技术，其原理与思路和本书提出的"电子签名＋时间戳"的技术方案较为贴近。由于存证云面向一般组织机构提供服务，额外增加了实名验证环节，即使用该服务的用户首先需通过手机验证码、身份证号、银行卡号多重手段确认签约人实人身份，完成实名验证后方可使用。用户可根据实际需要向合同添加电子签名（签章），进一步实现签约人和自然人的身份绑定，确认签署意愿。考虑到客户的保密需求，存证云并不保存用户的合同文本，签署完成的电子合同将被计算成一串哈希值，保存在存证云的云服务器上，待用户有出证需求时，上传合同文书进行哈希校验，验证通过后即可确定其未被篡改，同时确保了电子合同的真实性与保密性。

（二）专业鉴定机构资质提升电子合同证明力

2019年新《民事证据规定》规定，由记录和保存电子数据的中立第三方平台提供或确认的电子数据，可在无相反证据的情况下确认其真实性。存证云既符合第三方机构的要求，且具有专业的鉴定资质，这是存证云的核心优势。存证云的依托单位为福建中证司法鉴定中心，是全国首批经审核登记的专业电子数据司法鉴定机构，也是全国首家通过中国合格评定国家认可委员会（CNAS）实验室认可的非公电子数据司法鉴定机构，能够为电子数据出具具有法律效力的存证过程鉴定证书。相比于仅依托科技公司的存证平台，存证云具有更专业的资质与权威性，有利于电子合同的最终采信；同样地，本书所提出的档案服务机构也属于宽泛的第三方机构，其参与电子证据存证保全亦具备公信力、专业性等方面的优势。在这一方面，二者有许多共通之处。

（三）全程鉴证留存电子合同证据保管链

《民事证据规定》《行政证据规定》已明确规定了公证文书与鉴定文书的证明力优势，但一般的公证与鉴定环节处于电子文件—电子证据保管链末端，往往只能作出"见证性证明"，无法确认电子数据提交给公证与鉴定机构之前是否真实，即无法确定法院最关注的"形成时的真实性"。由于存证云是鉴定机构推出的官方存证平台，电子合同业务平台（或在线传输接口）系存证云自身开发，签署过程由存证云全程监控，签署完毕的合同哈希值备份在存证云的云服务器中，通过哈希校验的电子合同可由中证鉴定中心直接出证，形成了电子合同"生成—办理—保存—出证"的闭环，因此能够实现电子文件—电子证据的各环节责任追溯与全程鉴证，形成完整的证据保管链，更具证明力优势。这也与本书第七章第二节中提出的"形成即固化"和"电子文件—电子证据"责任链构建与全链条管理的保障思路相契合。

三　进一步思考

目前，存证云的电子合同在线签约存证服务已在一定数量的司法判例中获得认可，但从将电子证据取证存证实践与电子文件管理实践相结合的角度来看，存证云的电子合同在线签约存证业务未来有待向下列方面拓展与完善。

（一）将区块链技术引入电子合同存证管理

如前所述，存证云在资质方面的一大优势在于依托权威的司法鉴定机构背书。但随着司法鉴定机构不再完全隶属于司法机关、逐渐向社会化方向发展①，难免面临着对机构信用度的质疑。区块链技术公开透明、去中心化、防篡改的特性恰好能够解决这一问题。据笔者了解，目前存证云联合了公证处、法院、仲裁、商业金融服务机构等各类机构共同建立了联盟链，已在知识产权领域投入使用；②同时作为节点加入了广州互联网法院的"网通法链"，实现了电子证据的链上对接。笔者认为，对于存证云或同类机构而言，应尽快统筹现有的存证业务，探索区块链技术在各类型电子证据的存证管理中的深入应用，如将原有的电子合同哈希值云上备份调整为链上存证，并尽快实现法院端电子合同跨链"一键调取"，以更完备的技术组合方案应对电子证据易篡改、易流失等问题。

（二）协助机构做好电子文件的长期保存部署

据笔者了解，存证云可根据机构用户需求定制电子文件存证方案，机构可以选择购买存证云的空间用于电子文件的存证备份；也可出于保密考虑，仅将存证云平台生成电子合同或机构电子文件的哈希值保存在云服务器中。无论组织机构选择哪一种方案，都需要明确以下两个问题：原始的电子文件保存在哪里？如何确保电子文件的长期可用？这与前文天平链的问题相同，一旦未能保存好原始的电子文件，哈希值也将成为"无源之水"。在笔者对多家第三方存证保全机构的调研中，均发现了这一现象，而将档案管理纳入其服务内容的考量则能有效应对这一问题。由此，笔者建议，存证云应在声明存储与备份义务的同时，提示用户妥善保存在存证云平台上生成的电子文件，自动形成封装包便于用户自主归档保存。或与专业的档案服务机构、数据托管机构合作，在用户的授权下，为用户

---

① 李玉华：《社会化、标准化、公开化——我国司法鉴定改革的方向》，第三届法律职业高层论坛暨法律服务体制改革与律师职业道德国际研讨会论文，北京，2007年12月，第113—121页。

② 存证云：《存证天下，"链"通四方！存证云区块链存证应用大起底！》，https://www.cunnar.com/f/701.html，2020年2月2日。

提供多方联合存证与离线备份服务，不"将鸡蛋放在同个篮子中"，保障电子文件的安全。同时，还应充分吸纳电子文件管理的理论与实践经验，注重长期保存过程中的格式转换、载体迁移时的安全性保障等。

第三节　案例三：苏大苏航档案数据保全中心电子数据保全服务

苏大苏航档案数据保全中心由苏州大学、苏州工业园区苏杭档案服务有限公司合资成立，是一家专业从事档案数据备份保全服务的高新技术企业[①]，为各级各类国家档案馆、企事业单位等提供档案外包服务，在业界有着良好的声誉。笔者于2019年6月前往苏州对苏大苏航档案数据保全中心（以下简称"保全中心"）进行了实地采访，彼时由于保全中心成立时间较短，其所代管的电子文件尚无诉讼出证利用的经历，但其提出的"档案数据保全"业务在档案服务实践领域具有一定开创性，能够通过电子文件管理协助组织机构有效避免不必要的纠纷与诉讼。

一　档案数据保全服务流程

正式分析档案数据保全服务流程前，需结合保全中心的实际，对两个概念进行明确。一是"档案数据"。据苏大苏航档案数据保全中心官方网站的介绍，档案数据保全服务的对象为电子档案，即已办理完毕的、脱离了形成机构业务环境的电子文件与数据。二是"保全"。保全一词在司法语境中有特定含义，指使用适当方式将证

[①] 苏大苏航档案数据保全中心：《公司介绍》，http：//shdafw.com/shsj/index.asp，2020年2月3日。

据固定下来并妥善保管，以便认定案件事实时使用①，其核心在于固定和保管；在本案例中，就笔者的调查与理解，保全中心的"保全"既借鉴了司法语境中固化电子文件、留存证据价值的内涵，又在此基础上强调档案的安全性与保密性，更侧重保护的含义。②

保全中心提供的档案数据保全服务基本流程如下：

1. 接收检测

用户与保全中心签订服务协议后，保全中心可上门提取电子文件，或由用户自行移交。提取过程采用离线传输，且均有录像监控，存储介质将保存在专用的防磁箱中。保全中心接收到电子文件后，将统一进行病毒检测与可用性检测，形成入库检测报告。

2. 生成哈希值与时间戳信息

通过检测的电子文件将被集中打包，并计算该数据包的哈希值，同时添加国家联合信任时间戳服务中心的可信时间戳进行存证，固化电子文件的接收状态，生成时间戳确认回执。同时，将哈希值和时间戳信息一同打包，存储于 UKey 中交还用户，以备日后调取电子文件使用。据笔者 2021 年 10 月的补充调研，得知目前苏大苏航数据保全中心已加入苏州市公证处主导建设的联盟链"苏州公证链"，为其所保管的电子文件哈希值做链上存证。

3. 入库保管

入库保管的电子文件数据包保存在保全中心的服务器中，并被分配至用户专属子数据库进行管理；同时，制作三套备份存储于不同的服务器。长期保存过程中，数据保全系统将实时监测数据状态，按需实施数据的预警、恢复等。保存期间定期向用户发送数据状态监测报告。

---

① 何家弘、刘品新：《证据法学》，法律出版社 2013 年版，第 223 页。

② 参考 2019 年 4 月 20 日张照余教授在中国档案学会档案学基础理论学术委员会学术年会暨第一届档案创新论坛上的报告《档案数据的保全模式》。

4. 申请调取

用户向保全中心提出调取电子文件申请后,除携带入库检测报告、时间戳回执单,以及分配的账户、密码外,还需要初次交接时保存了电子文件哈希值、时间戳的 UKey。根据档案数据保全系统的设定,需用户和保全中心双方同时在场接入 UKey 才可实现电子文件数据的输出。

5. 数据校验与提供利用

重新计算电子文件数据包的哈希值并与接收时的哈希值进行比对,结果一致即验证通过,同时调取数据仓库中的电子文件数据包,并向用户出具数据验证报告。①

二 与本研究保障思路的契合之处

如本书第七章第二节所分析,档案服务机构形式多样,能够提供咨询、寄存、信息化、培训等多种业务类型。相比于一般档案服务机构提供的数字化、信息化服务,数据保全服务在电子文件证据效力保障方面具有显著优势。苏大苏航数据保全中心提供的数据保全服务主要集中在电子文件—电子证据保管链的保存利用与取证环节,对业务链前端与后端的覆盖较为有限,但与一般档案服务机构相比,苏大苏航档案数据保全中心提供的档案数据保全服务在业务流程与模式方面具有一定开创性,能够验证本书提出的"档案服务机构全程管理+档案行政管理部门与相关行业协会监督与评估+公证与鉴定机构出具证明文书"档案服务机构参与存证保全的管理模式的可行性和有效性,在档案管理领域具有典型性和代表性。

(一)依托档案数据保全系统打造电子文件"活态备份"

档案数据保全系统是保全中心的核心服务系统,不与外网相连,

---

① 余亚荣、张照余:《基于可信时间戳服务的电子档案证据取证和验证方案设计》,《档案管理》2020 年第 1 期。

确保了保存环境的清洁性，且能够对非活跃期的电子文件进行动态管理与高密度检测，发现异常可实时预警并启用备份予以修复，避免电子文件在长期保存过程中的不可读、不安全和失密现象，为组织机构留存电子文件的"活态备份"。2019年新修正的《民事证据规定》中强调，以档案方式保管的电子证据可确定真实性，据此，保全机构提供的上述档案保管服务将使电子文件在应对诉讼时获得证明力优势。本书在对电子文件管理相关信息系统功能的要求中也强调了对异常情况的处理与记录。

（二）完备的技术方案实现管理过程防篡改

如前所述，档案保全服务采用的是"时间戳+哈希校验+身份验证"的技术组合，保证电子文件自接收起未经篡改，该思路与本书第七章第三节中提及的"电子签名+时间戳"的技术方案相契合。其中，时间戳与哈希校验技术是《电子签名法》、两院一部《电子数据规定》和《互联网法院规定》等法律法规中明确规定认可的真实性保障技术，能够有效证明电子文件入库与出库状态的一致性。在此基础上，保全中心还通过账户权限分配、UKey口令等多重身份验证技术，确保电子文件调用与交付的准确无误性。

（三）契合司法取证需求，维护证据保管链

两院一部《电子数据规定》、最高法《统一证据规定》等法律法规明确规定，提取电子证据时，应当注明提取的时间、地点、电子数据规格、类别、文件格式、设备情况等；对于勘验、检查、搜查等侦查活动收集的刑事电子数据，应当对相关活动进行录像。首先，保全中心电子文件接收与调取的程序正契合了司法对电子证据提取的要求，如对电子文件接收的全过程进行录像监控，以备后续查考。其次，保全中心保留电子文件自接收起管理过程中的所有记录，包括合作协议、入库检测报告、时间戳确认回执和数据验证报告等材料，详细记录电子文件接收的时间、地点、保管机构、文件类型、文件格式、文件检测、修复与备份情况等，为证据保管链的完整性维护提供了有力支撑，这与本书在第七章第二节和第三节中提出的组织机构应当选用能够生成证据保管链报告的系统、筹备电子文件真实性自证材料清单的思路相吻合。一旦用户面临诉讼出证需求，上述流程与材料将为电子文件的证据效力提供强有力的辅助论证支持。

（四）服务对象广泛，提升机构公信力

在资质与公信力方面，保全中心具有多重优势。首先，保全中心符合2019年新《民事证据规定》规定中关于"记录和保存电子数据的中立第三方平台"的要求，其所保管的电子文件可在无反驳证据的前提下确认其真实性；且在证据认定规则中，由第三方提交的证据证明力一般大于由举证方提交的对其有利的证据，这也是许多组织机构选择档案服务机构托管电子文件的原因之一。其次，保全中心的性质为档案服务机构，如前所述，档案材料本身和"以档案管理方式保管"的电子文件均具有证明力优势。据笔者调查了解，目前保全中心已为多家地市级国家档案馆，高校、医院、公证处等事业单位及企业提供档案数据保全服务。尤其是为档案馆、公证处等公信力较强的机构提供服务，有助于进一步带动保全中心公信力与权威度的提升，使其成为更加中立、可信的第三方。整体而言，苏大苏航数据保全中心的成功实践印证了本书对档案服务机构参与电子证据存证保全业务的部分构想。

三 进一步思考

如前所述，保全中心所提供的档案数据保全服务在维护电子文件长期保存阶段的证据效力方面优势明显，与其他一般档案服务机构提供的服务相比具有显著的开创性。结合司法实践的具体要求，本书认为其未来发展还应重点考虑下列问题：

（一）提供电子文件实时保全服务

目前，保全中心所保管的电子文件均为脱离了业务环境的已归档电子文件，接收方式为离线传输。这意味着保全中心仅能确认电子文件自接收起的真实性，无法作用于司法实践中较为关注的形成真实性。鉴于此，笔者认为其业务可向前端延伸至电子文件形成与归档之时，尽可能提前固化时机，如上调接收移交的频率、缩短电子文件办毕归档至提交第三方保全的时间周期等，降低其被篡改的可能性。更理想的情况是，能够实现"形成即固化"，即电子文件生成时通过网络同步传输至档案数据保全系统中进行备份，确保电子文件形成办理过程中符合客观事实、未经篡改，维护电子文件—电子证据全链条的可信。笔者在采访中了解到，目前数据保全中心已有计划将业务范围向电子文件的形成前端延伸，但也面临着技术、资金投入、保密与安全等相关难题的考验，有待进一步协调与试验。

（二）拓展电子文件出证辅助业务

如前所述，由于调研之时保全中心成立时间较短，用户尚未提出关于诉讼利用的相关要求。但吸收司法对电子证据认定的相关标准与条件，完善电子文件利用服务的规范性，拓展与电子文件出证的相关辅助业务，能够有效帮助客户避免纠纷，增强竞争优势。根据本书的研究成果，保全中心可基于自身优势拓展辅助出证业务：一方面，可与公证机构和鉴定机构展开深度合作，对保全中心目前采取的数据保全服务细节，包括技术细节、物理设施及系统环境情况等整个保管流程进行预先公证，以便能够为采用上述方法管理的电子文件出具统一的存证保全证书；同时，基于法庭对"档案管理方式保管"判断的难题，中心可以为保全服务对象出具符合"档案管理方式保管"的证明材料，虽然以上证书不具备法律效力，但有助于司法机关对电子文件管理的流程、效果等进行核实。另一方面，可提供链接公证机构与鉴定机构网上申请的接口，为保全中心用户提供"一键申请"的便捷服务。

第四节　本章小结

本章中，笔者以北京互联网法院天平链、存证云、苏大苏航档案数据保全中心为例，深入分析了它们在电子文件证据效力保障方面的实践，对案例中凸显的电子文件证据效力保障的亮点进行归纳，对前文提出的保障体系框架与保障策略的有效性加以论证和说明。

在第一节中，笔者以北京互联网法院天平链为例，对其存证业务进行了详细分析。指出其在资质与公信力、技术方案采用、电子文件—电子证据保管链全流程见证方面的优势与本书提出的保障体系框架与策略相契合。基于区块链存证与电子文件管理相辅相成的良性互动关系，天平链未来还可在与档案馆、档案服务机构的合作，以及配套法规标准建设等方面进一步拓展。

在第二节中，笔者选择了存证云这一专业从事司法存证的服务机构，详细梳理了存证云电子合同在线签约与存证服务的流程，从技术方案、机构资质和存证保全思路方面论证了其与本书观点的一致性，并进一步探讨了其与档案管理、档案服务实践结合的可能性。

在第三节中，笔者聚焦苏大苏航档案数据保全中心这一专业的档案服务机构，深入解析了档案数据保全服务的原理。发现其较好地融合了司法证据保全的要求和档案保护的思想，在证据效力保障的技术、程序与公信力方面具有明显优势。苏大苏航的成功经验辅助论证了本书提出的档案服务机构参与电子证据存证保全模式的可行性，在此基础上，笔者展望了其在存证保全业务方面的发展趋势。

第九章

结论与展望

一直以来，作为证据是档案第一价值的极致体现，档案也因是社会生活的原始记录而具备天然的凭证性，在诉讼中亦具有法定证明力优势。随着信息技术的发展，司法证明的现实需求日趋紧迫、复杂，司法界比档案界更迅速地对技术的变化作出反应。从1982年模拟信号的视听资料到2012年的21类电子数据，再到网上立案、互联网法院、区块链存证、大数据司法的涌现，司法界在电子证据的理论与应用方面不断开疆拓土。2019年，新修正《民事证据规定》规定以档案管理方式保管的电子数据可在无反驳证据时确定真实性，首次明确了档案管理对电子证据的重要价值。当司法界对电子证据的态度不断开放，亦对档案管理的价值与意义逐步重视时，电子文件管理工作应当如何回应？电子文件管理与电子证据司法应用在理论方面将如何结合、怎样发展？如何管理才能够使电子文件在应对纠纷与诉讼中获得优势、辅助电子证据的认定？本书对组织机构电子文件证据效力保障的研究围绕着上述问题展开探索，期望能够为电子文件管理实践工作提供参考，促进档案学与证据法学在理论层面的衔接与融合。

第一节 研究结论

本书立足于电子文件管理与电子证据司法应用的跨学科交叉点，全面梳理国内外研究现状，发现国外档案学界较早展开了与法学界的合作，形成了具有规律性的研究路径。国内档案学界于20世纪末即展开了相关探索，但缺乏持续性、体系化的研究；法学界虽已逐渐重视档案管理的作用，亦未形成可观的研究规模。基于此，笔者综合运用文献调研、内容分析、半结构化访谈、专家意见征询、案例分析等多种方法，采用从理论到实践的思路，对组织机构电子文件证据效力保障进行系统研究。首先，跨学科研究的第一步在于实现学科间相关术语与理论的衔接。电子文件与电子证据对接的关键在于属性和业务环节。基于此，本书提出了电子文件证据性概念模型与电子文件—电子证据保管链，将司法对电子证据的要求映射至电子文件管理领域，揭示了文件管理场景向司法场景的转变过程中电子文件的运动规律。其次，组织机构电子文件证据效力保障的需求源于理论与实践。在综合分析法律法规内容、法律工作者访谈资料、裁判文书统计结果的基础上，将需求归纳为证据三性、法规制度建设、技术、管理与保全、能力与意识、成本控制六个方面。最后，组织机构电子文件的证据效力保障的落实是一项系统工作。本书基于理论、法规标准、政策和国际经验，提出了以保障目标为总领，以业务场景为基础运行环境，包含法规标准保障、管理保障、技术保障、人才保障四大要素的组织机构电子文件的证据效力保障体系框架。组织机构电子文件证据效力保障的现实策略亦围绕着该体系框架展开。本书主要观点与结论如下：

第一，电子文件与电子证据应实现法规政策与标准规范层面的衔接。

2019年，电子文件与电子证据的结合迎来了新的机遇。新《民事证据规定》将"以档案管理方式保管"作为认定电子证据真实性的重要标准。然而，目前的法律法规中并未就什么是档案管理方式作出明确指引，仅凭法官的自由裁量权判断，难免不专业、不准确。据笔者考证，初步将档案管理方式理解为"档案化管理中形成的电子文件及已经作为电子档案保存的电子文件"。在加强电子文件与电子证据相关条款衔接的过程中，应采取自上而下的思路，围绕电子文件证据效力保障的目标，健全以专项立法为核心的法律体系，完善法律法规、标准规范的内容，注重指导性案例与非官方文件的推动作用。

第二，电子文件证据效力保障需实现管理保障与技术保障的协同。

随着电子文件的形成系统与技术日趋复杂，从电子签名、哈希校验、时间戳，再到区块链技术，电子文件管理工作需要既能驾驭新技术环境中形成的电子文件，又能借助新兴技术的力量提升电子文件管理质效。但技术保障的作用范围有限，即便是被认为在真实性认证机制方面具有突破性的区块链技术，也面临着仅能确保"链上真实"的应用困境，更多不确定因素的解决还有赖于管理与制度的进一步完善。因此，电子文件的证据效力保障要"以不变应万变"，紧紧把握管理保障的核心优势，明确电子文件的管理对象、管理思路，以完善的管理制度与创新的管理模式使技术的作用得以充分彰显，实现管理保障与技术保障的协同配合。

第三，对"电子文件管理＋"复合型人才的需求将日益凸显。

由美、加等国文件与信息管理领域和数字取证、电子发现领域在人才教育、职业认证等方面相互依赖、紧密结合的现状可知，"电子文件管理＋"将是电子文件管理职业发展的趋势所在。电子文件管理人员的角色将不仅局限于档案领域，而应努力成为具备档案管理、计算机、法律等知识背景的综合性人才。目前，我国电子文件和电子证据领域在学术研究方面的交流密度逐渐上升，对电子文件—电子证据复合型人才的需求日益旺盛，有待在学科建设、课程设置、职业认证、培训合作等方面进一步完善。

第四，转变观念，以档案促司法，主动提升电子文件管理理论成果与先进实践对司法工作的影响力。

鉴于目前电子文件管理领域与电子证据应用领域的发展现状，电子文件管理一般扮演着配合的角色。而本书在实际调查中发现，司法界在电子证据的真实性审查、长期保存方法与提供利用规范等方面期待电子文件管理领域的协助；在完善的电子文件管理机制下，司法机关处理案件的效率将快速提升，许多纠纷与诉讼得以避免。可知，相比于为了应诉的临时性保全，完善的电子文件管理工作更有利于证据效力保障的效率与长远效益。有鉴于此，电子文件管理应当更积极、更主动地发挥其在文件与信息保管、服务、长期保存方面的专业优势，以更完善的电子文件管理成果为组织机构合理避免纠纷与诉讼风险奠定坚实基础，为电子证据审查认定提供便利，为电子证据的长期保存和利用作出示范，为档案与司法的衔接创造机遇。

第二节　研究局限

受笔者研究能力所限，本研究存在的主要不足表现在以下方面：

第一，研究对象有待进一步具体化与场景化。

本书从较宏观的层面出发，从证据法学视角对组织机构的电子文件管理进行系统研究，研究对象是普遍意义上的电子文件。在实践中，机构核心业务的不同导致其涉诉电子文件的类型与需求有所差异。从行业领域来看，组织机构形成的电子文件至少有电子发票、电子病历、电子证照、电子公文、设计图纸乃至三维的电子图纸文件等；从生成系统来看，至少有文档文件、数据库文件、电子邮件、即时通讯文件、网页文件、交易记录等；从性质上来看，有行政凭证类电子文件，参考辅助类电子文件，甚至还有系统中的数据。上述电子文件与数据在证据效力保障中所面临的管理障碍、取证方式、保管利用特点和应诉时的证明程度等均存在一定程度的差异。今后还有待在某行业领域或某类型电子文件证据效力保障方面进行深入钻研，对数据归档的相关细节进行拓展。

第二，理论模型与保障体系框架有待实践的进一步检验。

本书在对电子文件与电子证据属性和业务环节映射与衔接的基础上，提出了电子文件证据性概念模型和电子文件—电子证据保管链。在法律法规、实践调研、国际借鉴和专家意见等基础上，构建了组织机构电子文件证据效力保障的体系框架，并提出了相应策略。虽然上述理论模型与体系框架是在尽可能多方参考可靠依据的前提下形成的，但仍具有一定的主观性与理想性。且随着技术环境和法规政策的不断发展变化，这些理论模型与体系框架是否具有时效延展性，落实与执行效果如何还有待实践的进一步检验。

第三，跨学科理论知识储备有待加强。

电子文件能否具备证据效力最终依靠法律的认定，对本课题的研究应基于深厚的档案学背景与法学背景。由于笔者掌握的证据法学相关知识均源于自主学习，难免有理解和表述不到位之处，有待在后续研究中进一步完善与修正。同时，本书在法律法规文本处理和法律工作者采访时未将刑事、民事与行政诉讼分开研究，主要关注与电子证据规格相关的共性部分，因而个别策略可能未体现出较强的针对性，有待在未来研究中进一步细化与明确。

第三节　研究展望

第一，深化区块链电子文件管理技术方案的相关研究。

区块链技术作为电子存证领域和电子文件管理领域共同关注的技术热点，对于电子证据的可靠存证和电子文件的可信管理具有重要意义，是保障电子文件证据效力的重要技术手段。后续有待进一步探索区块链技术应用于电子文件管理的条件、对象、范围、场景、系统架构与系统功能设计，以及相关管理制度、政策法规的配套工作。

第二，细化特定场景或特定类型的电子文件证据效力保障研究。

本研究从宏观视角切入，着眼于共性。未来应加强对金融、医疗、财税等特定业务场景中产生的电子文件，或对社交媒体类、电子邮件类、数据库类等特定类型电子文件证据效力的保障开展更为深入、细致的研究。

第三，强化电子文件管理与数据治理的结合研究。

大数据时代，机构对数据资产的利用需求日趋旺盛，工作模式日益向数据密集型升级，信息治理逐渐向数据治理范式过渡。限于电子文件管理工作的依托机构与职责范围，目前其在数据治理中发挥的作用十分有限，文档部门的角色和定位也比较模糊。后续研究应当积极探索电子文件管理与数据治理的结合点，丰富电子文件管理的工作内容，充分发挥电子文件管理的理论与经验优势，在数据汇交、数据归档、数据安全管理与长期保存等环节贡献力量，提升电子文件管理工作在机构整体数据治理规划中的影响力，使文档管理部门在证据效力保障工作中发挥最大优势。

参考文献

一 图书、著作

卞建林、谭世贵主编：《证据法学》，中国政法大学出版社2014年版。

陈东敏、郭峰、广红：《区块链技术原理及底层架构》，北京航空航天大学出版社2017年版。

陈光中主编：《证据法学》，法律出版社2015年版。

陈宏民主编：《系统工程导论》，高等教育出版社2006年版。

陈向明：《质的研究方法与社会科学研究》，教育科学出版社2000年版。

杜春鹏：《电子证据取证和鉴定》，中国政法大学出版社2014年版。

杜国栋：《证据的完整性》，中国政法大学出版社2012年版。

樊崇义主编：《证据法学》，法律出版社2017年版。

范明林、吴军编著：《质性研究》，格致出版社、上海人民出版社2009年版。

冯惠玲、刘越男等：《电子文件管理教程》，中国人民大学出版社2017年版。

冯惠玲、张辑哲主编：《档案学概论》，中国人民大学出版社2001年版。

冯惠玲主编：《电子文件管理100问》，中国人民大学出版社2014年版。

高志亮、李忠良编著：《系统工程方法论》，西北工业大学出版社

2004 年版。

葛洪义主编：《法理学》，中国政法大学出版社 2017 年版。

国际档案理事会编：《电子办公环境中文件管理原则与功能要求》，王健等译，中国人民大学出版社 2012 年版。

韩红旗：《语义指纹著者姓名消歧理论及应用》，科学技术文献出版社 2018 年版。

何家弘、刘品新：《证据法学》，法律出版社 2013 年第 5 版。

何家弘、刘品新编：《电子证据法研究》，法律出版社 2002 年版。

蒋平、杨莉莉编著：《电子证据》，中国人民公安大学出版社 2007 年版。

金波、丁华东主编：《电子文件管理学》，上海大学出版社 2015 年版。

井底望天、蒋晓军、相里朋、刘纯如主编：《区块链与产业创新：打造互联互通的产业新生态》，人民邮电出版社 2018 年版。

廖永安主编：《诉讼证据法学》，高等教育出版社 2017 年版。

刘家真等：《电子文件管理——电子文件与证据保留》，科学出版社 2009 年版。

刘品新：《中国电子证据立法研究》，中国人民大学出版社 2005 年版。

刘品新主编：《电子取证的法律规制》，中国法制出版社 2010 年版。

刘越男：《建立新秩序——电子文件管理流程研究》，中国人民大学出版社 2005 年版。

刘越男、马林青编：《2010—2015 年电子文件管理发展与前沿报告》，电子工业出版社 2016 年版。

马永仁：《区块链技术原理及应用》，中国铁道出版社 2019 年版。

潘连根：《文件与档案研究》，安徽大学出版社 2007 年版。

皮勇：《刑事诉讼中的电子证据规则研究》，中国人民公安大学出版社 2005 年版。

邱爱民：《科学证据基础理论研究》，知识产权出版社 2013 年版。

沈达明：《英美证据法》，对外经济贸易大学出版社 2015 年版。

汪振林主编：《电子证据学》，中国政法大学出版社2016年版。

吴丹编著：《管理决策方法——理论、模型与应用》，河海大学出版社2014年版。

肖秋会：《电子文件长期保存：理论与实践》，社会科学文献出版社2014年版。

熊志海：《网络证据收集与保全法律制度研究》，法律出版社2013年版。

薛波主编：《元照英美法词典》，法律出版社2003年版。

薛四新：《云计算环境下电子文件管理的实现机理》，世界图书出版公司2013年版。

张宁：《电子文件的真实性管理》，辽宁人民出版社2009年版。

赵振洲：《信息安全管理与应用》，中国财富出版社2015年版。

中国大百科全书《图书馆学情报学档案学》编辑委员会：《中国大百科全书——图书馆学情报学档案学》，中国大百科全书出版社2002年版。

中国社会科学院法学研究所编：《法律辞典》，法律出版社2003年版。

周耀林、王艳明主编：《电子文件管理概论》，武汉大学出版社2016年版。

［澳］澳大利亚司法部：《澳大利亚联邦证据法》，王进喜译，中国法制出版社2013年版。

［德］伍威·弗里克：《质性研究导引》，孙进译，重庆大学出版社2011年版。

［美］T.R.谢伦伯格：《现代档案——原则与技术》，黄坤坊译，档案出版社1983年版。

［美］艾尔·巴比：《社会研究方法》，邱泽奇译，华夏出版社2009年版。

［美］戴维·比尔曼：《电子证据——当代机构文件管理战略》，王健译，中国人民大学出版社2000年版。

［美］冯·贝塔朗菲：《一般系统论 基础、发展和应用》，林康义、魏宏森译，清华大学出版社1987年版。

［美］马克·斯坦普：《信息安全原理与实践》，杜瑞颖、赵波、王张宜等译，电子工业出版社2007年版。

［美］桑尼尔·索雷斯：《大数据治理》，匡斌译，清华大学出版社2014年版。

Barney G. Glaser, *Theoretical Sensitivity: Advances In The Methodology of Grounded Theory*, CA: Sociology Press, 1978.

Bryan A. Garner ed., *Black's Law Dictionary*, Minnesota: Thomson West, 2014.

Eoghan Casey, *Digital Evidence and Computer Crime*, London: Academic Press, Elsevier, 2011.

Jeremy Leighton John, *Digital Forensics and Preservation*, Salisbury: Charles Beagrie Ltd., 2012.

Luciana Duranti and Patricia C. Franks, eds., *Encyclopedia of Archival Science*, London: Rowman & Littlefield.

Luciana Duranti and Randy Preston, eds., *International Research on Permanent Authentic Records in Electronic Systems (InterPARES) 2: Experiential, Interactive and Dynamic Records*, Padova: Associazione Nazionale Archivistica Italiana, 2008.

Matthew G. Kirschenbaum, Richard Ovenden, and Gabriela Redwine, *Digital Forensics and Born-Digital Content in Cultural Heritage Collections*, Washington, D. C: Council on Library and Information Resources, 2010.

Robert F. Smallwood, Williams R. F., *Managing Electronic Records: Methods, Best Practices, and Technologies*, Hoboken: Wiley, 2013.

Tony Sammes and Brain Jenkinson, *Forensic Computing. A Practitioner's Guide*, London: Springer, 2007.

二 期刊论文

安小米：《文件连续体模式对电子文件最优化管理的启示》，《档案学通讯》2002年第3期。

白海莉、傅晓海：《"有专门知识的人"立法现状及资格准入探究》，《中国司法鉴定》2019年第5期。

蔡盈芳：《电子文件归档中电子签名的处理研究》，《档案学研究》2019年第4期。

陈一稀：《区块链技术的"不可能三角"及需要注意的问题研究》，《浙江金融》2016年第2期。

陈永生：《由"此"未必能及"彼"——电子文件应具有独立证据地位》，《中国档案》2003年第12期。

陈永生、侯衡、苏焕宁等：《电子政务系统中的档案管理：文件归档》，《档案学研究》2015年第3期。

陈永生：《电子数据搜查、扣押的法律规制》，《现代法学》2014年第5期。

陈永生：《证据保管链制度研究》，《法学研究》2014年第5期。

陈勇：《论电子文件格式与证据保留》，《档案学通讯》2010年第3期。

陈忠海、张瑞瑞：《〈档案法〉之外的法律涉及文件、记录、数据规定的调查与分析》，《档案学通讯》2018年第3期。

褚福民：《电子证据真实性的三个层面——以刑事诉讼为例的分析》，《法学研究》2018年第4期。

崔屏：《电子文件凭证性溯源及内涵研究》，《档案与建设》2013年第9期。

戴定丽：《关于电子文件证据资格的思考》，《档案》2002年第4期。

戴莹：《电子证据及其相关概念辨析》，《中国刑事法杂志》2012年第3期。

丁家友：《大数据背景下的档案数据保全探析》，《档案学通讯》

2019 年第 1 期。

杜志淳、廖根为：《数字证据、电子证据、科学证据、电子记录概念比较分析》，《中国司法鉴定》2011 年第 4 期。

范冠艳：《数字环境中的电子证据规则——基于 LEDE 项目的比较研究》，《档案学研究》2017 年第 S1 期。

方昀、仇伟海、李德昆等：《电子文件数据维保服务案例研究》，《档案学通讯》2018 年第 4 期。

方昀、潘未梅：《InterPARES 项目对电子文件可靠性真实性保障的哲学基础和理论基础》，《档案学研究》2013 年第 3 期。

费小冬：《扎根理论研究方法论：要素、研究程序和评判标准》，《公共行政评论》2008 年第 3 期。

冯惠玲：《拥有新记忆——电子文件管理研究》，《档案学通讯》2003 年第 1 期。

冯惠玲、刘越男、马林青：《文件管理的数字转型：关键要素识别与推进策略分析》，《档案学通讯》2017 年第 3 期。

冯姣：《论互联网电子证据的保管》，《南京大学法律评论》2018 年第 1 期。

傅荣校：《化繁为简：从档案机构角度看如何保障电子文件的真实性》，《档案学通讯》2015 年第 2 期。

傅荣校：《替代或不可替代关系——文件生命周期理论与文件连续体理论比较研究之三》，《档案学通讯》2004 年第 5 期。

古国妍、娄琳莉、贡凤等：《电子证据的鉴真——以微信为例》，《东南大学学报》（哲学社会科学版）2017 年第 S2 期。

何嘉荪：《论电子文件的生命周期》，《浙江大学学报》（人文社会科学版）2001 年第 4 期。

何嘉荪、史习人：《对电子文件必须强调档案化管理而非归档管理》，《档案学通讯》2005 年第 3 期。

黄霄羽：《文件生命周期理论在电子文件时代的修正与发展》，《档案学研究》2003 年第 1 期。

黄霄羽、朱敬敬：《档案中介机构应当正名》，《档案学通讯》2012年第5期。

黄志文：《电子文件的法律证据价值》，《档案》1998年第6期。

蒋喜明：《社交媒体电子文件证据性研究的司法考量》，《档案管理》2019年第2期。

金波、晏秦：《从档案管理走向档案治理》，《档案学研究》2019年第1期。

金霞：《中外电子文件证据研究及启示》，《机电兵船档案》2002年第6期。

李海涛、王月琴：《我国珠三角地区档案服务外包发展问题与对策研究》，《档案学通讯》2018年第4期。

李锦华：《电子发现与电子文件长期存取的需求分析——基于美国民事诉讼联邦规则》，《档案管理》2013年第2期。

李学军、朱梦妮：《电子数据认证问题实证研究》，《北京社会科学》2014年第9期。

连志英：《电子文件的证据价值》，《档案》2002年第1期。

连志英：《一种新范式：文件连续体理论的发展及应用》，《档案学研究》2018年第1期。

梁琨：《〈档案专业人员继续教育规定〉解读》，《中国档案》2019年第2期。

刘家真：《电子文件的输出形式与法律效力：电子文件的凭证性探讨之二》，《档案与建设》2000年第2期。

刘家真：《电子文件与法律——电子文件的凭证性探讨之一》，《档案与建设》2000年第1期。

刘品新：《电子证据的关联性》，《法学研究》2016年第6期。

刘品新：《论电子证据的定位——基于中国现行证据法律的思辨》，《法商研究》2002年第4期。

刘品新：《论电子证据的理性真实观》，《法商研究》2018年第4期。

刘品新：《论电子证据的原件理论》，《法律科学（西北政法大学学报)》2009 年第 5 期。

刘品新：《印证与概率：电子证据的客观化采信》，《环球法律评论》2017 年第 4 期。

刘译矾：《论电子数据的双重鉴真》，《当代法学》2018 年第 3 期。

刘越男：《大数据政策背景下政务文件归档面临的挑战》，《档案学研究》2018 年第 2 期。

刘越男：《区块链技术在文件档案管理中的应用初探》，《浙江档案》2018 年第 5 期。

刘越男、李静雅：《电子数据、电子文件相关概念的比较与对接》，《档案学研究》2017 年第 S1 期。

刘越男、杨建梁：《面向电子文件保存的统一元数据模型的构建》，《中国图书馆学报》2017 年第 2 期。

刘越男、杨建梁、张洋洋：《单轨制背景下电子签名的归档保存方案研究》，《档案学通讯》2019 年第 3 期。

刘越男、张一锋、吴云鹏、郑翀：《区块链技术与文件档案管理：技术和管理的双向思考》，《档案学通讯》2020 年第 1 期。

龙卫球、裴炜：《电子证据概念与审查认定规则的构建研究》，《北京航空航天大学学报》（社会科学版）2016 年第 2 期。

［加拿大］露茜安娜·杜兰蒂：《掌控数字文件之取证学科概念的融合》，谢丽译，《档案学通讯》2012 年第 1 期。

［加拿大］露茜安娜·杜兰蒂：《掌控数字文件之取证学科概念的融合（续）》，谢丽译，《档案学通讯》2012 年第 2 期。

吕文婷：《文件连续体理论的澳大利亚本土实践溯源》，《档案学通讯》2019 年第 3 期。

马琳：《我国现阶段档案服务机构类型及问题分析》，《档案学研究》2014 年第 4 期。

欧阳丽炜、王帅、袁勇等：《智能合约：架构及进展》，《自动化学报》2019 年第 3 期。

潘浩：《在互联网和大数据时代背景下公证机构保全证据业务的转型

和发展》,《中国公证》2019 年第 3 期。

裴苍龄:《关于证据效力的研究》,《现代法学》1995 年第 1 期。

彭插三:《电子数据和电子文件法律规制比较研究》,《档案管理》2019 年第 6 期。

祁天娇:《基于电子文件管理视角的互联网电子证据保全研究》,《档案与建设》2018 年第 3 期。

祁治军、杜国栋:《证据保管链探析》,《中国检察官》2019 年第 5 期。

钱毅:《〈电子文件管理系统通用功能要求〉(GB/T 29194)解读》,《北京档案》2018 年第 6 期。

钱毅:《从"数字化"到"数据化"——新技术环境下文件管理若干问题再认识》,《档案学通讯》2018 年第 5 期。

钱毅:《数据态环境中数字档案对象保存问题与策略分析》,《档案学通讯》2019 年第 4 期。

全亮:《论原件与原本——兼辨复制件与副本》,《四川师范大学学报》(社会科学版)2012 年第 5 期。

沈木珠:《论电子证据问题》,《法学杂志》2001 年第 4 期。

沈益平:《析数据电文的证据效力》,《现代法学》2000 年第 4 期。

石进、薛四新、赵小柯:《基于区块链技术的电子文件真实性保障系统模型研究》,《图书情报知识》2019 年第 6 期。

司徒颖聪:《公证在线存证平台与保全证据公证比较研究》,《中国公证》2019 年第 5 期。

孙国梓、冒小乐、陈鼎洁等:《基于区块链技术的电子数据存证系统》,《西安邮电大学学报》2018 年第 4 期。

孙晓娥:《扎根理论在深度访谈研究中的实例探析》,《西安交通大学学报》(社会科学版)2011 年第 6 期。

唐长乐、张晓娟:《来源原则的核心价值及其元数据实现:以政务信息管理为例》,《信息资源管理学报》2018 年第 3 期。

陶水龙、田雷:《电子档案双套制管理问题研究》,《档案学研究》

2014年第4期。

陶水龙、王贞、田雷等：《电子文件和电子档案元数据分类与方案设计》，《档案学研究》2016年第6期。

［加拿大］特里·库克：《四个范式：欧洲档案学的观念和战略的变化——1840年以来西方档案观念与战略的变化》，李音译，《档案学研究》2011年第3期。

汪闽燕：《电子证据的形成与真实性认定》，《法学》2017年第6期。

汪振林：《美国民事诉讼电子信息发现程序研究——以2006年〈美国联邦民事诉讼规则〉的修订为中心》，《河北法学》2011年第3期。

王健：《网络狼烟——电子文件引发的管理悖论》，《山西档案》2002年第3期。

王平、李沐妍、姬荣伟：《基于区块链技术的电子文件可信保护框架研究》，《档案学研究》2019年第1期。

王燃：《电子文件管理与证据法规则的契合研究》，《档案学通讯》2018年第5期。

王绍侠：《电子文件产生证据效力的困难及其对管理的启示》，《档案学研究》2003年第3期。

王协舟：《从电子文件的特征看建立证据中心的可行性》，《档案时空》2003年第10期。

王艳明：《〈电子签名法〉对电子文件管理的若干影响》，《档案学研究》2006年第1期。

王元地、李粒、胡谍：《区块链研究综述》，《中国矿业大学学报》（社会科学版）2018年第3期。

吴空：《侦破假冒周总理批示诈骗案》，《世纪》，2005年第3期。

肖秋会、段斌斌：《我国电子文件证据地位及效力立法研究》，《图书情报知识》2018年第1期。

肖秋会、李珍：《大数据环境下档案信息安全保障体系研究》，《中国档案》2018年第4期。

谢登科：《论电子数据与刑事诉讼变革：以"快播案"为视角》，《东方法学》2018 年第 5 期。

谢丽、范冠艳：《电子文件与电子证据领域中的真实性概念分析》，《浙江档案》2019 年第 1 期。

谢丽、王健、马林青：《InterPARES 项目：成果回顾与未来方向》，《档案学研究》2017 年第 S1 期。

熊志海、李嘉斌：《数字化作品电子证据保全问题研究》，《重庆理工大学学报》（社会科学版）2019 年第 2 期。

徐磊、敖意：《美国证据法上的辨认和鉴真规则》，《西华大学学报》（哲学社会科学版）2011 年第 5 期。

许晓彤、肖秋会：《电子文件与证据法学中相关概念的比较及其演化脉络分析》，《档案学通讯》2019 年第 2 期。

薛四新：《电子文件凭证性研究的现状与思考》，《档案学研究》2016 年第 6 期。

薛四新、王建明、王玉：《解读〈电子签名法〉，思考电子文件归档》，《档案学研究》2005 年第 3 期。

严剑漪：《揭秘"206"：法院未来的人工智能图景——上海刑事案件智能辅助办案系统 164 天研发实录》，《人民法治》2018 年第 2 期。

颜海：《关于电子文件法律证据效力的研究》，《图书情报知识》2001 年第 1 期。

杨茜茜：《基于区块链技术的电子档案信任管理模式探析：英国 ARCHANGEL 项目的启示》，《档案学研究》2019 年第 3 期。

杨秀茹、桑毓域：《詹金逊"证据神圣观"理论价值再认识》，《档案管理》2015 年第 6 期。

尹昌平：《谈谈电子文件、数字档案备份的证据作用》，《浙江档案》2010 年第 S1 期。

于海防、姜沣格：《数字证据对我国民事证据体系的影响》，《中国人民大学学报》2002 年第 5 期。

于丽娟：《电子文件证据性的法律思考》，《档案学通讯》2000年第6期。

于丽娟：《机读档案与电子文件辨析》，《档案与建设》1998年第5期。

张斌、吴琼、马晴、吴向波、魏扣：《档案学专业创新人才内涵探析》，《档案学研究》2015年第1期。

张世林：《档案具有法律效力吗？——兼与刘家真、李军商榷》，《档案学通讯》2001年第2期。

张文浩：《〈电子签名法〉实施对电子文件归档管理技术方法的影响及其对策》，《档案学研究》2007年第3期。

张宇：《论电子数据证据的真实性认定》，《中国社会科学院研究生院学报》2016年第3期。

张玉洁：《区块链技术的司法适用、体系难题与证据法革新》，《东方法学》2019年第3期。

张照余：《网上数字化档案法律地位的确认》，《档案管理》2001年第3期。

赵生辉：《"电子文件管理"与"数字取证"比较研究》，《浙江档案》2010年第12期。

赵淑梅、杨文旭：《美国档案职业资格认证主体的确立及启示》，《档案与建设》2011年第4期。

赵屹：《电子文件防篡改技术发展对档案管理的影响及启示》，《档案学研究》2019年第6期。

郑金月：《电子文件"电子化归档"相关概念辨析及浙江实践》，《浙江档案》2019年第2期。

郑旭江：《互联网法院建设对民事诉讼制度的挑战及应对》，《法律适用》2018年第3期。

周祺、张照余：《关于电子文件法律证据价值可行性的研究——以互联网法院的实践为例》，《档案与建设》2019年第5期。

周文泓：《试论政务微博信息的档案化——基于InterPARES的电子

档案要素分析模板》,《档案学通讯》2014 年第 2 期。

周翔:《论电子证据的偏在性及其克服》,《大连理工大学学报》(社会科学版) 2020 年第 1 期。

朱晓东、张宁:《基于证据视角的社交媒体档案管理——以微信为例》,《档案学研究》2017 年第 2 期。

朱亚峰、薛四新、王改娇:《法律视角下凭证性电子文件证据能力研究综述》,《山西档案》2018 年第 3 期。

Alastair Irons, "Computer Forensics and Records Management-Compatible Disciplines", *Records Management Journal*, Vol. 16, No. 2, 2006.

Antoine Meissonnier and Françoise Banat-Berger, "French Legal Framework of Digital Evidence", *Records Management Journal*, Vol. 25, No. 1, 2015.

Burke T. Ward, Carolyn Purwin, Janice C. Sipior and Linda Volonino, "Recognizing the Impact of E-Discovery Amendments on Electronic Records Management", *Information Systems Management*, Vol. 26, No. 4, 2009.

Christopher A. Lee, Matthew Kirschenbaum, Alexandra Chassanoff, Porter Olsen and Kam Woods, "Bitcurator: Tools and Techniques for Digital Forensics in Collecting Institutions", *D – Lib Magazine*, Vol. 18, No. 5/6, 2012.

Christopher A. Lee, "Archival Application of Digital Forensics Methods for Authenticity, Description and Access Provision", *Comma*, No. 2, 2012.

Corinne Rogers, "From Time Theft to Time Stamps: Mapping the Development of Digital forensics from Law Enforcement to Archival Authority", *International Journal of Digital Humanities*, No. 1, 2019.

Dianne Dietrich and Frank Adelstein, "Archival Science, Digital Forensics, and New Media Art", *Digital Investigation*, Vol. 14, 2015.

Elaine Goh, "Clear Skies or Cloudy Forecast? Legal Challenges in the

Management and Acquisition of Audiovisual Materials in the Cloud", *Records Management Journal*, Vol. 24, No. 1, 2014.

Elizabeth Diamond, "The Archivist as Forensic Scientist: Seeing Ourselves in a Different Way", *Archivaria*, No. 38.

F. Gerald Ham, "Archival Strategies for the Post-Custodial Era", *The American Archivist*, Vol. 44, No. 3, 1981.

Frank Upward, Sue Mckemmish and Barbara Reed, "Archivists and Changing Social and Information Spaces: a Continuum Approach to Recordkeeping and Archiving in Online Cultures", *Archivaria*, No. 72, 2011.

Frank Upward, "Structuring the Records Continuum-Part Two: Structuration Theory and Recordkeeping", *Archives & Manuscripts*, Vol. 25, No. 1, 1997.

Frederick B. Cohen, "Digital Diplomatics and Forensics: Going Forward on a Global Basis", *Records Management Journal*, Vol. 25, No. 1, 2015.

Gareth Knight, "The Forensic Curator: Digital Forensics as a Solution to Addressing the Curatorial Challenges Posed by Personal Digital Archives", *International Journal of Digital Curation*, Vol. 7, No. 2, 2012.

Jasmin Cosic and Zoran Cosic, "Chain of Custody and Life Cycle of Digital Evidence", *Computer Technology and Aplications*, No. 3, 2012.

Jay Atherton, "From life Cycle to Continuum: Some Thoughts on the Records Management-archives Relationship", *Archivaria*, No. 21, 1985.

Jennifer Meehan, "Towards an Archival Concept of Evidence", *Archivaria*, Vol. 61, 2006.

Ken Chasse, "The Admissibility of Electronic Business Records", *Canadian Journal of Law and Technology*, Vol. 8, No. 2, 2010.

Ken Chasse, "Why a Legal Opinion Is Necessary for Electronic Records

Management Systems", *Digital Evidence and Electronic Signature Law Review*, Vol. 9, 2012.

Luciana Duranti and Barbara Endicott-Popovsky, "Digital Records Forensics: A New Science and Academic Program for Forensic Readiness", *Journal of Digital Forensics, Security and Law*, Vol. 5, No. 2, 2010.

Luciana Duranti and Corinne Rogers, "Trust in Digital Records: An Increasingly Cloudy Legal Area", *Computer Law & Security Review*, Vol. 28, No. 5, 2012.

Luciana Duranti, Corinne Rogers and Anthony Sheppard, "Electronic Records and the Law of Evidence in Canada: the Uniform Electronic Evidence Act Twelve Years Later", *Archivaria*, No. 70, 2010.

Luciana Duranti, "From Digital Diplomatics to Digital Records Forensics", *Archivaria*, No. 68, 2009.

Marilyn Domas White and Emily E. Marsh, "Content Analysis: A Flexible Methodology", *Library Trends*, Vol. 55, No. 1, 2006.

Paul C. Giannelli, "Forensic Science: Chain of Custody", *Criminal Law Bulletin*, Vol. 32, No. 5, 1996.

Sara J. Piasecki, "Legal Admissibility of Electronic Records as Evidence and Implications for Records Management", *The American archivist*, Vol. 58, No. 1, 1995.

Sekie Amanuel Majore, Hyunguk Yoo and Taeshik Shon, "Secure and Reliable Electronic Record Management System Using Digital Forensic Technologies", *The Journal of Supercomputing*, Vol. 70, No. 1, 2014.

Sherry L. Xie, "Building Foundations for Digital Records Forensics: A Comparative Study of the Concept of Reproduction in Digital Records Management and Digital Forensics", *American Archivist*, Vol. 74, No. 2, 2011.

William P. Vinh-Doyle, "Appraising Email (Using Digital Forensics):

Techniques and Challenges", *Archives and Manuscripts*, Vol. 45, No. 1, 2017.

Yunhyong Kim and Seamus Ross, "Digital Forensics Formats: Seeking a Digital Preservation Storage Container Format for Web Archiving", *International Journal of Digital Curation*, Vol. 7, No. 2, 2012.

三 学位论文、会议论文、报纸

范冠艳:《电子文件及管理与电子证据及使用的关系——基于扎根理论方法的研究》,博士学位论文,中国人民大学,2019年。

黎娇:《国际书展顾客价值研究》,硕士学位论文,武汉大学,2017年。

李朗爽:《实物证据保管链制度研究》,硕士学位论文,中国人民公安大学,2018年。

刘东伟:《基于区块链的学位证书登记与认证系统的方案设计与验证》,硕士学位论文,重庆邮电大学,2019年。

刘志:《PREMIS保存元数据与数字资源长期保存研究》,硕士学位论文,湘潭大学,2009年。

祁天娇:《互联网服务平台中的电子证据保全——基于电子文件管理视角的研究》,硕士学位论文,中国人民大学,2016年。

王岑曦:《来源原则历史源流新探》,博士学位论文,南京大学,2018年。

夏露:《我国电子证据立法研究》,硕士学位论文,安徽大学,2014年。

肖晗:《民事证据收集制度研究》,博士学位论文,西南政法大学,2008年。

徐拥军:《〈档案法〉修订草案的特点》,《中国档案报》,2019年11月21日第3版。

詹爱萍:《公证书之法定证据效力研究》,博士学位论文,西南政法大学,2015年。

张涵：《电子证据与视听资料比较研究》，硕士学位论文，中国政法大学，2007年。

赵长江：《刑事电子数据证据规则研究》，博士学位论文，西南政法大学，2014年。

肖秋会、许晓彤：《AERI的档案学教育与科研特色》，2018年全国档案工作者年会论文，合肥，2018年10月。

［法］C. 诺加雷：《信息技术对档案和档案工作的影响》，郁宗成译，第十三届国际档案大会文件报告集，北京，1997年9月。

Christopher A. Lee, "Up Close and Personal: Individual Digital Traces as Cultural Heritage and Discovery through Forensics Tools", paper delivered to Personalized Access to Cultural Heritage (PATCH), sponsored by the Association for Computing Machinery, Haifa, Israel, February 24, 2014.

Corinne Rogers, Virtual Authenticity: Authenticity of Digital Records from Theory to Practice, Ph. D. dissertation, University of British Columbia, 2015.

Fred Cohen, "A Tale of Two Traces-Diplomatics and Forensics", paper delivered to IFIP International Conference on Digital Forensics, sponsored by IFIP Advances in Information and Communication Technology, Springer, 2015.

Jasmin Cosic and Miroslav Baca, "Do We Have Full Control Over Integrity In Digital Evidence Life Cycle", paper delivered to 32nd International Conference on Information Technology Interfaces, sponsored by IEEE, Cavtat, Croatia, June 21 – 24, 2010.

John Collomosse, Tu Bui, Alan Brown, John Sheridan, Alex Green, Mark Bell, Jamie Fawcett, Jez Higgins and Olivier Thereaux, "ARCHANGEL: Trusted Archives of Digital Public Documents", paper delivered to ACM Symposium on Document Engineering 2018, sponsored by the Association for Computing Machinery, 2018.

Kam Woods and Christopher A. Lee, "Acquisition and Processing of Disk Images to Further Archival Goals", paper delivered to IS&T Archiving Conference 2012, sponsored by the Society for Imaging Science and Technology, Copenhagen, Denmark, June, 2012.

Maria angela Biasiotti, Mattia Epifani and Fabrizio Turchi, "The Evidence Project: Bridging the Gap in the Exchange of Digital Evidence Across Europe", paper delivered to the 10th International Conference on Systematic Approaches to Digital Forensic Engineering, Malaga, 2015.

Philipp Amann, Mark P. Dillon, Gerald Quirchmayr, "Challenges to Advanced Electronic Evidence Lifecycle Management in an International Court Environment", paper delivered to International Conference on Advances in Information Technology, sponsored by Springer, Berlin, Heidelberg, 2012.

Sue McKemmish, "Yesterday, Today and Tomorrow: A Continuum of Responsibility", paper delivered to Records Management Association of Australia 14th National Convention. sponsored by the Records Management Association of Australia, 1997.

四 标准法规与网络文献

《2018 电子证据应用白皮书》，https://www.4009991000.com/baipishu/bpsgundong2018.html，2019 年 7 月 21 日。

《中共中央办公厅、国务院办公厅关于印发〈电子文件管理暂行办法〉的通知》，http://www.zjda.gov.cn/art/2015/3/19/art_1378495_12553668.html，2019 年 10 月 9 日。

工业和信息化部：《区块链数据格式规范》，https://blog.csdn.net/wxb880114/article/details/79255631，2020 年 1 月 26 日。

上海市科学学研究所：《Gartner 2019：区块链技术成熟度曲线》，http://stcsm.sh.gov.cn/P/C/163086.htm，2020 年 1 月 16 日。

浙江政务服务网:《浙江省人民政府印发〈浙江省公共数据和电子政务管理办法〉》,http://www.zjzwfw.gov.cn/art/2017/3/27/art_1177809_6090045.html,2020年1月8日。

中国国家标准化管理委员会:《GB/T 18894—2016 电子文件归档与电子档案管理规范》,中国标准出版社2016年版。

中国国家标准化管理委员会:《GB/T 20091—2006 组织机构类型》,中国标准出版社2006年版。

中国国家标准化管理委员会:《GB/T 26162.1—2010 信息与文献 文件管理 第1部分:通则》,中国标准出版社2010年版。

中国国家标准化管理委员会:《GB/Z 26822—2011 文档管理 电子信息存储 真实性可靠性建议》,中国标准出版社2011年版。

中国信息通信研究院可信区块链推进计划:《区块链白皮书(2019)》,http://www.cbdio.com/image/site2/20191111/f42853157e261f3346263b.pdf,2020年1月5日。

中华人民共和国中央人民政府:《国务院关于在线政务服务的若干规定》,http://www.gov.cn/zhengce/content/2019-04/30/content_5387879.htm,2019年12月23日。

最高人民法院信息中心等:《区块链司法存证应用白皮书》,https://www.databench.cn/static-file/media/21/a3/36a91cfcea09c697ba5c5243aac545ff.pdf,2019年7月1日。

BitCurator, "BitCurator", July 4, 2022, https://bitcurator.net/bitcurator/.

Committee on Electronic Records of ICA, "Guide for Managing Electronic Records from an Archival Perspective", July 4, 2022, https://www.ica.org/sites/default/files/ICA%20Study%208%20guide_eng.pdf.

EDRM, "EDRM Model", December 3, 2019, https://www.edrm.net/wp-content/uploads/2019/05/EDRM_Poster_36x24_May-2019.jpg.

Federal Judicial Center, "Managing Discovery of Electronic Information: A Pocket Guide for Judges (Second Edition)", July 4, 2022, https://www.federalrulesofcivilprocedure.org/frcp/title-v-disclosures-and-discovery/rule-37-failure-to-make-disclosures-or-to-cooperate-in-discovery-sanctions/.

InterPARES 2, "The InterPARES 2 Project Glossary", March 17, 2019, http://www.interpares.org/ip2/display_file.cfm?doc=ip2_glossary.pdf&CFID=18762292&CFTOKEN=37902908.

Justice Laws Website, "Canada Evidence Act", July 12, 2019, https://laws-lois.justice.gc.ca/PDF/C-5.pdf.

PREMIS, "PREMIS Data Dictionary for Preservation Metadata, Version 3.0", January 28, 2022, https://www.loc.gov/standards/premis/v3/premis-hierarchical-3-0.html.

Standards Australia, *AS 4390 Records Management*, New South Wales: Standards Australia, 1996.

Standards Council of Canada, "CAN/CGSB – 72.34 – 2017 Electronic records as documentary evidence", March 1, 2017, https://www.scc.ca/en/standardsdb/standards/28933.

The National Court Rules Committee, "Federal Rules of Civil Procedure (2022 Edition)", July 4, 2022, https://www.federalrulesofcivilprocedure.org/frcp/title-v-disclosures-and-discovery/rule-37-failure-to-make-disclosures-or-to-cooperate-in-discovery-sanctions/.

索　引

B

BS　99,215,333,346,348

保密性　94—96,170,230,246,255,372,374,378

保障要素　40—42,228,233—235,238,245—250,254—258,261,262

备份　25,26,88,95,98,100,127,187,193,278,286,294,309,310,321,338,365,372,374—382

C

成本控制　140,142,143,146,165,176,179,228,247,255,385

程序规范　7,128,162,236,238,271,272,277

传闻证据规则　2,34,71,73,74,181,182

存证保全　108,139,173,175,238,250,282,283,300,302,306,309—311,368,375,376,379,381—383

D

单轨制　7,114,118,162,296,327

单套制　7,37,114,118,162,232,235,296

《档案法》　7,23,24,128,229,235,270—272,274,275,354

档案服务机构　207,279,300,301,306—311,361,368,370,371,375,376,379,381,383

档案管理方式　5,7,125,127—129,138,153—158,161—165,167—171,179,265,266,270—272,277,278,280,282,284,294,306,331,336,360,381,382,384,386

电子发现　4,12,16,22,40,112,186,187,193,204—213,219,222—227,260,282,352,356,357,386

电子签名　3,11,18,19,23,25—27,33,36,54,55,72,88,117,125,127,128,130,141,167—170,183,189,191,193,235,246,259,263,

267,268,270,277,279,285,311,
313—316,320,324—328,331,332,
336,337,346,362,368,369,373,
374,380,386

电子文件—电子证据全链条区块链管
理　　324,329—331,348,350,
362,369

电子文件管理系统　　11—13,25,
61,66,68,71,97,99,100,111,113,
184,188,189,193,206,245,246,
254,259,278,279,284,288,298,
311,322,323,332—335,340,341,
351,361,362

电子文件证据性概念模型　　9,38,
69,81,82,91—93,95,96,115,116,
152,230,235,255,262,288,323,
336,385,388

电子证据法律法规体系　　263,264,
270

E

ERMS　　100,322,326,333,346

F

防篡改　　104,125,161,168,225,
267,279,298,311—316,319,321,
323—325,327,328,330,339,342,
350,362,369,376,380

非法证据排除　　6,34,50,71—73

复合型人才　　226,227,351,356,
359,362,386

G

公证保全　　108,141,142,172,246,
251,303

古文献学　　68,69,80,196

固化　　109,111,113,142,155,171,
172,217,246,279,291,296—301,
310,322,323,327,330,339,340,
361,365,369,373,375,378,382

关联性　　19,21,30,32,35,49,50,
57,58,82,86—91,93,95,96,102,
115,125—127,142,143,145,151—
154,157,158,161,162,164,179,
234,245,259,278,315,335,336

H

哈希值校验　　33,125,168,246,267

合法性　　19,21,25,30,33,49,50,
57,58,82,87—89,91,94—96,102,
114,115,126,127,129,142,143,
145,151—154,162,164,168,179,
245,278,285,301,335—337,339

后端驱动　　35,113,114,116

互联网法院　　5,25,27,30,42,129,
168,282,302,310,311,331,342,
343,360,363—368,370—372,374,
376,380,383,384

J

鉴定　　13,16,23,27,29,31,33,53,
54,68,69,71,75,100,101,103,

107—111,118,126,127,129,141,142,161,173,174,176,177,185,203—205,227,246,247,251,269,274,278,279,304,308—310,322,326,330,334,357,360,363,364,368,372—376,379,382,383

鉴真　　31—33,70,103,124,184,185,190,193,264,310

举证　　6,8,30,72,76—78,101,102,107,112,137,143,156,157,161,163,174,184,185,189,269,272,281,284,294,306,329,369,381

K

可采性　　2,8,12,18—20,25,49,50,73,103,181,189—193,227,263,264,353

可靠性　　11,12,21,22,31,69,72,74,82,84,88—96,100,102,117,124,125,163,182,193,196,198,230,238,250,251,255,276,278,279,300,323,325,329,337,339,340,346,368

可信时间戳　　33,125,168,173,246,267,307,311,316,317,340,378,379

可用性　　21,72,76,82,85,86,90,91,93—95,109,130,225,230,251,255,278,295,378

L

来源可靠　　7,128,162,236,238,271,272,277,284,286

P

凭证价值　　1,2,9,19,21,23,26,28,38,48,51,57—60,63,80,231

Q

前端控制　　22,35,51,60,65—68,80,113,114,116,142,153,259,265,266,306

清洁性　　94,142,171,246,303,307,331,337,380

区块链辅助真实性验证　　324,328,329,332,346,349,350,362,369

取证　　3,6,10,11,13—17,22,27,29,30,32—35,37,38,40,41,51,73,75—78,88,89,94,95,97,101,103—109,111—114,118,126,127,129,130,134,137,139,141—143,145,146,160,162,166,167,170—172,176,181,189,190,193—196,199—203,205,213—221,225,226,245,247,250,251,264,269,270,272,281,285,288,289,291,292,296,301,302,304,307,337—339,356,358—360,364,369,371,372,374,375,379,380,388

全程管理　　26,35,60,66—68,71,

80,113,114,196,266,271,276,296,306—309,324,333,335,361,379

S

三性　20,21,30,49,50,81,82,86,87,89—93,95,115,136,137,140,142,143,145,151—153,162,165,179,228,245,255,336,385

涉诉电子文件真实性自证材料清单　283—285,309,338,361

时间戳　25,29,33,128,141,259,279,285,311,313,315—317,319,320,324—327,330—332,346,362,369,374,378—380,386

视听资料　3—5,13,18,20,51—57,72,74,75,80,117,265,384

数据电文　3,18,19,23,49,55—57,72,88,117,124,127,130,169,183,270,273,313

数据级　274,294

数据态　6

数字取证　3,11,13—17,22,104,193—205,212—221,223,225—227,260,294,351,356—358,386

双套制　3,6,7

司法证明　2,6,8,9,30,32,51,70,71,80,96,101,104,106,115,136,137,139,142,143,146,165,167,176,177,205,247,306,332,336,360,384

四性　20,21,81,82,86,89—92,95,100,109,115,162,238,251,326,346

诉讼留存　96,186,188,189,193,206,207,210,223—225,227,268

T

TDR　100,322,326,333,346,348

W

完整性　12,15,16,21,28,32,35,51,70,71,82,84—91,93—96,100,102,103,105,109,124,125,138,142,162,169,183,184,189,192,193,196,198,202,204,223,245,250,251,255,268,278,279,284,286,315,317,319,320,339,370,381

文件连续体理论　60,62,64—66,80,98,235

文件身份鉴定学　13,14,16,68,69,196,218,220

文件生命周期理论　60—62,64—66,80,98,104

X

信息治理　4,205,207—212,216,222—225,227,260,269,282,290,351,389

形式真实　8,21,87,89,96,288,330

Y

要素合规　7,128,162,236,238,271,272,277

业务驱动　69,98,324

有专门知识的人　125,129,142,176,360

预归档　113,298,299,339—341

元数据　11,14—16,22,23,26,28,35,68,96,98,100,104,111,187,194,195,200,237,238,245,254,259,279,284—286,290,294,298—300,327,328,331,333,335—338,340,341,346,348

原件　2,13,22,24,25,34,48,71,72,75,83,117,124,128,142,155,156,169,170,183—185,190,230,246,264,267,268,281,285,295,368

Z

真实性　5,7,8,11,12,15—17,19—21,26,27,30—33,36,37,49—51,57,58,61,64,69,70,72,73,82—84,86—96,100,102,109,114,115,117,124,125,127—130,138,139,141—143,145,151—155,158,159,161—170,172—174,176—179,182,184,193,196,198,201,202,213,220,230,238,245,246,251,254,255,258,259,265—267,269,271,272,276,278,279,283—288,297,298,301—304,306,308,310,311,313,315—317,320—323,325—329,331,332,335,336,339—341,343,346,350,365,366,368,369,372—375,380—382,384,386,387

正常业务活动　74,125,138,153,154,157—165,170,179,184,185,265,266,269,286,294,336

证据保管链　9,16,32,38,66,69—71,80,81,96,97,101—104,106,107,110—116,142,143,169,200,229,235,255,262,287—291,296,297,299,300,309,317,327,338,339,344,361,368—370,374,375,379—381,383,385,388

证据开示　186,187,219

证据链　125,128,159—162,285,294,316,317,328,336

证据能力　19,24,49—51,57,71—73,102,183

证据神圣观　1

证据生命周期　104—106,111,113,115,355

证明力　4,19,20,25,27,34,49—51,57,59,71,72,74—77,87,102,137,138,153,160,161,167,172—174,185,186,189,191,207,227,231,238,251,263—265,268—270,283,284,306—308,322,331,371,374,375,380,381,384

职业资格认证　221—223,225—227,351,352,354,355,358

质证　6,30,34,87,101,102,107,112,114,137,143,146,156,157,160,171,176,191,235,360

最佳证据规则　2,18,34,71,72,74,181,183,184,189,190,267

附录一　法律文件全称简称对照表

序号	法律文件全称（最新发布或修正版本）①	法律文件简称②
1	中华人民共和国档案法（2020年修订）	《档案法》
2	中华人民共和国电子签名法（2019年修正）	《电子签名法》
3	中华人民共和国刑事诉讼法（2018年修正）	《刑事诉讼法》；刑诉法
4	中华人民共和国民事诉讼法（2017年修正）	《民事诉讼法》；民诉法
5	中华人民共和国行政诉讼法（2017年修正）	《行政诉讼法》；行诉法
6	中华人民共和国合同法（1999年发布）	《合同法》
7	中华人民共和国会计法（2017年修正）	《会计法》
8	中华人民共和国监察法（2018年发布）	《监察法》
9	中华人民共和国电子商务法（2018年发布）	《电子商务法》
	中华人民共和国档案法（修订草案）（2019年发布）	《档案法（草案）》
10	最高人民法院关于行政诉讼证据若干问题的规定（2002年发布）	《行政证据规定》
11	最高人民法院关于民事诉讼证据的若干规定（2019年修正）	《民事证据规定》
12	人民检察院电子证据鉴定程序规则（试行）（2009年发布）	《电子证据鉴定程序规则》

　　① 本对照表按照法律文件的位阶分类排列，从前到后分别为：法律、司法解释、部门规章、行业规定。

　　② 当文中提及不同版本的法律文件时，应在法律文件简称前加上年份标记，如"2012《刑事诉讼法》"、"2004《电子签名法》"。当法律文件简称之前不加年份标记时，默认援引上表中最新发布或修正版本的内容。

续表

序号	法律文件全称（最新发布或修正版本）	法律文件简称
13	最高人民法院关于适用《中华人民共和国刑事诉讼法》的解释（2012年发布）	《刑诉解释》
14	人民检察院刑事诉讼规则（试行）（2012年修订）	《刑诉规则》
15	最高人民法院关于适用《中华人民共和国民事诉讼法》的解释（2015年发布）	《民诉解释》
16	最高人民法院关于互联网法院审理案件若干问题的规定（2018年发布）	《互联网法院规定》
17	最高人民法院、最高人民检察院、海关总署《办理走私刑事案件适用法律若干问题的意见》（2002年发布）	两院、海关总署《走私刑事案件规定》
18	最高人民法院、最高人民检察院、公安部、国家安全部、司法部《关于办理死刑案件审查判断证据若干问题的规定》（2010年发布）	两院三部《办理死刑案件证据规定》
19	最高人民法院、最高人民检察院、公安部《关于办理刑事案件收集提取和审查判断电子数据若干问题的规定》（2016年发布）	两院一部《电子数据规定》
20	人民法院办理刑事案件第一审普通程序法庭调查规程（试行）（2017年发布）	《刑事案件法庭调查规程》
21	最高人民检察院《检察机关办理电信网络诈骗案件指引》（2018年发布）	《办理电信网络诈骗案件指引》
22	最高人民法院《人民法院统一证据规定（司法解释建议稿）》（2008年发布）	最高法《统一证据规定》
23	公安机关办理刑事案件程序规定（2012年修订）	《刑事案件程序规定》
24	司法鉴定执业分类规定（试行）（2000年发布）	《司法鉴定执业分类规定》
25	最高人民法院、最高人民检察院、公安部关于依法开展打击淫秽色情网站专项行动有关工作的通知（2004年发布）	两院一部《打击淫秽色情网站工作通知》
26	计算机犯罪现场勘验与电子证据检查规则（2005年发布）	《计算机犯罪现场勘验与电子证据检查规则》
27	最高人民法院、最高人民检察院、公安部《关于办理网络赌博犯罪案件适用法律若干问题的意见》（2010年发布）	两院一部《网络赌博犯罪案件意见》

续表

序号	法律文件全称（最新发布或修正版本）	法律文件简称
28	最高人民法院、最高人民检察院、公安部《关于办理网络犯罪案件适用刑事诉讼程序若干问题的意见》（2014年发布）	两院一部《网络犯罪案件刑事诉讼程序意见》
29	国家工商行政管理总局《关于工商行政管理机关电子数据证据取证工作的指导意见》（2011年发布）	《工商行政管理机关电子数据意见》
30	公安机关办理刑事案件电子数据取证规则（2019年发布）	《公安机关电子数据取证规则》
31	中国公证协会《办理保全互联网电子证据公证的指导意见》	《办理保全互联网电子证据公证的指导意见》
32	中华全国律师协会《律师办理电子数据证据业务操作指引》	《律师办理电子数据证据业务操作指引》

附录二　访谈对象接触摘要单（示例）

时间	2019.6.19	访谈类型	面对面采访
姓名	P9	所在单位	XX人民法院
职业	庭长	访谈时间	83min

访谈要点与启示：

印象深刻的要点：
　　1. 法官不会因为电子证据的类型而在判决时具有倾向性，但如果进行了公证，会相对容易认定其真实。
　　2. 最常见到的电子证据类型是电子邮件，但是很多电子邮件存储在公共服务器上，如网易邮箱、QQ邮箱等，没有办法追溯到原始载体，需要借助别的手段来确认电子邮件的真实性。
　　3. 对于民事诉讼而言，证据的关联性不是那么必要，因为有的时候没有关联，当事人也会提交，这份证据也会具有证据资格，但是可能后期不予认定。
　　4. 档案部门是否能提供一种简单的技术，如简单的数字签名技术，辅助民事案件中电子证据真实性的确认？
　　5. 不认可目前市场上的第三方存证机构，希望政府能够参与；档案馆也可以承担此类业务但要注意不能滥用公共资源。

对后续研究与下次访谈的启发：
　　1. 连续几名访谈对象都谈到电子邮件是其最常遇到的电子证据类型，然而组织机构的电子文件管理工作很少涉及对其业务电子邮件的管理，这点值得注意，也需要再向更多访谈对象确认。
　　2. 法官不是太认可市场上科技公司主导的第三方存证机构，但目前此类机构发展十分迅速，在民事诉讼证据保全中应用的比例也越来越高，有必要再了解其他法律工作者的态度与看法。

访谈经验总结：
　　对于比较健谈、回答问题有条理、善于分类的受访者，可以适量减少问题数量，增加开放式问题的比例。

致　　谢

2018年，带着对"如何才能让电子文件最大程度地获得司法认可"的思考与好奇，我将电子文件证据效力确定为博士论文的研究方向，在得到导师肖秋会教授的认可与支持后，便正式开始了这项研究。由于完全没有法学相关专业学习背景，我的研究是从"补课"开始的，且带着一些不成熟的"偏见"。起初，我对电子文件与电子证据的认识如同迷雾森林中的两棵树，只可凭借印象隐约窥见其大致轮廓；随着对两个领域概念、理论、法规、政策、标准、实践现状认识与研究的逐步加深，才发现这两棵树枝叶交织，根节盘错，同生共长。2019年底，本书初稿快要完成前，令人振奋的消息也逐渐传来。最高人民法院《关于民事诉讼证据的若干规定》修正，明确将"以档案管理方式保管的"作为确认电子证据真实性的情形；《中华人民共和国档案法（修订草案）》提出"不得仅因为电子档案采用电子形式而否认其法律效力，具有法律效力的电子档案可以以电子形式作为凭证使用"，电子文件与电子证据的衔接联动呼之欲出，这既坚定了我持续研究该课题的信心，又为我接下来的研究指明了新的方向。

本书最终得以呈现，需要感谢诸多师长亲友无私、慷慨的帮助。

感谢我的恩师肖秋会教授，珞珈山求学九年间，肖老师扎实严谨的学术态度与谦逊平和的可贵品质深深影响着我，本书写作过程中，肖老师呵护着我幼稚的想法，鼓励着我去做更广、更深的探索，是我温暖、坚强的后盾。感谢王新才教授、张晓娟教授、周耀林教授、王平教授、胡吉明教授、王玉珏教授、颜海副教授、董克副教授、程齐凯副教授对我的教导与指引。特别感谢李明杰教授一直以来对我学习和工作的关心、指导与帮助，感谢王清教授对本书提出的宝贵建议。感谢王菲老师、张雨婷老师、雷婷老师、居森林老师、刘珊珊老师、余丽娟老师、徐晴老师、杨志峰老师对我学习与生活上的关怀。

本书的完成还离不开各位专家的支持，他们的拨冗相助为本研究提供了许多宝贵意见。感谢在论文访谈、调研中提供支持的中国人民大学刘越男教授、刘品新教授、钱毅教授，苏州大学张照余教授、丁家友副教授，北京大学法学院陈永生教授，清华大学档案馆薛四新研究馆员，北京工商大学档案馆彭插三老师，山东理工大学徐德臣副教授、封研会副教授、刘晓源副教授，浙江工商大学韩振文副教授，南京农业大学刘晓玲副教授，上海市第二中级人民法院李彦法官，上海静安区人民法院唐莹琪法官，南京铁路运输法院于震庭长，南京知识产权法院刘方辉法官，珠海市中级人民法院刘聪法官，济南市长清区人民法院冯建法官，淄博市中级人民法院宋振法官，上海博和律师事务所胡婧律师、谢向英律师、田思远律师、崔震宇律师，南京兰台律师事务所刘雪梅律师、黄苏豫律师，重庆志和智律师事务所吴化碧律师，江苏核电有限公司信息文档处查凤华处长，中国核动力研究设计院反应堆工程研究所伍黎丹馆员，天风证券王蕾女士以及其他不便透露个人信息的专家。

感谢上海大学金波教授、中国人民大学徐拥军教授、武汉大学肖希明教授及各位外审专家在论文答辩与评审中提出的宝贵意见。感谢浙江大学傅荣校教授、吉林大学张卫东教授、湖北大学赵雪芹教授、山东大学谭必勇副教授对本书修改、完善给予的帮助。感谢章伟婷、王逍晴两位同学协助校对书稿。感谢本书所引用、参考文献的作者们。感谢中国社会科学出版社编辑田文女士为本书付出的辛劳，在此谨致谢忱！

感谢我的同学和朋友。感谢杨卉师姐、赵跃师兄、王海宁师兄、李贞贞师姐、周迪师姐、常大伟师兄、温芳芳师姐、陈晓宇师兄、谢鑫师兄、唐长乐师兄、张瑜师姐、崔连琦师姐在论文写作过程中对我的指点与鼓励。感谢硕士班同学徐娇、赵佩娟、范慧婷、段先娥、谢志成、邓福成、艾楠竹、贾聪聪、纪明燕、高婷、秦垒、沈朋、刘爽、赵方元、覃洁清、韩书婷的陪伴与帮助。感谢博士班同学黄玉婧、刘齐进、曹子郁、赖彤、张窈、王赟芝、王娟、李秋实、李樵、陆朦朦、王旭、王贺、付少雄、王佳敏、王宏宇等同学的勉励与共进。感谢段斌斌、刘盼盼、容依媚、向京慧、王玉师妹帮助整理部分资料,为我争取了许多写作时间。感谢武汉大学法学院胡骞博士、吴勃博士,中国人民大学祁天娇博士、李子林博士、杨千博士及好友袁鹏对论文访谈设计的支持。感谢中山大学苏焕宁博士、华中科技大学法学院雷蕾同学共享文献资料。特别感谢黄真真师妹帮助联络调研事宜,感谢杨帆师兄、李小宇师兄和方圆师兄对我论文提出的宝贵意见与建议。感谢好友黎娇、焦海博、张伊霖、秦贝嘉、王一婧对本书部分专业问题的支持。本书写作过程中,与邓支青、孙晶琼、何思源、王宁、姬荣伟等诸位"学友"的讨论、交流令我获益匪浅,在此表示衷心感谢!

感谢我的家人一直以来对我的付出、支持与包容。再次向所有帮助过我的人致以诚挚谢意!

本书初稿完成于 2020 年,此次出版前又结合当前的政策法规环境与实践进展作了一定补充与完善。由于作者的个人学识、能力有限,本书尚存诸多不妥或错漏之处,恳请各位专家学者与读者批评指正!

许晓彤

2022 年 8 月